CW01163264

توجيه فرق العمل النيوكارزمية

Neocharismatic Team Coaching

دليل عملي لكل قائد فريق عمل،
موجّه قيادة وفرق عمل، وموجّه منظومي

د. غادة عنقاوي

ⓒ غادة طلال محسن عنقاوي ، ١٤٤٥هـ

عنقاوي ، غادة طلال محسن
توجيه فرق العمل النيوكارزمية. / غادة طلال محسن عنقاوي - ط١. .- جدة ، ١٤٤٥هـ
٢٣٠ ص ؛ ..سم

رقم الإيداع: ١٤٤٥/١٩٩١٣
ردمك: ٩-٢٩٢-٠٥-٦٠٣-٩٧٨

جميع الحقوق محفوظة للناشر. ولا يحق طبع أي جزء من هذا الكتاب، أو خزنه بواسطة أي نظام لخزن المعلومات، أو استرجاعه، أو نقله على أية هيئة، أو بأية وسيلة، سواءً كانت اليكترونية، أو شرائط ممغنطة، أو غير ذلك، بأية طريقة إلا بإذن كتابي من الناشر.

٢

المحتويات

المحتويات.. ٣
مقدمة الأستاذ القدير أسامة الموسى.. ٦
مقدمة الكاتب د. غادة عنقاوي ٩
شكر وتقدير.. ١٥
كيف تقرأ الكتاب ١٨
الكلمات المفتاحية في الكتاب ٢٠
تأصيل مصطلح التّوجِيه كرديف لكلمة Coaching.................................. ٢٢
الفصل الأول: السياق الذي يظهر فيه الفريق ٢٧
السياق التنظيمي ٢٨
التفكير المنظومي.. ٣٤
السياق الثقافي ٣٧
الفصل الثاني: تعريف فريق العمل ٤٩
الفصل الثالث: تطوير فرق العمل ٥٤
الفصل الرابع: تشخيص فريق العمل ٦٣
جمع المعلومات.. ٦٥
أساليب جمع المعلومات.. ٦٩
تقرير بيانات الفريق ٧٧
الفصل الخامس: فريق العمل عالي الأداء ٧٩
تعريف الفريق عالي الأداء.. ٨٠
مؤشرات الفريق عالي الأداء ٨٢
مؤشرات فعالية إستراتيجيات العمل ٨٣
الشروط التأسيسية للفريق ٨٥
الشروط التمكينية للفريق ٩٢
أدوار قائد الفريق ٩٧
التّصميم مقابل التّوجيه ١٠٣
الجزء الثاني: التوجيه ١٠٤
الفصل الأول: حيثيات توجيه فريق العمل ١٠٥

٣

تعريف توجيه فريق العمل	105
المجال العملي أو إستراتيجيات عمل الفريق	106
المجال الزمني لتوجيه فريق العمل	110
أدوار موجّه فريق العمل	112
التّعاضد مع موجّه آخر في توجيه فريق العمل	116
الفصل الثاني: الرّحلة مع العميل	118
أوّلا: بناء التحالف	119
ثانيا: تعاقد الدراسة المبدئية (التشخيص والتقييم)	120
ثالثا: التشخيص والتقييم	122
رابعا: التحليل وتقرير البيانات	123
خامسا: مناقشة وتطوير البدائل	124
سادسا: خطّة التوجيه	126
سابعا: التّعاقد النّهائي	128
ثامنا: التنفيذ	129
تاسعا: الإغلاق	140
عاشرا: المراجعة والاقتراحات	141
الفصل الثالث: التفاعل الجمعي في التوجيه	143
النشأة والتعريف	143
مستويات التفاعل الجمعي	145
ظواهر ثقافية في تفاعل الفريق	155
توجيه الانتماء والكيان الجمعي	159
توجيه التنافس ومشاعر المقارنة إلى الشعور بالجدارة وحالة السلام مع الذات	161
توجيه التّعلّم الجمعي	162
التوجيه بالتّعلّم العملي	164
توجيه الخلافات في الفريق	167
الفصل الرابع: توجيه فريق العمل المنظوي	172
الفصل الخامس: فريق العمل التيوكارزمي	180
أنواع القيادة الحديثة	180

القيادة الكاريزمية	١٨١
حقيقة الأخلاق في الثقافة العربية	١٨٢
النظريات الأخلاقية في الثقافات الواردة	١٨٤
النموذج النيوكارزمي	١٨٨
مراحل التحوّل التنظيمي وأدوار موجّه الفريق النيوكارزمي فيها	١٩١
جدارات الموجّه للفريق النيوكارزمي	٢٠٠
الجزء الثالث: الموجّه	٢٠٤
الفصل الأول: مدخل لعالم الجدارات الخاصة بتوجيه فرق العمل	٢٠٥
الفصل الثاني: الجدارات الثمانية لتوجيه فريق العمل وعلاقتها بالجدارات الأساسية	٢٠٧
الجدارة (١): نمذجة الممارسات الأخلاقية	٢٠٨
الجدارة (٢): تجسيد عقلية التوجيه	٢١٥
الجدارة (٣): تأسيس الاتفاقيات والمحافظة عليها	٢١٨
الجدارة (٤): يغرس الثّقة والأمان وينمّيها	٢٢٦
الجدارة (٥): يحافظ على الحضور	٢٣٢
الجدارة (٦): يستمع بعمق	٢٣٧
الجدارة (٧): استنهاض الوعي	٢٤٣
الجدارة (٨): تيسير تطوير العميل (الفريق)	٢٤٧
الفصل الثالث: التطوير المستمر لموجّه فريق العمل	٢٥١
نمو الموجّه لفريق العمل والتوجيه المنظومي	٢٥١
ممارسة التأمل والتفكّر والتّدبّر	٢٥٤
الإشراف التوجيهي	٢٥٦
خاتمة الكتاب	٢٦٣
قائمة المراجع العلمية	٢٦٨
نبذة عن الكاتبة	٢٧١

مقدمة الأستاذ القدير أسامة الموسى

دخول عالم "توجيه الفرق النيوكارزمية" يؤمن فرصة ثمينة لاكتشاف آفاق جديدة في علوم وفنون القيادة وتوجيه الفرق وممارسات تطويرها، وهو ما تقدمه لنا الدكتورة غادة عنقاوي في هذا المؤلف الفريد. إنّ هذا الدليل إضافة ذات لمعان ونكهة خاصتين، فهو ليس مجرد كتاب، بل هو مصدر ثري ورئيسي في بناء الوعي، وتمتين المعرفة وتعميق الخبرات فيما يخص مبحث قيادة وتطوير أداء الفرق.

من أجمل ما يتسم به هذا المؤلف هو صياغته التي تنقل القارئ بين النظريات والتطبيقات بأسلوب سلس، ليس هذا فحسب، بل في محتواه أيضا الذي يجمع بين الفهم العلمي العميق واللغة العربية الرصينة ليوجد رحلة مثيرة إلى عالم توجيه الفرق. يبحر القارئ عن طريق هذا المؤلف في رحلة استكشافية نحو عالم التوجيه وتنطلق الرحلة ببسالة نحو فهم السياق التنظيمي حيث يفتح الكتاب شهية القارئ لفتح أبواب التفكير المنظومي بتسليط الضوء على أهمية الفريق باعتباره عامل حيوي في نجاح المؤسسات، مؤسسا لما سيأتي لاحقا من فهم شامل لتوجيه الفرق على اختلاف أشكالها والقطاعات التي تخدمها.

غطت الدكتورة غادة بهذا الدليل محاور عديدة أساسية ومفصلية جدا للمساعدة على بناء فهم أعمق لمفهوم الفرق وإستراتيجيات عملها ولمعاونة القارئ في التعرف على جدارات وأدوات توجيه الفرق والمستند إلى البحث العلمي الأخلاقي، وعليه فإنني أجد في هذا الدليل محتوى لا غنى عنه لكل مهني ممن يتعامل في بناء الفرق سواء كان هذا التعامل من قرب أو بعد، وأجد أنّ اقتناء نسخة من هذا الدليل حيوي جدا للمهنيين سواء كان موجّها ممارسا للفرق بشكل مباشر، مثل موجهي الفرق المعتمدين، أو بشكل غير مباشر، مثل محترفي الموارد البشرية، والمدراء والقياديين، والمستشارين، والمدربين، وغيرهم من مختصي التطوير التنظيمي.

بأسلوب يجمع بين الوضوح والتفصيل، تقدم الدكتورة غادة تعريفًا شاملاً لفريق العمل وأهمية فهم رؤيته والمفاهيم الخاصة به، ببساطة لتمكين القرّاء من تطبيقها بفعالية في بيئاتهم العملية، وتكشف بوضوح الفروقات بين المفاهيم المختلفة بالربط بالجانب العملي لبناء الصورة الواقعية للمشهد. وفي كل ذلك تبرز الدكتورة السياق الثقافي وأهمية التأثيرات الثقافية على توجيه الفرق وما يتطلبه من أدوات عملية للتعامل مع التحديات الثقافية واستثمار التنوع بما يخدم صالح الفريق. تستمد الدكتورة غادة فهمها الأكاديمي العميق من نظرية القيادة التنظيمية ومدارسها المختلفة، ومن خبراتها الثرية في التطوير القيادي لتقدم تحليلًا عميقًا وشاملا لفرق العمل عالية الأداء وما الذي يميزها عن غيرها وكيف يتم بناؤها ومن ثم توجيهها من القيادة أو من يستدعيه القائد أو المنظمة للتدخل المتقن لتطوير الفريق. وتتناول أيضا في هذا المؤلف مشاركة المؤشرات التي تميز هذه الفرق عالية الأداء عن غيرها، وتكشف في طيات ذلك أسرار تحفيز الأفراد نحو الأداء المتميز. وتقدم الدكتورة غادة في هذا الدليل نموذجًا مهمّا للتفاعل الجمعي وكيفية تحقيقه بفعالية عن طريق توجيه الفرق، وبخاصة الفرق النيوكارزمية التحوّلية الأخلاقية على رأس التحوّل التنظيمي. هذا النموذج الذي قامت الدكتورة غادة بجهد بحثي مميز من أجل التأسيس له وبنائه باعتباره نموذجا للقيادة المرتبطة بشكل لصيق بالأخلاقيات الإنسانية وبمبادئ الشريعة الإسلامية السمحة وموروث الدين الحنيف. يغطي ويعطي هذا الدليل صورة شاملة ودقيقة عن جدارات وأخلاقيات التوجيه بالشكل المتبع لدى رواد المؤسسات العالمية والاتحادات المهنية الرصينة التي تنظم عمل الممارسين للتوجيه عموما ولتوجيه الفرق خصوصا، لكن بدون استغناء عن المؤلفات الأخرى في المجال عالميا، بل تستقي مرجعيتها العلمية من العلوم المادية والثقافة الغربية ببراعة وابتكار ومتانة بربط سلس بثقافتنا العربية والإسلامية وكأنه جزء لا يتجزأ من هذه الثقافة العربية الاسلامية، مشددةً على أهمية دمج التقاليد مع روح الابتكار لتحقيق فعالية أكبر في بناء وتوجيه الفرق. من ناحية أخرى، سيستفيد القارئ جدا كون هذا الدليل يتجاوب برصانة مع تحديات التحوّل التنظيمي ويوضح كيفية التعامل معها بفعالية بتوظيف نظرة شاملة لمراحل التحوّل التنظيمي، وكيف يمكن للموجه توجيه الفريق خلال هذه المراحل بناءً على فهم الصورة الأشمل للتفكير المنظومي والروابط المختلفة المتشابكة ما بين المنظمة وما يحيط بها على الصعيدين

الخارجي والداخلي وبناءً على الفطنة لضرورة تبني التفكير المنظومي والأُسّي[1] كرديف للتفكير الخطّي[2] في عالم الرياضيات.

فالتفكير الخطّي يتعارض مع التشجير والابداع الفكري ولا ينسجم مع نظريات التوسّع الأسّي التي تدعو للتضاعف والانتشار في اتجاهات معرفية متشابكة ومترامية.

في الختام، أرى في هذا الدليل ومحتواه خطوة رائدة لرفد المكتبة العربية بمؤلف رصين وملهم للقياديين والمهنيين ولممارسي مهنة التوجيه في منطقتنا العربية بأن يكونوا قادة متمكنين وممكنين دون الحاجة للتخلي عن جذورهم وثقافتهم. ولا يسعني إلّا أنْ أشكر الدكتورة غادة على هذا العطاء وأشكركم جميعا على هذا الاهتمام وأتمنى لجميع القراء ولفرق عملكم أيضا المستقبل المشرق والفاعل. وأختم مشددا على أنّ مؤلف "توجيه الفرق النيوكارزمية" ليس مجرد كتاب، بل هو دليل رفيق يحمل القيادة والتوجيه إلى آفاق جديدة في عالم متغير ضبابي بما يحافظ على الأخلاقيات والمبادئ.

أسامة الموسى MCC, ACTC, ICTA
استشاري تطوير التنفيذيين وفرق القيادة

***

---

[1] Exponential
[2] Linear

مقدمة الكاتب د. غادة عنقاوي

هذا الكتاب نشأ عن حاجة ماسة بعد سنوات من التفكير في مادته. نشأت الحاجة بعد أنْ تعمّقت في موضوع توجيه فرق العمل ومارست، حيث ظهر لي غياب الكتب المرجعية في العالم العربي لأسباب عديدة، منها جدّة علم التوجيه الفردي ناهيك عن توجيه فرق العمل، وكون المختصين في العالم العربي مثلي في حال تعلّم وتطوير لجداراتي الخاصة في المجال. وعندما بدأت في مشروع تصميم برنامج معتمد تدريبي لتوجيه فرق العمل يقدّم باللغتين العربية والإنجليزية ، نظرت فوجدت المراجع الإنجليزية متاحة للقراء من المتدربين، ولم أجد مرجعا واحدا بالعربية. فكان من الضروري لنجاح برنامجي أنْ أكتب للمتدرّب أوّلا بحيث يكون الكتاب أعمق من المنهج المطروح في المادّة التدريبية وبحيث يكون مرجعا للمتدرب بعد التّخرّج. ثم ظهر لي حاجة القائد غير الموجّه، وهو المستفيد الأول من توجيه الفريق والذي قد لا يسمح له وقته بالتدريب في دورات متخصّصة كتلك التي تتاح للموجهين، فقصدته بالخطاب مبسطة اللغة والأسلوب قدر الإمكان. ومن هنا أصبح تقديم طرق توجيه الفريق في السياق المنظومي بدراساته الحديثة لفئتين مستهدفتين ضرورة: القائد المهتم برفع أداء فريقه وقيادته للفريق ليحصل على أفضل المخرجات التنظيمية التي تنصب في الغاية التي وجد من أجلها الفريق، والموجّه لفريق العمل المحترف الذي يرغب في تبني جدارات تدعم أداء الفريق وقائده ليكون تدخله التوجيهي في سياق المنظومة الاستشارية المعروفة في عالم الاستشارات والتي تهدف لتطوير التنظيم على أسس علمية وإستراتيجيات مدروسة، وذلك ليخرج كلاهما بالمهارات والممارسات والعلوم المساندة. وعلى ذلك فإنّ المخاطب بالكتاب كلاهما وإنْ استخدم أحدهما مكان الآخر في كثير من الأحيان لمنع اللبس والخلط بين الأدوار. ففي كل مرّة نوجه الخطاب للموجّه نعني به القائد الذي يتبنّى توجيه فريق بنفسه ونعني به أيضا الموجّه الخارجي الذي يتدخّل كاستشاري أوّلا وكموجّه لتطوير الفريق ثانيا. وفي كل مرّة نوجه الخطاب للقائد نستثني الموجّه الخارجي في دوره المحدد بعيدا عن قيادة الفريق.

وتبعا لذلك فإنّ التفريق بين التوجيه القيادي وتوجيه فرق العمل والتوجيه المنظومي أساسي لفهم السياقات المختلفة لتخصّصات التوجيه الاحترافي. فبينما يشترك كل ما سبق في أساسيات التوجيه وتعريفه المشترك حسب الاتحاد الدولي للتوجيه[1] ، يفترق الجميع في الزمان والمكان والمتغيرات التنظيمية الأخرى التي تسمح بفعاليته والحصول على النتائج المرجوة منه. وبينما نشجع القادة على تبني أدوار توجيهيه فردية في التنظيم لا نطلب منهم اعتمادات ولا أداء ينهض لأداء الموجه المنتمي لمظلة اعتمادية معينة. ولكن نشير إلى المعيار بشكل مستمر لكي نحفز لدى الجميع الانضباط والالتزام في حال رغبتهم في الحصول على الاعتمادات.

ونفرّق في كثير من الأحيان بين أنواع التوجيه المتعددة والمتاحة للموجه المستفيد قارئ الكتاب والتي قد تتقاطع في مواضيعها التي تتناولها أو أساليبها أو الجدارات أو الأخلاقيات التي تضبطها. فبينما يركز التوجيه القيادي على سلوك القائد وأدائه القيادي في سياقات متعددة اجتماعية وتنظيمية، ويركز توجيه فريق العمل على أداء الأعضاء كوحدة متكاملة تسعى لتحقيق هدف معين في سياق اجتماعي أو تنظيمي، فإن التوجيه المنظومي يشمل ذلك كله في مستويات متعددة وعلاقات ذات طبيعة متشعبة ومتشابكة ابتداءً من الفرد إلى فرق العمل إلى القيادة بمستوياتها المتعددة في التنظيم إلى العلاقات الممتدة لذوي المصالح وشركاء النجاح كالعملاء، والمستثمرين والمستفيدين من التنظيم على مستوى الحي، أو المدينة، أو الدولة، أو العالم. ولذا يختلف التوجيه المنظومي في طبيعته وفي مقدرات ومهارات التوجيه الخاصة به وفي نتائجه المتعاقد عليها بين الموجّه والتنظيم عن توجيه القادة أو فرق العمل وإن كان يشملهم جميعها في أسلوبه. بينما يكتفي التوجيه القيادي بالتركيز على القائد المُوجَّه وحدهُ ليكون هو محور التوجيه في كل ما يسهم في فعاليته ونجاحه في دوره القيادي. ويشمل علاقاته الخاصة والعامّة أو مشاعره وأفكاره أو كيفية تنظيمه لفريق العمل وأسلوب قيادته لهم، بل وربما طريقة توجيهه لهم. وأمّا توجيه فريق العمل فيشمل علاقات الأعضاء ببعضهم وبقائدهم وربما بغيرهم من الفرق في سياق العمل أو علاقتهم بذوي المصالح الذين يقدمون لهم نتائج العمل أو المستفيدين من خدمات الفريق وأدائه، وحتما يمتد توجيه الفريق لرفع الأداء وتميّزه بفحص إستراتيجيات العمل وأثرها

على أداء التنظيم ومصالحه وأهدافه وخططه الإستراتيجية، إلّا أنّ التركيز فيه يقتصر على الفريق المعني بالتوجيه. التوجيه المنظومي في المقابل يركز على الجميع في سياق المنظومة باستمرار على مستوياتها المتعددة، ويركز على العلاقات فيها وبينها ومنها ولها بشكل شمولي لا يستثني فيه علاقة على علاقة ولا مصلحة على أخرى وبوضوح كامل بحيث تستفيد منه المنظومة بكاملها في عملياتها اليومية وخططها التحولية. ويعتبر ذلك أقوى فعاليّة في رفع الأداء لكل من له علاقة بالتنظيم من القادة وفرق العمل وذوي المصالح وشركاء النجاح داخل وخارج التنظيم. هذه النظرة الشمولية للتوجيه المنظومي هي التي تضعه في قمّة الهرم بالنسبة لاستمرارية أثره وامتداده لزمن أطول ولمواقع أبعد في زوايا التنظيم الداخلية وأثره في العالم الخارجي.

ومن هنا يأتي ما نسعى له باستمرار منذ بحثنا العملي في التحول التنظيمي ودور القيادة النيوكارزمية الأخلاقية في صياغة وتصميم وتنفيذ التحوّل واهتمامها بالكل وليس فقط بالجزء وتبنيها للتفاعل الجمعي بين أجزاء المنظومة. وقد كتبنا في ذلك كتابين باللغتين. فباللغة العربية صدر لنا في عام ٢٠١٩ كتاب "القيادة الأخلاقية (النيوكارزمية) للتعليم العالي[2] " والذي يعتبر المرجع الأساسي لما قمنا به في بحث الدكتوراة وما نشرناه في مجلات علمية عن النظرية المكملة لما قام به علماء باحثين سابقين لنا في الثلاثين عام الماضيين. واخترنا أنْ يكون بحثنا العملي في التعليم العالي لكونه أرضية خصبة لفحص النظرية في مجال يركّز على النمو الإنساني وعلاقته بالعالم حيث يخرج ألوف الطلبة كل عام لسوق العمل. ثم في عام ٢٠٢٠ صدر لنا كتاب "القيادة النيوكارزمية: نموذج توجيه ذاتي متكامل"، من بين سلسلة إدارية لسبرنجر نيتشر Springer Nature في سويسرا[3] . وباعتبار اكتمال التجربة في عالم التوجيه القيادي، أردنا أنْ تتحول النظرية إلى تطبيق واقعي عن طريق اثنتين وثلاثين جلسة توجيه قيادية ذاتية لكل قائد أخلاقي يسعى للتحوّل التنظيمي في منظمته أو مع فريق عمله. والكتاب تزامن مع تجربة توجيه فرق العمل في أحد أهم المنظمات الأمريكية في الخمسمائة شركة الأكثر ثراء في العالم. وهذا يعني استكمال مسيرتي التي بدأتها في عام ٢٠١٧ في دراسة التّفاعل الجمعي في المجموعات وفرق العمل في جامعة ييل سكول أوف بزنس Yale School of Business بالحصول على ممارس متقدم في توجيه فرق العمل من مؤسّسة الشروط الستة وتقييم أداء فرق العمل من تيم دايجنوستك

سيرفي Team Diagnostic Survey والتي أتممتها في ٢٠١٩. ولكي تصبح التجربة والنظرية أقوى ويتم نقلها للعالم العربي أصدرت في وسط أزمة كوفيد ٢٠٢٠ و٢٠٢١ المنشور السمعي الشهير "القيادة النيوكارزمية" باللغة العربية بألوف المتابعين في العالم والذي تضمن ما يقرب من ٢٠ حلقة عن فرق العمل والتحديات التي تواجهها وكيفية توجيهها[4] واستكملنا نشر الحلقات في الموسم الثالث حتى وصلنا إلى ٥٨ حلقة، إلى لحظة نشر هذا الكتاب بلقاءات متخصصة مع موجهي فرق العمل والتوجيه المنظومي المشهورين في العالم العربي.

واليوم وبعد مرور ما يقرب من ستة سنوات نضجت التجربة ليخرج "برنامج موجهي فرق العمل النيوكارزمية" معتمدا على محتوى الكتاب بين أيديكم بصيغة تدريبية ليكون النصّ التعليمي والعمود الفقري لخريجي البرنامج. وبعد تخرّج عدد من الدفعات بنجاح باعتماد كامل للمنهج من الاتحاد الدولي للتوجيه، يأتي هذا الكتاب ليحقق غايته ويكون متاحا لكل من أراد أنْ يمارس توجيه فرق العمل من القادة أو ينضم للبرنامج في دفعات خريجيه المستمرة ليتدرب على الأساليب المذكورة في الكتاب. وهدفنا من هذا الكتاب تأصيل توجيه فرق العمل في السياق المنظومي المتحوّل. بحيث نفحص الفريق كأحد أشكال التجمعات الإنسانية قبل أنْ نتطرق إلى توجيهه أو توجيه السياق المنظومي الذي وجد فيه.

أجزاء الكتاب

الكتاب في جزئه الأول يتطرق إلى الفريق وكل ما يتعلق بعلوم الفريق بشكل سلس وعملي ومختصر. يبدأ أولا بموقع الفريق من السياق المنظومي، مما يقود إلى استعراض كامل للبيئة المنظومية ومقارنها بالطبيعة وما يدور فيها من عمليات وعلاقات وكيف يغذي بعضها بعضا. ويشمل هذا الاستعراض السياق الثقافي والذي هو محور اهتمام عالمي حاليا بسبب حركة الهجرة والتنقل بين الدول ووضع الأقليات في سوق العمل والعنصرية ومشكلاتها وتمية المرأة في سوق العمل. فاستعرضنا القيم الثقافية بحسب الدراسات العالمية لتعدد الثقافات في العالم. وركزنا على قراءة الثقافة العربية خاصة، وكيف يتفاعل أعضائها فريقاً وقادةً

وكيف وماذا يعني ذلك للتوجيه. ثم عرجنا على تعريف الفريق وطرق تطويره، والفرق بينه وبين باقي أنواع التجمع الإنساني في المنظمات. في طيات ذلك نقدم نموذج الفريق عالي الأداء المبني على الشروط الستة والأدوار القيادية التي يلعبها القائد في دورة حياته. ووضعنا اهتمام خاص بتشخيص الفريق وطرقه ونتائجه، ومن ذلك فهم شروط الفريق عالي الأداء، وعوارض الخلل التي قد تصيبه، ومن ثمّ نهيئ للدخول في طرق التطوير والمعالجة للفريق. وكل ذلك مبني على البحوث الأكاديمية والتجريبية لكبار الباحثين الممارسين في العالم. وبذا نكون غطينا المكون الأساسي الأول في نموذج التوجيه المنظومي لفرق العمل النيوكارزمية.

الجزء الثاني من الكتاب يتناول التوجيه بوصفه احترافاً مهني متخصص له هيئاته المنظمة عالميا وله برامجه التدريبية ومستويات الاعتماد الخاصة به. وفي هذا الجزء تتجلى عدداً من المواضيع ذات الأهمية. فإضافة إلى تعريف توجيه فريق العمل، فهناك المجال الزمني والمكاني له في دورة حياة الفريق. ويأتي بعد ذلك الأدوار التوجيهية التي يمارسها الموجّه للفريق في هذين المجالين. يتبع ذلك تسلسل مراحل التوجيه كرحلة مع العميل مستقاة في أساسها من مراحل الاستشارات التنظيمية، من بداية التحالف والتعاقد مع المنظمة الراعية ومرورا بالتشخيص للوضع الحالي، إلى تنفيذ الجلسات التوجيهية والحصول على النتائج المتفق عليها ثم ينتهي بالإغلاق والتوصيات لما بعد الخدمة. يركز هذا الجزء أيضا على أدوار الموجه والتوجيه الشراكي وكيف يتم التعاقد والاتفاق عليه مع الراعي. ويضم هذا الجزء عملية التفاعل الجمعي بكل جوانبها ومستوياتها وما يدور فيها من صراعات أو خلافات، وكيف يحتوي الموجه ذلك كله بتوظيف مجموعة كبيرة من الأدوات التوجيهية المستخدمة والمجربة. حرصنا أنْ تكون هذه الادوات بسيطة وتتناسب مع المستوى التأسيسي لموجه فريق العمل المبتدئ . ونختمه بوقفة عميقة مع السياق المنظومي مرة أخرى، ولكن من جانب توجيه السياق المنظومي. وهو بداية متواضعة في استعراض فكرة التوجيه المنظومي وتوجيه فرق العمل التحولية النيوكارزمية. ويعني بكل ما يخص المنظومة من علاقات وتشابكات وأعراض على القائد وفريقه والموجّه أنْ ينصتوا لها ويضعوها في الاعتبار ويتأملوا في سلوكياتهم وكيف تؤثر أو تتأثر قراراتهم على السياق المنظومي وبه.

ويأتي الجزء الثالث من الكتاب ليستعرض كل ما يتعلّق بالمُوَجِّه لفريق العمل ابتداء من إعداده ونموه إلى الإشراف عليه بانتظام أثناء تقديمه الجلسات التوجيهية للمستفيدين من أفراد ومجموعات وفرق عمل، وذلك من مشرف توجيهي مُؤهّل، إلى شرح وافي لجدارات توجيه الفريق والمنبثقة من جدارات التوجيه الفردي الجوهرية بحسب ما نصّ علية الاتحاد الدولي للتوجيه. ويتم ربط هذه الجدارات بشكل وافي بالتطبيقات التي سبقت في جزئي الفريق والتوجيه لتكتمل المنظومة وتخرج بين يديك شاملة ومجيبة لكل تساؤلاتك، بل ومرجعا للدراسة لاجتياز اختبارات الاعتماد للموجهين ودليلا عمليا للممارس الصاعد من القادة والموجهين المتخصصين.

***

شكر وتقدير

الشكر أولا لكل من أسهم في رحلتي التعليمية وعلى رأسهم نانسي ألكسندر Nancy Alexander من ولاية كنتكت Connecticut والتي كانت رفيقتي في رحلة جامعة ييل Yale وهي من موجهي فرق العمل ولها تسجيل مهم مع كرستر لو Krister Lowe، في المنشور السمعي الشهير[5] . والشكر أيضا إلى كرستر لو Krister Lowe، وروث واجمان Ruth Wageman، وكل من كان معلّما ومرشدا لي في الرحلة.

الشكر الخاص لزوجي غسان Gregory Grammatopolous الذي وقف بجانبي وأنا أخطّط وأكتب وفرّغني من مسؤولياتي الأخرى لكي أنتج ما أنتجت. الشكر أيضا لأبنائي وتشجيعهم المستمر وصبرهم على غيابي أمام شاشة الجهاز بالساعات الطوال كل يوم. أبنائي هم تجربتي الأولى في فريق العمل الأسري ومنهم تعلمت كيف أقرأ التفاعل الجمعي والعلاقات وأمارس التوجيه في دوري الوالديّ مرشداً وموجهاً وراعياً في كل لحظة من لحظات حياتهم، مع تقدمهم في العمل والزواج وإنجابهم للأبناء. ويزداد مع هذا الدور قدرتي على التعامل والتفاعل والتوجيه في هذا الفريق الأسري وهذه المنظومة المترامية الأطراف وهم يعيشون في أنحاء الكرة الأرضية في مختلف الثقافات والبلدان ويمتهنون شتى أنواع المهن.

الشكر للأستاذ أسامة الموسى على تشجيعه المستمر في بداية عام ٢٠٢٣ حيث وقف يدعمني في أنْ أكمل المشوار واستمع لي لساعات طويلة وأنا أخطّط هذه الرحلة. والشكر لمشاركي الدفعة الأولى الرائعين الذي بذلوا من المال والجهد والوقت ليصنعوا معي التجربة الأولى للبرنامج ويقرأوا ويعلقوا على المحتوى ويضيفوا من أفكارهم وعلمهم لإثراء فكري وعلمي وعلى رأسهم منى اليوسف التي آمنت بي وبأسلوبي ووصفتني بالشجاعة لكوني أول امرأة عربية تقتحم هذا المجال الصعب وتضع قدمها فيه قبل الجميع وسافرت وقطعت المسافات معي في أول دفعة ولا زالت تقدم معي بين الحين والآخر في الدفعات المتتالية. منى اليوسف في كتابها "في ظل صوتها" [6] والذي أثّر فيّ، بقصتها الرائعة وشجاعتها البالغة في البدء في الكتابة

والإنتاج الفكري، حيث كانت لي موجّه كتابة، في عام ٢٠١٦ وشهدت معي اصدار كتابي الأول "وجه أفكارك ومشاعرك" [7]. والشكر لأستاذي ومرشدي منذ عام ٢٠١٥ في عالم التوجيه أحمد إبياري والذي لم يتردد في دعم برنامجي وفتح أبواب "كوتشنج انتلكت" Coaching Intellect على مصراعيها لتحتضن البرنامج الأول ووضع اسمه مع اسمي وآمن بي وبفريق عملي. والشكر لعبد الله الجرف المؤسس لفرع الاتحاد الدولي للتوجيه بالمملكة العربية السعودية والذي كان نموذجا في تفاعله وصبره واستمرارية دعمه عبر السنوات منذ عام ٢٠١٤ عندما أسس الفرع ودعاني لأكون عضوا مؤسسا معه. والشكر للدكتورة ندا ياسين فدا وهي ابنة خالة والدتي أولا وأوّل متدربة عندي في برنامج العادات السبع للناس ذوي الفعالية العالية في عام ٢٠٠٠ والتي ءامنت بمقدراتي وتبعت خطواتي في رحلتها المتميزة وأخيرا انضمت لبرنامجي بكل حماس وتشجيع. والشكر إلى وائل جمعان والذي صحبني في رحلتي الحالية والماضية منذ عام ٢٠١٤ في مؤتمر دبي وانضم معي ليناقشني في منهجي ويختبر فكري وقدرتي على تحقيق رؤيتي في كل خطوة بملاحظاته الرشيدة وتعليماته المنهجية. والشكر أيضا للسيد محمد السقاف الذي قام بخبرته اللغوية والتوجيهية بمراجعة كثير من المفردات المستخدمة في الكتاب. والشكر للأستاذ عبد الستار أبو العلا وإيمانه المباشر بي وانضمامه لبرنامجي مع الأوائل واستمراره في التشجيع والانتماء للحظة نشر الكتاب وهو يرأس في هذا العام ٢٠٢٤ فرع الإتحاد الدولي للتوجيه بالمملكة العربية السعودية. وأخيرا أشكر الأستاذة الفاضلة رشا العجوز التي منحتني وقتها وخبراتها في مراجعة الكتاب لغويا في وقت قصير قبل نشره في نوفمبر ٢٠٢٤.

أحب أيضا أن أخلّد ذكرى والدي الذي توفاه الله في هذا العام قبل أن يرى هذا الكتاب وقد كان ظلا وارفا أستقي من خيراته وخبراته في القيادة أثناء كتابتي وبحثي طوال الأعوام الماضية. وأعترف بالفضل لوالدتي السيدة الفاضلة المتخصصة في علوم الحياة والتطوير الإنساني والتي أوحت لي بكثير من الأفكار والوقفات بإصرارها وعزمها الحياتي لتكون مثالا للقائد الفذّ الذي يرعى فريقه ويدعمه بما يستطيع ويحميه بما يتاح له من إمكانات. والشكر موصول لأخي طارق عنقاوي على توليه مسؤولياتي العديدة في هذين العامين ممّا فرّغني للكتابة. والشكر موصول لأختي القائدة الفذّة لأسرتها أولا ثم لجمعيتها الخيرية

والتي سمحت لأحد طلبتي بالممارسة العملية لفريقها لكي نضع سويا بصمة في عالم الجمعيات الخيرية التطوعية والتي تهدف لخدمة المجتمع بجميع فئاته. الشكر لكل خريجي البرنامج ممن قرأ واجتهد وكتب ودرس ومارس وسأل وتحدّى مقدراتي وعقلي وفكري في الدفعات السابقة والحالية والقادمة.

***

كيف تقرأ الكتاب

إن كنت قائدا مهتما بتصميم وتكوين فريقك من الصفر أو استلمت رسميا ترقية ولديك فريق عمل، فاقرأ الجزء الأول وامض وقتا وأنت تمارس عملك القيادي اليومي في تأمّله. وإن كان فريقك قديما وتشعر أنّه مفكّك أو لديه مشكلات في الأداء فعليك أنْ تعيد تصميمه وإطلاقه مع خبير موجّه فرق عمل معتمد من البرنامج لكي يتعرف معك قبل أنْ يدخل توجيه الفريق على مكامن الضعف ويشخص الخلل في الفريق، ثم يدعمك لتوجيه الفريق أو أنْ تنتقل للجزء الثاني من الكتاب وتبدأ بنفسك في التوجيه. باعتبار علاقتك مع الفريق الرسمية لا حرج من التجربة فيهم ومعهم ويغفر لك الفريق ويصحح معك مسارك بشكل طبيعي. وإن كنت ترغب فقط في فهم النظريات الخاصة بالتوجيه المنظومي ومهتم الدرجة الأولى في التحوّل التنظيمي ودورك فيه، فانتقل لهذا الفصل في الجزء الثاني عن فريق العمل النيوكارزمي، أولا ثم عد للوراء بحسب ما يمليه عليه فضولك.

وإن كنت قائدا مستعدا للغوص في الجلسة التوجيهية وترغب أنْ تتعرف كيف تقوم بالتوجيه ولديك فكرة قوية عن الفريق عالي الأداء ومقوماته، أو كنت موجّها مكلفا بتوجيه فريق فورا ولديك فكرة عميقة أيضا عن الفرق، فاذهب للجزء الثاني "التوجيه" واستمر في فصوله إلى أنْ تجد بغيتك أو ما يشير لضرورة رجوعك للوراء. وإن كنت مستشارا ولديك فضول عن كيف يحدث توجيه الفريق من الألف للياء فالجزء الثاني أيضا مبتغاك، ولكن فيما يتعلق "بالرحلة مع العميل" في الفصل الثاني من الجزء الثاني "التوجيه". وكذا إنْ كنت محتارا في التعاقد بحسب اللوائح الأخلاقية العالمية فهذا الجزء يوضح كل ما تحتاجه عن التعاقد.

وإن كنت موجها جماعيا وليس لفريق وترغب فقط في الاستفادة من فصل "التفاعل الجمعي" وهو الفصل الثالث في الجزء الثاني "التوجيه" فاذهب هناك مباشرة حيث تجد كل ما يتعلق بمستويات التفاعل واتجاهاته للفرد والمجموعة وكيف توجّه في داخل المجموعة فريقا كانت أو أسرة.

وأخيرا إنْ كنت موجّها لفريق عمل ذي خبرة وباع في الممارسة، ولكن تحتاج للتعلّم لاجتياز الاختبار والحصول على الاعتماد الخاص، فبغيتك في الجزء الثالث "المُوجِّه" حيث تجد شرحا مفصلا للجدارات وفهمها وكيف تطبّقها في الممارسة بمرجعية للفصول المعنيّة في الجزئين الأول والثاني. لا تنسى أنْ عليك الحصول على ستين ساعة تدريب في المادة المتخصصة بين يديك وهي أوّل متطلب للاعتماد مع الاتحاد أو غيره، فلا تتردد في التواصل معنا والاستفسار عن البرنامج الكامل باللغة العربية.

***

الكلمات المفتاحية في الكتاب

لكل كتاب مفاتيح ليسهل الفهم على القارئ ويعرف كيف يستوعب المفاهيم المذكورة في سياقها. ومن هنا أحببنا أنْ نقف عند عدد من الكلمات المفتاحية والتي ستسمح لك بأن تتحرّك بدون لبس بين سطور الكتاب. إليك أولا جدول الكلمات المفتاحية للمرجعية السريعة، ثم تفصيل لاستخدام مفردات معينة بدون غيرها مقابل لرديفها باللغة الإنجليزية.

المصطلح العربي	الرديف باللغة الإنجليزية
الإيثار	Altruism (from Autrui)
الآخر	Autrui (old French): other تنطق أُتْري
مرن، مرونة	Agile, Agility
الرابطة	Bonding
الانتماء	Belonging
الكينونة	Being
النزاع	Dispute
التنوّع	Diversity
تغيير	Change
عميل تغيير	Change agent
محفّز تغيير	Change catalyst
القيادة الكارزمية	Charismatic leadership
المستفيد	Client
الخلاف	Conflict
الموجّه	Coach
الموجَّه	Coached
التّوجيه	Coaching
جمعية/جمعي	Collective/collective
الأسبقية/سبقي	Competitiveness/competitive
التعاون	Cooperate
التعاونية/تعاوني	Cooperation/cooperative
مقارنة	Comparison
جدارة	Competency
تنافس	Competition
تأكد	Confirmation
ثقافة	Culture
فعالية	Effectiveness
كفاءة	Efficiency
الأنا	Egoism
القيادة الأخلاقية	Ethical leadership
توجيه تنفيذي	Executive coaching

Existence	الوجود
Feedback	ملاحظات راجعة (مرئيات)
Good enough	جيد بما فيه الكفاية
Group coaching	التوجيه الجماعي
Group dynamic	التفاعل الجمعي
Group awareness/ Collective awareness	الوعي الجمعي
Individualism/individualistic	الفردية/فردي
Inner peace	سلام داخلي
Intervention	تدخّل
Inclusion	الاحتواء
Join hands	تكاتف
Leadership coaching	توجيه قيادي
Neocharismatic leadership	قيادة نيوكارزمية
Organization	التنظيم
Organizational development (OD)	التطوير التنظيمي
Organizational psychology	علم السلوك التنظيمي
Presence	التواجد/ الحضور
Self/ego	الذات/ذاتي
Social	اجتماعي
Society	مجتمع
Synergy	التآزر
System	النظام
Systemic	المنظومي
Systemic coaching	توجيه منظومي
Systemic thinking	التفكير المنظومي
Team	فريق، فريق العمل
Team coaching	توجيه فريق
Team collective	تجمع الفريق
Team entity	كيان الفريق
Team members	أعضاء الفريق
Team member	عضو الفريق
Team unit	كتلة الفريق
Team voice	صوت الفريق
Triangulation- using more than one method	تثليث (استخدام أكثر من طريقة للتأكد)
Transactional leadership	القيادة التحويليّة
Transformation	تحوّل
Transformational leadership	القيادة التحوّلية
Verification	تحقّق
Work environmen	السياق، بيئة العمل

تأصيل مصطلح التّوجِيه كرديف لكلمة Coaching

بينما يطلق الاتحاد الدولي للتوجيه[3] كلمة (كوتشنج) على المهنة عند استخدام اللغة العربية، يرى كثير من المتحدثين باللغة العربية أنّ هذا الإطلاق يسلب اللغة العربية قوتها حيث احتوت على ما يزيد عن ٢ مليون مفردة، وفاقت غيرها من اللغات في قوة التعبير والألفاظ، وفي مرونتها بتبني مصطلحات مشتقة من جذور الكلمات، وبما أنّ اللغة الإنجليزية استقت لفظة Coach من (الناقل للركاب من مكان لمكان) وهو أصلا عربة تجرّها الخيول بحسب أحد تعاريف قاموسي أكسفورد [4] Oxford وويبستار[5] Merriam Webster، أو كما هو مستخدم مؤخّرا في عالم الريّاضة بأنه شخص يعطي إرشادات وتوجيهات لشخص آخر لإتقان مهارة معيّنة. ثم استخدم حديثا بحسب المرجعين السابقين أيضا لشخص يقوم بنصح[6] وارشاد[7] شخص آخر فيما يتعلق بحياته أو مهنته أو قيادته التنظيمية. واختلف التعريف بين جهة وأخرى بحسب منهجية التطبيق له والجدارات الخاصة بالممارس وقيود عددية لها علاقة بالتأهيل والاعتماد، ولكن روح الموضوع هو ما جاء في تعريفات القواميس من أنه النصح والإرشاد.

وهذا التعريف في القواميس هو أصل علم التوجيه الذي نحن بصدده وليس معناه الكامل كما تعرّفه الجهات المتخصصة فيه حيث لا يوجد في القواميس العامة للغة الإنجليزية ما يفصل التعريف بالشكل الذي ترغبه هذه المنظمات، ومع ذلك تقبل العالم بشكل كبير فكرة التوجيه بمعناها التخصصي الدقيق كفرع من الإرشاد والنصح عامة وبدون أي اعتراض على القواميس العريقة.

[3] International Coaching Federation (ICF)

[4] coach_1 noun - Definition, pictures, pronunciation and usage notes | Oxford Advanced Learner's Dictionary at OxfordLearnersDictionaries.com

[5] Coach Definition & Meaning - Merriam-Webster

[6] To instruct, direct, or prompt as a coach- Webester link above.

[7] A person who is employed by somebody to give them advice about how to achieve the things they want in their life and work.

فإذا أثبتنا ذلك كمسلمّة لغوية في اللغة الإنجليزية والتي تنطبق على التخصّص من صميم ثقافة التطوير التنظيمي الاستشاري في عالم الإدارة وملحقاته الفرعية من العلوم، بقي أنْ نجد ما يقابلها من المفردات العربية والتي تتغير معانيها بتغير السياقات والتصاريف كما هو معروف لدى علمائها والمتخصصين فيها. نظرا لأهمية اللفظة في مهنة وتخصص يزداد تابعوه في العالم، يتساءل المتخصصون ماهي أفضل طرق التعبير عن اللفظة بما يتناسب مع اللغة العربية وثقافتنا وفي الوقت نفسه بما يعبر عن التخصص بشكل متوافق مع اللغة الإنجليزية. منذ سنوات اقترحنا كلمة توجيه مقابلاً لمصطلح Coaching ومثله مثل أي مصطلح في أي لغة يحمل عددا من المعاني الفرعية. وتعود جذوره لثلاثة أحرف (واو، جيم، هاء)، واستخدم في القرآن في عشرات النصوص المقدسة للتعبير عن معاني عديدة تتراوح بين الوجه، والجهة. والوَجْهُ هو ما يُقابَلُ به العالم مثل وجه الإنسان ومنه واجهة المبنى، وبين التوجيه للشيء بوضع وجْهةٍ له أو بإعادة معايرته ليكون مواجها لجهة ما. أو لمساعدته ليرى الوجهة التي تصلح له بالبحث عن الوجهة التي يرغب أنْ يتوجّه لها. وأفضل ما مرّ بي في كتب المعاجم وعلى رأسها لسان العرب هو "اتخاذ الوجهة أو الإعانة على اتخاذ الوجهة"، أو "تركيز الجهود ونحوها على شيء معين"، وفي الاختصاص التوجيهي إضافات إلى ذلك في جملتها "تركيز جهود المستفيد من العملية التوجيهية على هدف يرضاه فيضع جهده وفكره ومشاعره فيه، بحيث يقوم الموجّه بإتاحة الفرصة له للتعبير والتفكير والإبداع ومشاركته في ذلك بما يسمح به المُوجّه المستفيد وفيما ينصب في الاتفاق المسبق بينهما". والتعريف قد يتغير ويتبدل بحسب التخصص التوجيهي، ولكن في جملته ما ذكرنا.

أقول ذلك لأننا لا ينبغي أنْ نحمّل اللفظة فوق ما تتحمل ونتركها مفتوحة لحين يرغب المستخدم في تعريفها في سياقها المتخصّص. والتعريف مهم لأنه يضع حدود وضوابط الاستخدام ولا غنى عنه في أي مجال. ولذا تجد في مقدمة كل بحث علمي التعريف الذي يقصده الباحث من استخدام مصطلحات معينة في بحثه، بل تجد تعريف القيادة يختلف من باحث لآخر وهكذا. وبذا يسقط الادّعاء بأنّ المصطلح ينبغي أنْ يعرّف العلم. يكفي من المصطلح أنْ يشير إلى المعنى العام ويترك الخاص لأصحاب الاختصاص. فإذا اتّفقت معي على هذا ننتقل لتعضيد كلمة توجيه بالدليل الشرعي للمعنى.

على رأس النّصوص القرآنية المعبرة جدا في مجال وعلم التوجيه المتخصص النص الآتي: "ولكلٍّ وجهةٌ هو مولّيها فاستبقوا الخيرات"[٨]. قال الطبري في تفسيره: وأمّا "الوجهة" فإنّها مصدر مثل "القعدة" و"المشية"، من التّوجُّه". وأما قوله: "هو مولّيها"، يعني هو مولٍ وِجْهَهُ إليها ومستقبلها (انتهى كلامه). وما أجمل التعبير عن التوجه بالوجه حيث تلتفت إلى حيث تريد أنْ تسير أو تحصل على شيء أو تتناوله. ويكون التوجيه مساعدة المُوجِّه للمُوَجّه للوصول لوجهةٍ ما ولا يلزم منه إلزام له أو قسر. ويحتاج التوجه لنية وقصد ولا يمكن إرغام أحد عليه بدون رغبة كاملة منه. فأنت تدير وجمك نحو الشيء بكامل إرادتك ومهما حاولتُ شخصيا أنْ أوَجّهك بأمر مباشر فلن تدير وجمك إلّا برغبة منك. ومن هنا أصبح الوجه أساسيا في التّوجّه ومن التّوجيه. ثم أكمل الطبري تفسير الآية فقال: ومعنى التّولية هاهنا الإقبال ويقول القائل لغيره: انصرف إلى" بمعنى "أقبل إلى". و"الانصراف" المستعمل، إنما هو الانصراف عن الشيء، ثم يقال: "انصرف إلى الشيء"، بمعنى: أقبل إليه منصرفا عن غيره. وكذلك يقال: "وليت عنه"، إذا أدبرت عنه، ثم يقال: "وليت إليه"، بمعنى أقبلت إليه مولّيا عن غيره (انتهى كلام الطبري).

ومن هنا يتطلب التّولي للوجمة حركة وإقداما. ثم قال الطبري: القول في تأويل قوله تعالى: فاستبقوا الخيرات؟ قال أبو جعفر: يعني تعالى ذكره بقوله: "فاستبقوا"، فبادروا وسارعوا، من "الاستباق"، وهو المبادرة والإسراع (انتهى كلام أبو جعفر الطبري). فما أجمل أنْ يعين المُوَجّه، المُوَجّه على المسارعة والمبادرة في التّولي للوجمة. فالتولي حركة والتوجه نية وإرادة. وكأن التّوجه عمل قلبي داخلي ومن هنا يتضح جمال التوجيه بمعناه العالي عن الأمر والإلزام أو القسر والذي يستخدم قوّة السلطة وقوّة الجبر الجسمي والنفسي. بينما يعلو التوجيه عن تلك القوة ويعطي الموجه خيار التّولي والاستباق للخيرات. واستخدم

[٨] سورة البقرة آية ١٤٨

الخيرات لأن التولي للشرور ليس من مقاصد التوجيه، بل مناف لأخلاقيات المهنة وينبغي على الموجه عدم تشجيع المؤجَّه على ذلك، بل التبليغ عنه إذا ترتب عليه ضرر يمتد للنفس، أو الآخرين، أو مخالفة للقانون، أو المتعارف عليه في السياق من آداب، لينتهي عن توجهّه نحو الشرور. التوجيه سلاح ذو حدين بدون أخلاقيات المهنة. ولا يكفي أنْ يقف المَوَجِّه مكتوف اليدين بينما يستخدم المُوَجَّه تلك الأداة ليفسد في الأرض ويرتكب الجرائم فهذا تمكين للباطل وتواطؤ مع المجرم في إجرامه أو المفسد في فساده. بل ينبغي أنْ تصحب هذه المهنة أخلاقيات راقية تتناسب مع السياق والثقافة كما تنص عليه اللائحة الأخلاقية للاتحاد الدولي للتوجيه. ولكن تنساق اللائحة إلى مواضيع عائمة وغير محددة ومن هنا كان ينبغي أنْ نقف لنوضح أنّ أهم المعايير الأخلاقية للتوجيه في العالم العربي هي معاييرنا الإسلامية لما هو حلال وما هو حرام وأن يتجنب الموجه الخوض في الأمور المشتبهات والتي من شأنها أنْ تنحى به عن الصواب هو ومن يقوم بتوجيهه. فلكل موضوع من مواضيع التوجيه اختصاص والموجه غير المتعمق في تخصص ما عليه إلّا أنْ يعمل بقوله تعالي: "فأسالوا أهل الذكر إنْ كنتم لا تعلمون"[9] و "إذا جاءهم أمر من الأمن أو الخوف أذاعوا به ولو ردوه إلى الرسول وإلى أولي الأمر منهم لعلمه الذين يستنبطونه منهم"[10]. وهذا مقرّر أيضا في لوائح المنظمات العالمية للتّخصص، ولكن نزيده تفصيلا بأن هناك قضايا قد يعتبرها المجتمع العالمي مباحة مثل الشذوذ الجنسي والتحدي للوالدين أو للسلطة أو ولي الأمر كما في الديموقراطية والتجربة الأمريكية ، ولكنّ ديننا يحظر علينا ذلك. ولنا وقفة مهمة أخرى مع اللائحة الأخلاقية في هذا الكتاب في مكانه.

***

[9] النحل أية ٤٣
[10] النساء آية ٨٣

الجزء الأول: الفريق

الفصل الأول: السياق الذي يظهر فيه الفريق

الفصل الثاني: تعريف فريق العمل

الفصل الثالث: تطوير فريق العمل

الفصل الرابع: تشخيص فريق العمل

الفصل الخامس: فريق العمل عالي الأداء

الفصل الأول: السياق الذي يظهر فيه الفريق

تظهر التجمعات من حولنا في المجتمع وعالم الأعمال والمنظّمات بأنواع وأشكال عديدة، وهذا يدل على أنّ الإنسان اجتماعي بطبعه ويأنس بوجود الآخرين حوله، بل ويتحرك بالمجموعة ما لم ليكن يتحرك لو كان وحده فردا بدونها. قال الله تعالى: "وجعلناكم شعوبا وقبائل لتعارفوا"[11] . فالتعارف بين الأفراد والتجمع في أشكاله هو أصل في التواجد الإنساني. وقد أثبت العلم الحديث بأن الإنسان في جسمه وذاته هو منظومة متكاملة تعمل بتنسيق وتعاضد دقيق[8] وقد نص القرآن على ذلك حيث حثنا على التأمل في خلقنا لنتعلم عن أنفسنا: "وفي الأرض آيات للموقنين وفي أنفسكم أفلا تبصرون"[12]. ففي الجزء الأول من الآية حث على التأمل في الأرض وما حولنا من دلائل، حيث نحاط بأمم أخرى من الحيوانات والنباتات في البيئة المحيطة والتي تسير بنظام يستدعي العجب من التكامل والتعاضد بصمت كامل وبدون أنْ تخلّ بشيء يؤدي إلى هلاكها أو الدمار لها ولمن يعيشون فيها. ثم لفت انتباهنا إلى أجسامنا وما تسير عليه من دقة متناهية يعمل فيها كل عضو مع الآخر بتناسق عجيب. ومن هنا جاء الحديث الشريف الذي يشير إلى فهم أهمية التجمّع الإنساني وارتباطه بالتّواد والتّراحم والتّعاطف وكلها كلمات لا مدلولات عميقة في طبيعة العلاقات: "مثل المؤمنين في توادهم وتراحمهم وتعاطفهم، مثل الجسد إذا اشتكى منه عضو تداعى له سائر الجسد بالسهر والحمى"[13]. فإذا نظرنا إلى التجمع وكيف شبهه النبي صلى الله عليه وسلم بالجسد، تعلّمنا كثير عن التّجمّع وطبيعته وارتباط أجزاءه ببعض في منظومة متكاملة دقيقة التصميم يتأثر الجزء منها بالكل حيث أنّ الفرد يؤثّر ويتأثّر والمجموعة كذلك ومن باب أولى فريق العمل والذي هو وحدة متكاملة وجدت لغاية تخدم التنظيم بأكمله وتتبادل معه المنافع

[11] آية ١٣ سورة الحجرات – القرآن الكريم
[12] أية ٢٠ سورة الذاريات – القرآن الكريم
[13] متفق عليه -البخاري ومسلم، عن النعمان بن بشير. رياض الصالحين – حديث رقم ٢٢٤

وتتأثر وتؤثّر فيه. فإذا عرفنا ذلك سهل علينا أنْ نفهم أهمية أنْ نتناول موضوع التجمعات وفرق العمل بجدية. فعلى غرار ما كان سائداً في علوم القيادة أنّ القائد هو الأساس لكي تقوم مصلحة التنظيم وتنتظم علاقاته، فإن القائد ما هو إلّا أحد المحركات التي تفعّل العمل الجمعي سواء كان تجمعا يخدم غاية في التنظيم أم كان فريق عمل لا تسهل مهمته بدون القيادة ودعمها. ومن هنا يصعب فهم المنظومة وعلاقاتها بدون أنْ نقوم بتوصيف السياق المنظومي الذي تظهر فيه فرق العمل والتي هي موضوع هذا الكتاب. فقبل أنْ نعرّف فريق العمل دعونا نغوص بعمق في طبيعة التنظيم وعلاقاته وما يعني ذلك بالنسبة للفريق في هذا المعرض.

السياق التنظيمي

حوى السياق تلك العوامل الزمانية والمكانية والتي تمثل فرصا أو عوائق وتؤثر على ظهور سلوك تنظيمي ما أو علاقات إنسانية ما داخله، بحيث تبدّل في المتغيرات المحيطة مما يسمح بتبدل السلوك[9] . وكما ترى فإن السلوك الفردي والجمعي هو ما يكوّن السلوك التنظيمي. فعلى سبيل المثال لا الحصر، تأخّر الموظفين عن العمل، أو كثرة انشغالهم بأحاديث جانبية بعيدا عن سياق العمل، أو انتشار الغيبة في ممرات التنظيم بحيث يطعن بعضهم في بعض، وغير ذلك من الظواهر السلوكية التي لا تختص فقط بفرد واحد، بل تنتشر لتشمل السلوك الجمعي وتتفشى إلى أنْ تصبح ثقافة خاصة بالتنظيم يلاحظها من يصل إليه من المنضمين حديثا ويلاحظها من يقوم بتحليل كفاءة التنظيم، هي سلوكيات يمارسها الأفراد بشكل وتتفشى لتصبح السلوك المعتاد. والفرص التي سمحت لهذه السلوكيات بالانتشار قد تكون واردة على التنظيم من الثقافة المحلية للمكان الذي يتواجد فيه التنظيم أو تكون صادرة من داخله بسبب ظرف زماني معين مثل وجود قيادة مركزية دكتاتورية تستخدم القوة في سير التنظيم وتسبب الفرقة بين أعضائه بتفضيل بعضهم على بعض. مثل تلك الظروف الخارجية أو الداخلية الزمانية والمكانية تمثّل فرصا لانتشار سلوك ما أو تغيير آخر. ومن هنا يكون السياق إما داعما أو معطّلا لكفاءة التنظيم.

المنظمة سياق تنظيمي مباشر

التنظيم هو ذلك التجمع الإنساني الذي يهدف لغاية محددة عن طريق تنسيق جهود أفراده باستخدام إستراتيجيات عمل وأنظمة تسهل مهمّة هؤلاء الأفراد لخدمة هذه الغاية وينتج عن هذا التنظيم منظّمة. ولأن المنظمة واسعة التطبيق في جوانب الحياة المختلفة فإن فرق العمل التابعة لها عادة ما تكون أيضا واسعة التطبيق. فمن الممكن مثلا إطلاق كلمة منظمة على الأسرة، أو القبيلة، أو الحي، أو المسجد، أو جمعية خيرية، أو نشاط طلابي صيفي، أو شركة، أو عمل خاص، أو دائرة حكومية، أو دولة بأجهزتها الكاملة، أو مجموعة من الدول تنتمي لقارة أو جميع دول العالم تحت غاية وشعار موحّد. ظهور تجمع يعني وجود علاقات وتنظيم لهذه العلاقات تحت هذا التجمع. ولتنظيم هذه العلاقات وضع المنتمين لهذا التجمع أو المنظمة هيكلا تنظيميا.

الهيكل التنظيمي

ويعرّف الهيكل التنظيمي بأنّه طريقة تدفق العمل في المنظمة. وهذا بدوره يؤثر على التّواصل وتوزيع المهام وقوة اتخاذ القرار أو عدمه وغير ذلك. ويسمح الهيكل التنظيمي بأن يعمل الجميع معاً في مواقعهم الفردية لإدارة المهمّات اليومية وأن يعملوا بشكل جماعي أو فرق عمل في مستويات تعاونية متعددة تبدأ من المشاركة بالمعلومات إلى اتخاذ القرارات. وعادة ما يتم تصميم المنظّمات التقليدية عن المهمّات الوظيفيّة. فيتكتّل الأفراد المسؤولون عن وظيفة معينة في دائرة أو قسم إداري محدّد. وكثير من المنظمات الحديثة تركت هذا الأسلوب في الهيكلة واتّبعت تدفّقاً من نوعية جديدة مبنيا على الكفاءة والفعالية للأداء أو النتائج المرجوّة ممّا يسمح لفرق العمل بأن تتكون عبر الأقسام والدوائر لتنجز وتحقق تلك النتائج. والمتتبع لتاريخ الهيكلة التنظيمية يجد أنّ المئة عاما السّابقة شهدت العديد من التّغييرات والتي آخرها ما نشهده اليوم في المنظمات الافتراضية أو شبه الافتراضية[10] . وتصميم تدفّق العمل والعلاقات وتوزيع القوى في المنظّمة يؤثر في شكل ووظيفة فرق العمل فيها بشكل

كبير. ومن المهم، كما سنرى، أنْ يتطرّق مختصي التطوير التنظيمي لبحث جدوى تلك الهياكل والعلاقات والتواصل مع المعنين بها من القادة وفرق العمل لكي يعاد تصميمها بشكل يسمح للفريق، بل وللتنظيم بأكمله أنْ يتحرك في اتجاه تحقيق الغاية التي من أجلها وجد.

وهناك العديد من التصاميم التنظيمية المقصودة وغير مقصودة والتي يُعنى بها علم التطوير التنظيمي والتدخل الاستشاري وأيضا جهود التغيير وإدارته في التنظيم. فكلنا يعرف الهرميّة والتي يترتب عليها وجود قوى مسيطرة وصانعة قرار في قمّة الهرم وأثرها على إتاحة الموارد والمعلومات لفرق العمل علت أم سفلت. وعلاقة الهرمية بالبيروقراطية في المنظمات الحكومية معروفة حيث المرجعية مهمة وحيث تتعقّد إجراءات تخليص المعاملات وصناعة القرارات وربما تتمركز في أيدي أشخاص معينين فتصبح المنظمة مركزية القوى، وهذا مفهوم من حيث المسائلة تجاه أمن الدولة وأجهزتها والمنتمين لها. وقد يضاف لذلك قياسات الأداء المحكمة والتي تُعنى بتقسيم المنظمة إلى دوائر وأقسام متعددة يتبع كل منها قياسات أداء معينة وتوصيفات وظيفية دقيقة لا تسمح بانتقال الأفراد بين المهمات والمشاريع بسهولة بدون تحريك قطع أكبر في التنظيم. ولعلّ بعض هذه القياسات أو كلها يحتاج إلى مراجعة شاملة بين الحين والآخر حيث بدأت تلك المنظمات التي فاق عمر أجهزتها على الخمسون عاما في إدراك أهمية التغيير والتحول التنظيمي لمواكبة تطورات العصر وسرعة الاتصالات بسبب التقنية. وهذا من شأنه أنْ يصنع الحاجة لخدمات مختصي التطوير التنظيمي بأشكاله بشكل مستمرّ، ومن ثم الحاجة لموجّهي فرق العمل ليقوموا بموائمة المفرق وبخاصّة تلك التي في مناطق حسّاسة من التنظيم.

وفي المقابل تجد المنظمات المسطّحة والتي تتوزع فيها قوة اتخاذ القرار وإنجاز المهمات بين الجميع على السواء وتختفي فيها بيروقراطية العمل وتتساوى فيها المهمات والتوصيف الوظيفي بعيدا عن التحديد بشكل مطلق مع معالم بسيطة فقط، وتكون المسميات الوظيفية مجرد رموز لتسهيل مهمّة الموارد البشرية وليست مناصب. وقد يكون ذلك مفيدا في تسهيل التواصل والتعامل بين مختلف أفرادها وتحريكهم حيث يكون الاحتياج لهم، ولكن قد يصنع نوع من الفوضى أيضا إذا حصل خطأ ما أو

تجاوز بحيث تصعب المسائلة وتتبّع مصدر الخطأ. وهناك الهياكل الحيوية والتي تستقي شكلها في تفاعل الأجزاء مع بعضها البعض من الطبيعة بحيث يقود كل جزء للآخر ويعتمد عليه بشكل أو بآخر أو يصنع القرار بمعيّته وبدعمه. وتتنوع هذه الهياكل بتنوع الأشكال الطبيعية للشبكات والعلاقات. وهناك الخلية المركزية والتي تتفرع منها فروع تشكّل بدورها خلايا مركزية أخرى ويرتبط بعضها بالبعض عن طريق هذه الفروع الموصلة بحيث لا تكون خلية أفضل من الأخرى في الكلّ. وهناك الشبكة الممتدة والتي يستوي كل فرد فيها مع الآخر ويعتبر جزءا من الكل ويلعب دوره بقوّة في صناعة القرار ولا يقف عنده القرار، بل يتعداه لفرد أخر أكثر فاعلية أو توصيلا وتكون القوة الفاعلة فيها موزعة. وهناك النووية المركزية والتي بالرغم من غياب الهرمية فيها إلّا إنّ المركز يلعب فيها دورا مهما في القرار ولا يمكن اتخاذ القرار بدونه مع اختفاء المستويات الأخرى، وتظهر بشكل خاص في الشركات العائلية.

ولا يفوتنا الهرمية العشوائية في خلايا التنظيم غير المنظّم والتي نشأت عن الحاجة والثقافة والاعتياد بين مجموعات من الناس يعيشون بشكل قبلي متنازع وتربطهم علاقات يمكن تفكيكها بسهولة لغياب الانتماء الأساسي، أو نتيجة قسر، أو عنف، أو استعمار، أو سيطرة مسلحة حيث ينضبط الأفراد والمجموعات وفرق العمل تحتها ليس لأنها الأفضل، ولكن لأنها الطريقة الوحيدة للبقاء والاستمرار في الوقت الحالي. أو لأنها تحكمها الظروف البيئية وتقاطعات التاريخ أو المنطقة الجغرافية. وبعض هذه الأشكال يعتبر جذورا لمنظمات عائلية أسرية بدأت بارتباط قوي ثم تفرعت وانفصل عنها غيرها أو نضب موردها واضمحلت وأصبحت صغيرة أو محدودة. ولكن في النهاية هذا تبسيط تحليلي لما هو أعقد وأصعب من التصور الذهني الحالي. وكلّ تلك الأشكال يحكمها الحاجة وتسهيل حركة التنظيم وتفاعله مع العالم الخارجي أو مع عملائه، بل وحجم التنظيم وعدد العاملين به وكونه يعمل في موقعا جغرافيا واحدا أو ينتشر عبر مواقع متعددة وبعيدة المسافات، ووجود مكان حقيقي له، أو كونه يعمل افتراضيا كما في معظم الشركات الحالية. وما يهمّنا هنا هو أثر ذلك على التجمّع وفريق العمل وعلى التنظيم وكفاءته وتحقيقه للغاية التي من أجلها أنشئ.

العلاقات التنظيمية

تعتبر الشجرة في تعقيدها البالغ وفروعها الممتدة إلى الأعماق والارتفاعات أو في شكل الجذور الممتدة تحت التراب وترابطها وتفاعلاتها أقرب ما يكون للمنظمة في المجتمع الأكبر أو في الغابة. وتعتبر العلاقات في هذه الشجرة متعددة الوضوح والغموض مثلها في ذلك مثل شبكة عنكبوتية ممتدة بين فروع الشجرة الواحدة بشكل خفي بحيث تتنقل المعلومات بشكل اهتزازات في خيوط هذه الشبكة فيشعر بها فقط من يتحسس حولها ولا يراها الغافل عنها. المعلومات هي ما يحدث ويدور بين الأجزاء أو في حال الشجرة، الغصون وما يدب فيها من حركة حيوية مستمرة. وتمتد مهمّة المعلومات لما هو أبعد من البيئة المحلية إلى التنبؤ بالأحوال الجوية المحيطة عندما يهب هواء أو يسقط مطر أو ثلج أو يأتي للشجرة من يقص أوراقها وغصونها من البشر أو يلعب حولها بالكرة من الأطفال، أو لوجود جسم غريب مقتحم أو حيوان مار مخترق لتلك الشبكة وممزقا لها، ليأخذ ساكنوا الشجرة حذرهم ثم يعودوا لبناء الشبكة من جديد لتقوم بوظيفها. وهناك تعاون مستمر بين المخلوقات التي تسكن الشجرة وتستفيد من حيويتها أو ما تجلبه من رزق أو خير، أو تلك التي تتخذ الشجرة معبرا لها أو برج مراقبة لما يدور حولها.

في حال المنظمة، فإن كل ما ذكر أعلاه واقع بشكل مصمّم وفي أغلب الأحيان غير مصمّم. وأعني بغير مصمّم أنّه يتفرّع ويوجد بطبيعة الحياة الاجتماعية في تلك المنظومة الحيوية. وتمثّل العلاقات الإنسانية شباكا عنكبوتية لنقل المعلومات المهمّة والسّياسات الضّمنية أو الثقافة المحلية والتي لا يراها الزائر أو العابر وإنما يشعر بها من يعيش في المنظّمة فقط. وتمثّل أيضاً طرقاً لاتخاذ القرار وآلياته وكلّ ما يمكن أن ينجح العمل بشكل غير معلن. وأحيانا تلك العلاقات التي تحتاج إلى أن يعاد رسمها لتعكس مقصد المنظومة وصحّتها. فالشّبكات المقطّعة أو القديمة يتخلص منها العناكب بتركها بلا إصلاح لتسقط مع الرياح أو تطير، ويحرص العناكب على تصميم الشّبكات التي تخدم مصلحة الجميع ولا تتعارض مع أغراض البيئة المحلية.

فريق العمل في السياق التنظيمي

يرسم فريق العمل شبكته الداخلية في هذه الشجرة بحذر ومع مرور الوقت والتجارب يتقن تمديداتها واستخداماتها لالتقاط المعلومات وإيصالها للغير من المستوطنين في المنظومة ولباقي فرق العمل المماثلة. ويعتبر الفريق أحد أهم الوحدات التي تعكس التفكير المنظومي السائد بثقافته المحلية، حيث يترجم الثقافة المحلية بشكل قوي عن طريق سلوكياته وطرق تواصله وإستراتيجيات العمل الخاصة به. فهو في ذلك مثل خلية النحل، أو مستوطنة النمل ،أو عش الطير ،أو ما هو أصغر من ذلك من تجمع مخلوقات قد لا يلاحظه الإنسان بعينه القاصرة.

ولو أردنا أنْ ننظر إلى الفرد كأصغر وحدة في المنظومة فسنفقد كثير من المعلومات المهمة الخاصة بالتفاعل والاتّصال والثقافة السائدة. فالفرد جزء من المنظومة ويشكّل بذاته تجمّع كامل من الأنظمة المتداخلة بخلاياه وأعضائه والتنسيق المتناهي بينها، ولكنه ليس أصغر وحدة فيها تمثلها. فما الذي يشكل أصغر وحدة؟ يشرح بيتر هوكنز[11] أنّ العلاقات بين الأفراد والمجموعات وبين المجموعات والمنظمات التي تتصل بها وتعمل فيها، تلك العلاقات هي أصغر وحدة وبدون العلاقات لا يوجد وحدات. والسبب أنّ الإنسان فرداً بدون علاقة لا معنى له في السياق فعلاقته هي التي تصنع المعنى في أعلى أشكال تفاعلها. وكذا الفريق علاقته بالسياق التنظيمي هي التي تصنع المعنى.

وتعتبر الأسرة مثل الشجرة، فريق عمل مثالي يعمل أفراده لبقائها واستمرارية العطاء فيها ومواجمة التحديات التي تعترضها في المجتمع الأكبر. وفي الأسرة وعلاقاتها بالمجتمع الأكبر دروس عظيمة في التفكير المنظومي وثقافة فريق العمل في التنظيم. وفريق العمل ليس بمعزل عن المنظمة الأساسية ولا يمكن أنْ يتواجد لخدمة غيرها في داخلها أو لخدمة ذاته بدون أنْ ينهار أو يتفتت. ولذا لابد أنْ تنسجم أهدافه مع غايات المنظمة وثقافته مع ثقافتها ومخرجاته مع ما يخرج منها ولها ويعود عليها بالنفع. وبعيدا عن التجربة الحيوية أعلاه لا يمكن أنْ نفهم محمة الفريق ولا تشابك علاقاته في التنظيم. والنّاظر في المنظّمة يجد فرق العمل تنتشر

في بعض أقسامها وفي البعض الآخر تجد فقط مجموعات من الناس يعملون معاً بدون غاية مشتركة. وفي كلا الحالتين تمتد شبكات عنكبوتية خفية وحسّاسة جدا تسمى العلاقات الإنسانية والتي تتقاطع وتترابط في زوايا معينة وتنفصل في زوايا أخرى من التنظيم كما تفعل الشبكات العنكبوتية في الشجرة. ولذا من المهم أنْ يكوّن المتخصّص في تطوير فريق العمل، تصوّراً شاملاً عن هذه العلاقات ويستكشفها أثناء عمله مع الفريق وكيف تؤثر تلك الشبكة على هذا الفريق أو ذاك. بل وعلى كل فرد في الفريق ومن ثم على العلاقات بين الأفراد في الفريق الواحد والعلاقات بين الفرق المختلفة والمجموعات العديدة التي توجد في المنظّمة.

التفكير المنظومي

التفكير المنظومي هو أحد المقدرات التي يمكن تميتها وبنائها لدى القائد أو المختص في تطوير الفريق والتطوير التنظيمي. وهي القدرة على التصور الشامل والكامل للتنظيم بمختلف أبعاده والتحرك بين زوايا وأبعاد مختلفة فيه. ويهدف عادة إلى استيعاب ودراسة العلاقات المتشابكة بين الإجمالي والتفصيلي والكلي والشمولي فيما يمس العلاقات والأنظمة والإجراءات والإستراتيجيات لدعم اتخاذ قرارات سليمة. لكنّ موضوع التفكير المنظومي لا يتوقف عند القائد أو المختصّ فقط، وإنما يمتدّ ليشمل أفراد مهمّين يسكنون الشجرة ويشكلون محورا لتبدّل الأحوال فيها ويؤثّرون بذلك على كل القاطنين فيها. فهم عملاء تغيير متكيفون يبدّلون ألوان جلدتهم أو قشرتهم أو أجنحتهم مع تبدّل الشجرة وألوانها في مختلف الفصول كالزواحف والفراشات وبعض الحشرات ممّا يشير إلى وجود نظام داخلي لدى هؤلاء يسمح لهم بالتكيف مع البيئة المحيطة والتأثير فيها. وفي التنظيم يعبر هؤلاء الأفراد المسهمين عملاء تغيير وتحوّل وتسهيل تواصل ويعضهم ينتمون لفريق او مجموعة فرق عمل في اقسام مختلفة. وتسعى كثير من التنظيمات للتعرف عليهم وتوظيف مقدراتهم في خدمة التحول التنظيمي ومحاذاة الثقافة مع الغايات التنظيمية.

وهناك أيضا متبدّلات مهمة جمعية تظهر بشكل تلقائي وتتبع نظام معقّد آخر في صميم الشجرة أو التنظيم مثل انكماش الأوراق في الشتاء أو ظهور البراعم أو تفتح الزّهور في الربيع أو سقوط الورق تماما في الخريف وربما أيضا توقّف استهلاك الماء بسبب قشرة شمعية على الفروع في الأجواء شديدة الحرارة كل ذلك من أنظمة وسلوكيات جماعية تحكم التنظيم ككلّ وتوجّه ثقافته العامة وسلوكه الجماعي ناتجة عن تفاعله البيئي الأوسع مع المحيط الخارجي وليس تحت تأثير فرد أو مجموعة تقطنه. بعض هذه المتبدلات دائم ومنتظم وبعضها مؤقت. ومن هنا ندرك أهمية التأثير البيئي الخارجي على التنظيم، وأهمية مقدرة المتخصصين على قراءة البيئة الخارجية باستمرار. وبدون تلك القراءة لن يستطيع التدخّل في تطوير التنظيم عن طريق فريق العمل أنْ يثمر ويصل للتطوير المنشود.

التوازن في المنظومة

التوازن بين العشوائية والتخطيط ليس بالسهل أنْ نطرحه في هذه العجالة، ولكن يتبع فهمه أثر مهم على تطوير فريق العمل كما يتبع فهم التنظيم وشبكة علاقاته المعقّدة أعلاه الأثر نفسه على تفكير وتركيز المختص. والنّاظر بعمق للموازنة البيئية للكرة الأرضية - باعتباره من سكانها، وباعتبار الفريق أحد المؤثرين فيها - وما يتم فيها من عمليات طبيعية تؤثّر بشكل مباشر وغير مباشر على البيئة التي نسكن فيها، والنّاظر أيضا لما نقوم به من أنشطة إنسانية مخططة تغيّر من التشكيلة الجغرافية للأماكن والمحتويات البيولوجية التي تتكون منها، يعرف أنّنا في نظام بيئي متكامل لا يمكن تجاهله أو غض النّظر عنه. ولكن أين التوازن بين التخطيط والعشوائية في ذلك؟ يبدو لي أنّ التخطيط عشوائي في كثير من الأحيان ويتبع المصلحة الذّاتية للتنظيم والمجتمع الذي يقطن منطقة جغرافية بعينها ولا يتبع الاعتبارات ذات الأثر البالغ على الدلفين في الأطلسي أو الريف العظيم في أستراليا. ويبدو لي أنّ هذه الاعتبارات، ولأنّها لا يقع أثرها بشكل مباشر ملحوظ بالعين المجردة فإنه يتم تجاهلها مع العلم بوجودها وأثرها على مستقبل الأحفاد وأحفاد الأحفاد. فأين التّوازن فيما نفعل؟ أليس لكل شيء ميزان [12]؟ قال تعالى: ﴿أَلَّا

تطغوا في الميزان﴾[١٤]. فكيف لا نطغى في الميزان وكيف نضع كل قرار في ميزان كلّي في المنظومة الشّاملة للكون وكيف نفكّر بتفكير منظومي؟ وما يهمنا الآن في هذا التقاطع الفكري أنْ نصنع عن طريق توجيه فريق العمل فرصة للميزان، وفرصة للوعي بوجود ميزان داخلي فردي لكل منّا وميزان جمعي للفريق ككلّ، وأن نصنع أيضا فرصة للتفكير في الميزان في قرارات قد تبدو صغيرة، ولكنْ لها أثر على عدد من المستويات داخل التنظيم وخارجه مع المجتمع المحلي والعالمي.

السياق المنظومي الاوسع

كما رأيت عزيزي القارئ في الفقرات السابقة، فإنّ السياق التنظيمي واسع، وهو البيئة التي يظهر فيها فريق العمل ويتفاعل معها. وبينما فريق العمل عادة ما يكون مطلق ويتواجد في أي سياق يسمح له بالتّواجد ليخدم الغاية التي يحدّدها السّياق، فإنّه من المهم لكي يحدث تطوير الفريق أنْ يفهم المختصّ السياق الخاص به، ويتعرف على ما هو مباشر التأثير فيه والتأثر به أو غير مباشر. والتنظيم أحد جوانب السياق، ولكن ليست كلها. وبينما التنظيم هو السياق المباشر، فهناك من يؤثّر ويتأثّر بالفريق خارج التنظيم. فهناك أصحاب المصلحة فيه من مستفيدين وعملاء ومستثمرين ورعاه وربما أيضا متضررين في البيئة التي يتواجد فيها. تحليل وتقييم البيئة هي مسؤولية العميل، ولكنها في الوقت نفسه أحد أهم الأدوات التي قد يرى المختص مناسبتها في تطوير الفريق. ويساعد التحليل البيئي على فهم السياق الداخلي والخارجي وأيضا فهم الثقافة السائدة للفريق والمنظمة التي ينتمي لها. وهو أيضا أحد أهم أدوار القيادة النيوكارزمية في المرحلة الأولى، مرحلة "البحث عن الفرص" وسنتحدث عنه وكيفية تطبيقه كأحد الأدوات المهمة لتطوير فريق العمل[2] .

[١٤] آية ٨، سورة الرحمن.

السياق الثقافي

تعرّف الثّقافة على إنها "ما يميز مجموعة ما عن مجموعة أخرى"[13] . وبناءً على ذلك فإن الثقافة هي "مجموعة من العمليات الداخلية والتي تظهر على شكل ظواهر معينة منها ما هو محسوس كالفن المرئي واللغة بلهجاتها وإشاراتها والعادات والتقاليد الاجتماعية والأدب المقروء والمسموع"[14] . ويظهر مفهوم المجموعة بما يحويه من انتماء جغرافي، أو وطني، أو ديني، أو جنسي أو إلى جيل معين أو منظمة أو طبقة اجتماعية، كأساس في تحديد معنى الثقافة في التعريف وكونها، أي المجموعة، تمثّل كلّ أو بعض ما سبق في مزيج متميّز ومنسجم. ومن ثم ليس بالضرورة أنْ يمثل الأفراد تلك الثقافة التي ينتمون لها بالكامل [15].

القيم الثقافية

ومن أهم تلك المفارقات الثقافية ما أجمع عليه الباحثين في الدّراسات عن التّداخل الثقافي وتعدّد الثقافات من قيم ثقافية نلخصها في الآتي:

١. القوى والمسؤولية: إلى أيّ حد يتم تبنّي مفهوم الحتمية أو القضاء والقدر، مقابل السّيطرة والتحكمّ في المصير.
٢. السياق التنظيمي: ويعني بالهرمية المركزية مقابل المساواة وتوزيع القوى في المنظمة، ويعني أيضا التعميم على جميع الحالات أو فردية السياق والتعامل مع كل حالة على حدة، ويعني أيضا الثبات مقابل التغيير.
٣. الفردية مقابل الجمعية: وهي الدرجة التي تظهر فيها قيمة الفرد على المجموعة أو بالعكس مما يحكم التفاعل الجمعي وقد تتبع السياق التنظيمي في النقطة السابقة.
٤. التواجدية والتمازجية مقابل التحديد والتصنيف: وهي درجة مزج الجوانب المختلفة في الحياة مع بعض.
٥. السبقية والتعاونية: وهي درجة التعاون الجمعي مقابل التنافس الفردي للوصول إلى الأهداف.
٦. الذكورية والأنثوية: وهي الدرجة التي تتوزع فيها الأدوار بين الجنسين.
٧. الضبابية مقابل الوضوح: وهي الدرجة التي تحتمل فيها المجموعة الضبابية في غياب الوضوح أو تسعى للوضوح.
٨. التعامل مع الزمن: ويعبّر عن التعامل مع ما هو طويل المدى أو قصير المدى من الإنجازات والغايات. والنظرة للماضي والمستقبل واللحظة الحاضرة، والإنجاز المتزامن أو الفردي للأهداف.

٩. سياق الاتصال: وهي الدرجة التي حوى فيها السياق لإشارات اتصال أو تلميحات أو عدمها. وتحوي أيضا الاتصال المباشر أو الضمني شفهيا وجسميا وخاصة في التعامل مع الخلاف. وتحوي أيضا درجة التعامل مع المشاعر في التواصل هل هي معلنة أم مخفاة. وأخيرا درجة الرسمية في التعامل والتواصل.

١٠. أساليب التفكير: فهناك الاستنتاج المنطقي أو القياس التجريبي، أو المسوحات التحليلية مقابل الأسلوب التجريبي الواقعي.

ويمكن الرجوع لهذه القيم في محلها من الدراسات والأبحاث الثقافية وما يهمنا هو ماذا يمكنْ أنْ يصنع المختصّ بتطوير فريق العمل بهذه المعلومات، وكيف يستخدمها، مثلها في ذلك مثل إدراكات السياق الخارجي والمحلي للمنظمة والعاملين فيها.

التنوع في ثقافة الفريق

تؤثر الثقافة على الحوار داخل الفريق، وعلى طريقة حل المشكلات والأداء. وكل ما زاد عدد المنضمين للفريق، كلما تعقدت هذه العوامل التي تلعب دورها في تكوين ثقافة الفريق الجمعية. وتشمل القيم الثقافية دائرة أوسع وأهم في منظومة الاختلاف والتنوع. وكما يحدث في كثير من المجتمعات غير العربية والتي تتسم بسيادة الثقافة الفردية فوق الجمعية وبخاصة الثقافة الأنجلوسكسونية في أمريكا الشمالية وبعض الدول الأوروبية، حيث ترفع شعارات تنافي المصلحة الجمعية لمجتمعات تلك الدول وتعزز التفرّد البغيض الذي ندعو لنبذه في المنظومة الكونية الواسعة. وبينما تجد أنّ تعامل الثقافة الأمريكية السائدة مع التنوع والاختلاف مبني على الجنس والنوع واللون فقط، تجد أنّ تعامل أوروبا مبني على الجنسية والانتماء الجغرافي كما يوضح روزنسكي[16] . والحقيقة أنّ سياسات التنوع والاختلاف أغفلت التركيز الأكبر والأهم والذي يتعلق بعقلية الاحتواء للاختلاف وفهمه والتفاعل معه أكثر من عقلية تجنبه لما يمكن أنْ يقع عليك من عقوبات تأديبية في المنظمة. وأغفلت بشكل أكبر ما لا يظهر من الاختلاف ويكون ضمنيا. ولذا لا تعبر سياسات التنوع والاختلاف الجنسي وشعارته إلّا مثالا لمثل هذا الاخلال بالمصلحة الجمعية ونموذجا في التعامل مع هذا الاختلاف بشكل قانوني بحت بغض النظر عن مصلحة المجموعة وباقي

أفرادها الأكثرية، حيث قامت تلك القوانين بحماية فئة على حساب فئة، وأثبتت هوية فئة على حساب هويات عديدة لفئات أخرى، مما تسبب في زيادة الفجوة الخلافية. ولم تحقّق تلك القوانين إلّا الخوف والتجنب للحوار أو المجاملة السياسية لكسب الأصوات لطرف على حساب الآخر تحت شعار الديموقراطية.

وفي العالم العربي يختلف الوضع تماما حيث تسود القيم الثقافية الدينية والتقاليد والعادات الاجتماعية المحكمة والتي تندرج تحت حماية القانون والشريعة الإسلامية في أغلب تلك البدان العربية. ومن هنا ينتظم المختص في حواره بشكل يراعي ما عليه تلك الثقافة العربية من جمعية. ونعني بالجمعية مقابل الفردية أنّ الثقافة العربية تراعي مصلحة المجموعة فوق مصلحة الفرد وينتظم فيها رغبات الفرد وسلوكياته مع المجموعة ولا يُتخذ فيها قرارات تضر أو تؤدي إلى هلاك المجموعة سواء على مستوى الأسرة أو التنظيمات المختلفة التي تتواجد في المجتمع. وسنتعرّض لبعض تلك الأدوات التي تساعد المختص في الثقافة العربية على التعامل مع التنوع الثقافي بأشكاله المختلفة بما ينتظم مع الثقافة العامة الاجتماعية وبدون أنْ يحدث تصادم مع الأفراد المعارضين لها، بل باحتواء تلك الاختلافات وتنظيم تلك العلاقات. فالمعادلة العربية في التطوير التنظيمي متميزة ومختلفة عن تلك المستوردة من الثقافات الأخرى وتحافظ على الكتلة والمنظومة الاجتماعية ككلّ بشكل يسمح باستدامتها وبتنظيم التعبير والسلوك الفردي بما ينسجم معها وليس العكس.

الثقافة العربية

لأنّك تقرأ الآن باللغة العربية فأنت عربي وتنتمي لهذه الثقافة مسلما كنت أو منتميا لدين آخر، ولأنّك تقرأ العربية الفصحى الآن فمعناه أنك تستطيع قراءة القرآن وتعرف جيدا قانون الشريعة الإسلامية في عمومه وكيف يتم توظيفه في كافّة المعاملات اليومية والحياتية في الحياة الخاصة وفي المنظمات في معظم الدول العربية. ولكن ما لا تعرفه عن هذه الثقافة قد يغير وجهة نظرك عما تعرفه. فليس الدين وحده هو ما يخبرك عنها، وليس الإعلام بما يدور فيه من مسلسلات أو ما يكتبه المشاركون من قصاصات

أو مقاطع مسموعة أو مرئية، فهذه تمثّل حتما جانب من جوانب الثقافة العامّة السائدة لدى فئة عمرية أو فئة مستخدمة لوسائط التواصل الاجتماعي الافتراضية. وقد يخبرك عن هذه الثقافة الأبحاث العلمية المنشورة عبر عشرات السنوات والتي تفسّر القيم السائدة للأمّة العربية ككل، ولكن ليس هذا كل شيء فحسب وإن كان مساندا حتما. فبالرجوع للقيم الثقافية المذكورة مسبقا، وجد الباحثون[17] أن المنتمين للثقافة العربية يملكون قيم وتفضيلات معينة كما في النقاط الآتية:

الجمعية مقابل التّفرد

يعتبر العرب جمعيون بطبيعتهم ويعني ذلك أنّ الحفاظ على التماسك الاجتماعي قد يطغى على الاهتمامات الفردية والغايات الشخصية. ولا يشعر الأفراد بأن عليهم كسر تلك القوى الجمعية سواء كانت قبلية أو أسرية أو تنظيمية. وينسجمون مع الكلّ في منظومة الانتماء وليس لديهم الحاجة للتميز الفردي والتعبير عن الرأي الشخصي إلّا فيما يحقّق الغاية الجمعية. ولكن علينا أنْ نكون حذرين من هذا الافتراض أو التعميم بسبب حركة العولمة لمفاهيم الثقافات الغربية والتي تعزز التفرد وتمجّده. ومن ذلك إسقاط مفهوم التفرد على المستفيد العميل في التوجيه الشخصي في استحقاقاته الحياتية واتخاذ القرارات بحيث يتم غرس قيم واردة أثناء الحوار أو تعزيزها فيرى المستفيد نفسه وحيدا في وسط ثقافته وغريبا عنها، بل وقد يصل إلى حلول تدعوه للتمرّد عليها تجاوبا مع طريقة التوجيه المستقاة من الثقافة الأجنبية. والحياد للثقافة الأجنبية والتي هي مورد التعلم للموجّه العربي يحدث بشكل تلقائي لدى الموجّه الذي يجهل مقومات وقيم الثقافات المتعددة في العالم ومن ثم يجهل ثقافته التي ينتمي لها ولا يعرف كيف يتعامل معها فبدلا من أنْ يظل محايدا في حواره مع المستفيد تجده يتفق معه في أهمية التمكين والمعارضة والتحدي للجمعية كسمة، أو للهرمية كقوة، أو قد يحثّه على ذلك بطرق مباشرة وغير مباشرة. وقد يشعر الموجّه بالفخر والانتصار عندما ينتصر عميله ولا يدرك مدى التفكك والضرر الذي قد يقع فيه العميل بسبب موقف الموجّه.

ولكي يتضح الموضوع أضرب مثلا بعميل في مقتبل العمر يجد صعوبة في الانسجام في أسرته المباشرة بسبب رغبته في الاستقلال بذاته في سكنه الخاص. ولكنّ الثقافة العربية تعارض أبنائها من الجنسين في الانفصال وتعتبر ذلك تمردا وخروجا عن المعتاد، حيث يظل الأبناء في منزل والديهم إلى أنْ يتزوج أحدهم أو ينتقل لمدينة أخرى في طلب الرزق. وبدلا من أنْ يتفهم الموجّه هذه الثقافة يتفق مع المستفيد عليها ويتآمر معه ضده، بغير قصد لجهله، بحلول قد تعني نشوء خلاف جذري في الأسرة. وكان الأحرى بالموجه أنْ يستكشف جذور الثقافة معه ويساعده في معالجة الموقف بشكل ينسجم مع الثقافة العربية والتعامل مع الجمعية بمهارات التفاعل الجمعي. ومثال آخر قد يحدث للموجّه مع نفسه، نتيجة تلقيه التعليم والتدريب على التوجيه في بيئة ثقافتها مختلفة، حيث لا يملك من الأدوات واللغة التي تمكنه من الموائمة مع الثقافة العربية. فيقع نفسه في التناقض الداخلي بين ما يطمح أنْ يكون عليه وما يصطدم به في الواقع. ولأن التوجيه من علوم التطوير الإنسانية فإنّه من المهم ألا تؤخذ بالسطحية في الفهم والقيمة التي تضيفها لحياتنا، ولابد على الموجّه المبتدئ أنْ يستمر في البحث والتأصيل لهذا العلم ولأدواته ويتبع مرشدا سابقا له في المهنة من الثقافة نفسها لكي يتمكن من تكوين مهنته وأدواته وينجح مع ذاته ومع المجتمع المحلي.

تباين القوى

يقدّر المجتمع العربي القوى السائدة وقرارها هو الأعلى والمسموع ويتوقع من الأفراد الانضباط والطاعة. ومن هنا نرى أهمية الانضباط الجماعي وتقدير الفرد له وكونه يشعر بالأمان والراحة من جرّاء تلك الثقافة، بل وربما تساعده على الإنتاج والعطاء بشكل أكبر فيما لو كانت الثقافة مسطحة أو غير هرمية. وكما قيل في القيمة الجمعية، يقال هنا، فالموجّه الذي يحرّض عميله بشكل مباشر أو غير مباشر على تبني مفاهيم القوى المسطحة قد يسبب في دمار حياته في المهنة والمجتمع. ومن تلك الظواهر الملحوظة ما يحدث لدى الجيل الناشئ من تحريض من كثير من الموجّهين الواردين من ثقافات غريبة على تحدّي قوّة الأسرة والقبيلة وسلطة الوالدين والزوج وولي الأمر. لا يعني هذا السكوت عن الاعتداء النفسي أو الجسمي، ولكن يعني أنّ الموجّه

غير المطّلع على عمق ثقافة المجتمع أو الذي يأتي من بلد عربي حصلت فيه تحوّلات في ثقافة السلطة والقوة قد يرتكب جريمة في حق عميله وبخاصة الشّاب باقتراحات قد تسبب ردود أفعال تنعكس عليه بأضرار قد تصل إلى الطرد من البيت، أو العمل، أو الطلاق، أو الحرمان من الأبناء بعد الطلاق وغير ذلك. السلطة لا تعني دائما القهر والألم كما يراها الوارد من ثقافات أجنبية، فهناك شعرة بين ممارسة السلطة الشرعية وبين الاعتداء وليس كل ما قال أب لابنته "لا" ظلمها أو اعتدى على حريتها!

ومن ذلك أيضا في التوجيه التنفيذي القيادي كون القائد على رأس التنظيم، يماطل في اتخاذ القرار من وجهة نظر الموجّه بينما يكون يسعى لرضا والده والذي أنشا هذه المنظمة وتركه لإدارتها، ويكتشف الموجّه بعد فترة من الانتظار أنّ الموضوع كان فقط موضوع مشاورة مع الوالد أو مع كبار العائلة للمباركة قبل الانطلاق مع الموجّه. وإذا كان الموجّه صاحب فهم وعمق في الثقافة فسيعطي المستفيد الوقت الكافي، بل وقد يبدأ التوجيه بتعاقد شفهي أوّلا لحين يكون المستفيد جاهزا. وكلّ ذلك بتقدير الموقف وبحساب دقيق يعجز عنه الوارد من ثقافة أجنبية، بل وقد يعرض عن الفرصة تماما. وقد تندرج هذه المشاركة الشخصية للحياة خارج المنظّمة. ولتجمّع الأسرة إشارة ضمنية للموجه أنْ يشارك هو الآخر بما يعطي الإشارة نفسها وبما يبني الثقة المتبادلة.

الضبابية والوضوح

يتوسط المجتمع العربي في تعامله مع المخاطرة حيث ترتفع الضبابية أو البقاء في برّ الأمان حيث تكون الرؤية أوضح. وهذا يعني أنّه متوازن بين هذا وذاك. وقد يجد الموجّه المتشبع بالثقافة الواردة، نفسه في مأزق عندما يكون الأمر متعلقا باتفاقية توجيه ينبغي توقيعها. فالعرب بثقافتهم المتوسطة بين الوضوح والضبابية يتفاوتون في اتخاذ القرارات ولا يحبون أنْ يضغط عليهم الطرف الآخر. ومن هنا يفشل كثير من الأجانب في اجتذاب العميل. وينطبق هذا على المنظمات التي يحتفظ فيها القادة

العرب في أعلى الهرم بما يسمى[١٥] "تعرف فقط ما هو ضروري"، وهي سياسة عسكرية سرّية تعني أنّي لنْ أطلعك على ما يدور إلّا إذا احتجت لذلك. ولأن عالم الاعمال الخاصة والحرة في الثقافة الغربية يعمل نقيض ذلك، على مبدأ الشفافية والمشاركة، فقد يصعب على من يأتي من ذلك العالم أنْ يتأقلم مع عالم المنظمات الحكومية التي تغيب فيها المشاركة ويسود الضباب في الأفق. ولكن الموجّه الذكي الذي يفهم هذه الثقافة، يدرك إنها ليست تصرفا يقصد به الإساءة لشخصه أو لفريق العمل أو للقيادة التي هو مكلف بتوجيهها ويساعد المستفيدين في تلك الثقافة في التأقلم مع هذه الضبابية وترك القلق أو الشعور بالضغط النفسي من جرّاء الحياة فيها. وهذا الأخير ما يفشل فيه الوارد من الثقافة الغربية ولذا الشعار الذي يرفعه كثير من الموجهين الآن "كيف تتعامل مع بيئة فوكا"[١٦]. ولكن العربي يستطيع أنْ يتعامل مع هذه المعطيات بسهولة فهو أصلا بدوي المنشأ يعيش في الصحراء ولا يخطّط إلّا ليومه، وفي صميم مفاهيمه وقيمه الثقافية والدينية، مفهوم التوكل على الله وترك القلق وينام ملء عينيه. فلماذا يحتاج التعامل مع فوكا، إذا كان لديه كل الوضوح، والتأكد والتبسيط والاستقرار؟

التنافسية والتعاونية

يتعاون العرب في التفاعل بدرجة متوسطة أو معتدلة بين التنافس والتفوّق والتعاضد الكامل. وهذا يعني أنّ التنافس ليس سمة عليا ويمكن التخلي عنه، وأن التعاضد أيضا ليس سمة حاكمة ويمكن العمل الفردي. وفي مقابل الثقافات التفردية التي تعززّ في التعليم العام مفهوم التنافس والتفوّق والأسبقية، فإن العربي بثقافته المعتدلة في هذا الجانب لا يشعر بحاجة لإثبات الذات أو التفوق على الغير في كل خطوة من حياته فهو نشأ على المشاركة في لقمة العيش والتبرع بما لديه من مال لفعل الخير ومساعدة

[15] The Need-to-know basis

[١٦] وبيئة "فوكا" تعني أربع كلمات Volatility وتعني التقلب والتبدل السريع، Uncertainty وتعني عدم التأكد، Complexity وتعني التعقيد، Ambiguity وتعني الضبابية وغياب الوضوح

الآخرين والإيثار على النفس وإن كان به حاجة. فيأتي الموجّه بمفهوم التنافسية ويقاتله وكأنه العدو الأكبر في توجيه الفريق بينما الفريق لا يعاني منه وإنما فقط ببساطة قد يكون يفتقر لبعض الأفكار التي تحفّز التعاضد بشكل مختلف عن ذلك الذي يدعو له صاحب البشرة البيضاء والعين الزرقاء. ولذا من المهم أنْ يفحص الموجه تلك المفاهيم مع الثقافة المحلية ولا يسبق ويفترض في تشخيصه للفريق أو للقادة بأن هناك تنافس. بل إنّ الناظر يرى أنّ لعبة كرة القدم هي المفضلة لدى العرب وهي تلك اللعبة التي تتطلب مهارة تعاون وتعاضد كامل، ولكن مع ذلك لا يتصدر الفريق العربي كأس العالم، لماذا؟ لأن التعاضد والتعاون يتطلب مهارات وحافز والعربي لا يملك لا المهارات ولا الأدوات ولا الحافز بطبيعة انتمائه الثقافي للوسطية. ومن هنا نفهم أنّ العربي يملك تلك المقومات ليعمل بنجاح في فريق عمل، ولكن قد يفتقر لبعض التشجيع والأدوات. وتلك الوسطية بين الاثنين تعني أنّ التعاون لا يحدث بطريقة تلقائية ولا يسعى له أعضاء الفريق بدون محفز ومحرك. ولذا سيبقى الجميع في منطقة الراحة والفردية المعتدلة، إلى أنْ يتم جمعهم بتصميم مهارات تدعو للتعاضد.

الزمن

يخطط الجمع العربي لأهداف قصيرة المدى ذات سمة فورية ويقلّ صبرهم عن بعيدة المدى. وهذا يشرح موضوع التعامل مع الضبابية والوضوح. بل ويشرح غياب تلك الخطط طويلة المدى والإستراتيجيات. فأولئك الذين لا يرون الغايات النهائية يعرقلون مسيرة الفريق بالتركيز على المهمات القصيرة وينجزونها بشكل يهمل آثارها على المدى البعيد. ولكن في صميم ثقافة العربي التوكّل وترك الأمور تجري في أعنتها وعدم التخطيط المبالغ فيه. ومعارضة تلك الثقافة قد تسبب مقاومة شديدة للموجّه ومحاولاته وربما تعرقل مسيرة التنظيم لأنها قد تتعارض مع معتقدات داخلية مؤصّلة. ومن هنا ينبغي ألّا يسرع الموجه في عملية التخطيط وإن انثنى معه المستفيد بسبب الضغط الواقع عليه من الموجّه، فقد لا يلتزم بالخطط ويغيرها بشكل يومي. وإن كنت مثلي تملك جدولا دقيقا بمهات يومية وتعشق الترتيب والنظام، فعليك أنْ تتخلي مع عميلك العربي وتتركه ليختار تلك

الأوقات المناسبة له وترتبها معه شفهيا في محادثة قد تصل لنصف ساعة. وبعد كل ذلك التعب تجده يقول لك: "نتركها مفتوحة وبالتساهيل". وهذه طبيعة الثقافة وهذا الذي قد ينجح فيها، ولذا قد تتناسب مفاهيم المرونة في الإدارة والتخطيط والتعلم بما لا تنسجم به مفاهيم وأدوات أخرى.

التواصل

التواصل في الثقافة العربية مشحون بالإشارات مع تركيز عالي على الانسجام وتجنّب المصادمات. وهذا مهم جدا في المحافظة على الكتلة الجمعية فالفرد العربي يراعي بشدة مصلحة المجموعة ولا يتقدّم بالتعبير الفردي الجريء بدون موافقتهم. وإذا وضعت ذلك مع موضوع الثقة والخصوصية أدركت صعوبة الموقف والتحدي الذي يواجهه الوارد على الثقافة العربية. ويعتبر التواصل غير المباشر من أهم أسباب سوء الفهم، والفريق المشحون بهذا النوع يعاني كثيرا من الضبابية وعدم الوضوح. ولذا يمضي العربي وقتا أطول في قراءة لغة الجسم ويطلب منك مقابلته شخصيا في زيارة للمكتب وقد يرفض بتاتا تلك اللقاءات الافتراضية.

التواجدية

تغيب الحدود بين الحياة الاجتماعية وبين الإنجازات المهنية. وهذا يعني غياب الحدود بين الاثنين واستمتاع العربي بالعمل في اقات الراحة، والراحة في أوقات العمل إذا ظهرت الحاجة. وهذا من أصعب المفاهيم على الثقافة الواردة على العرب، فالعرب أهل كرم وعطاء، وقبل أنْ تدخل مكتب العربي قد تدخل أولا بيته وسيارته ويقدمك لأبنائه وأسرته. ومن هنا نجد أنّ مواضيع الخصوصية التي تناقشها بنود التوجيه قد لا يستوعبها العربي ويجدها منافية لإحساسه الداخلي وبخاصة وضع الحدود بين الموجّه وبينه. وقد تنتهي عملية التوجيه قبل أنْ تبدأ بسبب رفض الموجه دعوة على فنجان قهوة. فالعربي يختبر ثقة الموجّه عن طريق قدرته على التلقّي للعطاء والدعوات ويختبر جوده وكرمه أيضا. وقد يتعاقد معه شفهيا وهذا كافي حيث يقدّر القرآن

التعاقد الشفهي بشهادة وحضور من أهل الاعتبار، مما يجده كافيا ومغنيا عن التعاقد الكتابي. والموجه العربي يعرف كيف يدير تلك التعاقدات بينما يفشل زميلة الأجنبي برفضها. وحتى في حال التوقيع لا يلتزم العربي بما هو مكتوب ويعتبره تحصيل حاصل، فكيف تتصرف أيها الموجه العربي عندما ترغم عميلك على التعاقد ثم يخالف كل ما تعاقدت معه عليه؟ التواجدية مهمة بالنسبة للعربي وقد يرغب بعد أنْ يتعاقد معك أنْ يمضي معك وقتا أطول من الساعتين التي حددتها بحيث تمتد الساعتين على ثلاث، ولكن ليس كلها عمل، بل يتخللها المزاج والاكل والقهوة وربما أحاديث جانبية منك ومنه. وبذا قد تنجح في كسبه قائداً مستفيداً، ولكن كيف يتحول معك إلى الجدية؟ يحتاج منك الأمر إلى قراءة دقيقة للسياق.

ويتضح كثير من ذلك بالنظر للضّد وطرح أسئلة عن السياق. وتبرز هذه القيم بوضوح في التكتّل الجمعي بين المنتمين للثقافة الواحدة وتختفي وتضمحل مع اختلاطها بثقافات أخرى وبخاصة تلك القيم التي تعتدل فيها الثقافة كقيمة الضبابية والوضوح، أو التنافسية والتعاونية. وعندما ينفصل الفرد عادة ما يعود لطبيعته الشخصية فمثلا صاحب التنظيم العالي دقيق التفاصيل، عندما ينسحب بعيدا عن جدوله، مع المجموعة فإنّه تغلب عليه ثقافته الجمعية، ولكن عندما يعيش في بيئة ثقافية تقدّس الفردية كمبتعث للدراسة أو العمل يتحول بسهولة إلى فردي التمسّك، لشخصيته الأساسية. ويختلف أيضا باختلاف المرحلة العمرية والنضج العاطفي ومستوى الوعي الذاتي. وفي المنظمات تجد الجمعية تسود فوق مفهوم فرق العمل أحيانا عن طريق التكتلات الانتمائية مما يؤثر على القرارات الفردية في العمل من جانب والقرارات الجمعية من جانب آخر. فقد يحجم الفرد عن اتخاذ قرار فيه المصلحة عندما تعارضه الجمعية، وقد يقدم على قرار تتفق عليه الجمعية رغم إنه لا يرى جدواه. ومن هنا نرى حجم التحدّي القائم بسبب استيراد المفاهيم الإدارية والقيادية وأدوات التطوير التنظيمي وقياس الأداء بشكل قالبي لا يسمح بمرونة التفاعل مع تلك السمات. ولذا مع كل ما ذكرنا فإنّ الغوص في ثقافة المستفيد من عملية التوجيه هو أفضل طريقة للفهم والتفهم والاحتواء والانسجام الذي يمكن أنْ يحصل بين المستفيد والموجّه لكي يتم التفاعل الكامل والاستيعاب لثقافة المستفيد. وكما

يرى مختصي التوجيه وعلم النفس: " ابدأ بافتراض أنّ المبادئ الغربية وطرق التدخّل والممارسات لا تنطبق على العالم العربي" [18].

بل وفي كل مرة يتم فيها محاولة تطوير لفريق عمل، على المختص أنْ يضع نصب عينيه، ليس فقط القيم الثقافية السابقة الذكر، وإنما أيضا فكرة التخلي عن الافتراضات المسبقة لكي يبقى منفتحا لمعرفة مزيد وبذا يستمر مستقبلا لفهم أعمق لثقافة الفريق في المنطقة العربية. وعليه أنْ ينتبه وبخاصة إنْ كان من المنتمين لتلك الثقافة من الحياد مع أحد أطرافها فليس من مهمّته تحريك المعارضين لها أو التحدّث عنهم أو تصحيح الموقف مهما بدا ذلك مغريا له وهو في دور التوجيه، وإنما مهمته الأساسية خدمة الغاية التي وجد من أجلها التنظيم ومساعدة الفريق والأعضاء المنتمين له في تحقيق التماسك المنشود والتغلب على الخلافات باحتوائها بشكل يسمح للعمل بالتقدم، فالاختلافات الاجتماعية ليس مكانها مساحة الفريق ولا في التطوير التنظيمي وتبني تلك القضايا بشكل شخصي ينحى بالمختص عن مصلحة السياق والعلاقات فيه ويؤثر على الأداء.

التعامل مع اختلاف القيم في ثقافة الفريق

ولأن المختصّ في تطوير فريق العمل لابد أنْ يتقاطع مع نوع ما من أنواع الاختلاف في القيم الثقافية فلابد أنْ يكون هناك سياسة مقبولة في التفاعل بينه وبين من يختلف معه بعد أنْ يتعاقد الجميع على المفاهيم الأساسية الأخلاقية. وقد وضع روزنسكي[16] إستراتيجية في التعامل مع الاختلاف بشكل يسمح للتمازج والعمل كمجموعة بدون أنْ يطغى جانب على الآخر في أربعة مراحل. الأولى، الوعي بالاختلاف ويتطلب هذا التّعامل معه على أنّه واقع وأنّه جزء من تكوين وهويّة المختلف، ولا يعني هذا الاتفاق معه في ثقافته. وهذا الوعي الداخلي يترتب عليه المقدرة على التواجد مع المختلف. الثانية، التّكيف مع الاختلاف حيث يشعر بعدم الارتياح، ولكن يبذل جهده ليتفهّم الاختلاف بتبنّي تصوّرات مختلفة لمحاولة التأقلم والاستيعاب. وهذا يسمح له بأن يتقبل الآخر المخالف. الثالثة، التّمازج بحيث يضع صور متعددة للاختلاف في ذهنه ويحلّلها

من وجمات ثقافية متعدّدة ويظلّ راسخا في واقعه لكيلا يفقد قيمه المركزية. وهذا يسمح له بالحوار والاستماع والتفاعل وربما التعاضد في مهمات الفريق. الرابعة، يوظّف الاختلاف بحيث يسعى للتعاضد بشكل فعّال ويبحث بفضول عن قيمة أو قيم مضافة في هذا الاختلاف وبذا يصل إلى الوحدة في الاختلاف. وهذا مستوى يتطلب قدر عالي من التخلي عن القيم الذاتية وربما لا يكون واقعيا عندما تتصادم هذه القيم مع المعتقدات الدينية، ولذا يمكن التعاضد بدون التخلي أو التقبل الكامل بوضع تصور بديل منتظم مع مصلحة الفريق أو المجموعة ويكون مشتركا بين جميع الأطراف بحيث يتفق الجميع على أنْ يحافظ كل طرف على قيمه الخاصة بعيدا عن العمل المشترك تحت اتفاقية ضوابط التواصل الخاصة بالفريق، كما سنرى.

وبناء على ما سبق نجد أنّ الثقافة العربية تسودها كثير من المعطيات والمتغيرات والموجّه الناجح مع الأفراد ينجح مع المجموعات بمقدرته على الاحتواء الثقافي وكسب الثقة والتعامل مع المجموعة بانثناء كامل. وهناك مزيد مما ينبغي استكشافه وكشفه عن الثقافة العربية، ولكيلا يطول الحديث عن السياق نختصر ونكتفي بما ذكر، ونأمل أنْ يتم البناء على تلك المفاهيم ومقايسة المواقف عليها. وقد خصصنا في الجزء الثاني من الكتاب فقرة كاملة عن التوجيه في الثقافة العربية لن نتعرض لها هنا حيث يكون تفصيلها في مكانها في جزء "التوجيه".

***

الفصل الثاني: تعريف فريق العمل

يطلق كثير ممن يعملون في المنظمات لفظة فريق العمل على كل تجمع تحت قيادة أو فئة من الناس يعملون معاً في مساحة ما. ولأن كلمة فريق تتطلّب التّعاضد لإنجاز غايات المنظّمة فهي إيجابية وأكثر مسوغةً مما يجعلها سهلة الاستخدام من القيادات لمن يرأسونهم أو يديرون عمليّات الأقسام الخاصّة بهم بلا إدراك بأن هذه التجمعات قد لا تستوفي ما هو مطلوب حسب الأبحاث العلمية من شروط تجعل منها فرقا حقيقية. وأحيانا يكون من المفيد أنْ نعرّف بعض هذه التجمّعات التي يطلق عليها فرق عمل لنجرّدها من هذا اللقب ليتّضح لنا الفريق الحقيقي من ذلك التجمع الاعتيادي. فمثلا هل يعتبر مجلس الامناء الذي يصوّت على قرارات معينة في التنظيم فريق عمل؟ وهل يعتبر قسم المالية والمحاسبة في أحد الشركات الخاصة فريق عمل؟ وماذا عن مديري الفروع التجارية في معارض السيارات المنتشرة في أنحاء الدولة والتابعة لوكيل معين، هل هم فريق عمل أيضا؟ وماذا عن موظفي خدمة العملاء في القسم الفني في خدمات تزويد السّكان بالاتصالات، هل هم أيضا فريق؟ ماذا عن مساعدي مكتب الرئيس الإداريين، هل هم فريق عمل؟ وهل يعتبر الأطبّاء والممرضون في غرفة العمليات فريق؟

في كل تلك الأمثلة قد تقوم تلك المجموعة بمهمات الفريق أو يبدو إنهّا فريق عمل، ولكن تفتقر إلى مقوّمات الفريق الحقيقي. وقد يوجد لهم قائد، ولكن يسمى بالمدير لأنّه في الحقيقة مسؤول عن سير العمل والتأكد من انتظام الجميع في مهماتهم الفردية وربما يقوم ببعض الشؤون الخاصة بالموارد البشرية. وفي الحقيقة يتم خلط كثير من المفاهيم لدى العاملين في المنظمات بين القائد والمدير ومن ثم بين الفريق والمجموعة. فالقائد وجد لرسم خارطة الطريق لغاية ما مع مجموعة من الناس يشتركون في هذه الغاية ومهمته الوصول بهم لتحقيقها. ويختلف عنه المدير من أنّه قد لا يهتم بالغاية والمخرج النهائي بقدر اهتمامه بالعمليات التي تؤدّي إليه وطريقة أدائها. فاسم المدير مشتق من الدائرة والتي تعني أنّ هناك دورة من العمليات التي تحتاج إلى أنْ تتم بالشكل المطلوب. فعمله روتيني ومتكرر بينما القائد يرسم الطريق ليصل من نقطة (أ) إلى نقطة (ب). وكلّ مدير قائد وليس كلّ قائد

مدير. فالمدير مسؤول أيضا عن الناس واعتناقهم للعمليات وسيرها ومن ثم يتعامل مع جانب قيادي مهم وهو الإنسان. ولسنا بصدد التفصيل أكثر من ذلك فموضعه في نظريات وأبحاث القيادة.

وفي المقابل يرى الباحثون أنّ الفروقات بين المجموعة والفريق ليست على طرفي النقيض، بمعنى أنّ هناك تباين وتطابق فيما يمكن أنْ يطلق عليه فريق عمل أو مجموعة من جهة، ومن جهة أخرى قد تتحرّك المجموعة لتصبح فريق عمل أو يتفكك فريق العمل ليصبح مجموعة بحسب عوامل معينة في السياق التنظيمي. وقد وضع بعض الباحثين [19] الجدول الآتي (١) لكي يوضح تلك المفارقات وفي الوقت نفسه كيف تتغير باستمرار ليتغير معنى التجمع ليصبح فريق أو مجموعة. ويستخدم الموجهون لفرق العمل هذا الجدول للتعرف على ميزات المجموعة في وقت ما وإذا ما كانت تصنف على أنها فريق عمل، بحيث يمكن تصنيفها وتشخيص حالتها وربما يوجّه هذا التصنيف نوعية التدخّل المطلوب لتطويرها كما سنرى.

	التجمع	فريق العمل
١	قد يتجاوز عددهم خانة الآحاد	عدد بسيط من الأفراد لا يتجاوز خانة الآحاد
٢	يحمل كل منهم هدفا مختلف عن الآخر وعن الغاية التنظيمية	يشتركون في تحقيق أهداف تنصب في الغايات التنظيمية.
٣	يتحمل كلّ مسؤوليته عن عمله.	يتحمّلون مسؤوليات مشتركة وفردية.
٤	ذوي مرجعية مماثلة (الرئيس نفسه).	قد تختلف مرجعياتهم (رؤساء مختلفين).
٥	القيادة مركزي ة وذات سلطة على الأفراد.	القيادة موزّعة ومشتركة.
٦	يتواجدون في القسم نفسه أو الإدارة الوظيفية.	يأتون من أقسام مختلفة داخل التنظيم وخارجه.
٧	يحتاجون لقليل من التعاون لتحقيق غايات العمل.	يتعاضدون وتتشابك أدوارهم لتحقيق العمل.
٨	لا يوجد بينهم مسائلة أو يوجد القليل فقط.	المسائلة ذاتية وجماعية.
٩	المكافأة على الإنجاز الفردي.	المكافأة لفريق العمل ككلّ.
١٠	الاجتماعات محدّدة الوقت والنقاط وتتسم بالكفاءة العالية فوق النوعية.	الاجتماعات مليئة بالحوارات والمناقشات المفتوحة النهاية والإبداع في حلول المشكلات.
١١	يتم قياس المخرجات بناء على مؤشرات حسّيّة وقصيرة المدى.	قياس المخرجات مبني على العمل الجمعي والمنتج النهائي.
١٢	سلوك الأفراد خارج الفريق يعكس الفردية وليس التعاونية.	سلوك الأفراد خارج الفريق يعكس التعاونية وليس الفردية.
١٣	التركيز على المهمات	التركيز على المهمات والأداء والتعلّم.

١ ٢ ٣ ٤ ٥ ٦ ٧ ٨ ٩ ١٠

تتعلق النقطة الأولى في الجدول بهيكل الفريق وعدد المنتمين له. فالعدد المثالي لفريق العمل ينبغي ألّا يتجاوز خانة الآحاد. إلّا أنّ بعض الفرق يصعب تحجيم العدد لكثرة تشعّب المنظمة وبخاصة فرق العمل القيادية. والسبب في أن أفضل عدد للمنتمين ينبغي أنْ يبقى في خانة الآحاد هو أنّ العلاقات تتعقّد ويصعب توجيه الفريق من موجّه واحد ويتطلّب حضور موجّه مشارك. وأما النقطة الثانية فهي تحدّد نوعية الغاية والأهداف التي يعمل من أجلها أفراد المجموعة أو الفريق. قد تكون الأهداف محددة في كل الحالتين من التنظيم أو القيادة، وتنصب في غاية يدركها الجميع على درجات مختلفة من الارتباط أو التحفيز ويتحمّل كل منهم مسؤولية الأداء أو الدّور الخاص به أمام الجميع وهذا بالضّبط وصف المجموعة، بينما يعتنق الفريق غاية موحّدة وهدف مقصود يعملون له ويكون عادة واضح لدى الجميع ومتّفق عليه. وهذا يحدد مسؤولية كل منهم عن عمله في النقطة الثالثة. ففي التّجمع المسائلة فردية أما الفريق فالجميع مسؤول عن تحقيق الغاية والأهداف إضافة لمسؤوليات فردية أخرى. وأما النقطة الرابعة فهي تحدّد المرجعية، فبينما المرجعية موحدة في المجموعة التي تعمل في قسم ومكان واحد، فإن المرجعية لدى أعضاء الفريق الواحد ليست بالضرورة لقائد للفريق، بل قد تتعدد وتختلف من عضو لآخر. والمرجعية تختلف عن القيادة بشكل جذري. فالمرجعية إدارية بحتة، وقد تجتمع كلاهما. وهذا يقودنا للنقطة الخامسة وهي أسلوب القيادة في التّجمع والذي يتسم بالمرجعية الإدارية المركزية بينما يتسم الفريق بتوزيع المسؤوليات والشراكة في قيادته بين أعضائه رغم من وجود قائد فعلي أو رمزي له. فالفرق عالية الأداء تتسم بالقيادة الذاتية ويقتصر دور القائد فيها على التوجيه ومساعدتها على التركيز وليس على إصدار الأوامر والتوجيهات المباشرة. وأما النقطة السادسة فتتعلق بالتواجد المكاني وهي امتداد للرابعة حيث يتواجد التجمع في قسم واحد ويتوزع الفريق في عدة أقسام وليس بالضرورة، فقد نجد فريق معين في قسم واحد أيضا وتحت مرجعية واحدة وقد نجد أعضائه يعملون في عدد من الأقسام أو عبر عدد من الدول والقارات . وأما النقطة السابعة فتتعلق بالتعاون ومستوياته. فلا يحتاج أفراد المجموعة للتعاون إلّا في النادر وبدرجة خفيفة، ويفضّل أنْ تسود بينهم علاقات مودة وتفاعل صحيح وربما أدني أنواع التّعاون وهو مشاركة المعلومات مع بعض كما يحدث في الاجتماعات الروتينية. وأما الفريق فيلزم لكل

واحد منهم أنْ يعمل مع الآخر بتعاضد. ومن ثم تغيب المسائلة بين أعضاء المجموعة وتزداد بين أعضاء الفريق كما في النقطة الثامنة. فلماذا يسائل شخص الآخر وهو غير معتمد عليه في عمله؟ بينما يسائل الأعضاء في الفريق بعضهم بعضاً حيث يترتب عمل كل منهم على الآخر. وأما المكافأة في النقطة التاسعة فهي قائمة على التميز الفردي لكل منهم في التجمع. بينما في الفريق، يتم مكافأة المجموعة ككل أو يتقاسم الجميع المكافأة بسبب الجهد المشترك المبذول. وأما النقطة الحادية عشر فتتعلق بالمخرجات. فالمخرجات عادة ما تكون فورية وقصيرة المدى في التجمع وهي عبارة عن مهمات يؤديها الأفراد لتحقيق هدف قصير. بينما يركز الفريق على عمل يتطلب مخرجات بعيدة المدة وكبيرة الحجم وهذا يفسر النقطة الثالثة عشر حيث تقوم المجموعة بمهمات موكلة بها من الإدارة العليا، بينما يقوم الفريق بالمهمات التي ترفع الأداء ومخرجات الفريق، وتزيد التعلم الجمعي والفردي. وتتسم الاجتماعات كما في النقطة العاشرة بتبادل المعلومات بكفاءة وتمتد اجتماعات فرق العمل لتشمل الأداء نفسه والجهد المبذول حيث يتعاضد فيها الجميع للتعلم والتأمل والإنجاز ويكثر فيها اتخاذ القرارات المهمة للعمل. وأخيرا النقطة الثانية عشر تعكس كيف يشعر أفراد المجموعة خارجها وكيف تعكس سلوكياتهم وكلماتهم حالاتهم الفردية بينما تعكس سلوكيات وكلمات الفريق عقلية الفريق ووعيه الجمعي سواء كانوا معاً أو منفصلين عنه. وهذه الإشارات والسمات تساعدنا على قراءة الفريق وتشخيصه والتفرقة بينه وبين المجموعة كبداية وإلّا فهناك مزيد من المعلومات المهمة التي تساعدنا في تبني الاتجاه السليم في تطوير الفريق وإذا ما كان التطوير مبني على التوجيه أو غيره من الطرق والأساليب كما سنرى.

ومن المهم عند تعريف الفريق أنْ نطرح أسئلة محدّدة تفرّقه عن غيره من التجمعات في هذه المنظمة [11]:

١. ماذا نقوم به من مهمّات معاً مما لا يمكن أنْ نقوم فردياً في الوقت نفسه بالتوازي مع بعض؟
٢. ماهي الغاية التي نسعى لتحقيقها والتي تتطلب أنْ يكون مجموع جهودنا الكلي أكبر من إجمالي عددنا الحالي؟
٣. ماهي طبيعة التّعاضد والتّكامل بيننا؟

فالإجابة على الأول تحدّد المهمات والأدوار التي من أجلها تجمّعت هذه المجموعة. والإجابة على الثّاني تحدّد المخرج الكلي والإجمالي وماذا كان بمقدرة كل منّا إنجازه أو جزء منه على حده، لتتكامل الأجزاء بعضها مع بعض لتحقيق الغاية. والإجابة على الثالث تعني بطبيعة التّكامل في التّعاضد بمعنى هل يكمّل بعضنا بعضاً أثناء التعاضد وكيف؟

وعلى ذلك يكون تعريف الفريق كالآتي:

مجموعة من الأفراد ذوي مهارات وخبرات متعددة تجمعهم غاية محدّدة وأهداف قياسية ومسؤولية مشتركة.

وعادة ما تبدأ فرق العمل بهذا التعريف البسيط والمألوف لدى الأفراد. ويظن البعض من الأعضاء المنتمين أنّ وضوح الغاية النهائية ربما يكون مهمّ، ولكن بالنّسبة له فإنّ عمله مع الفريق يدرّ عليه مصالحاً أخرى. فهو وسيلة للحصول على منصب أو ترقية. فما هو غاية لشخص قد لا يكون غاية لآخر ولذا وجد على القائد التأكد من وضوح الغاية لدى الجميع. وقد يتعلّق الوضوح بطبيعة الأهداف ونوعيتها ومن هنا كانت طبيعة الأهداف التي تؤدي للغاية على درجة من الأهمية. وقد يتّفق الجميع على الغاية وأنّها محفّزة لهم، ولكن يغيب عنهم وضع أهداف قياسية للمنتج أو المخرج النهائي للعمل في الفريق. وربما تتنوّع الخبرات والمهارات ويرغب الجميع في التّعاون، ولكن ليس لديهم ممارسات للتّعاون ويظنّون أنّ تبادل المعلومات وتنسيق العمل كافياً، وأنّ على كل منهم أنْ يقوم بمسؤوليته تجاه التّسليم. وقد يتوفر كل ذلك ويتم تسليم العمل كاملا، ولكن الفريق لا يشعر بالترابط فالقيادة له مركزية وتعتمد على التّعليمات والأوامر العليا أكثر من الإبداع والحرية في استخدام أدوات مختلفة للوصول لتحقيق الأهداف وبذا يفتقر الفريق للتماسك المطلوب. وكلها وقفات مهمة لتوجيه الفريق وتصحيح مساره نحو الأداء العالي من الموجّه. وربما يتبنّى التّوجيه في هذا الحال القائد بحيث يكتسب مهارات تسمح له ببناء فريق أقوى وأكثر فعالية. ولكن كل ما سبق على حدة، لا يصنع من هذا الفريق أداء عالي أو فائق. ومن هنا نشأت أبحاث الفريق عالي الأداء والتي تركز على إجابة سؤال واحد: كيف يمكن تكوين فريق عالي الأداء وضمان استمراريته. وسنتعرض للفريق عالي الأداء في الفصل الخامس من هذا الجزء.

***

الفصل الثالث: تطوير فرق العمل

لأهمية الفرق، وبخاصة تلك التي تتولى مهمّات حرجة ويترتب على انخفاض أدائها عواقب وخيمة، فقد كان من المهم تطويرها، وتختلف طرق التطوير وتتعدد. ومن المهم أنْ نفرّق بين أساليب التطوير للفرق وتطبيقها وممارستها ومن هو المسؤول في كل طريقة تطويرية عن النتائج أو التقدّم لأفراد الفريق، والمدة الزمنية التي تستغرقها كل طريقة. وهناك أسئلة أخرى نتطرّق لها في طيات الفقرات الآتية.

بناء الفريق Team Building

نشأت فكرة بناء الفريق والتي يتبنّاها كثير من المدرّبين من إدراك القادة بضرورة تحفيز الفريق وتماسكه ليعمل بشكل متناسق. وتتلخّص بأنها تجربة عملية يمرّ بها الفريق في عدد من الأيام لا تزيد عن خمسة. وفي تلك الأيام يمارس الفريق عددا من الأنشطة الممتعة والألعاب والأدوار. وقد يتطلب بعضها مجهودا جسميا أو عقليا ويتخللها وقفات تعلّم جماعي، وربما تدريب، أو شرح لمفاهيم تعين الفريق على التماسك والعمل معاً، وتعزز علاقات أعضائه ببعض، وتحقق الحد الأدنى من التفاعل الجمعي، وتتسم بالتلقين من شخص يدير ويقود هذه الأنشطة قد لا تتوافر فيه خبرات أو علوم تضيف قيمة لعمل وأداء الفريق أكثر من إتقانه لهذه الأنشطة وما يترتب عليها من تعلّم لتلك المفاهيم. وبالرغم من الطاقة المتولدة لدى الجميع فإنها تنطفئ بسرعة بعد عودة الفريق لبيئة العمل وكأنها رحلة ممتعة في البرية أو البحر هدفها التغيير والمرح. ويختفي التّعلّم لعدم ارتباطه بالتجربة الواقعية للفريق في بيئة العمل. باختصار تلك الأنشطة تبني قيم روح العمل فريق ولا تبني الفريق الحقيقي في أرض الواقع.

التدريب Training

وقد يختلط ما سبق بشيء من التدريب على مهارات معينة مثل مهارات اتصال أو توجيه أو تفهم أو حل مشكلات أو حل خلافات أو تخطيط. تتعلق هذه المهارات على تعزيز التواصل وربما فهم ما يحصل في الفرق من تداعيات. وقد تحتوي أيضا

على أنشطة تحفّز التفكير الجمعي والإبداعي. وهذا التدريب أيضا قصير التنفيذ ويتولى فيه المدرب تحديد المنهج والمهارات وإكساب الفريق لها بما لا يتيح فرصة لحل أي خلافات أو مناقشة العمل وطريقة أدائه ويكتفي بالمادة التدريبية كمرجع له. ويختفي معظم ما يتدرّب عليه المستهدفون في غياب التوجيه للفريق وعدم معرفتهم لكيفية تطبيق تلك المهارات في الواقع بما ينطبق على حالات معينة.

الاستشارات Consulting

يركز المستشار على جمع المعلومات وتحليلها وتشخيص المشكلة لتقديم الحلول المناسبة بناءً على يتوفر لديه من أدلة وبراهين مقدمة له من المنظمة والقيادة وبدون أنْ يكون للقائد أو الفريق أو التنظيم دور سوى إتاحة المجال له للوصول إلى هذه المعلومات، أوما يسمح به موظف الموارد البشرية المسؤول عن جدولة نقاط التواصل لتحليل وتشخيص الوضع الحالي. وسواء دخل المستشار بنفسه وجمع المعلومات أو أعطيت له من الأعضاء، في الغالب هناك محدودية في التدخّل بما لا يسمح بتوجيه الفريق أو التوجيه المنظومي. ويدلي المستشار بخبرته بحسب ما يرد إليه من معلومات ويتنوع المخرج ويتغير بحسب المعطيات من تقديم دراسات جدوى إلى حلول إعادة الهيكلة أو تحجيم الموارد البشرية أو إعادة هندسة العمليات والإجراءات والأنظمة أو وضع برامج التدريب والتوجيه المطلوبة إلى تقديم حلول وخيارات إستراتيجية وغير ذلك. وتعتمد فترة تواجد المستشار مع فريق العمل على حجم العمل المطلوب منه بغض النظر عن تطور الفريق أو عدمه، ويحد حجم العمل مسبقا باتفاقية استشارية محكمة تسمح له بالتدخل المستمر إلى تحقيق المخرج المتفق عليه. وبذا لا يكون لفريق العمل أو للقائد دور في تقييم العمل أو إعادة تحديد المخرج.

والاستشارة هي الرحلة مع العميل والتي سنشير لها في الجزء الثاني من الكتاب عندما نشرح كيف يحدث التوجيه واتفاقياته. فالتوجيه والتدريب وبناء الفريق وإرشاد الفريق أو تيسير تعلم الفريق كلها تدخّلات تحت المظلة الاستشارية، ولا تحدث

وحدها إلّا في حالات نادرة. السبب أنّ الاستشارة تشمل التقييم المبدئي للوضع الحالي واستكشاف الحالة أو المشكلة ومن ثم لا ينفك أنْ يخرج منها باقي الطرق. ودمج الاستشارات مع باقي الطرق يعني أنّ التوجيه هو بين منظومة واسعة تضمن وتكفل تبنية بالخطوات التعاقدية الصحيحة وتضمن أنْ يكون من بين خطوات أخرى وبخاصة إذا كان التوجيه منظومي الاتجاه وليس مستقلا بالفريق فقط.

إرشاد الفريق Team Mentoring

ظهر في الآونة الأخيرة علم الإرشاد والذي يركز على خبرة المرشد في المجال الذي يعمل به الفريق وقائده ومهمة المرشد أنْ يضيف إلى خبرات ومعارف الفريق من خبراته ومعارفه بمشاركتهم بتجاربه المختلفة. وبالرغم من وجود حوار مع المرشد في أغلب الأحيان إلّا إنّه مركز على خبرات المرشد ويحقق الحد الأدنى من تفاعل الفريق مع ذاته وبين أعضائه. وبذا نجد أنّ دور المرشد، رغم وجوده مع الفريق في جلسات موزعة على فترة زمنية طويلة، إلّا إنّه يتمحور على إضافة منظور المرشد الخاص بخبرته العريضة، ومن هنا قد تتقاطع جلسات الارشاد مع عالم الاستشارات حيث يشارك المرشد الفريق نموذج عمل ما، أو إستراتيجية ناجحة في السابق أو أسلوب في تحقيق العمل ومخرجاته.

تيسير الفريق Team Facilitation

يستخدم علم التيسير في تسهيل الحوارات بين أطراف متعددة في الاجتماعات التي تسعى لتحديد إستراتيجيات العمل أو التنظيم أو حلول المشكلات بين أطراف عديدة ومن ذلك الاختلافات. وبما أنّ علم التيسير له ميزات معينة تسمح بالميسر التركيز على استجلاب آراء الأطراف المعنية فهو أقرب ما يكون لتحريك الفريق نحو هدف معين في فترة قصيرة موزعة على عدد من الجلسات أو الأيام بحيث يصل الجميع إلى اتفاق وخطة يتم وضع جوانبها في نهاية العملية التيسيرية. ويبرز الميسر على مسرح الحوار باعتباره شخصاً أساسياً يملك مهارات حوارية عالية تسمح بالتفاعل السليم. ولكن التيسير لا يلتفت كثيرا

للمشاعر والأفكار والنمو الفردي للأعضاء أو نمو الفريق ككل، ويركز أكثر على الهدف الذي من أجله تم الاتفاق مع الميسر وغالبا ما يكون متعلق بغاية الفريق. ولكن التيسير يتقاطع مع التوجيه في طبيعة طرح الأسئلة والحوارات التي تدور لحل المشكلات أو الوصول إلى الغايات. ومن هنا يكون مناسبا أنْ يتنقل الموجه بين التيسير والتوجيه بدون حدود قاطعة وبحس داخلي رهف.

توجيه الفريق Team coaching

تختلف مهمّة التوجيه تختلف تماما عن مهمّة باقي طرق تطوير الفريق في تركيزه ونتائجه المرجوة. فالتوجيه يستغرق مدة زمنية طويلة وجلسات عديدة في تلك المدة، حيث يكون الموجه شراكة مع الفريق وقائده واتفاقية مستمرة المراجعة لتحديد وتحقيق أهداف التوجيه واستدامتها. وهو شمولي في تركيزه وموضوعه ويعطي الفريق مع قائدة حرية الحركة والحوار بما يرونه مناسبا في اللحظة وبما يخدم كيان الفريق. ولعلّ استقاء كلمة "موّجه" في المصطلح الإنجليزي من سياق الرياضة لقربه من مهمة المُوجّه الرياضي. فأحد أهم أدوار الموجّه الرياضي هي مساعدة فريق اللاعبين في إدراك وفهم العوامل النفسية والمؤثرات الفيزيائية في أدائهم الجمعي، ووضع أهداف للأداء وتحفيزهم على الوصول لها. كما يساعد الفريق على تحليل أدائه وما يتعلمه من هذا التحليل ويضع يده معهم على أسباب فشل أو نجاح الأداء الجماعي، ويتيح للفريق الفرص والمساحة النفسية لإيجاد طرق جديدة وإبداعية لرفع الأداء. كما يدرك الموجّه الرياضي الفروق والاختلافات الفردية بين الأعضاء فيتعامل بحكمة مع الفروقات ويسمح للتكامل بين الأعضاء والتغلب على الخلافات الشخصية التي قد تجد طريقها إليهم متيحا لأجواء التعاون والتكامل وتبادل الخبرات والمهارات أنْ تتجسد. وفي المقابل يقوم موجه الفريق في السياق الاجتماعي والتنظيمي بهذه المهمات أعلاه نفسها فيوزع اهتمامه بين الأداء والتحوّل في طرق وأساليب الأداء، وبين أجواء العمل والتي تتمثل في العلاقات والفروق الفردية وحل الاختلافات وتقدير الأعضاء لبعض وتكاملهم، وبين توفير بيئة العمل الخارجية التي تسمح للفريق بأداء مهمته

وإزالة العوائق التي تعترضه. كل ذلك باستخدام مهارات توجيه الفريق والعمل مع القيادة لتحقيق ما يلزم ومن ذلك تدريب الفريق على توجيه نفسه وتدريب القائد على توجيه الفريق بنفسه باستخدام مهارات التوجيه التي يستخدمها الموجّه.

أما الموجّه المنظومي فمهمته أعقد وأصعب من مهمة الموجّه القيادي وموجّه الفريق. إضافة إلى مهارات التوجيه السابقة مع الفريق وقبل ذلك مع قائد الفريق في التوجيه الفردي، فهو مسؤول عن العلاقات في المنظومة بصورة متكاملة ويتنقل في مهماته اليومية بين كل من القيادات وفرق العمل وذوي المصالح وفي حال تكليفه بتوجيه فريق عمل يرعى بشكل كبير المصلحة الشمولية للتنظيم وعلاقاته ويوجه الفريق في هذا السياق أو كما يقال يوجه علاقة الفريق بالسياق. وهذا الفرق مهم سيتضح أكثر في توجيه فرق العمل النيوكارزمية في أخر فصل من الكتاب، وهو درجة أعلى من توجيه الفرق ككيان مستقل. ولكن أحببت أنْ أسوق للقارئ تلك المعاني لكي يرى كيف أنّ التوجيه المنظومي أكبر وعيا وتركيزا في نوعيته من توجيه الفرق. وذلك له أهمية كبرى إنْ كان القارئ قائدا أو موجّه في السياق التنظيمي، حيث إنّ التعلم وتوسيع الوعي الخاص بالموجّه لفريق العمل هو من أهم أهداف هذا الكتاب. ويهمنا في هذا الصّدد أنْ يفرّق الموجّه بدقّة بين كل من طرق التطوير لكي يستطيع أنْ يتنقل بين الأدوار إنْ لزم وبحسب ما تسمح له اتفاقيته مع قيادة الفريق والرّعاة للتدخل التطويري. وينص الاتحاد الدولي للتوجيه على أنّ توجيه الفريق يندرج تحت مظلّة تطوير فريق العمل جنبا إلى جنب كما هو موضّح في الجدول (٢).

طرق تطوير الفريق بحسب الاتحاد الدولي للتوجيه [1]

	بناء الفريق	تدريب الفريق	استشارات الفريق	إرشاد الفريق	تيسير تواصل الفريق	توجيه الفريق
الإطار الزمني	قصير، ١-٥ أيام	قصير، ١-٥ أيام	متنوع ومتغير بشكل كبير	موزع على مدى فترة طويلة من الزمن	قصير، ١-٥ أيام	على المدى الطويل ، أشهر
إستراتيجيات العمل	أنشطة	العمل مع الفريق عن طريق مادة منهجية	يشارك الاستشاري خبراته	يشارك المرشد تجاربه	تيسير الحوار	شراكة بين الفريق والموجّه
التنمية المستهدفة	تعزيز علاقات الفريق	إكساب معارف ومهارات	منظور إضافي	معارف جديدة	وضوح تواصل	تحقيق الأهداف واستدامة الفريق
التفاعل الجمعي وحل النزاع	تحقيق الحد الأدنى	تحقيق الحد الأدنى	الحد الأدنى من الاستشارات	تحقيق الحد الأدنى	تحقيق الحد الأدنى	شمولي
الخبرة والمرجعية	الملقّن	المدرب	المستشار	المرشد	الميسر وفريق العمل	فريق العمل

ويرى الاتحاد الدولي للتوجيه: "أنّه في حال التفكير في دمج توجيه الفريق مع التطبيقات الاخرى لتطوير الفرق كالتدريب أو الاستشارات أو الارشاد، لابد من توخي الحذر حيث إنّ باقي التطبيقات ذات سمة تلقينيه تمامًا وتختلف عن توجيه الفرق. ولذا يشعر بعض موجّهي الفرق إنّه لا ينبغي لموجّه الفريق أنْ ينتهجها، تجنّباً لإحداث اللّبس عند الفريق المتلقي وإعاقة فعالية موجّه الفريق. ولكن استنادا إلى ما ورد إلينا من بيانات، يبدو أنّ موجّهي الفرق عادة ما يميلون إلى التيّسير كأداة لاستثارة الحوار بين أعضاء الفريق المعنى. وبالرّغم أنّ التّيسير يحقّق درجة من تعزيز التّواصل والوضوح، إنّه يظل سطحي التّخلل ولا يصل إلى العمق المطلوب في تحليل التّفاعل الجمعي للفريق. ولأنّ توجيه الفريق مسبار أعمق من التّيسير- حيث يبرز التفاعل الفردي المتعلّق بشخصيات الأعضاء والتّفاعل الجمعي الضّمني للتّكتّلات داخل الفريق وكيف يؤثر كلاهما على أدائه، فقد لا يكون هناك حد فاصل بين التّيسير والتّوجيه للفريق. بل ربما تجد أحدهما امتدادا للآخر. فقد يمتزجا في سلسلة متصلة من التّفاعلات. والموجّه البارع يعمل في هذا التسلسل بسلاسة" [1].

والنص أعلاه يركز على أهمية التفرقة بين طرق التطوير السابقة. ويتطلب ذلك أنْ يقف الموجه مع الفريق والقائد والرعاة في مرحلة التعاقد ليوضح القصد من التوجيه بلغة واضحة ومفهومة للجميع في حال اختياره وسيلة للتطوير، كما يوضح دوره بين تلك الأدوار ويميز تفاصيل هذا الدور بشكل يمتنع معه اللبس والخلط بين الأدوار. كل هذا يصنع التوقعات السليمة المسبقة والتي تجنب الموجه كثير من مشكلات مستقبلية.

كما نوصي أيضا بدمج هذا التوضيح والاتفاق على المفاهيم والمعاني في الجلسات وخاصة في بدايتها حيث يقوم الموجه بالاتفاق على موضوع الجلسة وهدفها في منظومة الأهداف التي وضعها معهم مسبقا كما سنرى في مبحث التعاقد، وأيضا عند تغيير الدور من موجه لمدرب أو استشاري أثناء الجلسات إنْ كان ينوي ذلك أو طلب منه ذلك حيث إنّ باقي الأساليب تلقينيه مباشرة. والحالة الوحيدة التي يمكن تجاوز توضيح الدور فيها هي حال استخدام التيسير وخلطة بالتوجيه، حيث لا يلزم، بحسب توجيهات الاتحاد الدولي للتوجيه، توضيح تبديل الأدوار لإمكانية خلط التيسير بالتوجيه في أغلب الأحيان مع تفضيل تجنب ذلك قدر الإمكان. بعكس ما يحدث في التوجيه الفردي من ضرورة توضيح كل الأدوار في أي لحظة يطلب من الموجه فيها تغيير الدور. وشخصيا أرى إنّه من الممكن تجنب التيسير بإسناد الدور للقائد بالاتفاق معه أو مع ممثل الموارد البشرية المختص في حال وجوده أو مع من يرغب بالقيام به من الأعضاء في الفريق. ومن تجربتي الشخصية كلما انتظر الموجه وترك الفريق يفكّر لاعبا دور الاستيعاب كما سنشير لأدوار موجه الفريق في الجزء الثاني من الكتاب، كلما ظهر من يقوم بدور الميسر للحوار من أعضاء الفريق وبذا يستغني الموجه عن هذا الدور السطحي كما وصفه النص ويكتفي بالعمق المطلوب منه كموجه في دوره الأساسي.

وبالرغم من التركيز على التوجيه طريقة تطوير لفريق العمل، إلّا أنه قد لا يكفي أنْ يكتفي الموجه بالخبرة في هذا الدور فقط، حيث يرى الاتحاد الدولي للتوجيه الآتي فيما يتعلّق بتطبيق طرق تطوير الفريق الأخرى:

" نظرًا لأن توجيه فريق العمل متعدّد الأوجه، فإنه ينبغي أنْ يكون موجّهي الفرق على اطلاع معرفي أوسع من أولئك الذين يعملون مع الأفراد. فمثلا يحتاج موجّهي فريق العمل إلى فهم أعمق لطرق التعرّف على الخلافات وأساليب حلّها، ومهارات القوى الفاعلة داخل الفريق، وفهم مؤهلات الفرق عالية الأداء، ومعرفة كيفية بناء التماسك في الفريق، وكيفية تطوير الضّوابط والأعراف، وكيفية تشجيع المشاركة والمساهمة من الجميع، وأخيرا تعزيز كيان الفريق واستدامته" [1].

هذا النّص يعطي قراءة مهمة للواقع الذي يتطلب من الموجه أنْ يتقن عددا من الأدوار التطويرية والتي تحوي ما ذكر أعلاه إضافة إلى عمق خبرات ومعارف في المجالات المشار إليها في النّص. ومن هنا نشجع القائد أو الموجّه للفريق أنْ يتبنى منهجية خاصة ويركز في اتجاهات معينة في خبراته التوجيهية كما يركز في التوجيه الفردي. فكلّنا نملك نقاط قوة ولا يمكن أنْ يكون الواحد منّا قويا في كل شيء. ومن هنا أيضا يأتي دور الموجّه المشارك كما سنشير إليه فيما سيأتي وهو دور تعاضدي تكاملي.

والفقرة أعلاه تحوي الإحاطة بالآتي من الخبرات:

* طرق التّعرّف على الاختلافات الناشئة وحلها ومن ذلك: الاختلاف في التصوّرات والمعتقدات والوعي ودرجات الوعي الذّاتي بما يحرّك الفرد في منظومة المجموعة. وتعارض الثقافات وتعددها في الفريق وغياب ممارسات التواصل. وغياب التكامل بين الأعضاء والتفاضل في المهارات والخبرات أو غياب خبرات ميعني سواء قيمنا بيت سويسراعينة.
* الافتقار لفهم ماهيّة الفريق وشروط نجاحه وممكّناته وممارسات العمل ومؤشّرات الفعالية في الفريق.
* ضبابية غاية الفريق أو ضآلتها للفرد وقيمه الشخصية أو غياب ما يربطه بها.
* أسلوب القيادة في الفريق ومناسبته وعدم وضوح الأدوار.
* مهارات التفاعل الجمعي داخل الفريق وتشمل مستويات التفاعل المتعددة وفهم التكتلات والتحيزات داخل الفريق، والوعي بين الأفراد بالتفاعل بما يدور داخل الفريق، والتّعلّم المستمر أو المرن عن طريق التفاعل وكيف يحدث.
* فهم مؤهلات الفريق عالي الأداء وكيف يمكن أنْ يتم تحقيقها.

* كيفيّة بناء التماسك في الفريق وكونه كيان واحد وكيفية استدامة هذا الكيان.
* تطوير الضوابط والأعراف في الفريق والتي تنصب مباشرة في طرق التواصل والاجتماعات والتعاضد بين الأعضاء.
* كيفية تشجيع المشاركة والمساهمة من الجميع بفهم درجات التعاون ومستوياته وكيف يعمل كل عضو مع الآخرين.

ولمساعدة الموجه على تبني تلك الخبرات والعلوم، ورفع مستوى الوعي الخاص به نوصي بالممارسة والتطبيق في أرض الواقع، وبحضور الدورات التي توفر تلك الممارسة والتطبيق ومن ذلك البرامج المعتمدة لدى الاتحاد الدولي للتوجيه. وبالنسبة للقادة فالموضوع أيضا يتطلب ممارسة ولعلّ القادة أقرب للممارسة من الموجهين لتوجيه فرقهم وبخاصة في مساحات تسودها الثقة بين الأعضاء بسبب الترابط الحاصل بينهم مما يسمح بالخطأ في التطبيق أو التجاوز. ولا يستغني القادة بالطبع عن تطوير مهاراتهم في القيادة لتشمل التوجيه المنظومي وتوجيه فرق العمل والجدارات الخاصة به. وفي طيات هذا الكتاب كثير من المعارف والممارسات التي إنْ أخذت بعين الجديّة يمكن تطبيقها وممارستها بسهولة.

***

الفصل الرابع: تشخيص فريق العمل

تختلف مسمّيات هذه المرحلة. فالبعض يطلق عليها تحليل احتياجات، كما في التدريب لتشابهما في الممارسات. والبعض يطلق عليها التقييم وهو من وضع القيمة على الشيء ويعني في هذا السياق تحديد قوة أداء الفريق في جوانب متعددة. وأما التشخيص فهو عملية استخدام التقييم لوصف ما يحدث وما يدور في الفريق بشكل متكامل بحيث يصل إلى جذور المشكلة. والتشخيص يساعد في تحديد أسلوب التطوير المقترح، وأما التقييم فهو مختص بالأداء ومستواه بالنسبة لمعايير معينة. مع تجنّب الجزم باحتياجات الفريق بشكل قطعي لحين يلتقي بهم الموجّه في الجلسة الأولى الاستكشافية حيث يشجع الجميع على تحليل احتياجاتهم عن طريق الحوار وتحديد أهداف التوجيه والتعلم الحاصل.

وعن طريق التجارب المتكررة في عالم الاستشارات التنظيمية ،ليس منطقيا أنْ تضع الحلول قبل أنْ تشخص. فأولئك الذين يقترحون حلولا لمن يشتكي إليهم من القادة تختصر على الخروج إلى منتجع تعليمي لعدد من الأيام للقيام بأنشطة بناء الفريق مع بعض التيسير للتعلم في بيئة جميلة بعيدا عن الضغوط اليومية للعمل، في الحقيقة يخرجون بالقادة في إجازة لا علاقة لها بعلاج التحديات التي تواجههم أو بتنمية العلاقات أثناء المعالجة. فالاختبار الحقيقي لنجاح التدخل الخاص بالفريق وقيادته ليس بدرجة انبساط الأفراد ورضاهم عن التجربة، بقدر قدرتهم بعد التجربة على تخطي الصعوبات في العلاقات والأداء. ولا ينبغي لأي متخصص في مجال فرق العمل المخاطرة بسمعته وبوقت الفريق وموارده التنظيمية باقتراحات غير مبنية على تشخيص سليم ولو مبدئي. ومن هنا ترى أنّ تشخيص الفريق مهمة تسبق أي أسلوب تدخل كما في جدول (٢). وبتجنّب التشخيص السريع، يتفادى الموجّه والاستشاري المخاطرة بسمعته عندما يفشل التّدخل، أو لا يؤدي لنتائجه المرجوّة. وفي حال المسارعة بالتشخيص ووصف الحلول، يضع الموجّه نفسه كبش فداء أمام المنظمة ويفقد مصداقيته عندها. وأما الموارد والوقت فهي معروفة ولا تحتاج لكثير من التقصي لنعرف كم تنفق المنظمات حتى الصغيرة منها على التدريب للموظفين والقادة فقط وكيف يتم هدر الألوف ليس فقط عن طريق المبالغ المستثمرة في البرنامج، ولكن أيضا بغياب الموظف عن عمله المدفوع أجرته له أثناء

الفترة التدريبية وتكلفة السفر والإقامة لمثل هذه البرامج. ولذا لا نلوم صناع القرار في موضوع العائد على الاستثمار من أيّ تدخّل تطويري تنظيمي، بل ينبغي أنْ يرعى الموجّه المستشار هذا الجانب ويضع معايير قوية لقياس العائد في أيّ تدخّل تطويري يقترحه ويناقش تلك المعايير مع صنّاع القرار والمنظمة الراعية.

وفي المقابل تسرع كثير من المنظمات في اتخاذ قرارات تدريب وتطوير الفرق بدون تشخيص جيد وتعرّف عميق على الاسباب التي تؤدي إلى تفكك الفرق وتدني أدائها. وهذا سائد جدا عندما تجد أوّل ما يخطر ببال القادة والمختصين عند مواجهة تحدي في فريق ما: "ارسلوهم لدورة تدريبية". فليس فقط ما يقدّمه المختص من حلول قد يكون عقيما بسبب غياب التشخيص السليم، وإنما ما تختاره المنظّمة من حلول قد لا ينتج عنها التّغيير المطلوب. ومن هنا كان بالأهمية تثقيف المنظّمة أيضا عن طرق التّطوير المقدمة وما لها وما عليها وكيف يمكن أنْ يصل المختص وصناع القرار الرّعاة للتدخل الصحيح عن طرق التقييم والتشخيص السليم.

التشخيص السليم والتقييم للوضع الحالي يعتبر بدرجة من الأهمية حيث اتفق معظم الباحثين في فرق العمل عالية الأداء على أنّه يسبق أيّ نوع من التدخل، بل اقترح بعضهم تحليل كامل للوضع الحالي للعلاقات المنظومية وإن كان الفريق فقط هو المعني بالتّدخل كما في التوجيه المنظومي. ولكننا نترك ذلك لمستوى خبرة المختص الموجّه وقدرته على الوصول لتقييم شامل في السّياق المعني، حيث قد تشكل محدودية الموارد عائقا أمام توسيع دائرة التقييم المنظومي ويكتفي حينها بتشخيص أداء فريق العمل بالأدوات المتاحة له. وكلن في حال توفّر فريق استشاري يكمل بعضهم بعضاً يكون مناسبا أنْ يعمل الموجّه مع هذا الفريق لكي تكتمل الصورة قبل الوصول للحلول التطويرية الشاملة.

وفي تشخيص فرق العمل النيوكارزمية والتي ترعى التحول التنظيمي الشامل لابد من أنْ يكون الموجّه على مستوى ووعي وخبرة تسمح له بتسهيل التقييم الشامل إنْ طلب منه أو التشجيع عليه عن طريق مختص مستشار تطوير تنظيمي مشارك له

بحسب حجم المنظمة ونوعية التحديات التي تواجهها. نؤكد على ذلك أيضا في مكانه في الجزء الثاني من هذا الكتاب حيث نتحدث عن الفرق النيوكارزمية بشكل أوسع. وأقل ما ينبغي في يحدث من جرّاء التشخيص السليم، الوعي بمشكلة أوسع في علاقات المنظومية، مما يسمح له بوضع ما يظهر له على طاولة النقاش مع صناع القرار والرعاة لكي يكونوا على وعي أيضا. لفت الانتباه لما يظهر للموجّه أو المستشار في مرحلة التشخيص، هو مسؤولية أخلاقية تجاه الراعي ومتخذ القرار وتنتظم مع اللائحة الأخلاقية لمهنة التوجيه في الاتحاد الدولي للتوجيه [1]. وباعتبار سياق التوجيه لفريق العمل والتوجيه المنظومي فسنركز في مبحثنا هذا على الأدوات التشخيصية والتقييمية في هذا السياق.

جمع المعلومات

من المهم قبل أنْ تتعاقد مع الجهة الرّاعية للفريق والتي غالبا ما تكون المنظّمة التي يعمل فيها أو القائد المسؤول عن الفريق في حال الأعمال المتوسّطة أو الصغيرة الحجم أو قسم الموارد البشريّة في حال المنظمات الكبيرة الحجم، أنْ تتفق على مرحلة جمع المعلومات وتحليل احتياجات الفريق وأن يندرج ذلك تحت الاتفاق المبدئي كما سنوضح في فصل الرحلة مع العميل من هذا الكتاب. هذا الاتفاق يوفر عليك كثير من الإشكالات المتعلقة أولا بحقوقك الشخصية المالية حيث ينفصل سعر التشخيص عن سعر خدمة تطوير الفريق التي ستقدمها لاحقا بعد أنْ تتأكد من مناسبتها، وثانيا يعطيك قراءة مختلفة بعد أنْ تضع اصبعك متلمسا درجة حرارة المياه ومناسبتها لك. فقد تكتشف أثناء مرحلة التشخيص أنّ المنظمة تشكل عائقا أمام الفريق وأن المقومات التي تبحث عنها في المستفيد العميل المثالي غير متوفرة في هذا الفريق بالذات ومن ثم توفر على نفسك معاناة الفشل قبل أنْ تبدأ الرحلة.

الذاتية والموضوعية في جمع المعلومات

تذكّر دائما أنْ أيّ تشخيص أو تقييم هو معلومات قد تكون مصبوغة بصبغة وتصورات القائل أو الكاتب أو المحرر لها. وتذكّر أنّك أنت واحد من هؤلاء الذين يحملون تصورات وتحيزات وثقافة خاصّة بك مهما بلغت من الوعي الذاتي والمحايدة. اعترافك بذاتيّتك في سياق جمع المعلومات وتقديمها أساسي لمصداقيتك وقراءة الآخرين لهذه المعلومات التي تجمعها وهو جزء من جداراتك الخاصة في تخصّصك الاحترافي.

خصوصية المعلومات

تعتبر خصوصية المعلومات التي ستقوم بجمعها ومن يطلع عليها من صميم بنود اللائحة الأخلاقية في مهنة التوجيه في الاتحاد الدولي للتوجيه [1]. فبحسب بند اللائحة الأخلاقية رقم ثلاثة فإن على الموجّه أنْ يحافظ على أعلى مستويات الخصوصية لجميع الأطراف وأن يكون على وعي وتقيّد بالقوانين الخاصة بالتواصل وتبادل المعلومات في كل منظّمة ومع كل مستفيد فيها، وتحت مظلة القوانين المحلية للبلد التي تعمل فيه. وهذا البند يضع الموجه أثناء مرحلة التشخيص والتقييم، في وضع حساس جدا ينبغي الانتباه له. فعليه أوّلا أنْ يتأكّد من قوانين التواصل والخصوصية الخاصة بالمنظمة والبلد (أو البلدان) التي تعمل فيها في مرحلة التعاقد المبدئي وقبل مرحلة التشخيص كما سيأتي لاحقا في الكتاب عند عرض الرحلة مع العميل.

عادة ما يكون ذلك عن طريق استشارة الموارد البشرية الخاصة بالتنظيم قبل أنْ يبدأ الموجه في صياغة إستراتيجية جمع المعلومات. وقد يعني هذا أنْ يناقش الموجّه هذا البند رقم ثلاثة مع الأطراف المعنية وصنّاع القرار والرعاة. وهذا يندرج تحت بند رقم واحد أيضا، وهو أهمية أنْ يشرح الموجّه بعناية للمستفيدين والرعاة ليس فقط طبيعة توجيه فرق العمل وقيمته المرجوة وإنما أيضا إطار الخصوصية. وقد يتطلب أنْ يشرح ذلك في البداية أثناء مرحلة التحالف ثم قبل التعاقد المبدئي لجميع المعلومات بهدف الدخول لمرحلة التشخيص والتقييم. يفعل ذلك إعلاما وتعليما، وايضا لإقناعهم بأنّ خصوصية المعلومات لا تقف بينه وبين

التشخيص وعرض إستراتيجية التطوير لهم. فلا دخل للمعلومات الفردية أو المعلومات الخاصة بالفريق وما يدور فيه بتشخيص وتقييم الوضع الحالي للفريق واقتراح أساليب التطوير. ولا يلزم للباحث أنْ يكتب ويطّلع الجميع على المعلومات الواردة ويكفي للمستفيد أنْ يتعرف على أسلوب البحث، وطرق جمع المعلومات، ومختصر النتائج في شكل سرد لقائمة التّحديات التي يمكن أنْ يتم معالجتها في التطوير، ويكفيه أنْ يطّلع على التوصيات المقترحة أو المخرجات أو النتائج.

ومن المهم أنْ يضع الموجّه أمام الفريق وأعضائه بشكل جمعي أو فردي بند الخصوصية وأنّه حقّ لهم وأنْ يحصل على إقرار كلّ منهم على المشاركة أو عدمها. فقد يقرّر الجميع في الفريق أنّهم راغبون في مشاركة المعلومات بشكل واضح وكامل مع قائد الفريق. وقد يقرّروا أنْ يشاركوا في بعضها وليس كلها. وباعتبار أنّ المستفيد هو القائد وفريق العمل الذي يقوده فسيكون القائد على اطّلاع أعمق بالمعلومات مع الحفاظ مرة أخرى على المعلومات الفردية الواردة من الأعضاء في خصوصية اللقاءات بينهم وبين الموجّه بحيث تكون النتائج عامّة وعمياء حفاظا على هذه الخصوصية.

ومن هنا كان من الضروري أنْ يضع الموجّه خطة محكمة للخصوصية وكيفية تداول المعلومات ويحصل على إقرار وموافقة من المنظمة عليها بشكل كتابي خطي جزءاً من التعاقد المبدئي أولا وفي التعاقد النهائي إنْ وجد. وأن يكون لدى الموجّه سجلّ واضح للمعلومات الواردة في مرحلة التشخيص والتقييم يحفظ في مكان آمن بعيدا عن التداول أو التسرب. محافظة الموجّه على الخصوصية لكل طرف هي مسؤولية الموجّه وحده وليس المنظّمة والتي قد يوجد بها قوانين خصوصية لا تغطي حقوق الأفراد، فأكثر ما يسبّب فشل توجيه فريق العمل، غياب الثقة بين الأعضاء والخوف من تسرب المعلومات فيما يتحدثون عنه أو يشاركونه من خواطر ومشاعر. والمخاطرة بالتخلي عن الخطة المحكمة الاغلاق للمعلومات قد يؤدي لمخالفة اللائحة بقصد أو بغير قصد وقد يحدث من جرّاه تسرب للمعلومات ومن ثم سحب رخصة الموجّه من الجهة المنظمة له.

ويتبع ذلك بند أربعة في اللائحة الأخلاقية والذي ينصّ على فهم ووضوح في كيفية تبادل المعلومات في جميع خطوات التوجيه وتفاعلاته. وهذه النقطة مهمة لأنها تعني أنّ المعلومات ليست فقط في حوزة الموجه وخصوصيته، وإنما عليه أنْ ينتبه لهذا البند على طول المسار في عملية التوجيه وفي كل مرحلة من مراحله حيث تستمر المعلومات الخاصة بالفريق في التدفق في كل جلسة توجيه ويستمر الموجه في تطبيق بنود الخصوصية. يأتي بعد ذلك بند خمسة في اللائحة الأخلاقية والذي ينصّ على الحالات التي يتم فيها اختراق الخصوصية حيث يطلع الموجّه على أنشطة غير قانونية أو اختراق أخلاقي أو ضرر على النفس أو الآخرين، ومن هنا ينبغي أنْ يوضع هذا البند أيضا في مرحلة التعاقد المبدئي أنْ كانت منفصلة عن التعاقد النهائي لحماية الموجه أوّلا من تبعات الاطلاع على مثل هذه الاختراقات وثانيا حماية الآخرين في سياق المسؤولية والأمانة جزءاً من ثقافتنا العربية والدينية من أمر بالمعروف ونهي عن المنكر وما هو مخالف لتعاليم الدين. يشمل الدين كل الأديان السماوية التي تتواجد في عالمنا العربي، وبخاصة الدين الإسلامي الذي هو شريعة عدد كبير من الدول العربية. فما خالف الشريعة المعمول بها في بلد ما، هو حتما فوق ما ينص عليه أي تشريع أخلاقي وارد من أي منظمة خارجية، بحيث يتقدم العمل به في فهم موضوع الاختراق الأخلاقي.

ويأتي أخيرا في موضوع الخصوصية للمعلومات، بند رقم سبعة في اللائحة الأخلاقية للاتحاد الدولي للتوجيه [1] حيث يحتفظ ويحافظ الموجه على المعلومات والاتصالات الإلكترونية التي في حوزته نتيجة التفاعلات المستمرة أثناء التوجيه بين الجلسات التوجيهية مع الفريق وقائده وأعضائه بطريقة تراعي الخصوصية والأمن وبخاصة في حال استخدام تطبيقات خارجية على الشبكة أو على السيرفر الخاص بالمنظمة. وأنْ يتم التخلّص من هذه المعلومات بطريقة آمنة بعد انتهاء العلاقة التوجيهية وفي مرحلة الإغلاق بعلم وتأكيد من الجميع بحسب ما اتفق عليه مسبقا في التعاقد.

أساليب جمع المعلومات

تُستقى معظم طرق جمع المعلومات من أساليب البحث الأكاديمي النّوعية أو الكيفية. ويمكن إعادة تصميم كل منها بما يتناسب مع السياق المعني. وينحى معظم الموجهين لفرق العمل منحي التواصل المباشر مع المستفيدين من التدخل باستخدام المقابلات الشخصية، أو الاستبانات، أو تقييم الأطراف الخارجية بأنواع مختلفة من المقاييس أو تقييمات الأداء، والتي قد تقيس الجدارات أو نقاط القوة أو طرق الاتصال. ونركز هنا على بعضها على سبيل المثال وليس للحصر.

المقابلات الشخصية

من أهم الوسائل التي يستخدمها كثير من الموجّهين لتشخيص الفريق هو جمع المعلومات من القائد ومن أعضاء الفريق مباشرة عن طريق المقابلات الشخصية. تميز المقابلات الشخصية بإتاحة الفرصة للموجّه بالاستماع لكل طرف ووجهات النظر المتعددة عما يدور في داخل الفريق مع خصوصية تامة وبعيدا عن التوثيق الكتابي كما في الاستبانة أو المراسلات، مما يمنح أجواء مليئة بالثقة ويستدعي انفتاح فردي للمشاركة والشفافية مع الموجّه. ويتعرّف الموجّه في المقابلة الشخصية على الشّخصيّات عن قرب وأساليب الاتصال المستخدمة بينهم وطرق التفكير والوصول للقرارات، ويتعرّف على الاسلوب القيادي السائد في الفريق وغير ذلك من العوامل التي من شأنها أنْ تدفع الفريق للأداء العالي المتميز أو تعيقه. وإذا كنت قد تدرّبت في فن التوجيه مسبقا فستعرف أنّ المقابلة الشخصية التي أعنيها ما هي إلّا جلسة استكشاف وتعرُّف على الأعضاء كلٌّ على انفراد.

وبينما يمكن أنْ تضع هيكلاً للمقابلة الشخصية، كن حذرا من تكوين انطباع سلبي أثنائها وأنت تنشغل، بالأسئلة وكتابة الأجوبة، عن المستفيد. أنت لا تجمع معلومات فقط وإنما تبني علاقة مع كل عضو وتكسب ثقة وتهيئ أجواء آمنة للمشاركة فيما بعد. ولابدّ أنْ تكون الأسئلة الموجّهة لكل عضو من أعضاء الفريق موحّدة إلى حدّ ما، لكي تستطيع أنْ تقارن بين

الإجابات وتخلص بنتيجة عن الفرص والتحدّيات. عليك أنْ تنتبه أيضا، ألّا تبدو محقّقا جنائيا جامدا في الطرح والمعالجة وأن تترك مجالا للشرح والتفصيل في حال رغب من أمامك أنْ يستطرد. وفي كل الأحوال حاول أنْ توازن بين الأسئلة الذاتية التي تتطلب تعبير عن الفكر والمشاعر وربما العلاقات وبين تلك التقنية التي تنحى إلى جمع معلومات محددة تسهم في تحليل الوضع الحالي ومن ثم التشخيص المبدئي للفريق ثقافة وأداء. تذكّر في بداية كل مقابلة أنّ عليك أنْ تضع هدف المقابلة وموضوعها نصب عينيك، ولماذا تقوم بجمع هذه المعلومات. تأكد من نمذجة الممارسات الأخلاقية كما في الجدارة الأولى بحسب جدارات توجيه الفريق الواردة في الجزء الثالث والتي تحوي توضيح مفاهيم معينة مثل الفرق بين التوجيه لفريق العمل وأساليب التطوير الأخرى. ومن ذلك توضيح بنود الخصوصية في اللائحة الأخلاقية مثل مشاركة المعلومات والخصوصية كما سبق.

النقاش الجماعي المركز

تعتبر طريقة جمع المعلومات عن طريق النقاش الجماعي المركز من أحد أهم الطرق النوعية في عالم البحث الأكاديمي وينتج عنها كم من المعلومات هائل بسبب التفاعلات الجمعية التي تثري السياق والمحتوى لكل سؤال يتم طرحه ومعالجته. وطبعا بحسب بنود اللائحة الأخلاقية وخصوصية المعلومات يمكن الاتفاق المسبق على تسجيل اللقاء لكي يتفرغ الموجه للنقاش بدون أنْ يشتّت انتباهه في كتابة الملاحظات. وقد يكون مفيدا وجود موجّه مشارك في المشروع، في حال غياب التسجيل بحيث يتبادلان طرح الأسئلة وأخذ الملاحظات أو يركز كل منهما على دور معين. ولأنّ النقاش الجماعي المركز عادة ما يتضمن أفرادا يجمعهم موضوع أو قضية معينة يرغب الباحث في جمع المعلومات عنها، فقد يختلف عن الفريق الذي تجمعه غاية معينة ويتعاضد أفراده في تحقيق هذه الغاية. ومن هنا قد تختلف طبيعة الأسئلة والحوارات وطريقة المخاطبة بحيث يستخدم الموجّه كلمات تتعلق بالفريق نفسه وعمله وكأن هذا اللقاء هو أحد جلسات التوجيه المعنية والناتجة عنه. وكأننا نعيد تشكيل النقاش الجماعي بهدف جمع المعلومات إلى جلسة استكشافية جماعية لفريق العمل يتخللها كثير من التيسير واستخدام أدوات التيسير المعروفة. ولأنّ

الموجّه يسعى للمراقبة للعلاقات وكيف يتبادل أعضاء الفريق التواصل عليه أنْ يشجع الفريق لأن يتحاور عن المواضيع المطروحة مع نفسه بدلا من الموجّه الباحث لكيلا يصبح محطّ الأنظار والاهتمام بدلا من الفريق. وعلى الموجّه الباحث أنْ يركز على صياغة الأسئلة بشكل مختزل وبنهايات مفتوحة ليمنح الفرصة الكافية للإجابات الواردة مع فترات صمت أطول لكي يستجلب الإجابات من الجميع ويستحث من لم يشارك على ذلك شفهيا وبلغة الجسم وهو يجلس بينهم. ومن هنا يتميز النقاش الجمعي عن المقابلة الشخصية بثراء المعلومات ليس فقط الفردية وإنما المتعلقة بالتفاعل الجمعي ومستوياته.

وبالرغم من الميزة أعلاه، إلّا أنّ السلبية تكمن في فقد المعلومات المباشرة من شخص ما للباحث كما يحدث في خصوصية المقابلات الشخصية. وبخاصة المبتدئ غير المتمرّس في قراءة التفاعل الجمعي الدقيق كما سنرى في الجزء الثاني من الكتاب. ومن ثم قد يتم تغليف ردود الأفعال الشخصية بحسب السياق المتاح للفرد المشارك ومدى شجاعته في تحدي التيارات المعارضة أو الانجراف معها. والأخير من شأنه أنْ يخفي معلومات مهمة لا تظهر إلّا في المقابلات الشخصية الفردية. ولذا يتجه كثير من الموجهين الباحثين في هذه المرحلة إلى استخدام الطريقة الأولى بإجراء مقابلات شخصية فردية ثم اختزال المعلومات بشكل يسمح بالنقاش الجماعي المركز كوسيلة تثليث وتأكيد وتحقق. وهذا الجمع بين الاسلوبين يثري الحصيلة النهائية ويؤكد للباحث الموجّه ظنونه أو افتراضاته إضافة إلى المقابلة الشخصية قبل وبعد مع قائد الفريق والتي سنتحدث عنها فيما يأتي لأهميتها القصوى.

المقابلة الشخصية مع قائد الفريق

القائد هو الذي يصمّم مهمات الفريق ويحفزه على العمل والتفاعل ويعزز الأداء العالي له ويمنح الفريق كل تلك الموارد والسّياق الداعم. ولأنّ قائد الفريق هو الراعي الأساسي المعنوي- وربما المادي- والذي لا ينبغي أنْ يغيب في أيّ أسلوب تطويري للفريق أو يتراجع بأيّ شكل وإلّا أثّر غيابه وتراجعه على سير التّدخل التطويري للفريق، فإنّ على الموجّه أنْ يضع المقابلة الشخصية مع

القائد في أوّل قائمة طرق جمع المعلومات. ولم نقم بتأخير ذكرها إلّا لأنّ بعض الأمور لا تتضح إلّا بضدها أو بعد شرح ما تحويه قبل التّطرق لها. ولا تختلف المقابلة الشخصية مع القائد عن المقابلة مع الأفراد إلّا من حيث طبيعة الأسئلة التي يتم تطرحها والتي قد تتمركز على تاريخ الفريق وتتابع القيادات عليه والدّور والأسلوب القيادي الحالي وما يراه القائد من نقاط قوة للفريق أو فرص للتطوير. وغالبا ما يظهر في هذا المقابلة معلومات عن العلاقات بين الأعضاء لا تظهر في المقابلات مع الأعضاء على حدة. ولذا نشجع أنْ يتبنى الباحث الموجه سياسية إجراء مقابلتين مع القائد: الاولى قبل المقابلة الشخصية للأعضاء والثانية بعد انتهاء هذه المقابلات وقبل النقاش الجماعي المركز. سبب اللقاء مع القائد قبل كلّ اللقاءات، لأنّه قد يظهر للباحث الموجّه أسئلة تتطلب مزيد من التوضيح من الأفراد، أو قد يحتاج من القائد أنْ يلعب دورا أقلّ تواجدا في النقاش الجماعي المركز أو قد يطلب منه طرح أسئلة معينة معه، أو يقوم بملاحظة تفاعلات جمعية معينة. وغاليا ما يحدث في النقاش الجماعي تحديدا لتحديات الفريق وتطلعاته. وبذا يقوم الباحث الموجّه باللقاء الثاني مع القائد ليتأكّد أنْ كل ما قيل لاقى قبولا لديه وإذا كان لديه ما يضيفه عما تم في النقاش الجماعي. وبذا يكون الباحث الموجه أجري مقابلتين شخصيتين مع القائد ومقابلات شخصية مع كل عضو ونقاش جماعي مركز مع الجميع، إنْ رغب وارتأى أنه يحتاج لذلك.

الاستبانة

يلجأ كثير من الباحثين للاستبانة في جمع المعلومات النوعية أو الكمية. وهي عبارة عن أسئلة مرسلة إلكترونياً أو ورقيا لمجموعة من الناس ممن يقع تأثير موضوع البحث عليهم أو يؤثروا فيه بشكل ما. وللاستبانة أشكال عديدة منها ما هو مختصر محدود الأسئلة موزع على عدد كبير جدا من المشاركين قد يصل للألوف وبذا يكون البحث كيفي مبني على العدد المشارك لتغطية أكبر قاعدة معلوماتية ممكنة، ومنها ما يكون نوعي عميق الأسئلة ويعطي أبعاد متعددة لتصورات مختلفة لمجموعة بسيطة من الناس كما يحدث في جمع آراء المتدربين في دورة تدريبية معينة قد لا يزيد عددهم عن اثني عشرة شخصاً. ومن أهم استخدامات الاستبانة تحليل الوضع أو السياق التنظيمي الخارجي والذي يعمل فيه فريق العمل حيث يكتشف الباحث الموجّه علاقات تنظيمية تلعب في ساحة الفريق وتؤثر فيه ويرغب في اكتساب بعد أعمق لفهم هذه العوامل ومن ثم يطلق أسئلة للفريق عن ذاته وعن علاقاته المنظومية، وهذا يكون مفيدا في فرق العمل القيادية العليا والتي سنتحدث عنها في سياق توجيه فرق العمل النيوكارزمية. ولكل من النوعين من الاستبانات ماله وما عليه ولسنا بصدد التوسع في ذلك فمكانه في كتب ومراجع أساليب البحث العلمي. ولكن ما نحن بصدده كيفية استخدام هذه الأداة وتصميمها لكي يخرج الباحث الموجّه بمعلومات ثرية تسهم في تشخيص أداء الفريق وتحديد أسلوب التطوير المناسب في التدخل المطلوب. وفي حال كون الفريق قيادي، قد يقترح عليك القائد أنْ تطلق استبانة على مستوى المرؤوسين لأخذ وجهات النظر عن الفريق. وسنتعرض لمجموعة من الأسئلة التي تمكن الباحث الموجه من تصميم الاستبانة شخصيا باستخدام تطبيقات متوفرة إلكترونيا.

وتعتبر الاستبانة أكثر موضوعيه في جمع المعلومات من المقابلة الشخصية أو النقاش الجماعي المركز رغم أهميتها وجمع كثير من الباحثين الموجهين بين كل هذه الطرق كما ذكرنا في مفهوم التثليث، حيث تخلو من تأثير وجود الباحث الموجه أثناء جمع المعلومات أو من أي من الأعضاء أو القائد وهذا يحرر الأفراد من ضغط الراي العام ويمنح الخصوصية التي تسمح بدرجة أكثر

من الشفافية والثقة، وبخاصة عندما تكون الأسئلة مصاغة بشكل أقل عمقا يصعب فيه التعرف على شخصيات المستجيبين. ومن هنا نحى كثير من موجهي فرق العمل الباحثين والخبراء عبر السنوات إلى تصميم استبانات خاصة بهم يطلقونها على أنّها جزء أساسيا مسبقا لأيّ عملية توجيه فريق. وهذا يقودنا إلى أسبقية أبحاث الشروط الستة ومصداقيتها في عالم الفرق عالية الأداء حيث اعتمد باحثوها من هارفارد [20] على مئات الشركات التي كانت جزء من هذه الأبحاث عبر الثلاثون سنة الماضية. ويستخدم غالبية الموجهين لفرق العمل نماذج شبيهة من الاستبانات بنيت على أبحاث الشروط السّتة عندما يُطلب منهم قياس الأداء أو العائد على الاستثمار أو يستعدّ الراعي لأن يستثمر فيها من بين الباقة التوجيهية للفريق في تحليل وتشخيص أداء وثقافة الفريق. ويختار الراعي أحيانا أنْ يجري الاستبانة قبل وبعد التدخّل التطويري لكي يعرف مدى التحوّل في أداء الفريق.

وترسل الاستبانة إلكترونياً إلى أعضاء الفريق ويتم جمع واستخراج المعلومات في شكل تقرير بعيدا عن الذاتية الخاصة بالباحث وعن طريق برامج حاسوبية للمحافظة على الموضوعية. ويعرض التقرير تفاصيل دقيقة عن أداء الفريق وثقافته وعناصر نجاحه والتحديات التي قد يواجهها بشكل كامل الخصوصية بحيث يصعب التعرف على شخصيات الأعضاء. ويمكن بعده أنْ يكمل الباحث الموجه بحيث يعقد حلقة نقاش مركزة مع الفريق ويستخدم فيها نتائج التقرير في خصوصية مساحة الفريق وقائده ويجري بعدها عددا من الأنشطة التي تساعد الأعضاء على فهم التقرير وما فيه من معلومات. وقد يستغرق في ذلك يوم أو اثنين، وقد يقرّر أنْ يخرج بالفريق وقائده في منتجع، بعيدا عن ضغط العمل والشواغل بحيث يتفرغ الجميع لإعادة بناء العلاقات وإطلاق الفريق مع خطة توجيه محكمة التصميم. وبذا يكون الباحث الموجه انتقل إلى التعاقد النهائي بعد عرض بيانات معلومات ناتجة من التحليل السابق. وبذا يتم دمج مرحلتي الدراسة المبدئية وتحليل وتشخيص الفريق مع التعاقد النهائي. وتتلخص أسئلة الشروط الستة في نموذج كار وبيترز [19] في الجدول (٣):

	السؤال	نعم	لا	لست متأكدا لأن:
١	هل يعرف الجميع من ينتمي للفريق ومن لا ينتمي؟			
٢	هل يتكوّن الفريق من العدد المناسب لاحتياجاته، لا أكثر ولا أقل؟			
٣	هل خليط الخبرات والمعارف والمهارات في الفريق مناسب لتحقيق غاية الفريق؟			
٤	هل يُتَوقّع استمرار واستقرار جميع الأعضاء أثناء فترة التّوجيه؟			
٥	هل يملك الفريق غاية محفّزة؟			
٦	هل لدى الفريق أهداف تتطلّب من الجميع أنْ يتعاضد لإنجاحها؟			
٧	هل يلتقي الفريق بانتظام؟			
٨	هل لدى الأعضاء بعضهم أو أحدهم تحدّيات في الأداء تتطلّب أنْ يتم التّعامل معها على انفراد قبل بدء التّوجيه؟			
٩	هل الموارد متاحة للفريق: الوقت، المال، المعلومات؟			
١٠	هل أنت جزء من هذا الفريق أو يوجد اتفاقية تواصل وتعاضد واضحة ترشد العمل؟			
١١	هل القائد متحمّس لتوجيه الفريق؟ إلى أي درجة (ليس مندمج مع الفكرة – قليلاً – تماماً – جداً)؟			
١٢	هل يوجد حماس لدى الأعضاء لفكرة توجيه الفريق؟			
١٣	هل يوجد دعم من خارج الفريق للفريق لتدخّل التوجيه (القيادة العليا)؟			
١٤	هل الفريق على استعداد لتخصيص وقت لتحقيق غايات التّوجيه؟			
١٥	هل يعرف الفريق كيف يقيس النّجاح أو مؤشراته؟			
١٦	هل يوجد أي عوائق أو تحدّيات تعترض طريق الفريق في التوجيه؟ ماهي؟			

وطبعا يمكن للباحث الموجّه إضافة ما يرغب من الأسئلة التي تسهم في فهمه للسياق وللفريق ولأداء الفريق في هذا السياق.

ولكي يمكن أنْ تقوم بالاستبانة إلكترونياً مع الشروط الستة بالذّات عليك أولا أنْ تتأهل لها بالحصول على التدريب المطلوب من الشركة مثلها في ذلك مثل أي استبانات أخرى مقنّنة. ولكون الشروط السّتة من أقدم الأبحاث في عالم فرق العمل وأدائها العالي، فسأختصر الوقت على القارئ والجهد وأقدم نموذج الشروط السّتة بشيء من التفصيل في الفصل الخامس من هذا الجزء الأول.

يلجأ كثير من موجهي فرق العمل إلى تشخيص الفريق عن طريق ما يتم جمعه من عدد من الأعضاء عن السلوك القيادي لأحدهم أو كلهم وهذا قد يكون مفيدا في التوجيه التنفيذي أو القيادي. ولكن يكون شبه عديم الفائدة في حال تقييم فريق العمل وأدائه حيث إنّه موجه لشخص واحد وإن كان يمكن في بعض التقييمات الاستقراء للسلوك الجمعي، أو لشخصيات الأفراد، وطرق اتخاذهم للقرار أو نقاط القوة لدى الفريق ككل، من حيث تشابههم أو اختلافهم في سمات معينة أو جدارات معينة.

ونشأت الحاجة لاستخدام مثل هذه التقييمات لأن الجهة الراعية للفريق تطلب قياس العائد على الاستثمار من حيث قياس درجة تحول السلوكيات الخاصة بالأعضاء في الفريق، أو ذكاء الفريق العاطفي، أو الذكاء الثقافي، أو غير ذلك من الجوانب المختلفة للأداء الفردي بشكل جماعي. ومن هنا ندرك خطورة المخاطرة بتقديم مثل هذه القياسات لإشباع احتياج الراعي التنظيمي أو القائد للتحكم في المدخلات والمخرجات. وعلينا أنْ نشرح أنّ ما يحدث في التفاعل الجمعي من أصعب ما يمكن قياسه أو قياس التغيرات التي تحدث أثناءه ومن جرّائه أو خلاله. فأنت تقيس جدارة معينة في سياق معين لقائد معين أو موظف معين. فلديك كثير مما يمكن تثبيته من المتغيرات لكي تحصل على نتائج متكررة للسلوك تمكنك من أنْ تستنتج ما يمكن تغييره ليتغير السلوك. ولكن من حيث الفريق فمن الصعب أنْ تطلق هذا النوع من التقييم على السلوكيات الجمعية حيث كما سنرى، يختلف السلوك الفردي مع اختلاف التفاعل الجمعي من فريق لفريق ومن سياق لسياق. فعدد المتغيرات كبير جدا ولا يمكن ضبطه في هذا النوع من التقييمات.

ولكن هناك نوع آخر من التقييمات الدائرية التي يمكن قياس أداء وثقافة الفريق عليها وليس أداء أعضاء الفريق كل على حدة. فالتعامل مع الفريق كوحدة وكيان مستقل يسمح بمثل هذه القياسات ويحافظ على خصوصية الأفراد المنتمين له. فهناك قياس

التعلم فيه أو الأداء أو درجة الانسجام أو الرضا عن القيادة، أو فعالية الممارسات، أو إستراتيجيات، أو نوعية ضوابط التواصل، أو مدى توفر الموارد، أو جودة السياق الداعم، حيث إنّ معظم هذه العوامل المتغيرة تمت دراسته على حدة في كثير من الأبحاث العلمية كما سيأتي في أبحاث الفريق عال الأداء. وميزة هذا التقييم أنه لا يشير بالأصبع على شخص معين ومن ثم يعتبر عالي الخصوصية مقابل تلك التقييمات الفردية للجدارات أو الذكاء العاطفي التي يتم جمع نتائجها في تقييم جمعي، ولكن يشير للأعضاء المشاركين أمام التنظيم ومن ثم يخرق موضوع خصوصية المعلومات.

عليك أنْ تحذر من الانزلاق في تقديم التقييمات بأنواعها فقد يتولد عنها كم هائل من العمل والقراءة المسبقة والاعدادات للبيانات، ناهيك عن الحيرة فيما سيتم مشاركته ومالا يتم مما يشكل عبء على بنود الخصوصية في اللائحة الأخلاقية ومن ثم يضعك في حرج في طريقة عرض المعلومات أو عدم العرض والتبرير لذلك. النصيحة التي أقدمها، لا تقدّم التقييم إلّا بعد الدخول في دورات متخصصة له مع الطرف الثالث المؤسس للتقييم واكتف بجمع بيانات بالطرق التقليدية والخروج بمعلومات يمكن الاحتفاظ بها وتغييرها أثناء العمل مع الفريق والتعرف عليه أكثر.

تقرير بيانات الفريق

تقرير بيانات الفريق أو خلاصة التحليل والتشخيص لأداء الفريق هو نتيجة هذه المرحلة التي تسبق التعاقد النهائي واختيار أسلوب التطوير المناسب للفريق أيا كان (ارجع للجدول ٢). ويحوي التقرير ملخّص عام للمعلومات التي تم جمعها يعرض بطريقة موضعيه في شكل إحصاءات أو رسومات توضيحية أو في شكل فقرات مكتوبة تلخص تلك المعلومات بعيدا عن الذاتية. وقد يحوي التقرير تحليل الباحث الموجه واستنتاجاته الخاصة بشكل منطقي، وعقلاني، ومختصر، وواضح. وأفضل طريقة لعمل مثل هذه الاستنتاجات أنْ يسأل الباحث نفسه عن الدليل على استنتاجاته وافتراضاته أو بأن يعرضها على زميلة الموجه ويتحقق منها عن طريق التثليث للمعلومات التي تم جمعها بأكثر من طريقة وفي حال عدم وجود دليل عليها يترك المعلومة بدون ربطها باستنتاج. وفي حال أنّ الاستنتاج مهم، ولكن غير مكتمل يضع عبارة نهائية تدل على أنه رأي ذاتي وقد

يحتمل الخطأ لقصر التصور الكامل وعدم وجود ما يكفي من الأدلة عليه. وبذا يقر بذاتيته في تقرير بينات بحثية كما هو معمول به في عالم البحث الأكاديمي. وفي كل ذلك يحافظ على الخصوصية العالية للأفراد والأعضاء الذين أدلوا برأيهم في الفريق وأدائه. والهدف من هذا التقرير هو وضع البيانات بشكل موضوعي أمام قائد الفريق أولا وأمام الفريق بأجمعه مع قائده ثانيا ممّا يتيح له الفرصة للتّعرّف على نقاط القوة والضعف، والفرص والتحدّيات. وهذا من شأنه أنْ يفتح باب الحوار مع الفريق فيما يرونه مناسبا أنْ يكون تركيزا للتوجيه في حال اتفاق الجميع على أنه أسلوب التطوير المناسب للفريق. من المهم في هذه الخطوة أنْ يصل القائد وفريقه للنتائج بأنفسهم وألّا يتدخّل الموجّه في تيسير الاستنتاجات وقيادتها لنتائج معيّنة يراها هو ذات أهميّة. في النّهاية الفريق المستفيد من الخدمة التدخلية هو من يضع تصوّره لحالته وليس الموجّه وبناء على ذلك يتم رسم الخطة التطويرية المتكاملة بما فيها توجيه فريق العمل إنْ كان هذا هو مخرج التقييم والتشخيص.

ويمكن أيضا للموجه أنْ يلعب دور المستشار بوضوح كامل وفصل بينه وبين دور التوجيه. ونحرص هنا على التأكيد حيث إنّ القائد وفريقه حديثي عهد بالتعرف على توجيه الفريق كأسلوب تطويري للفريق وخاصة في أول تجربة حرصا منا على اللائحة الأخلاقية المنظِّمة لهذا التوجيه وتطبيقا للجدارات الخاصة بتوجيه فرق العمل والتي توصي بشدّة أنْ يفرّق المستشار الموجّه بين التوجيه وبين غيره. وقد تندرج مرحلة جمع المعلومات بأكملها تحت الدور الاستشاري التطويري للفريق من البداية ويمتنع المستشار المتخصص من الانتقال لدور الموجه بدون توضيح كامل لما يقوم به من أدوار خلال التعاقد المبدئي لجمع المعلومات كما سيأتي. ويكتفي في هذه المرحلة بتقديم استشارة والتعاقد عليها خروجا من الخلط بين الأدوار. لماذا الحذر؟ لأن الخلط قد يؤدي إلى الفشل في الدور التوجيهي المستقبلي للفريق ومن ثم يؤثر على سمعة الموجّه والمهنة، بينما كان الموجّه أصلا يلعب الدور الاستشاري، وبذا تضيع فرصة التوجيه التحوّليه للفريق بالكامل بدلا من أنْ يكون الفشل مرتبطا بالاستشارة يصبح مرتبطا بالمهنة التوجيهية والتي هي ذات طبيعة حسّاسة وعالية الخصوصية. في كل الأحوال على المستشار أو الموجه مراجعة بنود اللائحة الأخلاقية رقم واحد واثنين وستة في الاتحاد الدولي للتوجيه خاصّة والتي تنص على وضوح الأدوار وأهمية تثقيف الجميع بها.

***

الفصل الخامس: فريق العمل عالي الأداء

نشأت أبحاث عديدة في مجال التطوير التنظيمي والقيادة في القرن الماضي ومطلع القرن الحالي تتناول موضوع فرق العمل عالية الأداء من جوانب شتى. فبعضها نحى منحى السياق الذي يتواجد فيه الفريق والآخر ركّز على قيادة الفريق وأسلوبها والثالث نظر إلى ممارسات الفريق وإستراتيجيات العمل الخاصة به، وأخيرا طرق تطوير الفريق المتعددة. وتثبت الدراسات الحديثة العملية والتي ولدت إثر الأزمة الصحية العالمية، أزمة كوفيد، والحظر والإغلاق الذي تعرضت له كثير من الشركات والأعمال والحكومات في العالم أجمع، أنّ التدخل في التطوير التنظيمي ليس فقط بتوجيه الفريق وإنما أيضا بالتّعاضد مع الفريق في تصميم التّوجيه وطريقة التّدخل بتفاصيلها العديدة والتي تشمل المنظومة بأكملها. فينبغي أنْ يكون الأسلوب بعيدا عن ال إسقاط المعتاد في عالم الاستشارات التقليدي حيث يقرّر المستشار ما يصلح ومالا يصلح، وإنما يكون الأسلوب تعاضديّا مع التنظيم والفعالين فيه، بشكل مستمر من الحوار والتفاعل[21] لكي يكون التوجيه التنظيمي وتوجيه الفريق القيادي أو باقي فرق العمل التي تسهم في التّحول ذا جدوى. وهذا له منافع عديدة منها أنّ التدخل (١) تعاضدي ونموذج لما ينبغي أنْ يكون عليه الجميع في المنظمة في تكاتفهم، ومنها (٢) أنه إطلاق كامل للإبداع الجمعي والتي لا تظهر فيما لو اكتفى مجموعة من المستشارين بالعمل على الحلول بدون إشراك الفريق القيادي في ذلك، ومنها (٣) الحوار الناتج المتّسم بالشفافية التي تسمح بالتفاعل الجمعي الكامل للتصدي للتحديات على الساحة الخارجية والداخلية، وأخيرا (٤) التقييم المستمر عن طريق الحوار التوجيهي للحلول والإبداعات يمنع الفشل فيها ويسمح بإزالة كل ما يدعو للشكك في مرحلة التنفيذ[22] .

ونكتفي هنا بعرض نظرية الشروط الستة والتي نقوم بتدريسها في برنامجنا الخاص لمصداقيتها بسبب عمق البحث وطوله وتكرار النتائج نفسها مع كثير من المتغيرات من الباحثين عبر الثلاثون عاما الماضية. والأهم من ذلك أنّ كثير من الباحثين المعاصرين في فن توجيه فرق العمل اعتمدوا على أبحاث الشروط الستة (رسم توضيحي ١) بشكل كبير في ابحاثهم فأكملوا من حيث انتهت. ونستقي أثناء ذلك من منظومة القيادة الممتدّة الجذور في التاريخ الإسلامي العريق إلى اللحظة الحالية. فتاريخ

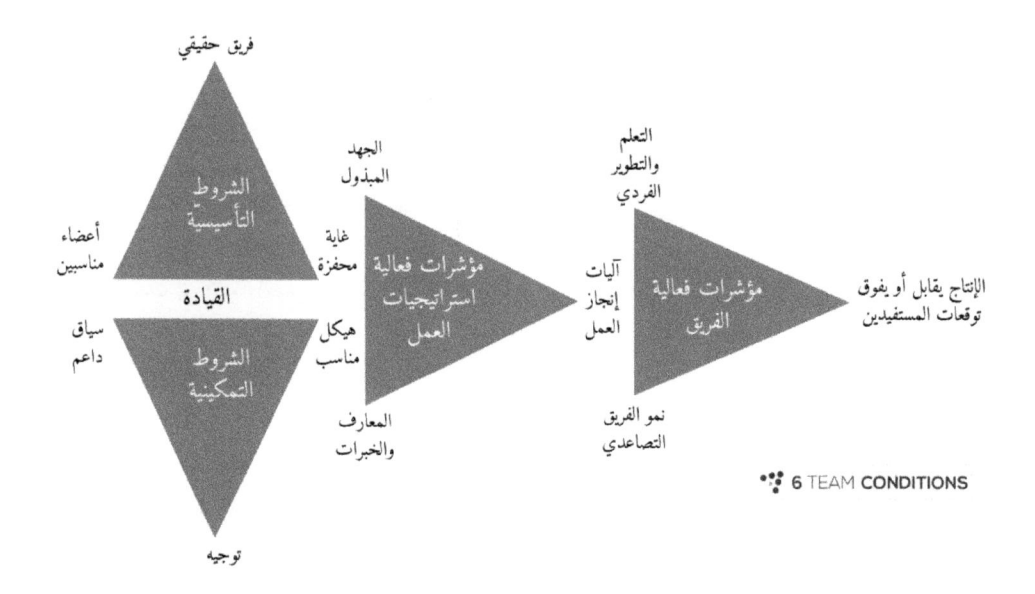

رسم توضيحي ١ نموذج الشروط الستة

العالم العربي ثري جدا بأمثلة تجسد كثير من المفاهيم الحديثة للقيادة وتتناسب مع السياق المحلي والثقافة العربية. وبالرغم من نشأة علم التوجيه القيادي Leadership Coaching والتوجيه التنفيذي Executive Coaching وتوجيه فرق العمل Team Coaching، أنها علوم مكمّلة تطويرية للأدوار القيادية وأدوار الفريق في التنظيم، ولا يمكن أنْ يتبنّى الموجه المتدخّل في دور القيادة للفريق عن قائده، بل ولا ينبغي.

تعريف الفريق عالي الأداء

يعرّف الفريق عالي الأداء في الأبحاث الحديثة بأنه ذلك الفريق الذي يستوفي توقّعات العملاء وأصحاب المصالح المستفيدين باستمرار أو يفوق توقعاتهم المتعلقة بمخرجات أداء هذا الفريق، وبأنّه الفريق الذي ينمو أعضائه وتزداد خبراتهم ومهاراتهم ليس

فقط في كيفية أداء العمل، ولكن عن طريق التعلم معاً، وبأنّه ذلك الفريق الذي يزداد تماسكا ويرتفع أدائه ككتلة واحدة مع مرور الوقت والتّفاعل المستمر بين الأعضاء في تحقيق غاية الفريق . وتعتبر هذه العبارات الثلاث مقاييس أداء يرتقي له الفريق العادي ويصبو إليه قائده[23] ، [24]، [20]، [25]، [26].

وتظهر الفرق عالية الأداء في تلك المهمّات الحرجة التي يترتب على أدائها مصالح لا يمكن التّنازل عنها ولا خفض معاييرها العالية. أو تلك التي تتعلّق غاياتها بنتائج عالية الخسارة المالية والمعنوية وربما الإنسانية. فمثلا الوصول بالمسافرين في الطائرة بأمان إلى مدرجها وجهة هبوطها وخروج الرّكاب منها بسلام، أو معافاة المريض وخروجه من غرفة العمليات بنجاح، وقيادة مشروع عسكري يترتب عليه حماية حدود الدولة وسكانها، وعمليات الإنقاذ من الحريق والغرق والزلازل، أو ربما نجاح تركيبة دواء مهمة في شركة طبية والحصول على تصريح استخدامه، أو نجاح مشروع تعليمي يترتب عليه مستقبل مجموعة من المتلقين. كل هذه الأنواع من الغايات تتطلّب فرق عمل دقيقة عالية الأداء. وقد يختلف الأداء العالي باختلاف السّياق والمعايير الخاصّة به. فما يعتبر مهمّا في سياق ما، قد لا يراه البعض مهمّا في سياق آخر، ولكن شعارنا الأخلاقي في ذلك مقولته صلى الله عليه وسلم: ﴿ إنّ اللهَ تعالى يُحِبُّ إذا عمِلَ أحدُكمْ عملًا أنْ يُتقِنَهُ﴾[17]. وهذا الإتقان في العمل هو الذي يصنع الفرق في أداء الفريق وهو ما نسعى لغرسه كقيمة أخلاقية يترتب عليها ارتفاع أداء فريق ما في سياق ما بحيث يكون الفريق كالبنيان يشد بعضه بعضا.

وتعريف الفريق عالي الأداء في هذا الكتاب:

مجموعة من الأفراد يكمل بعضهم بعضا في الجدارات والخبرات، يعملون لغاية واضحة وذات مغزى ويتعاونون بتعاضد للوصول لهذه الغاية بشكل مستمر بحيث يتجاوز أدائهم أو يوازي توقعات المستفيدين.

١٧ حديث حسن – صحيح الجامع

مؤشرات الفريق عالي الأداء

وتركز الدراسات والابحاث المستفيضة [23]، [24]، [20]، [25]، [26]، [27]، [26] والتي هي مرجعنا فيما تبقّى من هذا الجزء الخاص بالفريق على ثلاث مؤشرات مهمة في معرفة ما إذا كان الفريق عالي الأداء:

النتائج والمخرجات

تفوق نتائج ومخرجات أداء الفريق توقّعات المستفيدين والعملاء وأصحاب المصالح من داخل التنظيم وخارجه. وأحيانا ما يسمى هذا المؤشر بالإنتاجيّة والتي تتنوع بتنوّع مهمّة الفريق. فهناك الإنتاجية المحسوسة وهناك الإنتاجية على شكل خدمات أو قرارات. وقد يتم قياسها بالكمية، أو النوعية، أو المدّة المستغرقة، أو سلاسة الاستخدام، أو عدد المستخدمين وغير ذلك من المقاييس. وفي بعض أحياناً يكون المستفيد هو الفريق نفسه بحيث يتم القياس بتقييم أعضاء الفريق للتجربة أو للمنتج.

نمو الفريق كوحدة

يتحسن العمل بين أعضاء الفريق مع تقدّم التجارب والخبرات التي يمرّون بها معاً بحيث يزداد مستوى الالتزام، وتتطوّر إستراتيجيات العمل ويزيد التّعاضد فيما بينهم، ويصبحون أكثر قدرة على التصحيح الذاتي وتقبّل الملاحظات فيما بينهم لتحسين أداء كلّ منهم ولانتهاز أي فرص تمكينيّة أو مهمّة. ويعتبر هذا المؤشر، اجتماعيا. بمعنى أنّه يتعلّق بالتفاعل الجمعي وجودته. ويعرّف بوضوح في العبارة الآتية: تزداد مقدرة الفريق على الإنتاج معاً بتعاضد مع مرور الوقت بالمقارنة ببداية التّفاعل.

النمو الفردي التصاعدي

مهما كانت التجارب التي يمرّون بها إنّها تنعكس إيجابيّاً على التجربة الفرديّة للتعلم ونمو وصّحة كلّ عضو من الأعضاء. وعكس ذلك أنْ تتسبب تفاعلات الفريق في الضّغط النّفسي والجسمي والشعور بالالتباس أو بالتهميش أو بانخفاض الأداء. تقوم أداة

استبانة الفريق التشخيصي الخاصة بالشروط الستة بقياس المؤشّر الثاني والثالث، أمّا الأول فهو متبدّل ويستحيل قياسه لأنّه متعلّق بالعملاء والمستفيدين. ولكن يمكن قياسه عن طريق مؤشّرات إستراتيجيات العمل بشكل غير مباشر عن طريق حوارات الفريق.

مؤشرات فعالية إستراتيجيات العمل

إستراتيجيات العمل هي نتاج ثقافة تنظيمية معينة بُنيت على مرّ السنوات لدرجة اعتناقها بدون تفكير أو فحص. وتعتبر هذه الإستراتيجيات من أهم محددات الأداء للفريق حيث وُجِد أنّ هناك علاقة طرديّة بين إستراتيجيات العمل والتّفكير الإستراتيجي وبين فعّالية الفريق. ومن هنا يأتي دور فهم السّياق للفريق ككلّ ولأعضائه فرداً فرداً. ومن هنا تتكوّن لديهم القدرة على القراءة للبيئة الداخلية والخارجية التي تعيش فيها المنظّمة وتتعامل معها ومن ثم معايرة العادات والسّلوك الخاص بهم كوحدة أو ككيان مع غايات التّنظيم. وقد يبدو هذا النّوع من التّفكير التقدّمي والخارجي في التفاعل مع السّياق كتحدّي للكثير من الفرق التي عادة ما تستغرق في مهمّات يوميّة ويغيب عنها المنظور الشّامل المنظومي. هناك ثلاث مؤشرات أساسية:

الجهد المبذول

ويُعبِّر عن مستوى الجهد الفردي المبذول لأداء المهمّات المنوطة بالفريق. وهو ما يمكن ملاحظته عن طريق تقييم الأداء الشخصي للفرد العضو أو عن طريق ما يقرّ به الفرد في حوارات الفريق من أنّه يحتاج أو يرغب في بذل جهد أكبر وأن يكون عنصرا أكثر فعالية في الفريق. ويراقب الموجّه الخبير بدون تدخّل مباشر ما يبذله الأفراد من جهد في عمل الفريق عن طريق السلوكيات الظاهرة والحوارات المستمرة بينهم، وعادة ما يتمّ توجيه الفريق ككتلة واحدة في هذا الموضوع ليقيس كل منهم نفسه وما يبذله من جهد أو يبدي بعضهم لبعض المرئيات التي من شأنها أنْ تحسّن هذا الجهد. والتراخي في مستوى الجهد يؤدّي إلى ظاهرة التسكّع في الفريق والتي سنتحدث عنها في التفاعل الجمعي في الجزء الثاني بشيء من التفصيل. والتسكّع يعني أنْ يعتمد

الفرد على أفراد آخرين في القيام بمهمّاته وما ينبغي عليه فعله ليكون الفريق في أفضل أداء ومن ثم يظهر أنه من الفريق، ولكن لا يقوم بالجهد الكافي فيه.

إستراتيجيات أداء العمل

وتسمى أيضا طرق أداء العمل، ويدخل فيها الإجراءات والممارسات المعتادة، وتحوي خطوات محدّدة تتطلب الانسيابية والتحرك نحو الهدف بأقلّ هدر للطاقات أو الموارد. وَوُجِد أنّ هذه الفرق عالية الأداء:

(١) تشجع أعضائها على تجربة طرق جديدة لأداء العمل بفعّالية.

(٢) تبحث باستمرار عن أفضل الممارسات وتقايسها بالعمل في الفرق المتميزة والمنظّمات عالية الأداء.

(٣) تبادر لحلّ المشكلات بدون انتظار توجيه قيادي أو أوامر.

والموجّه البارع يلاحظ الإستراتيجيات التي يقوم بها الفريق في إنجازه للمهمات ويتساءل عن جدواها وما تقدمه للفريق من فعالية في الأداء، بل ويسأل إنْ كان هناك بديل لها في حال لاحظ وجود هدر. ومن هنا تتمّ المراجعة والتعلّم.

المعارف والخبرات

وتعبّر عن حجم ما يقدّمه الأعضاء من خبراتهم ومعارفهم للفريق ومهمات العمل. ويضاف للنقاط الثلاثة أعلاه هذه الممارسة:

(٤) تُجري هذه الفرق عالية الأداء حوارات مستمرة عما يضيفه كل عضو من قيمة للعمل. وهذا يعني أنّ الموجّه البارع يتعامل مع المعارف والخبرات المتاحة باستمرار ويتساءل عن كيفية الاستفادة منها.

وبتوافر هذه النقاط أعلاه يتم قياس المؤشّر الثّالث للفريق عالي الأداء وهو استيفاء أو تجاوز توقّعات المستفيدين والعملاء. ولكي يتم استيفاء المؤشرات السابقة للفريق عالي الأداء ومؤشرات فعالية إستراتيجيات العمل لهذا الفريق علينا أنّ نتعرّف على ما تمّ استيفائه من شروط سمحت لظهور هذه المؤشرات فلنبدأ من شروط تأسيس الفريق.

الشروط التأسيسية للفريق

الناظر للتعريف يرى أنّ الفريق عالي الأداء هو الذي تتوفر فيه ثلاث شروط أساسية:

الشرط الأول: فريق حقيقي

الفريق الحقيقي هو ذلك الفريق الذي يشعر أعضائه بالانتمائية العالية مع استقرار نسبي عالي وتعاضد عالي في أداء مهمات العمل بين الأعضاء. هذه الثلاثة العناصر قد تتفاوت بتفاوت المتغيرات التي يمر بها الفريق أثناء فترة عمله في التنظيم ولذا هي أيضا أحد أهم أعراض الفريق التي ينبغي فحصها حيث تتداخل بشكل كبير مع أساليب التطوير الممكنة. فقد يتعرف التشخيص على وجود تغييرات جذرية في الأعضاء قد لا تسمح أو تعيق التعاضد الكامل بينهم أو وجود شعور بعدم الانتماء من أحدهم يمنع من التواصل المثمر.

الانتمائية

وتتعلّق الانتمائية بمن هو في الفريق ومن هو خارج الفريق من الذين قد يتواجدون بشكل مؤقت أو لحاجة أو مهمة أو يظن الفريق أنهم منتمين بسبب طبيعة عملهم أو منصبهم. ويتكشّف في الدراسات الأكاديمية وعن طريق استبانة تشخيص الفريق أنّ كثير من الفرق لا تدرك من هو خارج الفريق ومن هو معه فقط ليأخذ ملاحظات أو يقدّم تقرير أو يتعلّم من شخص من الموجودين أو يتأكّد من ممارسات أو يقيم طرق التّعامل مثل موظّفي الموارد البشرية ومن هو موجود كمساعد إداري للفريق. وهذه الانتماءات قد تكون عبئا على الفريق أو معرقلة للحوار، وينبغي أنْ يحدّد الفريق من معه لكي يسمح ذلك التمييز للفريق بالحركة للأمام.

الاستقرار

أشارت الأبحاث إلى أهمية وجود فترات استقرار تسمح للفريق بالإنجاز والتقدم، فدخول وخروج أعضاء مختلفين باستمرار يخلّ من الثبات المطلوب للعمل، ويعرقل مسيرة الاتصالات بين الأعضاء حيث إنْ فهم بعضهم بعضاً وإنشاء أعراف التواصل والعمل يستغرق كثيرا من الوقت. وفي حال أي تغيير يعود الجميع للخلف ويضطرّون لإعادة التّعارف ورفع الثقة مرة أخرى وإعادة مراجعة أعراف التّواصل وطرق التعاضد والتعاون مما يشكل مضيعة للوقت في حال وجود مهمات حرجة تتطلب أداء عالي فوري من الفريق. وقد ينتج عن هذا العبء، رفض الفريق إدراج ودمج العضو الجديد بسبب مللهم من التغييرات فيصبح ذلك العضو منبوذا لفترة طويلة أو يشعر بأنّه لا ينتمي ويحدث خللا أكبر في العلاقات والتفاعل الجمعي داخل الفريق. وقد شهدت فرق عمل كان القائد فيها هو ذلك العضو الجديد وتكشّفت لي أثناء العمل معهم كثير من المشاعر التي تطفو على السطح بسبب جدّة القائد ودخوله على فريق قائم منذ زمن. ولا يخفى على القارئ ما يمكن أنْ يظهر مع ذلك من المشاعر والتبدلات في بيئة وثقافة الفريق ككلّ. ومن هنا ينبغي على التنظيم أو من يقوم برعاية الفريق من قادة أو مسؤولين تنفيذيين مراعاة ذلك، وعلى المتخصص في تطوير الفريق أيضا أنْ يراعي تشخيص أعراض الفريق واضعا في الاعتبار تلك المتغيرات.

التعاضديّة

أهم ما يجعل الفريق حقيقي هو مستوى التّعاضد. وفي هذا العنصر تتضح أهمية أنْ يكون العمل الذي يقوم به الفريق يتطلّب أنْ يتعاضد أعضائه لإتمام مهمّات العمل، ومن ذلك الوقت الذي يمضيه كل منهم مع الآخر في إتمام هذه الأولوّيات. فالتّعاضد مستوى أعمق من التّعاون أو المساعدة أو الدّعم والذي قد يكون سطحي ومؤقت. وفي قوله تعالى: ﴿سنشدّ عضدك

بأخيك﴾[18] وقوله صلى الله عليه وسلم ﴿المؤمن للمؤمن كالبنيان يشدّ بعضه بعضاً، ثمّ شبّك بين اصابعه﴾[19]، وصف لطبيعة التعاضد. فصورة وضع العضد مع العضد والذي غالبا ما يحدث في صفوف القتال في سبيل الله أو في صفوف الصلاة، ليقوى به ويتمكن به الآخر، ثم صورة تشابك الطوب في البنيان وما ينتج عنه من صلابة وقوة في الأداء، وأخيرا صورة تشبيك الاصابع بحيث تتداخل مع بعضها البعض ويصعب تفريقها ومن ثم التفريق بين ما ينتج من عمل أحدها عما ينتج من عمل الآخر. وهذه الصور الثلاث تتطلّب درجة عالية من تبادل الأدوار والتّفاعل الجمعي والتلاقح الفكري وربما الروحي والمعنوي بحسب الغاية والمهمّة التي أُسندت للفريق. ولذا ليس كل تعاون تعاضد، ولكن كل تعاضد تعاون. ويظهر هنا خطآن سائدان. أولهما: (١) إيجاد فريق عمل بالاسم فقط. والثّاني (٢) تصميم المهمّات التي تتطلّب التفاعل أحيانا وليس باستمرار.

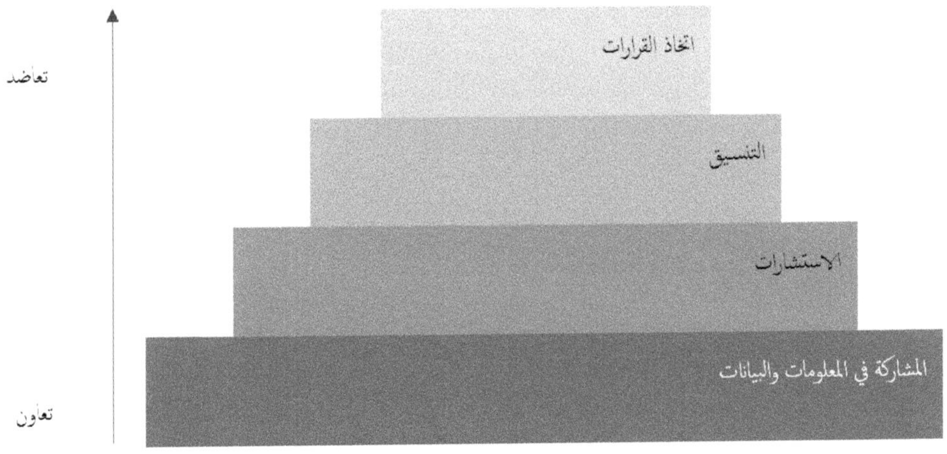

رسم توضيحي ٢ مستويات التعاضد مقتبسة من أبحاث الشروط الستة

١٨ القصص ٣٥

١٩ كتاب الأدب باب تعاون المؤمنين بعضهم بعضا حديث رقم: ٦٠٢٦.

الاولى تتعلّق بتسمية الفريق ووضع أدوار بدون تغيير تصميم العمل داخل هذه الوحدة. وبالرّغم من أنّه يتم الأداء للعمل المطلوب فإنّ سبب ذلك هو كون كلّ منهم يعمل على انفراد عن الآخر أو بأقل درجات التعاون. ومن ثم لا يتعلّمون من بعضهم شيئا يذكر ولا تتقدّم مهاراتهم في العمل كفريق. والخطأ الثّاني تصميم هذه المهمّات بحيث تتطلّب التفاعل والتعاضد أحيانا والانفرادية في العمل في الأحيان الاخرى. في كلا الحالتين يحدث لبس بين الأعضاء حينما يقرّر البعض أنْ العمل الفردي أسهل من محاولة العمل مع الآخرين، وحينما تسود عقلية الفردية على عقلية الجمعية وبخاصة في الثقافات التنظيمية التي لا تعتنق الجمعية بكاملها كثقافة اجتماعية، مثل الثقافات الأمريكية والأوروبية عموما، وثقافة العرب المتوسّطة بين الإثنين.

ومن المهم أنّ الشعور بالتعاضد بين الأعضاء لا ينتهي بانتهاء اجتماع عمل أو إتمام أحد المهمّات، بل ينتقل مع الجميع خارج الاجتماعات في المساحات الفرديّة بحيث يشعر كل منهم أنّه وحدة متكاملة مع الآخرين فيمارس معهم مستويات أخرى تكاتفيه مثل التي تتطلب محاذاة التسليمات في المشاريع والمخرجات أو توافقها وتطابقها، أو التعاون البسيط في الاستشارات وتبادل المعلومات.

الشرط الثاني: الغاية

الغاية هي سبب تماسك الفريق ووجوده معاً في مهمات مشتركة. وهي التي تُشعِل شغف وبذْل أعضاء الفريق لما لديهم من جهد وإمكانات في أقصى درجاته لأجل تحقيقها والوصول لها. فهل فعلا هناك حاجة لهذا الفريق بأن يعمل أفراده معاً ويتعاضدون لتحقيق الغاية؟ أم أنّ العمل لا يحتاج فريق وإنّما مجموعة من النّاس تقوم بمهمات مختلفة؟ فالفريق الحقيقي تتطلّب غايته أنْ يتعاضد أفراده لإنجازها وإلّا استحال تحقيقها في أرض الواقع. فالفرد جزء لا يتجزأ من الكلّ. ولذا يتعلّق استيفاء شرط الغاية باستيفاء توقّعات المستفيدين من عمل الفريق. وهناك عناصر ينبغي توافرها في الغاية:

واضحة وسهلة التعريف

بحيث تحتوي على أهداف محدّدة، تدعو أعضاء الفريق للتفاعل وتنثني مع احتياجات المستفيدين وأصحاب المصالح، وتُيسّر اتخاذ قرارات الفريق اليومية: "هل يمكن إشباع هذا الهدف مع الحفاظ على التسعيرة الحالية؟"، "أيّهما يمكن أنْ نضعه أولوية: العميل المستخدم أم الآلية، وكيف يخدم هذا الهدف؟". والوضوح عادة ما يؤدّي للتركيز على الغاية وعدم تجاوزها لغيرها أو التوسّع لغايات أخرى.

تتحدى أفضل ما لدى الأعضاء

من المفترض أنْ تحدث طاقة وحركة لدى الجميع. فإذا كانت الغاية بسيطة وسهل الوصول لها فلن يشعر الأعضاء بالحماس لتحقيقها. وكونها تتحدى مقدراتهم وجداراتهم يؤدي إلى تفعيل كل مواهبهم وإمكاناتهم. فمثلا الغاية التي تتطلّب تعلّم مهارات أو معارف جديدة أو تتطلّب التفكير الإبداعي أو حلول المشكلات من الفريق يشعر كل عضو في الفريق بأن عليه أنْ يساهم بما لديه لكي يحقّقها، وهذا أدعى لتحريك الفريق ذاتيًا.

ذات أثر مهم

الغاية التي تحقق أثر في المنظّمة ويترتب عليها مهمّات حرجة ويعتمد نجاح التنظيم عليها، ينتج عنها حافز ورغبة في إنجازها وتؤدي للتعاضد المطلوب. لابد أنْ يشعر الأعضاء بأهمية ما يقومون به وأثره على المجتمع المحيط بهم في التنظيم وخارجه.

محدّدة النهاية دون الوسيلة

عندما يُترك للفريق تحديد كيفية الوصول للغاية يكون ذلك أدعى للحماس وللإبداع. ولكلّ عمل خيارات وطرق لأدائه تختلف وتتنوع بتنوع الخبرات الموجودة في الفريق. وقد أظهرت الدراسات أنّ هناك خطأين يرتكبهما قائد الفريق في هذا الجانب. أولهما: (١) إهمال تحديد الغاية إطلاقا، والثاني (٢) تحديد الوسيلة التي يصل بها الفريق بتفصيل دقيق. وعادة ما يكون السّبب هو

أنّ القائد يفترض وضوح الغاية مما يؤثّر فورا على درجة الحماس لدى الأعضاء عندما يكتشفون أنّ هناك شيئا ما مفقود، وأنّهم لا يعرفون كيف يخدم هذا العمل المناط بهم، المنظّمة أو المجتمع الأوسع.

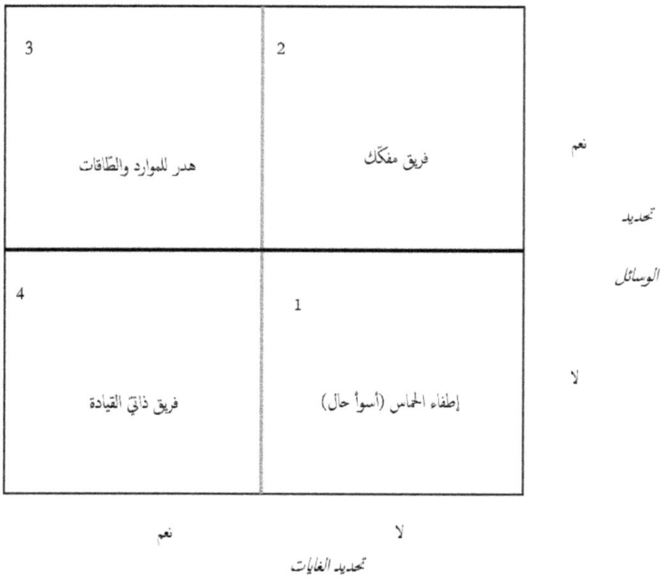

3
2
هدر للموارد والطّاقات
فريق مفكّك
4
1
فريق ذاتيّ القيادة
إطفاء الحماس (أسوأ حال)
نعم
تحديد
الوسائل
لا
نعم
لا
تحديد الغايات

رسم توضيحي ٣ الغايات مقابل الوسائل نتاج أبحاث الشروط الستة

رسم توضيحي ٣ يوضح أنّ الغايات مقابل الوسائل بحسب أبحاث الشروط الستة ويتضح فيه أنّ المربّع رقم واحد تختفي فيه الغاية والوسيلة. فالفريق يجهل لماذا يعمل ما يعمل، أو ما هو السبب الذي وجد من أجله الفريق، أو يختلف أعضائه في سبب وجود الفريق أو وجودهم فيه، ولا يعرفون كيف يقومون بالعمل المطلوب منهم لعدم وجود أي تعليمات أو معايير أداء أو لعدم وجود أهداف متعلقة بالغاية فهذا الفريق منطفئ الحماس ضائع، وتجد أفراده يجلسون في مكاتبهم يتجاذبون أطراف الحديث لحين يأتي لهم أوامر محدّدة من القيادة.

وفي المربع رقم اثنين الفريق يجهل النهاية والتي هي غاية وجوده ويتم اصدار أوامر له بإنجاز مهمات معينة، وبسبب غياب الغاية فهو مفكك العلاقات ولا يعرف كيف ينضبط أو يصمم إستراتيجيات العمل وإجراءاته ليخدم غايته بها. وفي المربع رقم ثلاثة الفريق يعرف الفريق غايته وأهدافه ويسعى لها، وهي واضحة لديه، ولكن يتلقى أوامر بكيفية إنجازها بشكل يقيد حرية كلّ

منهم وطاقته الإبداعية ومن ثم يعتبر هذا الفريق هدر للموارد البشرية المتاحة فيه لعدم تفعيل تلك الخبرات والمهارات والابداعات. وما المربع رقم أربعة فهو فريق ذاتي القيادية يعرف غايته وهي واضحة له ولا يتم التدخل في طريقة إنجازه لها فهو يُفعّل أفضل مقدرات أفراده ويحثهم على التعاضد لإيجاد أفضل ممارسات وإستراتيجيات العمل.

الشرط الثالث: الأعضاء المناسبين

مناسبة أعضاء الفريق للغاية تعني أنّ كلّ منهم يحمل من المؤهلات النفسية والفكرية والجسدية ما يسمح له بالوصول لها. فيضيف كل فرد معنى وزاوية مختلفة لتكامل العمل. بحيث يتم اختيارهم بمؤهلات معينة وجدارات تسمح لهم بتحقيق الغاية والمخرجات لهذا الفريق وتضيف قيمة بتفاضلهم مما يسمح بالتعاضد والإبداع. وأعني بالتّفاضل: التباين والتميز في الخبرات والجدارات والمؤهلات لأنّ هذا التفاضل يضيف زوايا وتصورات جديدة للعمل تسمح لأن يكون مجموع الأداء الكلي أكبر من عدد الفريق المشارك. ومن المؤهلات الأساسية مقدرة كل منهم على قيادة ذاته والوعي بأفكاره ومشاعره مما يسمح بدرجة من النضج العاطفي لتسهيل التفاعل الجمعي والتواصل ومن ثم التعاضد في انسجام كامل مع اختلاف مشاربهم ومواردهم. المقدرات النفسية هي جزء أساسي من مهارات العمل فريق ويوجد العديد من النظريات التي تؤكد أنّ تجاوز الأنا والقدرة على الإيثار هي أساس في القيادة للفريق وأساس في العمل فريق كما سنرى في النظرية الأخلاقية النيوكارزمية.

ونضرب مثالا لتوافر الشروط الثلاث الأساسية بفريق العمليات الطبّية: فكلّ منهم لديه خبرة معينة تضيف قيمة لا غنى عنها في غاية الفريق والتي تتركز على معافاة وتشافي المريض الذي تعتمد حياته عليه بالكلية. ولابد أنْ يتعاضد الفريق معاً في وقت واحد بخبراتهم لتحقيق هذه الغاية. فتجدهم منهمكين حول المريض في عمليات القلب المفتوح وكلهم يعمل بدقّة في وقت واحد ليضيف زاوية محددة ويقوم بمهمات لا يستطيع أنْ يقوم بها وحده بدونهم. ولذا تعتمد هذه الغاية مهما كانت قصيرة في وقتها الذي نشهده على تدريب وتنسيق عميق ومطوّل، فنحن عادة لا نرى إلّا الجزء الاخير منها في المقاطع المرئية ويغيب عنّا الشهور أو

حتّى السّنوات الطّوال والعمل الشاق الذي يعمل عليه الفريق الطبي ليصل إلى هذا المستوى من الأداء. ومن الأمثلة المعهودة فريق كرة القدم والذي إنْ كان يبدو للمشاهد تساوي أعضائه في المهارات والإمكانات إلّا إنّهم أبعد ما يكون عن ذلك، فمنهم من يتقن التصويب عن بعد ومنهم من يتقنه عن قرب ومنهم العدّاء ومنهم المناور ومنهم القائد ومنهم المعاون الشريك، وفيهم من هو أكبر خبرة من الآخرين ولعب في فرق دولية مع لاعبين عالميين، والآخر الصّاعد المملوء بالطاقة والحماس والذي يملك ردود أفعال أقوى من ذلك الأقدم منه خبرة. يتحرّك الفريق الرياضي لكرة القدم لغاية واحدة وهي الوصول لكأس العالم ويعمل الموجّه ليلا نهارا ليغرس فيهم التعاضد والتكامل باستمرار. وبتحقق الشروط الثلاثة نعرف أنّ الفريق ليس حقيقي فقط، وإنما قابل للتوجيه كأحد أدوات التطوير المتاحة. ولذا الوقوف مع تشخيص الفريق مهم جدا لنتعرّف أولا إنْ كان الفريق تتوفر فيه الشروط الأساسية أم لا ولو بدرجات متفاوتة.

الشروط التمكينية للفريق

لا يكفي أنْ تتوفر الشروط التأسيسية السابقة فلابد من مراعاة أنّ العمل سيتولد عنه احتكاكات وأنّ تصميم المهمات ووضع أعراف التواصل بين أعضاء الفريق سيخفف من هذه الاحتكاكات ويساعد الفريق على التغلب على الصعوبات والتحديات الداخلية والخارجية. ولذا كان من المهم أنْ تتوفّر شروط تمكينية تمكّن الفريق من الوصول لغايته. والشروط التمكينية تتلخّص في الآتي:

الشرط الرابع: الهيكل المناسب

كما في أيّ عمارة يتم تصميم الأساسات أولا بشكل يراعي عدد الأدوار والذي له علاقة مباشرة بمعطيات عديدة مثل الاستخدام أو الوظيفة التي من أجلها صممت العمارة. ويلعب هيكل الفريق وتصميم المهمات دورا كبيرا في الغاية التي من أجلها أنشئ. فسهولة وسلاسة التصميم للعمارة تسمح للحركة بين أجزائها فيما بعد بحيث يتنقل المستخدم بين الأدوار بسهولة ويسر.

وفي الفريق لا يستطيع الأعضاء التحرك ما لم يتم تصميم المهمات التي تسمح لهم بذلك بشكل تعاضدي يعكس تكاملهم وتفاضلهم وخبراتهم. وتلك أحد أهم السقطات وهي اعتقاد القائد أنّ الفريق سيبدأ بالعمل والتعاضد والإنجاز ما أنْ يتمّ تعيين أفراده وتحديد الغاية التي من أجلها يعمل الفريق. وتعتبر المهمات الأعمدة التي تمتد بين الأساسات وبين باقي الأدوار لتحمل العمارة وبنائها للأعلى، هي محور الارتكاز لكل ثقلها حيث قوة العمود وارتفاعه ووزنه وسمكه يحدد قوة العمارة وقدرتها على الصمود.

تصميم المهمات

هناك أربعة شروط لتصميم المهمات بشكل ناجح في فريق العمل عالي الأداء: (١) لابد أنْ تتوافق المهمّات مع الغاية بشكل مباشر وواضح بحيث تحتوي كل مهمّة على التحفيز الكافي لأدائها لاتصالها بالغاية. فتواصل المهمة مع الغاية هو سر التحفيز للوصول لها وهو يحرّك المشاعر نحو التعاضد من أجلها. فتجد المهندس المعماري باستمرار يشير إلى الصورة النهائية التي من أجلها يعمل كل عضو في فريق البناء جاهدا كلّ يوم ليضع طوبة أو قطعة من حديد أو نافذة ليكتمل البناء ولولا هذه الصورة لما شهّر الحفار بأهمية عمله ولا البنّاء بأهمية رصّه للطوب بشكل معين. (٢) لابدّ أنْ تمثّل كل مهمّة قطعة متكاملة ذات معنى ومغزى ينصبّ إتمامها في الغاية. فالمهمات الأساسية يندرج تحتها مهمات أصغر بإتمامها يتم إتمام المهمة الأساسية، ولكن إذا لم تتضّح المهمة الأساسية كقطعة قائمة بذاتها يصعب فهمها وفهم سبب وجودها. ومن هنا لا يكفي فقط الصورة النهائية، بل لابد من رسم تصور كامل لكل مرحلة يتم إتمامها في العمل وربط هذه المرحلة بالصورة النهائية. (٣) لابد أنْ يتاح للأعضاء الاستقلالية الكافية لاتخاذ القرارات فيما يتعلّق بإستراتيجيات العمل المناسبة لإتمام هذه المهمّة. فتقييد الأعضاء بالوسائل وبكيفية أداء العمل لا يعطي حرية اتخاذ القرارات فيما يتعلق بوسائل الوصول والممارسات. فإذا اخترت فريق مؤهل مناسب الأعضاء لتصميم العمارة فلابد أنْ تدعهم يقومون بعملهم بحسب خبرة كل منهم بشكل كامل. (٤) لابد أنْ يعطى الأعضاء معلومات أكيدة وموثوق بها عن النتائج ليتمكنوا من المضي للأمام أو إعادة صياغة المهمّات. ومن هنا تأتي أهمية المرئيات عن

مراحل العمل وإتمام المهمات من القائد. فالجميع ينتظر ليرى ما إذا كان كلّ مهمة تمّت بشكل مرضي، وهذا يعني وجود معايير لقياس الأداء للمخرج النهائي ولكل مرحلة من مراحل التسليمات.

عدد أعضاء الفريق

لعل من أهم أجزاء الهيكل المناسب أنْ يكون عدد أعضاء الفريق مناسبا للمهمات بحيث لا يزيد عن اللازم ولا ينقص. ويرى الباحثين أنّ العدد المناسب لأي فريق عمل لابدّ أنْ يظلّ في خانة الآحاد وأنّ زيادة العدد إلى العشرات ينتج عنه علاقات متشابكة في تفاعل المجموعة قد تعيق تقدّم العمل. فالعدد القليل ذا النّوعية العالية ومتعدّد الخبرات والمعارف أفضل من العدد الكبير ذا التشابه والتنوّع الضعيف. والتّشابه في المقابل قد يمنع الفريق من استخدام الموارد المتاحة لديهم لأنّها تصبح نادرة أو غير موجودة أصلا. وهذا يعود بنا إلى التّكامل والتّفاضل في تكوين الفريق.

أعراف التّواصل والتّفاعل

يتم تحديد هذه الأعراف في مرحلة متقدّمة من تكوين الفريق في بداياته. وفي التكوين لها يتم مشاركة التوقّعات السّلوكية للأعضاء. وعادة ما يرث الأعضاء سلوكيات من مجموعات وثقافات أخرى في التنظيم أو خارجه، وترك الموضوع بدون حوار أو تحديد قد ينتج عنه مخالفات أو تجاوزات تضع الفريق وعمله في توقّف أو تعطيل كامل. ومن المهمّ أنْ يتم توضيح هذه الاتجاهات النفسيّة والسلوكية والتي قد تظهر على شكل قيم الفريق أو ممارسات التواصل المتعلّقة بدرجة احترام البعض للآخر واعتبار وجه نظرهم أو التعبير عن الفكر والرأي والمشاعر، وأيضا تحتوي التّواصل الفعلي ووسائله وعقد الاجتماعات وطرق التّواصل فيها، وكيفية التخاطب بين الجميع. وينبغي تقديم ملاحظات راجعة ومرئيات لهذه الأعراف بين الحين والآخر للتأكد من صلاحيتها مع تقدّم العمل أو أي تغييرات أخرى في الفريق. ويتم أيضا تقرير التوقّعات بوضوح حيث إنّ ذلك يحرّر

الأعضاء من سوء الظّن أو المخاوف أو الإحجام عن العمل ويرفع الثّقة بينهم ويوطّد العلاقات لتسْهُل المهمّات. ولا يفوتنا التنويه على وضع ممارسات لحلّ الخلاف بين الأعضاء والالتفات للصراعات الداخلية قبل نشوئها من بوادرها.

الشرط الخامس: السياق الداعم

يندرج تحت السّياق الدّاعم كل ما من شأنه أنْ يُوفِّر للفريق ليقوم لمهمّته بسلاسة وكفاءه وفعالية ومن ذلك:

الموارد المتاحة

الفريق الذي يتوفّر لديه الادوات والمساحات وكل ما يمكّنه من أدائه مهمته يرتفع مستوى أداؤه. ويعترض البعض على ذلك بأنّ توفير الموارد بالكامل لفريق مبتدئ أو متدنّي الأداء يعتبر مكافأة له قبل أنْ يثبت ذاته! وهذا الاعتراض ليس في محلّه فكيف يمكن أنْ توظّف أشخاص وتسدي لهم مهمات بدون أنْ توفّر لهم ممارسات الوصول وتضمن لهم الاستقرار المهم للأداء؟ سيكون الأعضاء في حال توتّر مستمرّ لعدم وجود ما يسمح لهم بأداء مهمّتهم ويضطرّ البعض لاستخدام موارده الخاصة لذلك. ومن المهم في حال نقص الموارد أنْ يكون هناك حوار صريح وشفاف فيما يتعلق احتياجات الفريق من القيادة لكي يتمكّن الفريق من فهم السّياق وسبب غياب الموارد أو توفرها وما هو المتوقّع منهم.

نظام المكافآت

تنص الأبحاث في الفرق عالية الأداء على أنّ المكافأة التي تمنح لنتائج عمل الفريق لابد أنْ تكون مخصصّة للتوزيع بين كل أعضاء الفريق بالتّساوي. ويستثنى من ذلك ما يمنحه الفريق بإجماع لبعض الذين تميّزوا من بينهم. وبذا نجد أنّ مفهوم العضو المتميّز أو الموظف المثالي لا ينطبق على هذه الفرق. ومن الأخطاء في هذا المجال تخصيص نصف المكافأة لفرد أو اثنين والباقي للفريق بالتساوي. ويفعل القادة ذلك رغبة منهم في مكافأة السلوك الفردي المتميز، ولكنهم بذلك يصنعون لبسا في مفهوم التّعاضد

وعمل الفريق ككيان واحد، مثلهم في ذلك مثل توزيع المهام بين العمل الفردي وبين العمل الجمعي في المهمات كما في الفقرة السابقة.

وفي المقابل يواجه من يريد أنْ يكافأ الفريق تحدّي كبير صادر من الثقافة التنظيمية وبخاصة في المنظّمات التي تميل إلى تشجيع التنافسية فوق التعاونيّة. ومن هنا يصبح على القائد مسؤولية التغيير ليس فقط فيما يتعلّق بفريقه، بل أيضا فيما يتعلّق بالثقافة ككل. وأثبتت الأبحاث أنّ المكافأة الفردية التي تخلط بالمكافأة التعاونية بالنّصف هي سبب أساسي في تدني أداء فريق العمل.

نظام تبادل المعلومات والمعارف التنظيمية

ينبغي توفير الدورات التدريبية والمعلومات التنظيمية والمعارف التي يحتاج لها الفريق أو أعضاؤه ليتمكّنوا من إنجاز مهمّاتهم. وليست مهمّة الفريق أنْ يبحث عن المعلومة في ملفّ المنظّمة ويمضي ساعات وأيام في انتظارها لتعطى له وقد يتوقف العمل بسبب ذلك، بل هي مهمّة القيادة أنْ توفّر السيّاق الداعم ومن ذلك النماذج والخبرات السّابقة والتقارير التي يمكن أنْ يستفيد منها الفريق وأعضاؤه لأداء العمل. وتسهم المعلومات السّابقة أو التجارب الماضية للمنظّمة في إثراء الإستراتيجيات التي يضعها الفريق للعمل. فقد يظهر لهم من هذه البيانات والأرقام فشل إستراتيجية معينة وأسباب ذلك الفشل أو يظهر لهم عوامل لم تكن في الحسبان. ومن هنا يصبح مشاركة المعلومات أو المنظّمة المتعلّمة مفهوم أساسي في الأداء العالي للفريق.

الشرط السادس: التوجيه الفعال

منذ البداية لابد من توفير التوجيه للفرق إذا ما أردنا أنْ يكون فعالا عالي الأداء. والتوجيه بحسب الأبحاث يأتي إما من القائد لفريقه أومن مختص بالتوجيه خارج الفريق يملك المعارف والخبرات وجدارات التوجيه التي تمكّنه من أداء المهمة على أكمل وجه. وعادة ما يلفت الموجّه الانتباه أثناء عمله مع الفريق لجدارة التفكير المنظومي بحيث يشجع الفريق على تلك السلوكيات التي تنسجم مع القيادة الذّاتية ومع الغايات. والتوجيه الفعال لابد أنْ يتناسب مع خبرة الفرق ومستواه القيادي التنظيمي ولابد أنْ

يتوفر أو يكون متاحا وقت احتياج الفريق له. ومن هنا تأتي أهمية تواجد موجهين داخليين في المنظمة يقومون بهذا الدور كلما طلب منهم بحيث يصبح التوجيه موردا متاحا للفريق وقائده. أو تدرّب القائد على مهارة التوجيه للفريق ليتمكن من ذلك وقت ما دعت الحاجة. والمنظمة التي تستثمر في موجهين قياديين وموجهي فرق عمل تعتبر من أقوى المنظمات عالميا حيث تختصر التكاليف الباهظة التي يمكن أنْ تأتي من جرّاء ممارسات التطوير الخارجية بالاستعانة بموجه خارجي أو ربما تدخل استشاري لإنقاذ فريق على وشك الغرق، إنْ لم يكن إنقاذ التنظيم بأكمله. وبينما يشكّل تصميم الفريق ما يقرب من ٦٠٪ من فعاليّته قبل إطلاق الفريق، يمثل إطلاق الفريق في أرض الواقع ٣٠٪ من فعاليته، ويمثّل التوجيه الفعّال نسبة ١٠٪ من نجاحه. وسنتوسع في التوجيه الفعّال حسب نموذج الشروط السّتة بعد أنْ نغطّي أدوار القيادة.

أدوار قائد الفريق

تحدثنا مسبقا أنّ الوسائل ينبغي أنْ تكون متاحة كاختيارات للفريق وهذه الاختيارات في النهاية هي قرارات لا ينبغي على القائد أنْ يحدّدها وإلّا أصبح الفريق مبرمجا كالحاسب الآلي مع اختفاء الإبداع والحماس ومن ثم فشل الأداء أو يصبح الأداء تلقائياً مجرّداً من اللمسات الإنسانية. وبالرغم من قناعة كثير من القادة بهذه النظرية إلّا إنّ الرغبة في التحكم في النتائج وعمل شيء حيال تأخير ما أو لأن طبيعة القائد عملية وتستدعي التدخل العملي يجد كثير منهم صعوبة في الالتزام بالقيادة عن بعد بدلا من الإدارة عن قرب. ويحتج البعض بأنّهم أعلى خبرة ويرون ما لا يرى أعضاء الفريق. ومن هنا ينمو الضّعف في الفريق بحيث تزيد الاعتمادية وتختفي المبادرة وينتشر الخوف من اتخاذ قرار قد يأتي من ورائه لوم أو عقوبة ويصبح الفريق معاقاً بمشاعر التردد والإحجام أو الرهبة من الحركة بدون إذن القائد. ونتيجة طبيعية للتحكم القيادي هو أنْ يضع الفريق الملامة على القائد ولا يتحمل مسؤولية الأداء ومن ثم ينمي القائد فيهم الضعف. وتظهر تلك الثقافة في المنظمات الهرمية التي يتم تعزيز الطبقية فيها وتتأثر بمختلف التيارات الاجتماعية والسياسية الخارجية. بل وتظهر فيها تيارات سياسية خاصة بها، وتكتلات مبنية على

العرق واللون والجنس وغير ذلك من التصنيفات. وهذه المنظمات تعجّ بمشاعر سلبية وثقافة مسمومة وتحتاج حتما إلى تحوّل كامل. ونحن هنا بصدد القيادة المركزية والتي تتصدر رأس الهرم وتلغي فردية الآخرين بشكل كبير قد يضر بمصلحة العمل والغاية التي من أجلها تكوّن الفريق.

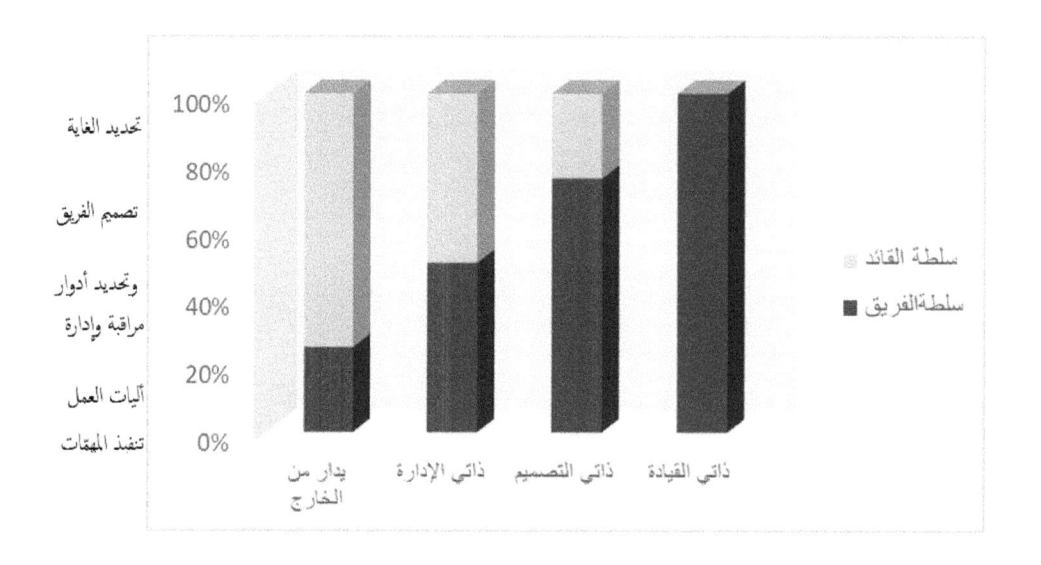

رسم توضيحي ٤ أدوار القيادة في الفريق وسلطة القائد مقابل استقلالية الفريق وقيادته لذاته

ويتأكّد أولئك القادة الحكماء من أنّ الوسائل كما في رسم توضيحي ٤، هي مسؤولية الفريق ويضع حدودا للفريق لما يرجع فيه للقائد وما لا يرجع، بل ويضع لنفسه حدودا فيما يتدخّل فيه ومالا يتدخّل، وصورة التدخل الذي في مصلحة الفريق أو مضرا له. ولابدّ من أنْ تلعب القيادة أدوارا معينة في حياة الفريق ولا تكون المسيطرة على كل صغيرة وكبيرة في عمله. وينسجم ذلك بشكل كبير مع نظرية القيادة النيوكارزمية والتي يظهر فيها مفهوم التمكين وتشجيع التعاضد. وكلما حقّق الفريق نجاحا أو قطع شوطاً ازدادت ثقته في كيانه الواحد لتحقيق الغاية وتعزّز لديه الرّغبة في الأداء الأفضل والبحث عن وسائل أكثر فعّالية للإنجاز. والأقوى من ذلك أنْ يضع الفريق لنفسه أهداف قياسيّة يقرّر أنْ يحقّقها ليكون متميزا في عمله ويستوفي توقعات العملاء والمستفيدين. وفي حال وضع تلك المعايير مع القائد لا بدّ أنْ يتأكّد من مناسبتها ومدى واقعيتها وموائمتها مع الغايات

التنظيمية والموارد المتاحة. ولأنّ الفريق يدرك الغاية وهي واضحة لديه، تجده يرى أين مكامن التّحدي في العمل ويسعى له بحماس. وفيما يلي أدوار القائد في حياة الفريق بحسب أبحاث الشروط الستة والتي تؤكّد أنّ استكمال كل دور وإمضاء وقت كافي لفحصة وتفعيله يؤدي لسلاسة الدور الذي بعده:

دور تصميم الفريق

يسهم هذا الدور في ٦٠٪ من نسبة نجاح أداء الفريق (شكل ٥). ويلعب القائد هذا الدّور قبل أنْ يولد الفريق فيضع الغاية المحمّسة (أو يضع معالمها بحسب السياق التنظيمي والغاية نفسها) ويصمّم مهمّات الفريق التعاضدية والمكافآت للفريق ويتأكّد من إتاحة الموارد الأساسية التي يحتاجها، ويعزّز مسؤولية الفريق تجاه إستراتيجيات أداء المهمّات. كما يركّز القائد في هذا الدّور على إزاحة العوائق والمعرقلات التي قد يصطدم بها الفريق أثناء أدائه لمهمّته. هذه المرحلة هي مرحلة وضع هيكل الفريق العام والقائد يلعب فيها دورا كبيرا لأنّه المسؤول عن الفريق أمام التنظيم ولمصلحة العمل.

دور إطلاق الفريق

يسهم هذا الدور في ٣٠٪ من نجاح أداء الفريق (شكل ٥). ويأتي هذا الدور بعد ولادة الفريق حيث يقف القائد ويدشّن الفريق ويعمل معه ليوجد أهداف الأداء. وينبغي أنْ تكون هذه الأهداف قابلة للقياس وتصف كيف سيحقّق الفريق الغاية عن طريقها. بحيث تتلاءم أهداف الأداء مع الغاية وتؤدي إليها وبحيث يتم مناقشة تصميم المهمات مع الفريق ليتبنى الفريق الحوار بخبراته وتجاربه وليوزع أعضاء الفريق الأدوار بينهم ويضعوا معاً معالم إستراتيجيات العمل. ويتم أيضا توصيف معايير أداء المهمّات والتي أيضا ينبغي أنْ تنسجم مع أهداف الأداء. كما يضع القائد أيضا في هذه المرحلة أعراف وضوابط العمل والتواصل للفريق مع الفريق بحيث تنسجم مع الثقافة والتفكير المنظومي الإستراتيجي ممّا يؤثّر في كيفية استخدام الفريق للموارد المتاحة له.

فيصنع معهم إستراتيجيات العمل وكيفية استخدام قوة اتخاذ القرارات. وبذا يحرّك القائد الفريق في اتجاه النمو، والإبداع، وصناعة القرار ،والتميّز.

يشغل التصميم 60% من الجهد
القيادي لإطلاق الفريق
يشغل التأسيس 30%
من الجهد القيادي بعد
إطلاق الفريق
يشغل
التوجيه
10% من
الجهد
القيادي

رسم توضيحي ٥ أدوار قيادة الفريق

دور الموجّه

ويسهم هذا الدور في ١٠٪ من نجاح أداء الفريق (شكل ٥). ويأتي هذا الدور ليستمر طيلة أداء الفريق لمهمّاته، وبوجود معايير النّجاح المهمّة يتمكّن الفريق من الاستفادة الكاملة من التوجيه النوعي الذي يقدمه القائد. وهذا يعني أنّ الوقت والجهد المبذول في التوجيه اليومي للفريق هو مورد للفريق يستخدمه لرفع أدائه. وإذا كان الفريق صُمّم بشكل صحيح فإنّه يمارس الارتداد الذّاتي فيما لو استخدم القائد التوجيه بشكل غير ملائم أو أخطأ فيه. ومن هنا يتاح للقائد التخلّي عن العادات الإدارية غير الفعّالة ويتعلّم تلك التي ترفع الفعالية للفريق. ويقوم القائد أيضا في هذا الدّور بتشكيل قناعات الأعضاء في الفريق وتصوراتهم نحو العمل المطلوب عن طريق حوارات مستمرة مع الفريق مشجعاً إياهم لاستخدام المورد الجمعي الأغنى المتاح لهم من تجاربهم الجمعية وخبراتهم. حيث أنّ تلك القناعات والتصورات والقيم غالبا ما تنشأ داخل الفريق شاء القائد أم أبى، شارك أم لم يشارك، وقصد أم لم يقصد. ومن تلك الممارسات التوجيهية:

- حلول مشكلات التنسيق في العمل بوضع ممارسات تنسيقية سلسلة.
- التحفيز وتحريك الفريق على مستوى شخصي وجمعي وبناء الالتزام.

- القيادة الذّاتية للفريق باستخدام المكافأة وإشارات أخرى بأنّ الفريق مسؤول عن قيادة ذاته.
- دعم الفريق في توسيع مهارات حلول المشكلات عن طريق نماذج استشارية أو تيسير وحوارات، بدون فرض رأي أو اتجاه. مع نبذ تلك الممارسات النّاتجة عن العادات التلقائية والتي تعيق العمل أو تبطّئه.
- إيجاد ممارسات إبداعية محاذية للمهمات ومنسجمة معها.
- مشاركة الخبرات والتجارب الناجحة لبناء مخزون الفريق المعرفي والعملي.

وهذه الممارسات توجد لدى الفريق القدرة على قيادة ذاته بدون تدخل جذري من القائد. وهذه القيادة الذاتية تظهر في دورين أساسيين وهما الإدارة الذاتية للأداء والمراقبة الذّاتية للأداء. الإدارة تمكّن الفريق من التفاعل مع ذاته بشكل صحّي وتقديم حلول مبدعة لكثير من التحديات، بل وفضّ الخلاف والمبادرات القوية نحو تحقيق الغاية. والمراقبة الذاتية بملاحظات راجعة تصنع لدى الفريق متابعة ومسائله بين بعضهم بعضاً بشكل إيجابي يسمح بتدفق العمل والتغيير والتحسين لإستراتيجياته. وفي المقابل، تدنّي القيادة الذّاتية لفريق العمل يؤثر سلبا على سلوك القائد والذي يزداد مراقبة متدخّلا في سلوك الفريق وقراراته وطريقة أدائه لعمله، وكلّما قلت المكافأة على السلوك والأداء التعاوني الجمعي. وكلما ازداد سلوك المراقبة والتدخّل كلما انخفض أداء الفريق. وكما أنّ هذه حلقة ضعف يغذّي بعضها بعضا، فالعكس صحيح بأنّ حلقة القوّة التي تسمح بقيادة الفريق لذاته تستمر في التّصاعد والنّمو في شكل مستمر نحو الأفضل.

وكما أنّ القائد ينبغي أنْ يكون متمكّنا من قيادة ذاته في كل المواقف ابتداء بأنشطته الخاصّة وتحقيق التوازن الذاتي والوعي بالأفكار والمشاعر، فكذا الفريق عالي الأداء يتّسم بقيادة ذاتية بوعي جمعي، تتلخّص في تحمّله المسؤولية الكاملة للعمل، والمراقبة الذّاتية للأداء، وتغيير الإستراتيجيات حسب الحاجة لحلّ مشكلات معيّنة أو التّكيف مع تغيير أو تحوّل تنظيمي قادم أو قائم ممّا يسهم في رفع الأداء التنظيمي وخدمة المستفيدين، ويحسّن التّعلم التنظيمي عن طريق مشاركة التجارب والخبرات عبر المنظّمة، ويزيد من الالتزام الوظيفي تجاه المنظّمة لأن الفريق يقوم بقرارات مهمّة في حياة المنظّمة. باختصار الفريق العالي الأداء ذاتي القيادة يؤثّر في المنظّمة بشكل ايجابي قوي أكثر من الفريق العادي. وعلى النقيض إرسال إشارات للأفراد دون المجموعة

بقضاء أوقات معهم وتشجيعهم بشكل شخصي على حساب الفريق أو المجموعة، أو السّيطرة على اجتماعات الفريق بدلا من توجيه الفريق لكيف يقوم باجتماعاته ذاتياً، والتّدخل في المهمّات وكيفية أدائها ومراقبة الأداء أو تعيين مراقب في الفريق، ومن هنا يتساءل الباحثين في مجال توجيه الفريق عن جدوى التوجيه مع وجود تصميم أو هيكل متهالك أو غير مبني على أسس. وهذا ما سيتمّ عرضه في النقطة الآتية والتي هي في صميم التدخل التوجيهي لفريق العمل ونجاحه. ولا يفوتني في أدوار قيادة الفريق أنْ أنوّه على أنّ تشخيص الفريق وتقييمه يتضمّن أيضا تشخيص القيادة وأسلوبها وأدوارها وكيف تقدّم الدعم والتمكين والتوجيه في أدوارها المختلفة.

ومن هنا نرى أنّ التدخّل في تطوير الفريق لا يعني دائما تقديم دورة تدريبية لمهارات الاتصال والتعاون، أو استشارة بنموذج ما، أو تيسير رسم إستراتيجيات العمل، أو أنشطة بناء الفريق في منتجع قيادي، وإنما يعني أنّ تشخّص علل الفريق وتتعرّف على أعراضه وما تخفيه تلك الأعراض من أسباب، بإزالتها أو تصحيحها بحيث يتم تصحيح مسار الفريق. ومن هنا يأتي دور التوجيه القيادي بمحاذاة توجيه الفريق أو قبله أو معه. وهذا التوجيه القيادي قد يتطلب إعادة تصميم وإطلاق الفريق بحيث يركّز القائد في جلساته على ذلك ويكون الموجّه الرفيق في الرحلة. وفي حال إهمال هذه الجزئية وتبني الموجّه مسيرة القائد، فإنّه لا يمكّنه لدور التوجيه المستقبلي، بل يولّد فيه الضعف حيث يتبنى مسؤولياته بشكل واضح ويتصدّر لقيادة الفريق عن طريق دوري التصميم والإطلاق والتوجيه الكامل. وهذا مناف لأخلاقيات مهنة الموجّه. فالهدف من توجيه الفريق في النهاية التخلي عن توجيه الفريق. ومن أجل ذلك نسوق للقائد والموجّه على السواء ما أدلت به أبحاث فرق العمل من حيث أولوية التوجيه على التصميم أو العكس.

التّصميم مقابل التّوجيه

تتناول الأبحاث الإجابة عن هذا السؤال من جانبين: جانب تصميم الفريق والسياق الذي يدعم هذا التصميم، وجانب السلوك القيادي والتوجيه المتاح للفريق. وتخلص الأبحاث إلى أنّ التصميم يلعب الدور الأكبر في الفرق ذاتية القيادة ثم التوجيه. فالفرق التي صممت بشكل مناسب تظهر فيها قيادة ذاتية وأداء أقوى. ولكن يظلّ القائد يلعب دوراً مهما في توجيه الفريق. وتفرّق أبحاث فرق العمل بين التصميم العالي والضّعيف الجودة وعلاقته بالتّوجيه العالي والضعيف الجودة وقلته أو كثرته. فقد وجد أنّه مهما ارتفعت جودة التوجيه المتاح لفريق العمل، ما دام التصميم متدني ويعاني من مشكلات في الهيكلة للفريق أو في أسلوب قيادته فإن التوجيه يبقى محدود المنفعة مهما زادت كميته ونوعيته. ولكن مع ارتفاع جودة التصميم وأسلوب القيادة للفريق يصبح التوجيه ذا منفعة كبيرة حتى مع تدني جودته. السيناريو الأفضل طبعا أنْ ترتفع جودة التصميم وأسلوب القيادة مع ارتفاع جودة التوجيه وتكراره، ففي هذه الحالة يتضاعف أداء الفريق ويصبح ذاتي القيادة. ومن هنا نخلص أنّ أول خطوة في رفع فعالية أداء الفريق هي التّصميم الصّحيح المُمَكّن، قبل التّوجيه. وهذا يعني المعرفة بعوامل التّصميم المؤثّرة على الأداء ويعني أيضا بالنّسبة للفرق التي ورثت تصميمها وهيكلها العام من المنظّمة، أنْ يشخّص المختصّ تلك الفرق بالأدوات التي ذكرناها مسبقا ليتعرّف على تلك العوامل التي يمكن أنْ تكون مفقودة أو ضعيفة في التصميم. ومن هنا يتجه أوّلا لقيادة الفريق ليتفق معها على كيفية تناول تطوير الفريق والأسلوب الأمثل في رفع أدائه. وبذا يتجنب الموجّه للفريق كثير من مزالق التوجيه الخاطئ والتي قد تعرّضه ومحاولاته للفشل فيما لو أقدم على التوجيه مباشرة بدون تخطيط.

***

الجزء الثاني: التوجيه

الفصل الأول: حيثيات توجيه فريق العمل

الفصل الثاني: الرحلة مع العميل

الفصل الثالث: التفاعل الجمعي في التوجيه

الفصل الرابع: توجيه فريق العمل المنظومي

الفصل الخامس: فريق العمل النّيوكارزمي

الفصل الأول: حيثيات توجيه فريق العمل

تعريف توجيه فريق العمل

يرى الباحثين أنّ توجيه الفريق ينبغي أنْ يركز على "التفاعل الجمعي مع الفريق لمساعدة الأعضاء لتنسيق جهودهم لأداء مهمّات الفريق التعاضدية بالاستفادة من الموارد المتاحة في إنجاز عمل الفريق" [20] . ويرى الاتحاد العالمي للتوجيه أنّ توجيه فريق العمل هو "تجربة تسمح للفريق بأن يتقدم تجاه تحقيق نتائج مستدامة ونمو متتابع". ويتزايد عليه الطلب باستمرار، كأحد أنواع التدخّلات المهمة في تطوير المنظمات، حيث "يسمح بالتوافق بين أداء الفريق مع الغايات والأهداف التنظيمية مما يضمن استمرارية ابتكار الحلول لمواجهة التحدّيات والتكيف السريع مع المتغيّرات في البيئة الداخلية والخارجية" [1]. ويرى البعض أنّه "تمكين الفريق ليعمل بسعة أكبر من مجموع عدد أفراده، بتوضيح رسالته، وتطوير علاقاته الداخلية والخارجية. فهو مختلف عن توجيه قائد الفريق في كيف يقود فريقه، أو توجيه الأفراد بشكل جمعي" [28]. وتعريفي الشخصي لتوجيه فرق العمل بأنّه:

فن مصاحبة الفريق في رحلة جمعيّة لاستكشاف القيم العليا للعمل ككيان واحد، بصلة صادقة مع ذواتهم، وبعضهم وما حولهم، لتمكين أنفسهم وغيرهم عن طريق التّعاضد الكامل، ولتحقيق الغاية التي من أجلها وجد الفريق. وهذا يستلزم:

١. مصاحبة الفريق في رحلة- وهذا البند يوضّح الفَرْقْ والأدوار غير المباشرة بين التوجيه وغيره من طرق التطوير.
٢. كون الفريق كيان واحد- هذا البند يضع التصوّر القوي لوحدة الفريق أمام الموجّه.
٣. وجود قيم عليا للفريق- هذا البند يؤكّد أهميّة القيم في التحريك والتحفيز.
٤. تحقيق الصلة الصادقة مع الذات والآخرين والمنظومة- بند التواصل الصادق كوسيلة تفاعل جمعي.
٥. تمكين الذات والغير- بند تطوير الأداء ومؤشرات أداء توجيه الفريق.
٦. التعاضد الكامل- بند أساسي يشير إلى أهمية التعاضد كوسيلة لتحقيق الغاية والمهمّات.
٧. تحقيق غاية الفريق: وهي الأساس في وجود الفريق.

وبناء على التّعريف يختلف أسلوب توجيه الفريق عن الاتجاه السائد في عالم الاستشارات والمبني على أفضل الممارسات للتّجارب والافتراضات غير المبنية على أدلّة تجريبية مثبتة علميا. مثله في ذلك مثل الطّب البديل، حيث يلجأ المريض لوصفات شعبية أو عشبية مرتكزة على تجارب العامّة النّاجحة. وليس ذلك خطأ تماما، ولكن قد يختلط ذلك على الموجّه المبتدئ ويصبح الفريق معمل تجارب للموجّه. من ذلك مثلا اتجاه الموجّه نحو نماذج الاتصال التي من شأنها تقوية العلاقات بين أعضاء الفريق ويعتقد أنّ ذلك من شأنه أنْ يعالج مشاكل تدنّي أداء الفريق. وطبعا، لا يمنع اللجوء لبعض الأنشطة أو الأساليب التي تتّسم بإضافة أجواء المرح والترابط بين الأعضاء باختيار منهم، ولكن من التّجربة الخاصّة أنّ الفرق التي تعمل في منظّمات ذات بيئات عمل عالية الضّغوط، لا ترحّب بمثل هذا النّوع من التّدخل وتعتبره مضيعة لوقت الفريق ولا ترى منه عائد على الاستثمار. ولكي نفرّق بين تلك الأدوات وبين أسلوب توجيه الفريق المثمر، لابدّ أنْ ينتهج الموجّه منهجا علميا قويا في تقديم خدماته. ولتأكيد ذلك أعود بالقارئ لما ذكرناه مسبقا في فقرة التّصميم مقابل التّوجيه في الجزء الأوّل، حيث أثبتت الدراسات أنّ الفرق التي يتمّ بنائها وتصميمها بشكل دقيق وفعّال تحتاج لأقلّ درجة من التّدخّل الخارجي بالتّوجيه أو غيره لتعمل بشكل يقابل أو يفوق توقّعات المستفيدين منها. ومن هنا نرى أهميّة التّشخيص السّليم قبل وصف الدواء بحسب ما أشرنا إليه مسبقا. ليس ذلك فحسب، ولكن على التدخّل التوجيهي أنْ يقع في الموضوع المناسب أو ما يسمى بالمجال العملي، أو التوقيت المناسب أو ما يسمى بالمجال الزمني.

المجال العملي أو إستراتيجيات عمل الفريق

ويتعلّق بإستراتيجيات العمل التي يوظّفها الفريق ليحقق أقصى أداء أو فعاليّة، حيث يرى الباحثون في فرق العمل عالية الأداء أنّ مجال التوجيه العملي المثمر والمثبت نتائجه بالبحث العلمي يقع في المناطق الثلاثة الآتية:

١. الجهد المبذول من الأعضاء في إنجاز المهمّات: هل يبذل كل من الأعضاء الجهد الكافي لرفع أداء الفريق ؟

٢. كمّيّة المعارف والمهارات التي يوظّفها الأعضاء في إنجاز المهمّات: هل يستثمر الأعضاء ما لديهم من خبرات ومعارف بشكل كامل؟

٣. إستراتيجيات العمل الفعّالة المناسبة للمهمّات: ماهي هذه الممارسات التي تسمح للفريق بالأداء؟

وأيّ فريق يضع جهد كافي ويستخدم إستراتيجيات عمل مناسبة ويوظّف خبراته ومهاراته في خدمة المهات المناط بها الفريق، يتميّز في أدائه ومخرجات هذا الأداء. وأيّ تقصير في أحد أو كلّ من النطاقات السابقة، ينتج عنه ما يعرف بخسارة عمليّة[20] مرتبطة بأحدها وفرصة إيجابية للتّعاضد أو ما يعرف بمكسب عملي[21]. وهذا يعني أنّ سلوك الأعضاء إمّا ينتج عنه ما يعرقل جهد الفريق أو يدفعه للأمام، أو ينتج عنه الموائمة بين الإستراتيجيات وما يتبعها من ممارسات لخدمة المهات التي تؤدي إلى الغايات، أو ينتج عنه الاستفادة القصوى من مواهب الأعضاء. ومن هنا تصبح هذه الثلاث النّطاقات العمليّة مؤشرات لفعالية إستراتيجيات العمل لدى الفريق. ومن هنا يجد الموجّه، إنْ كان بالوعي الكافي، فرصا لا نهائية لتوجيه الفريق فيما يتعلق بهذه الإستراتيجيات. بل إنّ التدخل التوجيهي في جملته يهدف لمنع خسارة عمليّة أو تحقيق مكسب عملي.

وفي حال توجيه الجهد المبذول يكون التوجيه تحفيزي ويصبح التركيز على منع ما يعرف بعاميتنا في اللغة العربية بـ "الصعود على أكتاف الغير" أو "التسكّع"، بحيث يكون الهدف تنمية الالتزام الجمعي عند الأفراد. وبالرغم من أنّ فهم التفاعل الجمعي وإستراتيجياته والتوجيه بها قد يحسّن من الجهد الجمعي المبذول، إلاّ أنّ ذلك وحده كتدخّل لا ينتج عنه رفع أداء. ومن هنا نرى أنّ التوجيه لفريق العمل كتدخّل لا يركز على العلاقات بين الأفراد وإنما يركّز على الأداء على العكس ممّا يفعله كثير ممن يقوم بالتركيز على العلاقات الإنسانية ويهمل جانب الأداء. فالعلاقات الإنسانية في فرق العمل هي وسيلة لتمكين الفريق

[20] Process Loss
[21] Process Gian

وليست غاية. ولنضع النقاط على الحروف: عندما لا يقوم الفريق بمهمّته ويحقّق غايته التي من أجلها وجد، يحدث خلل في العلاقات بين أفراده وتنشأ المنازعات فيما بينهم على أساليب العمل، ويعاني القادة من الصراعات الداخلية للفريق مما قد يغررّ بالموجّه فيظهر له أنّ إستراتيجية توجيه العلاقات أولوية وهذا بذاته مزلق تشخيصي..

وأمّا في حال توجيه إستراتيجيات العمل غير الموائمة فإنّ التّوجيه ينحى منحى استشاري ويركز على الرّشاقة في الممارسات المضيّعة للوقت وغير المجدية، أو فحص الأنظمة، أو الأعراف الخاصة بالعمل مثل الاجتماعات أو الاتصالات. ويتركّز دور الموجّه في لفت الانتباه لتلك الممارسات التي يستخدمها الفريق والتي قد لا تنسجم مع العمل أو الأداء العالي وإعادة صياغتها بشكل فعّال. تلك الممارسات تنصبّ مباشرة في مؤشر أداء الفريق الأساسي وهو مدى استيفاء الفريق توقّعات العميل المستفيد منه، أو تجاوزه لتلك التوقعات. وفي حال توجيه المواهب والمعارف من الأعضاء فإن التّوجيه يتسم بتيسير التّعلّم لتحقيق التّوازن بين الجهود وتوزيع العمل والاستثمار الأقصى للموارد المتاحة.

وفي كثير من الأحيان يأتي الموجّه للفريق ويكتشف خطأ تّصميم تكوين الفريق. وفي تلك الحال وجود الموجّه أفضل من عدمه حيث يعمل مع الفريق بما يتاح لهم من إمكانات لتصحيح التصميم وإعادة الصّياغة. ولكن المشكلة تقع عندما لا يحسن الموجّه التشخيص ويركزّ جهد الفريق على العلاقات دون الالتفات لجذور المشكلة والتي تكون في عمق التصميم. ومن هنا ندرك أنّ معارف وخبرات الموجّه لابد أنْ تكون مُؤَرّضة في التطوير التنظيمي ليتمكن من فهم السّياق أو أنْ يستعين بمستشار خارجي أو مطوّر تنظيمي أو موجه زميل ليكون شريكه في التّوجيه بحيث يكمل بعضهما الآخر.

من هو فريق العمل القابل للتوجيه؟

فكما أنّ هناك مستفيد فرد من عملية التوجيه الشخصي قابل للتوجيه ومستقبل له، فإنّ هناك أيضا فريق مستفيد. ولإجابة هذا السّؤال نستحضر ثلاث أسئلة مهمّة[28] يطرحها الموجّه لفريق العمل قبل أنْ يقرّر إذا ما كان الفريق أرضية خصبة للتوجيه:

١. ماهي المهات التي نقوم بها معاً ممّا لا يمكن أنْ نقوم به في الوقت نفسه بالتّوازي مع بعض؟
٢. ماهي الغاية التي نسعى لتحقيقها والتي تتطلّب أنْ يكون مجموع جهودنا الكلّي أكبر من إجمالي عددنا الحالي؟
٣. ماهي طبيعة التّعاضد والتّكامل بيننا؟

ومن هنا نشأت ثلاث حالات لفريق العمل تحدّد إذا كان الفريق قابل للتوجيه. الحالة (أ) كون الفريق لا يحتاج أنْ يعمل معاً لينجز مهمّات معينة، ومن هنا يصعب أنْ نقحم التّوجيه لهذه المجموعة التي تغطّيها مظلّة عمل معين أو غاية معينة، ولكن لا تستوفي شرط التّعاضد الكامل. الدّخول في مثل هذا التوجيه، حتما سيكون دخول في تجربة فشل قبل البدء حيث لا يرى الأعضاء في هذه المجموعة سبب لوجود الموجّه!

حالة (ب) يوجد تعاضد ويدرك الجميع التّشابك في إنجاز المهمّات، ولكن الغاية غير واضحة أو تغيب عن الأذهان فهنا يمكن أنْ يكون التّوجيه مفيدا في توضيح تلك الغاية وربطها بالغاية المؤسسية. مما يجعل هذا الفريق أرضية خصبة للتوجيه. الحالة (ج) يوجد تعاضد وغاية، ولكن بشكل منخفض بحيث يكتفي الأعضاء بالتّعاون في تبادل المعلومات وموازاة العمل والتسليمات. فيمكن أنْ يكون التّوجيه مضيعة لوقت وموارد المنظّمة حيث أنّ التّعاضد هو أساس في تكوين أي فريق عمل وبدونه يكون الفريق مجرّد مجموعة يتعاون بعضهم مع بعض. لا بأس من التّوجيه الثقافي وتوجيه التّواصل وإيجاد بيئة عمل تعاونيّة، ولكن ليس من المتوقّع من التّوجيه أنْ يأتي بنتائج باهرة سوى تحسين العلاقات بين الأفراد ممّا يسهم في سعادة البيئة واستقرارها. إنْ كان هذا هدف وغاية من أجلها تمّ استدعاء موجّه الفريق فبها ونعمت. ولكن ينبغي التّأكيد عن طريق تحليل احتياجات الفريق أنّ

المخرجات لن تتجاوز هذه الغاية حيث يتمّ تقرير التّوقعات وخفضها قبل أنْ يتحوّل العمل إلى ملامة على الموجّه الذي دخل في علاقة مهنيّة لا تؤدّي إلى فعاليّة العمل.

المجال الزمني لتوجيه فريق العمل

يتعلّق المجال الزمني في توجيه فريق العمل بالوقت الذي يحدث فيه. وهذا يعني أنّ التّوقيت مهم في إنجاح العملية التوجيهية. وجدت أبحاث فرق العمل عالية الأداء أنّ التدّخل الأقوى يقع في اللحظات الأولى من حياة الفريق عندما يولد بحيث يقوم القائد بصياغة وتشكيل الأعراف وطرق الاتصال ومهمّات العمل ويكون الفريق في قمّة الاستعداد لتلقّي التّوجيه الفعّال من القيادة أو من يساندها، وفي هذه الحالة الموجّه لفريق العمل. وتلك الفرق التي لم تستفد من تلك اللحظات التوجيهية القوية يعاد إطلاقها مجددا بتعاضد كامل مع موجّه الفريق عن طريق جلسات التوجيه القيادي. وتعتبر تلك الجلسات التوجيهية القيادية مع القائد هي الإعداد المسبق للإطلاق عن طريق مساندة القائد في وضع التصميم السليم والمناسب واستكمال الشروط الأساسية. ثم يتقدم القائد لإطلاق الفريق مجددا وفي صحبته الموجّه ومن هنا تتكوّن فرصة التّوجيه المثالية في لحظات ولادة الفريق الأولى وتدشينه. وبدون ذلك يصبح عمل الموجّه كمن يضرب دهانا فوق جدار مدهون بدون إزالة الدهان القديم وإعداد الجدار للدّهن، تذهب جهوده أدراج الريّاح. وهذا ما تنص عليه قاعدة ٦٠-٣٠-١٠ السابقة الذّكر في الجزء الأول من هذا الكتاب عندما تحدثنا عن أدوار قائد الفريق.

المجال الزمني الثاني المناسب للتوجيه هو عندما يكون الفريق مستعدّا له في وسط دورة حياته، حينما يَخرج المنتج الخاص بالفريق والذي ينصبّ في غايته الذي من أجلها وجد، ليرى النور ويتمّ اختباره لأول مرة، ويحصل الفريق على ملاحظات خارجية عنه، ومن هنا يكون مُنفتحا للتعلّم والاستفادة من التوجيه ليراجع كل إستراتيجيات العمل وممارسات أعراف التّواصل بهدف تحسين الأداء. المجال الزمني الثالث هو في نهاية دورة حياة الفريق أو بعد التّسليم النهائي للمنتج حيث يرغب

الفريق في التأمل في الدّروس المستفادة بهدف التّعلّم وتحسين الأداء استعدادا لدورة حياة جديدة أفضل من التي سبقت أو للخروج الكامل والانضمام لفريق عمل جديد بخبرات أفضل. هذه المجالات الزمنية الثلاث هي الأقوى تأثيرا في أداء الفريق ورفع مؤشرات قوة التوجيه كتدخّل في تطويره.

ويراعي البعض نموذج تكرمان [29] المعروف حيث يمر الفريق بمراحل مهمة في حياته الزمنية وهي (١) التشكل: حيث يتشكل الفريق عن طريق تصميم وصياغة معينة مسبقة من القيادة والتنظيم. (٢) العاصفيّة: وهي تلك المرحلة التي تسودها الفوضى والمناقشات أو الخلافات عن عمل الفريق وعلاقاته. (٣) الاستقرار: وهي تلك المرحلة التي يتم فيها تحديد وترتيب مهمات الفريق وعلاقاته وأعراف التواصل وطرق العمل ويتضح لكل منهم دوره وكيف يسهم في أداء الفريق. (٤) الأداء: ويفترض أنْ يكون الفريق منتجا في هذه المرحلة ومحققا للغاية التي من أجلها تشكّل. وأخيرا (٥) الانفضاض: حيث ينتهي الفريق من تسليم العمل وتحقيق الغاية ويصبح لا داعي له أو يتم فضّه. ومن يتبع هذا النّموذج يوقّت نفسه في جلساته التوجيهية لكي يتحين المناسبات المختلفة في دعم الفريق. وبالرّغم من سيادة هذا النّموذج عن الفريق وتطوّره عبر هذه المراحل، إلّا إنّه غير موثق أكاديميا في مراحل تطوير فرق العمل التنظيمية[30] بل إنّ بعض الأبحاث وجدت أنّ هناك مناطق يمرّ بها الفريق في هذه الرّحلة لا يتم تجاوزها بمعنى أنّ الفريق يعلق فيها ولا يتحرّك للأمام، وهذا مهمّ للتّدخل التوجيهي. الأولى، يعلق الفريق في مرحلة العاصفية وقد يقع فريسة استمرار العواصف التي تستنزف طاقته النفسية وموارده المتاحة وتقوده للهلاك. والثانية مرحلة الأداء حيث يتعذّر عليه تسليم المنتج المطلوب منه وخدمة الغاية التي من أجلها تمّ تكوينه، وهنا يفشل النموذج في الإجابة عن تساؤلين مهمين وبخاصّة في تلك الفرق التي تستلزم أداء إبداعي أو عالي: ماذا لو لم يستطع الفريق تحقيق الأداء المتوقّع منه؟ وما هي إستراتيجيات العمل التي تخدم هذا الأداء؟ ولذا أضاف الباحثين النّاقدين للنّموذج مرحلة إضافية مهمة قبل الانفضاض، وهي مرحلة التفوّق في الأداء، بدلا من التوقّف عند الأداء فقط. وهذا يؤكّد ما قرّرته دراسات الفريق عالي الأداء. ويصبح النموذج كالآتي لكي يكون مفيدا للموجه[29] : (١) التشكل والعاصفيّة، (٢) الاستقرار والأداء، و(٣)

التفوّق في الأداء. والأخيرة هي تلك المرحلة التي يراجع فيه الفريق إستراتيجيات العمل وأعراف التواصل وكل ما سبق ليتعلم من التجربة. وبذا نعود مرة أخرى للنموذج الأوّل الأمثل والأحدث بحثيا. وأيّاً كان النموذج المستخدم في تتبّع دورة حياة الفريق، فعلى الموجّه أنْ يكون منتبها ويفهم تلك النّقاط التحوّلية التي يمكن أنْ يحدث فيه التّدخّل. وعليه أيضاً أنْ يكون محيطاً بشروط الأداء التي يمكن بناءً عليها وضع الخطّة التوجيهية.

أدوار موجّه فريق العمل

الفرق بين التيسير والتوجيه

ناقشنا مسبقا أنّ هناك طرق مختلفة لتطوير الفريق قد يختلط بعضها بالتوجيه وقد ينفصل عنه بحسب تعليمات الاتحاد الدولي للتوجيه. وتكمل الوثيقة التي ينصّ فيها الاتحاد الدولي للتوجيه كيف يمكن أنْ يخلط الموجّه بين التوجيه وأسلوب التيسير في تطوير الفريق:

"وعلى نقيض التوجيه الفردي الذي لا يسمح بتغيير أسلوب التّطوير المعني من توجيه مباشر وصريح إلاّ بوضوح وحذر، فإن توجيه فريق العمل تختفي فيه هذه الفروقات في الأساليب التّطويرية وتصبح ضمنية وغير معرّفة. والسبب الرئيسي لذلك هو تعقّد التفاعل الجمعي في الفرق والعوامل التي تؤثّر على الأداء مما يدعو موجّه الفريق لأنْ يكون أكثر مباشرة في التخاطب وإدارة الحوار مما لو كان في توجيه فردي".

ويشرح الاتحاد الدولي للتوجيه الفرق بين التيسير والتوجيه، وكيف يمتزجان ويصعب التفريق بينهما أحيانا في النص الآتي:

"وبالرّغم أنّ التيسير يحقّق درجة من تعزيز التواصل والوضوح، إلّا إنّه يظل سطحي التّخلل ولا يصل إلى العمق المطلوب في تحليل التفاعل الجمعي للفريق. ولأن توجيه الفريق مسبار أعمق من التيسير- حيث يبرز التفاعل الفردي المتعلق بشخصيات

الأعضاء والتفاعل الجمعي الضمني للتكتلات داخل الفريق وكيف يؤثر كلاهما على أدائه، فقد لا يكون هناك حد فاصل بين التيسير والتوجيه للفريق. بل ربما تجد أحدهما امتدادا للآخر. فقد يمتزجا في سلسلة متّصلة من التّفاعلات. والموجّه البارع يعمل في هذا التسلسل بسلاسة".

وقد يكون فعلا هذا السبب وجيها في التّنقل السّريع بين التّيسير وبين التّوجيه وغيرهما من الأساليب التّطويرية. فقد يجد الموجّه من المناسب أنْ يقف فجأة بعد أنْ كان مستمعا للحوار وموجّا للفريق بدون تدخّل ظاهر ليضع أمامهم تعريف وعدد من النّقاط المهمّ الانتباه لها، ثمّ يذهب للحاسب الآلي ويعرض شريحة نموذجاً استشاريا معروفاً في إدارة التّغيير ويطلب منهم التّفكير في استخدامه وإذا وافق الجميع قد يكمل شرح النّموذج ويطبّقه معهم منتقلا إلى التّيسير ثم الاستشارات ثم يجلس ويعود لدوره في الرّكن مستمعاً ومندمجاً معهم بطاقته وصمته فقط فيكون عاد إلى التّوجيه. وهكذا تتبدّل الأدوار التّوجيهية بحسب التموذج الآتي والذي يلجأ إليه كثير من موجّهي الفرق للتّأريض والتّمركز لكيلا يفقد التّوجيه للفريق معناه الحقيقي وتنتقل المرجعيّة والخبرة للموجّه بدلا من الفريق. يسمى هذا النموذج "التّشكّل"[٢٢][31] .

يعبّر النموذج في سياقه الأوسع عن التفاعل الكامل مع الفريق في عملية التّوجيه بما يسمح للموجّه أنْ يتقمّص أدوارا مختلفة تتناسب وتتشكل مع احتياجات الفريق. ومن هنا جاءت لفظة التّشكّل والتي تعني تغيير الشّكل. ويتكوّن النموذج من مصفوفة بها أربع خانات، تمثّل كل خانة دور مرتبط بتركيز معيّن ووقت زمني في دورة حياة الفريق. وتحوي هذه الأبعاد متغيرات لها علاقة بخلفيّة الموجّه وسياقه التعليمي والمهني، وبتصوّرات الفريق العميل واستعداداته، وبأهداف التّوجيه، وبالسّياق المنظومي كما في رسم توضيحي ٦.

[22] Shape Shifting

المستشار النّاصح

يرتقي هذا الدور لمرحلة مباشرة في التلقين لما ينبغي، مع توضيح وتقرير الاتجاه، أو إخبار الفريق باللازم عمله للوصول، وأحيانا تقديم النصّح أو الاقتراح أو الطريقة للوصول. ويستخدم الموجّه خبراته وتجاربه المهنية ومعارفه العلمية ليناقش ماذا وكيف ينبغي أنْ ينظّم الفريق عمله أو يؤدّي مهامّه. ويظهر هذا السّلوك في بداية التفاعل مع الفريق.

المعلّم الميسّر

ويتميّز بأنّه خليط من التّقديم للمعلومات أو الخبرات (باتجاه الفريق) ومن الحوار (من الفريق ومن الموجّه في اتجاهين) لكي ييسّر للفريق إيجاد معاني أو سبب لاعتناق المفاهيم المقدّمة. ويُقصد بالدّور تعليم الفريق واكتساب معارف تسمح لهم بتطوير الفريق ومهاراته في العمل والتّواصل والتي من شأنها أنْ تحدث تغيير في التّصوّرات والمعتقدات الدّاخلية ومن ثم في السّلوكيات والتّفاعلات فيما بينهم. وعادة ما يظهر هذا الدّور في وسط التّجربة التّوجيهية مع الفريق حيث يكون الفريق متحفّزا لتلقي معارف وخبرات جديدة لرفع أدائه.

المُحفّز

ويتسم هذا دور المحفّز[٢٣] بانخفاض المباشرة وارتفاع الحوار ويظهر في وسط التجربة التوجيهية عادة ويتميز بسلوكيات مثل المراقبة للفريق مع ملاحظات أو وصف لما يدور أو تساؤلات عن التفاعل والأداء والتي عادة ما تحدث عند الفريق تحوّل في التفكير والسلوكيات. وفي هذا الدور يحدث استنهاض للتفكير والتأمل في المعاني وفحص النماذج الذهنية التي اعتاد عليها الجميع. ومن هنا نرى أنّ الدور يمثّل مشاركة فعلية هادئة بدلا من التفاعل المباشر، لكي يحفّز الفريق بالارتقاء والنمو في تفكيره الجمعي

[23] Catalyst

وسلوكه التفاعلي. ويتطرّق الموجّه بهذا السّلوك إلى حالات أخرى مثل الاختلافات والافتراضات أو الاصطدام بجدار عالي في العمل.

المُستوعب المُنفصل

ويتميز هذا الدور بتفاعل قليل بين الموجّه والفريق في الاتجاهين حيث ينشغل الفريق في القيام بعمله ومهماته ويقبع الموجّه في أغلب الأحيان بصمت في الرّكن ولا يتدخّل إلّا حين يُطلب منه ولا يلاحظ الفريق وجوده إلّا في القليل من الحالات. وبدلا من أنْ يقدّم أي تدخّل من طرفه، تجده يلاحظ ويسجل بشكل تراكمي التجارب التي يمرّ بها الفريق مما يؤدي إلى دمج تلك الملاحظات في كلمة أو إيماءة أو استحسان بلغة الجسم، مبتعدا بثقة من الفريق وتكامله وانسجامه. ويؤدي هذا الدور إلى ازدياد ثقة الفريق بنفسه وارتفاع مقدراته على التّعامل مع كل ما يطرأ في وجود الموجّه. وعن طريق تواجده الصّامت أو الهادئ يستمر العمل في الفريق إلى أنْ يصل الفريق لمرحلة الاستقلالية الكاملة. وعندها قد يدلي برأيه إنْ سُئِل عن كيف يمكن ضمان استمرارية الاثر النّاتج عن التوجيه. ومن هنا نجد أنّ هذا الدور يأتي غالبا في نهاية التجربة التوجيهية.

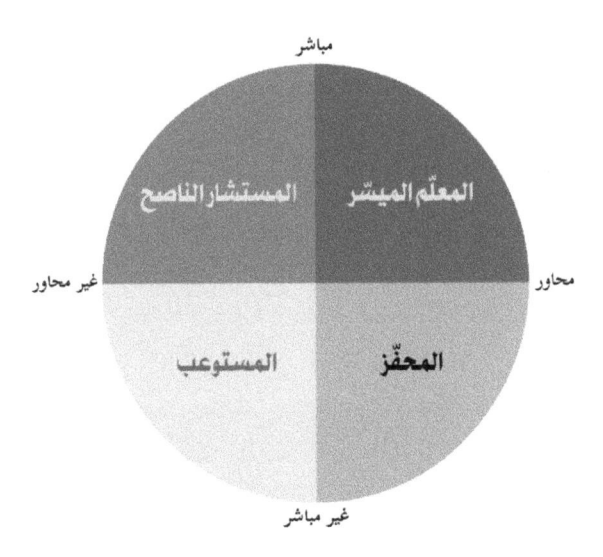

رسم توضيحي ٦ نموذج التشكل مستوحى من لورا هاوزر

التّعاضد مع موجّه آخر في توجيه فريق العمل

بعض الأحيان يحتاج الموجه موجّها آخر معه ليدعمه ويسانده ويسمى بالتّوجيه المُشترك[٢٤] والموجّه بالمشارك، حيث يتمّ التعاضد بينهما في التقديم وتبادل الأدوار والملاحظة وتقييم العمل وإعادة رسم المسار. يفيد التوجيه المشترك في بداية المسار المهني في توجيه فريق العمل حيث تقلّ خبرة كلاهما أو أحدهما ويحتاج لعين أخرى على الفريق وعليه، تقدّم له المرئيات. ويوصي الاتحاد الدولي للتوجيه بأنْ تشترك مع موجه آخر في حال وصل العدد إلى عشرة أعضاء أو أكثر في الفريق، ونرى أنْ تشترك مع موجّه آخر في حال وصل العدد إلى سبعة أو أكثر وبخاصّة في البداية. وسبب ذلك أنّ كلّ عضو إضافي يضيف عدد من العلاقات التي ينبغي ملاحظتها والتّعامل معها أثناء التوجيه حيث تتعقّد العلاقات الإنسانية ويصعب عليك قراءة الجميع بشكل مستمرّ وأنت تفكر وتتأمّل وبذا يسدّ عنك الموجّه الآخر في نقطة عمياء لا تراها. ولكن للمشاركة في التوجيه سلبيات، ينبغي أيضا وضعها في الاعتبار. فقد يكون أحد الطرفين واثقا من نفسه ويرى أنّ التحدث في هذا الموقف أو ذاك مهم ومن ثم يتجاوز الموجّه المشارك الآخر الصامت، والذي يفضّل أنْ يعالج الفريق مشكلته أو الموقف بنفسه. وقد يرى أحدهما أنّ المشاركة في ذلك أو ذا هو نمذجة لأسلوب مهم يدعو الجميع لاتّباعه بينما يشعر الآخر أنّ المشاركة كانت على حساب وقت الفريق. وقد يتبنى أحدهما سياسة فحص كل ما يدور بين الفريق في جميع مستويات التفاعل، بينما يكتفي الآخر بالعمومية وأنّ كل شيء على ما يرام. وتنشأ معظم تلك الخلافات نتيجة التّفاوت في التركيز أو الأسلوب أو الجدارات الموظّفة في اللحظة بين الاثنين. وكلّ ذلك يمكن معالجته بين الاثنين في حوار مسبق عن الأدوار المتوقعة والتوقعات من كل طرف. وعلى رأس ذلك كله أنْ يضع كل منهما لعلاقة التوجيه المشترك وزنا كبيرا مثلها مثل أي علاقة مهمة في حياته. وهذا يتطلب معالجة مستمرة

[24] Co-Coaching

ورعاية لتلك العلاقة منهما في كل خطوة يخوضان فيها تلك التجربة معاً وغيرها من التجارب المقبلة. فكل تجربة تعتبر متميزة عن غيرها لأن كل منهما يتعلم وينمو ويتغير مع مرور التجارب ومن ثم ينبغي أنْ يستمر الحوار والتفاعل بينهما [32]. وهذه العلاقة هي أساسية ونمذجة لما ينبغي أنْ تكون عليه علاقة أعضاء الفريق بعضهم ببعض وفرصة للفريق أنْ يتعلّم كيف يحدث التّعاضد الحقيقي، كما يذكر الاتحاد الدولي للتوجيه في جدارات توجيه فرق العمل، كما سيأتي في الجزء الثالث من الكتاب. ولكي تنجح هذه الشراكة لابد أنْ يتجسّد فيها ما سنتحدث عنه في التفاعل الجمعي، ولكن بين الموجّه وشريكه الموجّه. ولكيلا يتكرر الحديث عن التفاعل الجمعي نكتفي هنا بالإشارة إليه حيث سنتعرّض له بالتفصيل الكامل في الفصل الثالث من هذا الجزء.

***

الفصل الثاني: الرّحلة مع العميل

من المهم ونحن نتحدّث عن توجيه الفريق أنْ نتطرق لتلك الرحلة من بداية استدعاء المختصّ في تطوير الفريق، بحيث نتعرّف على خطوات ومراحل تلك الرحلة لكي نضع عملية توجيه الفريق في سياق تخطيط وتدخّل استشاري كامل منظّم ومقنّن من بداية التعاقد والتشخيص إلى التنفيذ والإغلاق وهذا ما أسمّيه "الرّحلة مع العميل". والرحلة مع العميل لا تختلف في سماتها عن استشارات التطوير التنظيمي، بل هي جزء منها ولا تكاد تنفصل عنها تماما إلّا في آلية التطبيق لما يحدث داخل الجلسات التوجيهية مما يختلف في أسلوب التناول عن باقي أساليب التدخل الاستشاري أو التطويري. فتوجيه فريق العمل لا يتواجد وحده من فراغ ويتبع في خطوات تحقيقه ما يتبعه غيره، بل يتفرّع عنه ويؤدي إليه في معظم الأحيان[33] .

ولأنّ كل عميل يختلف عن الآخر فإنّ طريقة تصميم الرّحلة وخطواتها تتنوعّ أيضا ويتقدّم فيها بعض الخطوات على بعض. في النّهاية توجيه فريق العمل، ليس خطّا مستقيما بوقفات محدّدة وأدوات معروفة المعالم كما هو في إدارة التغيير، أو التطوير التنظيمي، أو الاستشارات، أو إدارة مشروع تحوّل كامل عبر التنظيم، بل هو أقرب لرحلة عبر القفار لا تعرف إنْ كنت ستواجه فيها جبلا أو سهلا، واديا أم جرفا، جفافا أم بللا، مستنقعا أم بحيرة تحتاج لتعبرها ولا تعرف إنْ كان ينتظرك في الجهة الأخرى وحشا كاسرا أم حشرات قارصة، ولا تعرف إنْ كنت ستخرج سليما معافى أو ناقصا معيوبا. ولذا أفضل ما يمكن أنْ يقال في هذه الرّحلة أنّ أهمّ ما فيها ألّا تصمّم الخطوات لوحدك وأنْ تتعاضد مع الفريق والقائد والرّاعي في التصميم في كلّ خطوة ومرحلة من مراحلها وتعيد المراجعة والتّعاقد في كلّ منها إلى أنْ تصل لنهاية الرّحلة. وبذا يكون الجميع مشتركا في المسائلة ومتحمّلا للعبء، وتكون في أمان من الخطأ أو الخروج بنقص أو فشل.

ولكن لأجل أنْ تترتّب الخطوات في ذهنك (أو تكتمل الخطوات بدون ترتيب)، وتتأكّد أنّك أشبعت كلّ خطوة مراجعة وتأكيدا في كلّ الرّحلة، إليك تصوّر شامل عن هذه الرّحلة جمعناه لك من البحث وتجارب كبار الموجّهين في عالم توجيه الفريق.

نصفّه لك مرتّبا في تسلسل منطقي، مع ملاحظة أنّ الترتيب هو فقط للاستعانة والتوضيح وإلّا فكلّ حالة تختلف في ترتيب أحداث الرّحلة. ونضع بين يديك ما نراه منسجما مع أخلاقيات المهنة كما حدّدها الاتحاد الدولي للتوجيه في لائحة الأخلاقيات . وعليك أنْ تستفتي قلبك وخبرتك وزملائك فيما يشكل عليك في سياقك الخاص.

أوّلا: بناء التّحالف

هذه المرحلة من الرّحلة طبيعية وسابقة لكل المراحل وفيها يحدث كثير من الاتصالات والتعارف وبناء الثقة بين الموجّه وبين العميل سوآءا كان راعيا، أم قائدا، أم عضوا في الفريق. وهي المرحلة التي تسبق أي مصارحة من العميل لموجّه فريق العمل بمشكلته أو قضيته مع الفريق الذي يعمل له أو يقوده أو يديره. وقد تحدث هذه المرحلة عن طريق عمل مسبق قام به الموجّه مع العميل مثل دورة تدريبية أو توجيه قيادي فردي أو استشارة تنظيمية. وقد يصل العميل للموجّه عن طريق إحالة من عميل آخر يثق بك، أو يسمع بك ويتواصل معك مباشرة. وأخيرا قد يصل لك العميل بمناقصة أو عرض عمل قمت به عن طريق قنوات رسمية. أيّا كانت الوسيلة فإنّ بناء الثقة مع العميل ذا أهميّة قصوى وبخاصّة في السياق الثقافي العربي كما ذكرنا. وعليك أنْ تنتبه من المزالق التي ناقشناها مسبقا والتي يمكن أنْ يترتب عليها التزام كامل بتوجيه الفريق أثناء الحوارات الأوّليّة بدون تشخيص وتحليل للسياق التنظيمي بشكل شامل. مثلا قد يأتي لك عميل قائد في مجلس أمناء منظمة ما، ويشرح لك أنّ فريقه المكوّن من قيادات عليا يحتاج لكذا وكذا، وتركز معه على فريقه وتنسى أنّ فريقه يخدم مصلحة واحدة فقط للتنظيم وأنّ هناك فرق أخرى قيادية تخدم مصالح أخرى ويقدم لها هذا الفريق خدمات معينة، وأنّ فريقه جزء من المنظومة الواسعة التي تحدثنا عنها مسبقا. والمزلق هنا هو إهمال السّياق الأوسع للفريق والتركيز على السياق المباشر، وبذا قد يُوجِد توجيهك لفريقه جرفا أو صدعا أوسع في التنظيم مما كان، وتصبح أنت كبش الفداء لفشل التنظيم [28]. وهذا ليس تحذير وإنما تنوير لك، لكي تعتنق جدارة التفكير المنظومي في أي فرصة تأتي إليك وتتفكّر جيدا قبل أنْ تتقدّم في خطواتك في كلّ التّبعات،

وكيف تحمي نفسك أوّلا وتخدم المنظومة بالكامل وليس فقط الفريق المعني. فالمنظومة هي ذوي المصالح والمستفيدين من الفريق ولا يمكن أنْ يتمّ التوجيه بمعزل عنها. وهناك عدد من الأسئلة التي يمكن أنْ تطرحها وتتفكّر فيها قبل أنْ تتقدم في هذه المرحلة، مرحلة التحالف:

١ كيف ترغب في أنْ تبدأ هذه العلاقة؟

٢ كيف تُشعر العميل بالراحة وتكوّن صلة؟

٣ ماهي المعلومات المهمّة التي ترغب في أنْ تشارك بها عن نفسك؟ عن توجيه فريق العمل؟

٤ ماذا ترغب أنْ تعرف عن العميل الفريق والقائد والراعي؟

5 لماذا هذه المعلومات مهمّة؟

6 هل فريق العمل المعني جزء من منظومة أوسع؟ ماهي المخاطر والفرص؟

7 هل قام الفريق بطرق تطوير أخرى في السابق؟ لماذا قام بها؟ وماهي النتائج؟

8 هل كوّنت العلاقة بشكل يسمح بالثقة والمصارحة بما يرغب به العميل؟

٩ هل القائد للفريق جزء من هذه العلاقة وراغب في التّدخّل؟

ثانيا: تعاقد الدراسة المبدئية (التشخيص والتقييم)

تعتبر هذه الخطوة درعا واقيا من الوقوع في مزالق سوء التشخيص والتي قد ينتج عنها كثير من الجراح أو الفشل الذي قد يصعب علاجه. وينصح بها في كلّ مرّة ليشكّل الموجّه لنفسه خط تراجع بحيث يعتذّر في حال وجد أنّ الفريق المعني يصعب علاجه عن طريق التوجيه. التّشخيص يقبع في تحكّم الموجّه من حيث أسبقيّته للتّعاقد النهائي. وبالرّغم أنّ البعض يتعاقد مسبقا للتشخيص ويضع شرطا ينبه العميل أو الرّاعي على أنّ الخطّة النهائية تأتي بعد التشخيص رغبة منه في إغلاق الصفقة مع العميل، إلّا أنّ هذا قد يسبب عثرات في الطريق حيث يضع توقّعات عن التّوجيه مسبقة يتم فيها استبعاد الطرق الأخرى لتطوير الفريق والتي ربّما تكون مهمّة ومصاحبة لتوجيه الفريق. وقد يكشف التّشخيص تعارض مصالح معيّن لم يكن ظاهر في

مرحلة التحالف، أو خرق أخلاقي تنظيمي يفوق مقدرة الموجّه في التعامل معه ويؤثّر سلبا على الفريق. وتلعب المتغيّرات الآتية جزءا كبيرا في قرار أسبقية التعاقد أو أسبقيّة التشخيص:

١. كون الموجّه جزءا من التّنظيم أو خارجاً عنه يحدّد سلطته ومقدار سعة القرارات التي يتخذها في التكليف.

٢. كون القائد هو من بدء بطلب التّوجيه أم المنظّمة، وإلى أيّ حد يمكن أنْ يتم إقناع كلاهما.

٣. كون الموارد البشريّة جزءاً من التشخيص أو التّكليف بالتّدخّل التوجيهي.

٤. كون الرّاعي أو التّنظيم، هو من يرى أهميّة التّوجيه ويعتنقهُ ويفرضه على الفريق وقائده بقناعه أو عدم قناعة.

٥. كون أحد الأعضاء في الفريق يرغب فيه ويسوّق له داخل الفريق ومن ثم يواجه الموجّه معارضة أم لا.

في كل السّيناريوهات السّابقة يوجد تنوّعات. ومن هنا لابد من الفصْل بين التّعاقد النّهائي والتعاقد للتّشخيص. فالتّشخيص مهمّ في كلّ التّدخّلات التّطويرية للفريق ولا بد أنْ يتم بتعاقد مبدئي مستقل مسبق يضمن حرّية التشخيص لكي يتّجه الموجّه مقدّم الخدمة نحو القرار الأصلح بالتدخلّ المناسب. ومن المهم عند التعاقد للدّراسة المبدئية التشخيصيّة أنْ يضع الموجّه النّقاط على الحروف فيما يتعلّق بالآتي:

١ هل القائد أو الراعي أو كلاهما ملتزم ومتحمّس بغض النّظر عن أسلوب التطوير المتجلّي بعد القيام بالتشخيص؟

٢ كيف ستتعامل مع متطلّبات تقرير البيانات لتشخيص الفريق من التنظيم، ما هو مستوى الخصوصية للمعلومات التي يتم تداولها في المقابلات الشخصية والاستبانات وكيف تحمي الجميع من انتهاك الخصوصية من القيادة أو التّنظيم؟ بمعنى آخر كيف ستصنع مساحة آمنة للفريق ليحقّق الشفافية والصّراحة في التعبير عن الرأي؟

٣ هل جميع بنود اللائحة الأخلاقية واضحة للعميل بما في ذلك تعريف طرق تطوير الفريق والفروقات بين التوجيه وبين الطرق الأخرى؟

٤ هل يوجد تعارض مصالح يمنع من التّعاقد مع هذا القائد أو الفريق أو الرّاعي بالذّات مثل مصلحة شخصية أو تعارض مصالح من نوع آخر؟ هل ناقشت ذلك؟

٥ ماذا يحدث لو اختلفتم في طرق التّدخّل بعد التّشخيص وتراجع الراعي؟ هل هناك بند يسمح لك بتحصيل حقوقك؟

٦ هل يملك العميل الميزانية التي تطلبها منه؟ كيف ستغطي قيمة التشخيص والجهد المبذول فيه منك وقبل فريقك الاستشاري؟ هل الأجرة مشمولة في اتفاقية التفاهم المبدئية؟

٧ أي تصوّر عن العالم سائد؟ تصوّرك أم تصوّر القائد والراعي؟

٨ كيف تعرف أنْ العميل جاهز للانتقال للخطوة الآتية؟

٩ هل أنت مرتاح في داخلك؟ ماذا يقول لك حدسك؟ هل هناك ما يمغصك وتتجاهله؟ هل تعرف ما تريد؟ ما الذي يدفعك لهذا الفريق أو القائد أو الرّاعي بالذات؟ ماهي دوافعك الدّاخلية ولماذا أنت متمسّك؟ استخدم ذاتك كأداة.

ثالثا: التشخيص والتقييم

يبغض كثير من الموجّهين هاتين الكلمتين، ولكن واقع العمل التنظيمي يفرض أنْ يتبنّى الموجهّ المختص الاتجاه بالتقييم المبدئي لكي يتجنّب مزالق هو في غنى عنها. على الموجّه أنْ يتأكّد عندما ينتهي من هذه الخطوات والمراحل ويبدأ في الجلسات التوجيهيّة أنْ يتخلى عن كل التصوّرات المسبقة التي يكون قد بناها أثناء التشخيص فقد يكتشف أنّ الرياح التي تجري بها سفينة الفريق ليست كما توقع في هذه المرحلة وأنّ الواقع ليس كالقراءة. لماذا إذا التّشخيص؟ لأنّه يساعد الموجّه على التّعاقد السّليم ويحميه من الافتراضات غير المبنية على حقائق ويتيح له التحقّق بعرض الحقائق على الفريق ليسمع صوته بنفسه وليس عن طريقه. وبدون صوت الفريق لا يوجد توجيه. فأنت توجّه الكيان الجمعي وليس الفردي وعدم التشخيص يعرّض الموجّه للكيانات الفردية العديدة التي هي تيارات تلعب في سفينة الفريق وقد تؤدي لغرقها. لكي يتم التشخيص بطريقة سليمة على الموجّه أنْ يسأل نفسه الأسئلة الآتية:

١ ماهي المعلومات التي ترغب أنْ تعرفها عن المنظومة، والفريق، والقائد، والراعي؟

٢ هل القائد محتمّ ومستعدّ للتوجيه مع الفريق بشكل فردي وجمعي؟

٣ كيف تلفت انتباه القائد للجوانب التي قد يتغاضى عنها؟

٤ ماهي أساليب التشخيص التي تنتهجها؟ ولماذا؟

٥ هل مُنِحْتَ دخول على ما تحتاجه من معلومات؟ لماذا منحت لذا أو ذاك أو لماذا لم تمنح؟ ماذا تقرأ في السياق المنظومي؟

٦ أثناء جمع المعلومات، كيف تحدّد نسبة الاستماع إلى ما يقال أثناء تفاعلك مع الجميع بمعنى من يتحدّث أكثر مِن مَن؟ ومن يستمع ومن ينصت؟ هل تحتاج لمراجعة ذلك؟

٧ ماهي تلك الكلمات أو العبارات المهمّة التي تثير فضول القائد أو أي عضو في الفريق؟ كيف تقرأ غير منطوق أثناء التشخيص؟

٨ كيف تعرف عندما ينكمش القائد أو أي عضو في الفريق؟ ماذا تقرأ في السياق؟ كيف تشجعه على المشاركة؟

٩ كيف تدفع القائد أو أي عضو في الفريق ليرى الصورة الشمولية للموقف؟ كيف تشجع التفكير المنظومي؟

رابعا: التحليل وتقرير البيانات

هذه المهمة عادة ما تكون بين الموجه وبين نفسه أو مع شريكه الموجّه، بعد جمع البيانات. ومن المهم أنْ يتم اعداد البيانات بشكل يراعي خصوصية الجميع ويعكس ما اتفق عليه الموجّه معهم من مساحة آمنة فالفريق لم يتعاقد معه على التوجيه بعد وهو فقط يقوم بالتحليل والتقرير ويبتعد قدر الإمكان عن التقييم والتشخيص المباشر لكي يعطي للفريق وقائده فرصة للقراءة المحايدة والوصول للنتائج بدون تأثير منه عليهم ويحتفظ باستنتاجاته لنفسه في البداية إلى حين يطلب منه. على الموجّه أنْ يعدّ التقرير بشكل موضوعي وعرض تقديمي يعكس حيادية كاملة. عليه أنْ يكون حذرا في صياغة البيانات بدون أنْ يسبّب أي ضرر أو يخرق ثقة أي عضو من أعضاء الفريق.

على الموجّه أنْ يسأل نفسه الأسئلة الآتية:

١ في مرحلة التحليل للمعلومات ما هو الهيكل الذي تستخدمه لنفسك لتسجل أسئلة تسمح لك بتوليد الإضاءات والاستبصار لدى القائد والفريق؟

٢ كيف تعرف عندما تفقد القائد وفريقه (بمعنى هم في واد وأنت في واد آخر)؟ كيف ترفع من وعي القائد وفريقه الذاتي؟

٣ كيف تضع هيكل لتسجيل المعلومات؟ هل هذا كافي؟

٤ كيف سيفهم القائد وفريقه النموذج المستخدم؟ كيف تعرف عندما تتعدى الحدّ وتبدأ في قيادة القائد أو أي عضو من أعضاء الفريق؟ أو قيادة الفريق عن القائد؟

٥ هل هناك معلومات واردة قد تسبّب ردة فعل قوية من القائد أو فريقه؟ كيف تقدّم الدّعم لهم أثناء ذلك؟ أو ربما ترفع التحدّي؟

٦ ماهي القواسم المشتركة أو الأنساق السلوكية المتكررة التي ينبغي توعية القائد وفريقه بها؟ وكم من الوقت يستغرق معالجتها؟

٧ أي تصوّر عن العالم سائد، تصوّر العميل أمْ تصوّرك؟

خامسا: مناقشة وتطوير البدائل

في لقاء مناقشة تقرير البيانات وتطوير البدائل على الموجّه أنْ ينتهج المنهج السابق من الموضوعية الكاملة وتجنّب الطرح أو الاقتراح النهائي لحين يرى وجهة نظر الفريق وقائده تجاه البيانات المجموعة. فتقرير البينات وعرضه للفريق بشكل جمعي، هو أيضا قراءة إضافية جديدة للفريق وقائده لم تظهر للموجّه من. ولذا عليه أنْ يحجم عن تقرير اقتراحاته لحين يصل الفريق لها بنفسه. كل ما عليه فعله هو توضيح طرق التطوير المختلفة والتعريف لكل منها وطرح البيانات التي ظهرت بموضوعية كاملة. سيقوم الفريق بشكل جمعي بالوصول لما يريد عن طريق الطرح. وفي حال لم يصل يتم تأخير الاقتراحات لجلسة أخرى فقد تتضح للموجّه تحفّظات ضمنية تعطيه قراءة جديدة لما يدور في علاقات الفريق وقيادته. كل خطوة يخطوها الموجّه ستضيف احساسا جديدا، فعلى الموجّه أنْ يستخدم نفسه كأداة ولا يستبق ويضع اقتراحاته على الورق قبل أنْ تكتمل لديه الصورة.

وقد يُطلب منه أنْ يشارك فقط مع القائد ويرى القائد أنّه صاحب القرار في البيانات، وهذه قراءة جديدة أيضا للعلاقات بين القائد والفريق والمنظومة. وعندها وبنفس الطريقة على الموجّه أنْ يكون موضوعيا في النقاش ويؤخّر رأيه الشخصي لما بعد. فقد يصل القائد لبعض الاستنتاجات، ومن هنا كان من الضروري ألّا ينزلق الموجّه في تلك الجلسة إلى تأكيد استنتاجات

القائد وأن يعيدها على مسمعه ويؤكّد له أنّ البيانات تشكل رأي الفريق الكلي وليس الفردي وأنها ستتبدل بتبدل المعطيات التي جمعت فيها، ولذا من المهم أنْ نحضر الفريق ليشهد عرض البيانات، لأنّ استماع الفريق لصوته هو جزء من جمع البيانات، ويحاول إقناعه بذلك. وقد يضغط القائد على الموجّه باتخاذ قرار فوري، وعلى الموجّه أنْ يتجنّب ذلك ويؤخّر لحين التأمل واستيعاب الموقف بالكامل عن بعد. فحتى هذه الجلسة مع القائد هي جزء من جمع البيانات. وعلى الموجّه ألّا يقع في فخ الاستنتاج النهائي أثناء التّواصل الفوري مع أي عضو أو قائد أو موارد بشرية، كما يتجنب الباحث الأكاديمي الاستنتاج الفوري لحين يعطي مساحة وافرة للتفكير في البيانات. بل إنّ أهمّ سؤال يرد في حال امتنع القائد عن مشاركة الفريق في تقرير البينات هو: لماذا يفعل ذلك؟ وما الذي يريده في النهاية؟ في كلّ هذه القراءات، خذ فسحة من الوقت وعد لمشرفك التوجيهي وشاركه مشاعرك وتصوراتك. وتأمّل بعمق إنْ كنت فعلا تريد أنْ يكون في هذه العلاقة مع قائد يُحجم عن مشاركة فريقه؟ أم أنّ هناك سبب يدعوه لذلك؟ كيف تفتح معه الموضوع مرة أخرى وكيف يمكن أنْ تشارك مع الفريق مستقبلا إذا أحجم الآن؟

في حال أمضى الموجّه الوقت المناسب بعد جمع البيانات مع الفريق لكي يصل الفريق لفهم كامل للبيانات بأدنى تدخّل من الموجّة، فإنّه يكون من المناسب للموجّه أنْ يتّفق مع الفريق وقائده على طرق تطوير الفريق، وإنْ كان التّوجيه أحدها فماهي المخرجات وكيف يمكن تحقيقها. ومن هنا نجد أنّ الاتفاق مع الفريق هي خطوة مختلفة عن التّعاقد مع المنظّمة وقد تكون موازية لها أو سابقة أو مندمجة معها بحسب السّياق. وإنْ كان الاختيار وقع على التوجيه كأحد طرق التطوير لهذا الفريق أو الطريقة الوحيدة فعلى الموجّه أنْ يقرّر ذلك مع الفريق وقائده بوضوح في شكل خطة توجيهية متضمّنة للأهداف والمخرجات وغير ذلك. وإن كان مطلوبا منه تقديم هذه الخطّة للمنظمة أو الرّاعي فعليه أنْ يتفق مع الفريق على خصوصية المعلومات وما يمكن مشاركته. يمكن فعل ذلك عن طريق الأسئلة الآتية:

١ كيف تعرف مدى دافعيّة وحماس القائد وفريقه لتوليد الاختيارات المتعددة؟

٢ إلى أي حد تجد نفسك تحفّز القائد وفريقه في التفكير في خيارات مختلفة؟ هل من الممكن أنّك تقوده لنتائج معينة؟

٣ كيف تتأكّد من مدى واقعية التطبيق؟

٤ كيف تتجنب الإيحاء بتفضيلاتك الشخصية واختياراتك؟

٥ هل تستخدم أي أداة حل للمشكلات أو نموذج تيسيري؟ إلى أي حد ممكن أنْ ينجح ذلك أو يفشل؟ وماذا تعمل حينها؟

٦ كيف تيسّر اختيار القائد وفريقه للحلول والتطبيقات أو تركه لها؟

٧ كيف تتأكّد أنّ القائد وفريقه يفكّر بشمولية في إيجابيات وسلبيات كل خيار مطروح؟

٨ ماذا عن نماذج اتخاذ القرارات؟ كيف تستخدمها؟ وماذا ستفعل فيما لو لم تنجح؟

٩ كيف تطرح تحدي لمساعدة القائد وفريقه من التّحقق من خيار ما قد يبدو واضحا أو يبدو محدّدا؟

١٠ كيف تستقبل إشارة العميل بأنه اكتفى من نقاش ما حيال خيار ما ويرغب في التحرك بخطة عمل؟

سادسا: خطّة التوجيه

في حال إرساء الفريق على خطّة تطويرية تحتوي أو تركّز على توجيه الفريق فإنّه من الضّروري أنْ يضع الموجّه معايير قياسيّة لنجاح التّوجيه يتمّ مراجعتها في نهاية فترة التّوجيه. ومن المهم أنْ يتأكّد أنّ الجميع على بيّنة وأنّ كلّ معيارٍ واضحٍ ويمكن وَصْفُهُ بِسلاسة ومُرتبطٍ بالأهداف القياسيّة. وبذا يكون الموجّه أكْمل مرحلة بناء الهيكل العام للتّوجيه. وخطة التوجيه هي خطّة عامّة لجلسات التّوجيه المُستقبلية بحسب المعلومات التي تمّ جمعها وتحليلها بعد الخروج بتشخيص أوّلي للتحدّيات التي يواجهها الفريق. تحتوي هذه الخطّة على خطوط عريضة وربّما نماذج سيتم استخدامها في توجيه الفريق. وتسمح الخطط التّوجيهية بكثير

من الحركة والمرونة في طيّاتها، ولكنها تمنح الشركات التي تتعامل بالأرقام والقياسات[٢٥] طمأنينة وتسمح لها بقياس المخرجات بطريقتها الخاصّة باستخدام الخطوط العريضة في خطّة العمل التّوجيهية. وتعتبر استبانة الفريق التشخيصية والتي أشرنا لها في طيات نموذج الشروط الستة، أحد أهم أدوات خطط التّوجيه حيث ينتج عنها الإحصائيات والأرقام اللازمة لقياس الأداء والعائد على الاستثمار. وتركّز في تفاصيلها على النّقاط الرّئيسية التي تهتم بها معظم المنظمات والتي تصلح أنْ تكون مُرشدا للموجّه في منحنيات الجلسات التي سيقوم بها مع الفريق وبخاصة تلك الفرق التي تعتمد عليها حياة التنظيم. ومرة أخرى على الموجّه أنْ يكون حريصا على البيانات التي تخص أعضاء الفريق بشكل لا يسمح للإشارة لشخص ما. وعليه أنْ يتعاقد مع الفريق وقائده فيما يرونه مناسبا للمشاركة في نوعه وصيغته. وكل ذلك يتم في التعاقد المبدئي قبل جمع المعلومات.

١ كيف تحفّز القائد وفريقه لبناء خطة عمل؟

٢ كيف تقيّم أكثر التدخّلات فعالية في هذه المرحلة؟ لماذا تظن أن هذا التّدخّل أكثرها فعالية؟

٣ كيف تقيّم أقلّ التّدخلات فعالية في هذه المرحلة ولماذا تعتبره أقل فعالية؟

٤ هل الأهداف واضحة؟ هل هي منسجمة مع النتائج المرجوة من عمل الفريق ومؤدية لها وبخاصة الغاية التي من أجلها يعمل الفريق؟ هل هي منسجمة مع مصالح المستفيدين من عمل الفريق؟

٥ كيف تعرف أن الخطّة شاملة بدون أن تكون مبالغة في التفصيل؟

٦ كيف تعرف أن الخطّة واقعية التّطبيق؟ وكيف تشجع القائد لتعديلها؟

٧ هل تستخدم أي أداة تخطيطية أو نموذج؟ كيف تعرف نجاح النّموذج؟

٨ كيف تتأكّد أن خطّة العمل خالية من تأثيرك؟

٩ هل يمكن قياس هذه الاهداف؟ أيها يمكن قياسه اثناء توجيهك للفريق وايها لا يمكن قياسه من قبلك؟

[25] Performance Matrixed Organizations

١٠ هل يحتاج الفريق للتعاضد لتحقيق هذه الاهداف؟ هل الجميع ملتزم؟

١١ كيف تستشعر درجة الثّقة في داخلك من إلتزام القائد بتطبيق الخطة؟

١٢ كيف يمكن للقائد أن يستعين بموارد خارجية لإستكمال تنفيذ الخطة؟

١٣ كيف يمكن للقائد أن يفكّر في المعوّقات أو المعارضات للخطّة وكيف ينوي أن يتغلّب على ذلك؟

١٤ كيف تعرف إن كان القائد يحتاج لدعمك في الفترة التالية في التنفيذ أو يمكنه أن يقوم بالتنفيذ بدونك؟

١٥ كيف تعرف إستعدادية القائد للإنتقال لمرحلة التنفيذ؟

١٦ هل يمكن أن تبدأ في التوجيه مباشرة بالعمل مع هذه الاهداف؟

سابعا: التّعاقد النّهائي

تعتبر مرحلة التّعاقد النّهائي من المراحل المهمّة والحرِجة حيث يتمّ فحص جميع المتبدّلات والمتغيّرات التي يمكن أنْ تطرأ أثناء تنفيذ التّوجيه. ولأنّ التّوجيه قد يستغرق وقتاً في التّنفيذ ربّما يمتد من أسابيع إلى أشهر، فلابدّ منْ ضبط التّعاقد لحماية الموجّه أوّلا وحقوقه الكاملة وحماية خصوصيّة التّنظيم والمنتمين له والمستفيدين منه، وحماية خصوصية الأعضاء في الفريق، وينبغي في هذه المرحلة على الموجّه أنْ يضع في وسط تعاقده كلّ بنود اللائحة الأخلاقية للاتحاد الدّولي للتوجيه ويفحص التّعاقد بينه وبين التنظيم في ظلّها ويؤكّد منْ بين ذلك التوقّعات والمخرجات ويضع أيّ شرط في التّعاقد يتناسب مع البيئة المحلية وسياقها الثقافي.

ومن الأسئلة المعينة في ذلك ما سيأتي:

١ ما هو التعاقد الأمثل هنا؟ كيف يتناول هذا التعاقد ممارسات التّدخّل، والجوانب الاحترافية، وتلك التّفسية السيكولوجية؟

٢ ماذا يطلب أصحاب المصلحة والمستفيدين من هذا الفريق؟ ماهي التّوقعات؟

٣ هل يتّفق الجميع على فكرة هذا التّدخّل؟ ما الذي يفهمه الجميع من معنى "توجيه الفريق"؟

٤ كيف يتم توضيح الحدود بين التوجيه التنفيذي وتوجيه فريق العمل؟ وباقي التدخلات الأخرى؟ أو طرق تطوير الفريق الأخرى؟

٥ ماهي الأدوار والمسؤوليات الخاصة بكل من القائد، الفريق، الراعي والموجه؟ وكيف يمكن صياغتها بوضوح في التعاقد؟

٦ كيف نعرف أنّ التّدخّل (أيّاً كان) أدّى إلى النّتائج المرغوبة؟ وكيف يعرف الفريق؟ وكيف يعرف أصحاب المصالح والرّعاة؟

٧ ما هو شكل النجاح؟ وكيف يمكن قياسه؟

٨ ماذا لا يمكن التّحدّث عنه في مساحة الفريق (المواضيع الحسّاسة)؟ ماذا يعني ذلك؟

٩ ماذا يمكن أنْ يعترض الفريق أثناء التّوجيه؟ ماهي أسوأ السّيناريوهات وكيف يمكن أنْ نضع خطّة وقاية، أو خطة إنقاذ؟ ماهي نسبة المخاطرات لكل ما يمكن أنْ يعترض التّوجيه؟

١٠ ماذا لو انسحب أحد الأعضاء أثناء التّوجيه؟ كيف سيتصرّف القائد؟ ماهي البدائل؟

١١ من هو شريك الموجّه في النّجاح لهذا الفريق؟

١٢ هل لدى الموجّه مشرف؟ متى يبدأ الإشراف ؟ هل تعرف المنظّمة أو الرّاعي أنّ هناك إشراف توجيهي متخصص للموجّهة وماهي الحدود والضوابط؟

وعن طريق تجارب وخبرات الموجّهين في العالم، ينصّ كثير منهم على فحص تلك الزّوايا التي تصنع نوعاً من التشكّك أو التردّد عند الموجّه بحيث لا يمرّر ما يدور في خاطره بدون أنْ يقف ويفكّر ويتأمّل عن سبب عدم ارتياحه أو مخاوفه قبل التّعاقد. وأنْ ينتهز الفرصة لطرح مزيد من الأسئلة والتّأكّد من أنّ الجميع موافق. ويسمّي البعض ذلك باستخدام "الذّات كأداة". وفي حال الوصول لتلك اللحظة وبأريحية كاملة من الجميع يمضي الموجّه في توقيع التّعاقد.

ثامنا: التنفيذ

جلسة الفريق الأولى

بعد التّعاقد مباشرة تبدأ الجلسات التوجيهية للفريق ومن أهمها الجلسة التقديمية الأولى والتي يتعاقد فيها الفريق بشكل أكثر وأدق تفصيلا على حيثيات التوجيه وجلساته ومحتوى الجلسات. وقد تستغرق هذه الجلسة من ساعات إلى يومين. وقد

تسمى بجلسة إطلاق الفريق. ويفضّل إقامتها خارج مكان العمل لكي يبتعد الفريق عن الضغط المباشر للعمل ومتابعة المهمّات. وعلى القائد أنْ يفرّغ الفريق لهذه الجلسة الأولى بحسب مدّتها ليتمكّن من إعادة الصياغة الكاملة. ويلعب الموجّه في هذه الجلسة دور مباشر في تيسير التّعلّم والحوارات المستمرّة وربما توفير نموذج معين، أو تقديم استشارة، أو تدريب، أو الخلط بين أساليب التطوير. ينتج عادة عن هذه الجلسة المطوّلة ما يسمى بالميثاق[٢٦]. وفي هذا الميثاق يتفق الفريق على الرؤية الخاصة به والمنبثقة من الغاية المرجو تحقيقها عن طريق الفريق والتي ربما تكون عالية التوصيف بحسب إستراتيجية المنظّمة. ولذا لابد من إعادة صياغة الغاية بشكل يسمح بدمج القيم الخاصة بالفريق في الغاية وتوصيفها لتصبح أكثر قربا من الأعضاء من مجرّد إستراتيجية صعبة المنال. وهذا ملخّص لما يمكن أنْ يحويه الميثاق [19].

١. الرؤية وكيف تعبّر عن غاية الفريق المحفّزة.
٢. قِيَمْ الفريق التي يُرجع لها باتفاق في لحظات الاختلاف أو اتخاذ القرارات الحاسمة.
٣. أهداف العمل ومؤشّرات النّجاح.
٤. قوانين التّواصل والتّعاضد وتوزيع المهمّات.

ومن أهمّ أغراض الميثاق بجانب تيسير الاتفاق، إعلام الغير خارج الفريق بهويّة وكيان الفريق سواء كان المنظّمة أو من ينضمّ للفريق مستقبلا من أعضاء أو من يمرّ به من مشاركين في بعض أحيانه ومراحله. وأمّا ما يتعلّق بشكل الميثاق وطريقة تصميمه، فمن المهمّ أنْ يكون نتاج عمل الفريق وليس عمل الموجّه ومن هنا يعتنق الفريق الفكرة ويبدع فيها بدلا من إسقاطها عليه من الموجّه أو القائد.

[26] Communication or Team Charter

هيكل الجلسات التوجيهية للفريق

وبالنسبة لعدد جلسات الفريق فهي تتفاوت بحسب الهدف الذي يسعى له الفريق والقائد من توجيه الفريق، فقد يتم تحقيق الهدف بجلستين أو ثلاث في عدد من الساعات وقد يطول تحقيقه في جلسات أسبوعية أو شهرية تمتد من ساعة إلى عدد من الساعات، كل ذلك متعلق بالأهداف التي يتفق الفريق على تحقيقها وما يحدث داخل الجلسات أثناء ذلك. وعادة ما يتعاقد الموجّه على ١٢-١٥ جلسة توجيهية ليتاح له فرصة التعمق مع الفريق في سياقه وثقافته وأدائه وعادة ما تستغرق الساعات الأولى تلك الاتفاقية التي يسعى الفريق لتحديد معالمها مع الموجّه والتي تحوي فحص الشروط الستة ومدى توافرها في الفريق، ولكن تعتبر الساعات الأولى هي أهم نقطة في التوجيه حيث يستكشف فيها الفريق، وبخاصة في حال عدم جمع كافي للبيانات لسبب مع، ذاته وصوته وثقافته وعلاقاته الداخلية، ويبدأ خطواته الأولى في الوعي والتفاعل الجمعي. ويمكن بعد الثلاث ساعات الأولى أنْ يكتفي الموجه بساعة إلى ساعتين كل أسبوع أو أسبوعين. الطريقة التي يجلس بها الجميع في لقاءات الفريق إمّا أنْ تعزّز الكيان الجمعي أو تقتله. على الموجّه أنْ يفكّر في توزيع المقاعد، من يجلس بجانب من ومن يواجه من، وموقع ذلك من الباب أو النّافذة أو منه أو من القائد للفريق. عادة ما يتمّ ترتيب اللقاءات التفاعلية والتي تركز على الكيان الجمعي خاصّة، في بدايات التوجيه للفريق في شكل حلقة دائرية من الكراسي المريحة، وعادة ما يجلس القائد مقابلا للموجّه لكي يتم تحييد المواجهة وامتصاص النظرات المباشرة فلا يشعر الأعضاء بانزعاج أو تردّد عن المشاركة، وفي الوقت نفسه تؤيّد المقابلة بين القائد والموجّه العلاقة التوجيهية معه بحيث يتولّى هو بعض المهام ويسهل توجيه النّظر له. وعادة ما يجلس الزّمر معاً، وينحاز بعيدا غير المنتمي. وتتغير هذه المقاعد مع تغير الجلسات وربما يطلب الموجّه من البعض تغيير مقاعدهم عمدا لإيجاد علاقة ما أو تحييد أخرى. وربّما يفضّل الموجّه غرفة الاجتماعات أو طاولة يلتف حولها الجميع مرتفعة أو منخفضة وكل ذلك يعطي قراءة مختلفة للتفاعل والحوار. ويمضي الفريق بعد ذلك في الجلسات التوجيهية والتي يتم تصميم كلّ منها بتعاضد الموجّه مع

الفريق وقائده والسياق المؤثّر فيه أو المنظومة. ومن هنا يتضح لنا مرونة التوجيه وتبدّل أحواله مع إعادة التعاقد لكل جلسة بشكل كامل ومرن وتحت الإطار العام للأهداف التي حدّدت مسبقا. بعض الأسئلة المهمّة لمراجعة التنفيذ:

١ كيف تحدّد عدد الجلسات وطبيعتها ومدّتها وتباعدها مع الفريق ؟

٢ ما هو دور القائد في التوجيه للفريق وأثناءه؟ كيف تقوم بدعم القائد في التصميم أو الإطلاق للفريق وفي الوقت نفسه تتأكّد من عدم اعتماده عليك؟ هل ستقوم بجلسات توجيه فردية مع القائد؟

٣ كيف تصنع تحدّي صحّي للفريق ليحقّق كل ما يستطيع؟

٤ كيف ستصنع ميثاق الفريق أو ميثاق التواصل للفريق؟ ماذا عن فضّ الخلاف وممارساته؟

٥ كيف ستتعامل مع التنوع والاختلاف في الفريق من حيث الثقافة والديانة والجنس واللون وغير ذلك؟ ماهي الضوابط والأعراف؟

٦ ماهي إستراتيجية التّوجيه؟ ما هو المحتوى التّوجيهي؟ ماهي الأدوار التي تلعبها أثناء دورة حياة الفريق؟

٧ ماهي الوقفات التي تسمح للفريق بالتعلّم والمراجعة التي يمكن أنْ تستثمرها في حياة الفريق؟

٨ ما هي الأدوات التي ستستخدمها لتيسير تعلّم الفريق؟

٩ كيف ستعرف إنْ كان الفريق يسير بخطى ثابتة لتحقيق الغاية والهدف التوجيهي الذي وضعه لنفسه؟

١٠ ماهي المؤشرات التي تقرؤها باستمرار للتّأكّد من أنّ التّدخّل يحقّق المخرجات التي يتوقّعها الرّاعي؟

١١ كيف ستتعامل مع متطلّبات التقرير لما يحدث في توجيه الفريق، من التنظيم؟ ما هو مستوى الخصوصية للمعلومات التي يتم تداولها في جلسات التوجيه وكيف تحمي الجميع من انتهاك الخصوصية من القيادة أو التنظيم في حالات معيّنة؟ بمعنى آخر كيف ستصنع مساحة آمنة للفريق لتحقّق الشفافية والصراحة في التعبير عن الرأي؟

١٢ ماهي التحدّيات التي يمكن أنْ تواجهك في أثناء توجيه الفريق وكيف تستعدّ لها؟

افتتاح الجلسات التوجيهية

عادة ما يتمّ الاتفاق مع القائد مسبقا في جلسات التوجيه القيادي الشخصية على الاحتياج الخاص بالجلسة الآتية بعد أنْ تنتهي من ترتيب التصميم وإعادة إطلاق الفريق. فمثلا قد يرى القائد أنّ الأعضاء لازالوا في تحدّي عند تطبيق بعض ما اتفقوا

عليه في الميثاق. فيكون موضوع الجلسة متناسب مع هذا الاحتياج. ومن هنا نرى أنّ التعاضد مع القائد من أهم أركان توجيه الفريق. وقد تتاح لك الفرصة لإعداد أداة توجيهية تساعد بها الفريق ليصل إلى الهدف الذي حدّده القائد. وقد لا يتاح لك المعلومات الكاملة. أيّا كان الوضع عليك أنْ تتأكّد قبل أنْ تطرح الموضوع على الفريق من أنّ الفريق مستعدّ وأنّه منفتح للتوجيه. ولذا، حتى لو كان لديك تخطيط سابق عام لسير الجلسة، كنْ مستعدّاً لتغيير مسيرتك بما يظهر لك في الدقائق الأولى.

وأحياناً يطلب منك الفريق في نهاية الجلسة السّابقة أنْ تركز معهم في الجلسة الآتية على موضوع معيّن. وأحياناً في بداية الجلسة، يظهر على السّطح مباشرة موضوع يشغل بال الموجودين. ولذا احرص أنْ تفتتح جلساتك بشيء من الأسئلة التي تسبر أغوار مشاعر الموجودين وأفكارهم عما يدور في الفريق أو ما يشعر به الفريق، أو ما يشغل بال الفريق. وعادة ما يظهر لك الموضوع مباشرة عن طريق المشاركات العديدة بعد الدقائق الأولى. وقد تقرّر فورا بالرّغم من تحديد الاتّجاه المسبق مع القائد أنّ الفريق ليس مستعدّا بعد لذلك الموضوع وإنّما يرى أنّ هذا الموضوع أهمّ. وقبل أنْ تقود الدّقّة نحو ما هو مهم للفريق عليك أنْ تنظر بعينك للقائد لتقرأ استعداده لذلك وتدعوه بلغة جسمك للتأكيد أو المشاركة في وجه النّظر. فالقائد أيضا يلعب دور في الفريق وهو جزء منه، وعليه أنْ يقود الفريق وتوجيهه بشكل كامل معك. ولا ينبغي عليك أبدا أنْ تحل محلّه في قيادة الفريق حتى ولو طلب منك ذلك أو عبّر عنه بشكل ضمني.

وبعد أنْ ترى الانسجام الكامل من الجميع في الموضوع، لعلّه من المفيد أنْ تعيد صياغة ما فهمته وتتأكّد من الفريق، أنّ هذا ما يصبو لتحقيقه خلال هذه الجلسة. ومن المفيد أنْ تتأكّد كيف يرتبط هذا الهدف بالأهداف المظليّة التي تمّ تحديدها مسبقا لكل التعاقد التوجيهي للفريق. ثم يكون من المفيد كما هو المعتاد في الجلسات الفرديّة أنْ تصنع مع الفريق المخرجات المتعلّقة بالجلسة في نهاية السّاعة أو الفترة التوجيهية، أو ما نسمّيه بمعايير النجاح للجلسة، أو كيف نعرف فريق أنّنا وصلنا للهدف من الجلسة. وقد يكون مضى للآن نصف ساعة وبقي النّصف، ولكن لا تقلق فنصف التوجيه تعاقد، والتّعاقد في بداية الجلسة كما

في الجدارات التوجيهية الفردية والتي هي أصل لجدارات توجيه الفريق يشكّل شبكة أمان للجميع في حال حدوث أيّ اختلاف في وجهات النّظر أو تبدّل في اتجاه الجلسة في منتصفها، ويشكّل أيضا ذلك الوضوح التّام الذي يوفّر عليك اللبس والمعارضات فيما بعد.

وقد ترغب أنْ تفتتح جلستك مع الفريق المنهك أو عالي الضغوط بتمرين استرخاء يسمح بالتّخلي عن كل المواضيع وما يقف في طريق تحقيق أفضل المخرجات من الجلسة التّوجيهية. وقد تقرّر أنْ تفتتح الجلسة، بما لديك من سابق معلومات عن الفريق وعن التّحدّيات التي يواجهُها بشيء من التيسير في نموذج ما، عن التّواصل أو عن الوعي بالذّات أو غير ذلك من الأدوات ومن ثم تفتح المجال للمشاركة في مواضيع تنصبّ في تماسك الفريق وتكوين الكيان الموحّد له. وقد يكون الفريق منشغلا في مهمّات يرغب في معالجتها أثناء الجلسة التوجيهية بمعنى أنّ التعاضد يحصل في الجلسة أمامك وتشهده بدلا من الحوار عن التعاضد. وهذه فرصة لك لتستوعب وتتفكّر في السلوك الفردي والجمعي وتتدخّل فقط في حال ملاحظتك لشيء ما في التّواصل أو طريقة التعاضد أو في تكتّل ما.

المحتوى التوجيهي

ومن أهمّ ما يحدث في هذه المرحلة هو المحتوى التوجيهي الذي عبّرنا عنه مسبقا بالمجال العملي وعلاقته بدورة حياة الفريق ونموذج التّشكّل أو كيف يظهر الموجّه بالنسبة للمجال. وإليك بعض الوقفات المهمّة مرّة أخرى من باب التأكيد ووضع المحتوى التوجيهي في موقعه المناسب.

توجيه تصميم الفريق

في حال وجود خلل في تصميم الفريق، يتحرّك الموجّه أوّلا مع قائد الفريق لفحص التّصميم الحالي ومساعدته في تعديله أو إعادة التصميم بما يتناسب مع احتياجات الفريق وغايته النابعة من نتائج التّشخيص وبحسب نموذج الشّروط الستة للفرق عالية

الأداء. التصميم يشكل ٦٠٪ من فعالية الفريق. وقد يتوقف التّوجيه بالكامل لوجود مشاكل في تصميم الفريق. إليك بعض الأمثلة على مشاكل التصميم:

- عدم وضوح الأدوار
- توزيع المهمات غير مجدي أو لا يسمح بالتعاضد
- الغاية عامّة وضبابية ولا ترتبط بالمهمّات
- هناك نقص في الخبرات
- تشابه الخبرات وغياب التنوّع
- يوجد تنوّع وخبرات، ولكن جمود في أسلوب تحقيق المهمات (سيطرة خارجية)
- الفريق يفتقر لمهارات التعاضد الكامل ويكتفي بالمشاركة

توجيه إطلاق الفريق

في حال أنّ الفريق مستوفي للشروط الكاملة للأداء، ولكن تمّ إطلاقه بطريقة لا تسمح له بالتّفاعل، فإن الموجّه يعيد إطلاق الفريق مع القائد ويركز على:

- المواءمة بين القيم الشخصية للعمل وارتباطها بالغاية.
- التّفكير الجمعي والعمل كوحدة.
- الأعراف الخاصة بالفريق والمتعلّقة بعادات العمل والاجتماعات ودرجة الالتزام والجهد المطلوب أو الأداء المرغوب.
- غياب طرق الاتصال الفّعال أو وجود طرق اتصال معرقلة.
- غياب الثّقة والحوارات والشفافيّة والمرئيات عن العمل مع بعض.
- غياب التّعلّم والنّمو الفردي والجمعي.
- غياب المكافآت، أو التّشجيع، أو المرح، أو غير ذلك.
- أسلوب حل المشكلات وفضّ الخلافات.
- الاختلاف في الشّخصيات والثّقافات وطرق التّفكير واتخاذ القرار.

- جوانب القوّة والضّعف في الفريق وماهي المخاطر والفرص.
- المرونة والصمود والمثابرة مع التحدّيات وكيف يمكن أنْ يكون الفريق عالي المقاومة.

التّوجيه المستمرّ لإستراتيجيات العمل والتّعاضد

تأتي مرحلة ما بعد الإطلاق ليصبح فيها الموجّه مرجعيّة فقط تسمح للفريق بأنْ يعمل لتحقيق الغاية وتطبيق ما تمّ الاتفاق عليه في الميثاق بسلاسة وبدون تحدّيات. ويقوم فيها الموجّه بالانسحاب إلى دور المحفّز والذي يسمح للتحوّل أنْ يحدث. ويقف صامتاً ومراقباً في دور المستوعب في كثير من الأحيان، لحين يطلب منه التدخّل وعندما يتدخّل يحفّز الوعي بطرح أسئلة أو إبداء وجهة نظر ومن هنا ينحى التّوجيه منحى الدعم لتحقيق الغاية ويصبح الضوء مسلّطا على الفريق، بعيدا عن الموجّه، ويكتفي الموجّه بتوفير المساحة الآمنة للعمل، والمهمّات، والتّعاضد، والإبداع. أحيانا تحدث مواقف تستدعي أنْ يعود الموجّه لدور الميسّر أو يقدّم نموذجاً يُمَكّن عمل الفريق فيقِف مستشارا، ولكن هذه الطّرق والأدوار لابدّ أنْ تكون واضحة ومميزة وبوعي كامل من الموجّه ولفت انتباه للفريق (فيما عدا دور التيسير) بتغيير الدور كلّما سمحت الفرصة بذلك، وهنا تأتي قيمة بعض الأدوات والطرق التي سنذكرها في توجيه الفريق في الجلسة التوجيهية.

توجيه التّعاضد

توجيه التعاضد بين أعضاء الفريق قد يتطلّب بعض التّيسير بحيث يقترح الموجّه ممارسات أو أساليب قد تظهر في الّلحظة لإيصال تصوّر معيّن، ولكن في الغالب ينبغي أنْ يحجم الموجّه قدر الإمكان عن حلول مشكلات الفريق ويكتفي بتقرير ما يلاحظه وبأقلّ مباشرة، لكي يصل الفريق بنفسه لهذه الحلول. وعلينا أنْ نتذكّر أنّ الدّور الأساسي للموجّه ليس دور المصلح للعلاقات وأنّ العلاقات الصّحيحة تأتي مع التّصميم الصّحيح لمهمّات الفريق. ولذا لا ينبغي أنْ ينشغل الموجّه بحلّ الخلافات إلاّ بعد أنْ يفحص التّصميم للمهمّات والتي عادة ما تكون هي السّبب. ولذا عندما يشتكي البعض من التّفاعل الجمعي للفريق ويستدعي الموجّه لعمل جلسات توجيه لحلّ الخلاف، قد ينزلق لمتاهة لا آخر لها إذا لم يقم أولا بفحص التّصميم السّليم

للمهام التّعاضديّة. وقد تطول هذه المرحلة أو تقصر بحسب الغاية وبحسب التعاضديّة التي يطمح الفريق لتحقيقها. وبعد عدد من الجلسات التي يتمّ فيها كثير من التغييرات في طريقة أداء المهمّات والحلول المبدعة، ينتقل الموجّه إلى دور الاستيعاب والانفصال كما في نموذج التشكّل [31].

الغاية من التّوجيه دائمًا تعزيز اعتمادية الفريق على ذاته بدلا من اعتماده على الموجّه، وفي حال مرحلة الإطلاق والصّياغة فإنّ طبيعة الحوار داخل الفريق تستدعي التّركيز على الفريق. بعد ذلك ينبغي أنْ يكون الفريق قادراً على استكمال مهمّاته وتعاضدِه في حُضور الموجّه وبدون تفرّغ لحوارات العلاقات لتتحوّل الحوارات إلى العمل والتعاضد في تحقيق المهمّات. ويمكن تفريغ جلسات خاصّة لذلك بحسب الحاجة. لا يمنع أنْ تبدأ وتتخلّل هذه الجلسات تذكير أو تعزيز للميثاق أو احتفال لإنجاز الفريق ككيان ووحدة متكاملة، أو حوار عن تقدير جهود الفريق وأعضائه بشكل يسمح لكل منهم بالتعبير عن مشاعرهم، أو حوار عن الدروس المستفادة والتّعلم الحاصل.

توجيه قائد الفريق

بينما يتم توجيه الفريق، يستحسن أنْ يتمّ توجيه القائد على انفراد لأهداف عديدة. من تلك الأهداف مساعدة القائد على اكتساب مهارات فهم العلاقات وملاحظة ما يدور في التّفاعل الجمعي بين أعضاء الفريق. كما يساعد توجيه القائد على إكسابه مهارات توجيه الفريق سواءً كان هو الموجّه أو على وشك أنْ يستلم دوره في التّوجيه بعد مغادرة الموجّه للفريق وانتهاء تعاقده. ومن هنا يكون توجيه القائد ضمان لاستمرارية العمل الذي قام به الموجّه. وأحيانا يتّفق الموجّه مع القائد ليكون هو الموجّه الشّريك.

توجيه أعضاء الفريق كلّ على انفراد

يحذّر كثير من موجّهي فرق العمل من تقديم التّوجيه الفردي لأعضاء الفريق وسبب التّحذير هو تجنّب معالجة ما يدور في الفريق خارج الفريق. ذلك رغم أنّ الجميع يتّفق على أهمّيّة جمع البيانات من كل عضو على حدة، وأخذ وجهات النّظر عن الفريق قبل التّعاقد. أتّفق شخصيًا مع هذا التّحذير وبخاصة أنّه قد يكون مزلق في معالجة بعض ما ينبغي أنْ يُعالج في الفريق، خارج الفريق. ولكن هناك حالات ينبغي فيها معالجة موقف ما وبخاصّة في حالات الخلافات أو ردود أفعال غير مناسبة من أحد الأفراد نحو الآخرين أو نحو شخص ما. ومن هنا ينتبه الموجّه للآتي:

- التّفهم أثناء الجلسة الفردية.
- التّركيز على تحليل السّلوك الخاص بالشّخص المُوَجّه.
- تشجيع الشّخص على مشاركة الفريق فيما حدث وتأهيله لهذا الموقف بالكامل في الجلسة الفرديّة.
- الابتعاد عن سحب شخصين أو مجموعة من الأعضاء لمعالجة الموقف خارج الفريق ظنّاً بأنّ ذلك يحمي الفريق.
- إعادة زيارة ميثاق الفريق فور عقد الجلسة الآتية أو حين حدوث الموقف.
- عقد جلسة توجيهية في الدّروس المستفادة ومراجعة العلاقات.
- التّوجيه الفردي فيما يخصّ أداء الفرد أو في حال تعثّره أو رغبته في مراجعة عمله بشكل شخصي لا يمس الفريق وعمله.

توجيه التّعلّم والدّروس المستفادة

تعتبر هذه الوقفات من أهمّ أهداف التّوجيه لفريق العمل حيث يتمّ تعزيز تصوّرات الفريق الجديدة أو التي تمّ فحصها وتغييرها كما يتمّ تلقّي الأعضاء التّشجيع من بعضهم بعضاً ونقل المعرفة المكتسبة بينهم وفتح أبواب التّعاضد على مصراعيها بسبب الشفافيّة الحاصلة منْ جرّاء إقرار البعض أو الجميع بأهمّية موقف ما أو كلمة ما. وأشجّع شخصيًا أنْ يتم توجيه التّعلّم بشكل منظّم يسمح للفريق بتبنّي عادة التّأمل والتّفكير في الخِبرات والدّروس المُستفادة من كلّ تفاعل جمعي يتم بينهم. عادة ما أحرص بعد كل جلسة أنْ أسأل سؤال أو إثنين من الأسئلة الآتية:

- ماذا تعلّم الفريق اليوم؟
- وماذا تعلّم كل منكم عن الفريق؟ وعن نفسه في الفريق؟
- ماذا تعلّمنا عن كيف نتعلّم؟
- كيف يمكن أنْ نستمرّ في التّعلّم؟
- لو كنّا نرغب في مساعدة فريق ما في أنْ يصبح أفضل، وباعتبار ما نعرفه اليوم، ماذا يمكن أنْ نُسدي له من نصيحة؟
- ما هو التّغيير الذي اتفقنا عليه وحدث وما هو الذي لم يحدث بعد؟ .وكيف يمكن أنْ يحدث؟
- ماذا يمكن أنْ نحتفل به اليوم من نجاح؟ وكيف نبني فوقه نجاح آخر؟

هناك أسئلة يمكن استخدامها لتحفيز وتحريك التّعلّم في الفريق ككيان متكامل بعد عدد من الجلسات أو في النّهاية قبل إنهاء

التّعاقد في الجلسة الأخيرة [19]:

- كيف اختلف الفريق الآن بعد إتمام (عدد) الجلسات التوجيهية؟
- ما هو تصوّر الفريق لأعلى نقاط قوة يملكها؟
- ماذا يقول المستفيدين من الفريق من الفرق الأخرى أو صنّاع القرار عن الفريق؟
- على مقياس رقمي من ١-١٠، كيف تقييم فعالية أداء الفريق الآن؟
- ماهي العوامل المؤثّرة في هذا التقييم؟
- بالنسبة لمؤشّرات النّجاح للفريق، على مقياس رقمي من ١-١٠، كيف يسجّل الفريق في كلّ منها؟
- ماهي التزامات الفريق تجاه أدائه وتميّزه الآن؟
- ماهي ملاحظات الفريق للموجّه؟ ما هو أكثر ما استفاد منه الفريق وما هو ما أقل ما استفاد منه الفريق؟

ونكتفي بهذا القدر فيما يتعلق بالتنفيذ حيث سنتعرض لتفاصيل أعمق في صميم الجلسات التوجيهية عندما نتطرّق للتفاعل الجمعي فيما سيأتي.

تاسعا: الإغلاق

كلّ فريق هو حالة مختلفة في المدة الزمنية التي يحتاجها ليصل إلى تحقيق الأهداف المرجوة من عملية توجيه الفريق. وعلى الموجّه أنْ يتحسّس باستمرار حال الفريق وتحقيقه لتلك الأهداف. ومهمّة الموجّه الأساسية أنْ يتخلّى الفريق عنه تماما، فإذا تمكن من الوصول إلى هذا التخلي يكون مستعدا للإغلاق وإنهاء التوجيه. يبدأ الموجّه في رسم خطة الإغلاق مشيرا لها في طيّات الجلسات الأخيرة ومنبّها على أهميّة التعاضد بين الجميع لوضع خطّة مستدامة للتوجيه من القائد أو أحد أعضاء الفريق في حال نشوء الحاجة له. أيضا يناقش الموجّه مع الجميع الدروس المستفادة وكيف ينوي الفريق المحافظة على استدامة الأداء والعلاقات بينهم. في الغالب يكون الموجّه مرّ مع القائد بمهارات التوجيه العديدة ووجّهه فيها في الجلسات الفردية. وفي الغالب يستغني الفريق عن خدمات الموجّه بشكل طبيعي ويصبح ذاتي التوجيه والقيادة. وإليك بعض الأسئلة التي قد تساعدك في مرحلة الإغلاق:

١ كيف تجهّز نفسك والفريق لنهاية العلاقة؟

٢ ماذا ستعمل لتحتفي بإنجازات الفريق؟

٣ ماذا ستفعل لتشجع الاستقلالية والاعتماد على الذّات عند الفريق؟ متى تبدأ في ذلك؟

٤ هل يوجد أي مراحل سابقة في التوجيه أو مواضيع تحتاج لمراجعة ويمكن أنْ يتعلم منها الفريق؟ كيف ستتأكّد من ذلك؟

٥ ماذا عليك أنْ تفعل لإغلاق العلاقة؟

٦ هل من الممكن أنْ تستمر في علاقة مختلفة مع الفريق أو القائد أو الرّاعي؟ لماذا؟ وماهي العلاقة؟

الإغلاق مع نفسك كموجّه

٧ كيف تشعر الآن وقد قاربت العلاقة على الانتهاء؟ هل لديك مواضيع تحتاج شخصيا لمعالجة؟

٨ ماذا عن الإشراف التوجيهي؟ هل قمت بجلسة أو اثنتين للتأمّل مع مشرف توجيهي؟

٩ هل تستخدم التدقيق مع مشرف أو وحدك في نهاية كل جلسة؟ أم تفضّل التدقيق بعد عدد من الجلسات أو في

النهاية فقط؟ ولماذا؟

١٠ ماهي أهم ملاحظات راجعة أُعطِيتها من الفريق؟ وماذا ستفعل بها أو ماذا ستغيّر هذه الملاحظات؟

١١ ماهي أكثر الملاحظات تحدّيا لك وصلتك من العميل؟ وكيف ستستجيب لها؟

١٢ ماذا عليك أنْ تفعل لإغلاق العلاقة مع هذا الفريق والاستعداد لفريق أو عميل آخر؟ هل تحتاج لفسحة؟

عاشرا: المراجعة والاقتراحات

تحوي هذه المرحلة الأخيرة استبانة رضا العميل وتقرير الإنجازات وفي بعض الحالات وبخاصة إنْ كان توجيه الفريق يقع تحت مناقصة مشروع تحوّل أو تطوير تنظيمي، يطلب من الموجّه مراجعة وتوصيات وخطة عمل مستدامة. والتوصيات قد تحوي بعض النماذج التي قدمت للفريق وكيف يمكن الاستمرار في تطويرها وتنفيذها من الفريق والراعي أو بعض التوصيات مثل تقديم دورات أو العودة للتوجيه مستقبلا أو استمرار التوجيه مرة كل شهرين أو بشكل ربع سنوي. وعادة ما يعود الموجّه بعد عمل رائع وممكّن قام به لفريق ما، ليقدم خدمات أخرى أو يستمر في خدمته المنظمة نفسها، وبخاصة إنْ كان تعدّى توجيهه الفريق لتوجيه المنظومة واستطاع أنْ يغيّر ويؤثر على العلاقات فيها وعلى نجاحها وفعاليتها فيكون قد فتح لنفسه باب تفاعل مستمر معها بشكل دائم. ولا بدّ من التأكيد مرّة أخرى على خصوصية البيانات واستئذان الفريق والقائد في مشاركة ما يراه الموجّه مناسبا مع الراعي. وعلى الموجّه التأكد من سياسة العميل فيما يخص الملاحظات المكتوبة التي في حوزته بحيث يتم إتلافها والتخلص منها أو ما يشير إلى الخصوصية الخاصة بالفريق المستفيد. وفي حال رغبة الموجّه في الاشارة للتجربة مع العميل بهدف التعلم أو البحث العلمي فلابدّ أنْ تكون بشكل غير محدد أو مشير إلى هوية العميل. كل تلك الاعتبارات داخلة مرة أخرى في اللائحة الأخلاقية للاتحاد الدولي للتوجيه، فتأكد من كل خطوة وكن أخلاقيا في تعاملك فإن هذا يصنع لك سمعة حسنة ويجلب لك العميل مرة أخرى في تعاقدات مستقبلية. يندرج تحت ذلك شهادات العملاء الخاصة بالموجّه والتي عادة ما يضعها في موقعه الإلكتروني فلابد من أنْ تنسجم مع سياسة الخصوصية الخاصة بالتنظيم والراعي وأنْ تكون بعد

استئذان واضح ومباشر خطي. من ذلك خطابات التحقّق بنية رفعها للجهات المعتمدة مثل الاتحاد الدولي للتوجيه والذي عادة ما يطلب منك لمنح اعتماد توجيه فريق العمل خطاب تحقق بترويسة المنظمة صادرا من الراعي أو القائد أو أحد أعضاء الفريق الذي تم توجيهه. ويتضمن هذا الخطاب تأكيدا بأنّ الموجّه المعني باسمه قام بتوجيه فريق عمل في التنظيم ابتداء من تاريخ كذا إلى تاريخ كذا ويذكر فيه عدد الأعضاء. وهذا يعني أنّ على الموجّه الذي ينوي استخدام خطاب التحقّق مع الجهة المعنية أنْ يضع ذلك في بند التعاقد علنا، ولكن في حال أنْ الحاجة نشأت للخطاب بعد التعاقد، فيمكن استئذان الراعي أو القائد أو الفريق في ذلك، وبحسب سياسات الخصوصية الخاصة بالتنظيم، وفي حال الرفض يمكن أنْ يحصل على شهادة بدون ترويس باسم القائد أو أحد أعضاء الفريق وبخصوصية تامة. في حال تعذر ذلك أيضا يبحث الموجه عن تجربة أخرى للتحقّق بهدف الاعتماد. وإليك بعض الأسئلة التي تساعد في المرحلة الأخيرة:

١ ماذا حقّق الفريق من هذه التدخّل؟ ماهي الإنجازات؟ هل يمكن قياسها؟ هل يوجد بيانات؟ هل البيانات كمية أو كيفية؟

٢ هل قدّمت تقرير بالمخرجات والإنجازات والقياسات أو العائد على الاستثمار؟

٣ هل ستقوم بعرض النتائج مع الراعي والقائد؟ كيف ستعدّ العرض؟

٤ هل هناك دروس مستفادة وتوصيات للرّاعي والقائد لاستمرارية واستدامة الإنجاز؟

٥ هل يوجد مقترحات يمكن تقديمها كدعم من الموجّه لاستدامة المخرجات؟

٦ هي ترغب في تقديم خدمات مساندة أو خدمات ما بعد البيع؟

٧ هل يوجد فرصة أخرى يمكن أنْ تبنيها مع الرّاعي والقائد لتحالف جديد؟ كيف؟

***

الفصل الثالث: التفاعل الجمعي في التوجيه

النشأة والتعريف

يعرّف التفاعل الجمعي بأنّه " السّلوك التفاعلي بين أعضاء المجموعة وبين المجموعات" [34]. ويتبع هذا السلوك العمليّات النفسية والفكرية والعاطفية التي تحرّك هذا التّفاعل بغض النّظر عن المهمّات التي تكمن ورائها. فالسّلوك لا ينتج من فراغ ويسبقه شعور والشعور تحرّكه فكرة أو خاطرة متعلّقة بتصوّر ذهني بني عن طريق تجارب ومعتقدات [7]. ولا يحدث ذلك بمعزل عن المنظومة والتي تؤثّر في المجموعة وتتأثّر بها مغذّية السّلوك الفردي والجماعي باستمرار. وتعريفنا للتفاعل الجمعي:

هو سلسلة من العمليّات المستمرة بين الأفراد في المجموعة ومع المجموعة، تحدث أثناء تواجدهم وتواصلهم في مساحتها الفعلية، لهدف ما، بحيث يتأثر كل منهم بالآخر ويؤثّر فيه، ومن ثم يؤثّر على المجموعة، ويغيّر اتجاه وطبيعة الحركة فيها بشكل مستمر، ويُحدِث بالآتي، تأثير على المجتمع الأوسع أو المنظومة.

محور التّفاعل الجمعي هو ما يسمى بـ (هُنا والآن). وهي عبارة شهيرة يستخدمها كثير من موجّهي فرق العمل مشيرين لأهمية الحضور الذهني والانتباه لما يدور في التّواجد المكاني (هنا) وفي اللحظة الحالية من الزمن (الآن) من سلوكيات وردود أفعال وأثر لهذا التواصل أو غيابه. وبالرّغم من ظهور وتفشّي نظريات تفسير السلوك الجمعي في التفاعل المنظومي، إنّه ظهر مستوى آخر من التّعقيد يدفع النظرية المنظومية جانبا ويتعامل مع غير المتنبئ به من النتائج بسبب التعقيدات التفاعلية الجمعية المختلفة والمتعدّدة على مستويات المنظومة.

ويعود تاريخ عبارة (هنا والآن) إلى مجموعات "تي"[٢٧] والتي تعود بدورها لحقبة في الولايات المتحدة الأمريكية في تطوير المديرين في المصانع والمؤسسات المالية والمنشآت التّعليمية، لما بعد الحرب العالمية الثانية حيث إنّ التّدريب الإداري كان سمة للموظفين والمشرفين فقط. ويعتبر كيرت لوين[٢٨] ، أوّل من درس التّفاعل الجمعي في المجموعات الصّغيرة الحجم في الستينات [35]. وفي نهاية التسعينات ومع التطور التقني على صعيد العمل عالميا وحركة الهجرة وظهور فرق العمل المتعدّدة الثّقافات، تغيرت تلك الدّراسات لتشمل كل تلك المتغيّرات، حيث إنّ الفرق والمجموعات أصبحت تعمل معاً بدون أنْ يرى بعضهم بعضاً أو يلتقوا بشكل وجاهي، ومن هنا ظهر مفهوم الفرق الافتراضية[٢٩]. وفكرة مجموعات "تي"، أنْ يخرج مجموعة من المديرين معاً في منتجع لعدد من الاسابيع بعيدا عن الجداول والتسليمات وكل أنواع الهيكلة التي تتسم بها اجتماعات العمل، ويحدث بينهم حوارات يكون محورها السّلوك التّفاعلي لكل منهم مع الآخر. وفي عدم وجود غاية من هذا التّفاعل يحدث شيء من الصّعوبة واللبس بينهم، وبخاصة أنّ الجميع معتاد على هيكل تواصلي يخدم غرضا تنظيمّياً ما. ويكون مع المجموعة ميسّر التّعلّم والذي يؤكّد لهم التّعلّم ويتيح لهم فرصة التّفاعل بدون تدخّل مباشر. يبدأ الميسّر عادة بتقديم الجلسة وأنّ العمل فيها يحدّده الأفراد الموجودين وإلى الدّرجة التي يسمحون بها وأنّه ليس قائدا لهم ويصمت. وقد يطول صمته لدقيقة أو أكثر مما يسمح باستيعاب ما قال ووقعه على الأنفس في تلك اللحظة. وغالبا ما يتحرّك أحدهم معلّقا لتفاجئه وقلقه على غياب أي نوع من التّخطيط أو التّحديد للأدوار، ويسود المجموعة جوّ من القلق، لعدم القدرة على التّنبّؤ بما يمكن أنْ يحدث، نتيجة للتفاعل الغير مؤطّر. وتجد

[27] T-Groups
[28] Kurt Lewen
[29] Virtual Teams

الجميع متأهّب، في حال رغبة بالاستفادة من الملاحظات التي تسدى لكلّ منهم من الآخرين. ولكن تظهر مع هذه الرّغبة مقاومة نابعة من حماية كل شخص لذاته من التعرّض أمام الغير أو انكشاف السّتر أو ما يحاول إخفاءه من أخطاء أو عيوب. وبعد محاولات البعض لوضع خطة نقاش أو غاية ومقاومة البعض الآخر لذلك، يصل الجميع للتعارف ويدركون أنّ التّوتر كان ناتجا عن غياب الهيكل والخطّة التي ترشد الجلسة. وتستمر مثل هذه الحوارات لساعات أو أيام متتالية في مواضيع شتّى يقودها ما يجلبه البعض على طاولة الحوار وما يتركه البعض قصدا. وعادة ما تنهار كل جُدر المقاومة للمشاركة والتّفاعل والاعتراف والتّقبّل ويخرج كل منهم مستعدا للتغيير. وينتج عن هذه التّفاعلات مشاعر قوية تبدّل اتجاه حياة كل منهم للأفضل [36].

مستويات التفاعل الجمعي

يعتقد كثير منّا أنّ الاستماع هو السلوك الداخلي الوحيد الذي يقوم به وأنّ عليه في حال الاستماع الكامل أنْ يلغي كل ما يدور في داخله من مشاعر وأفكار ويخرج من عالمه لعالم الآخر. هذا فعلا ربّما صحيح في حال التفهّم لمشاعر الآخرين، ولكن التّفهّم ليس فقط للمشاعر وإنما أيضا للمعاني وللأفكار وللتعلّم والخلاصات، ويحدث فيه ربط بين ما تسمع وما تعتقد أو نتصوّر أو يخطر ببالك من حالات ومواقف خاصّة بك فقط، وليس بالآخر. والانتقال بين حالات الاستماع الكامل لمحاولة فهم مشاعر الآخر وفكرته أو الصّورة التي يحاول رسمها لك في حديثه وتفاعله، إلى ما تعنيه هذه الصّورة لك خاصّة، وما ينتج عنها من مشاعر تشعر بها أو تصوّرات جديدة، أو تأكيد لمعتقد، أو لقيمة، أو لاتجاه خاص بك، قد يستغرق ثوان وقد يستغرق دقائق وأنت تعالج تلك المعلومات في داخلك عبر مصفاتك الخاصّة من تجارب، ومعلومات، وصور، ومعتقدات. ثم فجأة يحدث الرّبط بين ما قيل وبينك، وتنتقل إلى الجاهزيّة للمشاركة والاستجابة لهذا المحفّز أو المثير لما في داخلك، وحينها يتم صياغة الفكرة وطرحها وأنت تتطلّع لأثرها على الآخرين واستقبالهم لها، وكلّك رغبة في التأكيد أنّ ما نطقت به من أفكار لاقى قبولاً

لدى السّامعين. وقد تنسى في هذه الحلقة أنْ تؤكّد للآخر فهمك له، قبل أنْ تنطلق في عالمك. وهذا قد يتطلّب إعادة صياغة الفكرة أو المعاني التي قصدها المتحدّث. وبينما أنت في عالمك لفترة قد تستغرق من ثوان إلى دقائق إذا بشخص آخر يمرّ بالتّجربة نفسها، ولكنّه جهز لردة الفعل بشكل أسرع منك، فيتحدّث ويأخذ الفرصة. وعندها تمرّ بالاستماع مرّة أخرى وتحاول ربط ما يقوله بما كنت ستقوله وبما قيل قبل ذلك وتجهز مرّة أخرى للرّد، ولكن هذه المرّة تخلّيت عن بعض ما كنت ستقول لتسمح بدمج المعاني الجديدة للمتحدّث الآخر في عباراتك وحديثك، ولكن قبل أنْ تنطِق إذا بشخص ثالث وصل قبلك للفرصة ونطق بفكرته وتفاعله فتستمع مرّة أخرى وتقرّر أنْ تنتظر وتعيد صياغة فكرتك مع الفكرة الثالثة أو المعلومات الجديدة المتدفّقة. وهكذا إلى أنْ يأتي دورك، وفي تلك اللحظة أمامك خيارين، إمّا أنْ تؤكّد وإمّا أنْ تضيف أو كلاهما. وفي التأكيد تسمح للمتحدّثين بالاستمرار وفي الإضافة تخترق أفكارهم وخواطرهم بخاطرة جديدة عليهم أنْ يُدرِجوها في ردّة الفعل للمتحدّث الذي يليك، وفي كلّ الحالات يستمر التّلاقح الفكري بين أعضاء المجموعة حتى يحدث ما لم يكن في الحسبان "اعتراض"!

في لحظة الاعتراض يختلّ تتابع الأفكار ويتم استرجاع الخواطر المعارضة لدى الجميع وينتهي الانسجام وتسلسل الإبداع، ويحاول الجميع مرّة أخرى أنْ يبني تفهّم، وتفاهم وموافقة واتفاق. وهكذا التّفاعل الجمعي. وفي كلّ تلك الأثناء تتواجد بوعي ذاتي كامل وتمنّى أنْ يسود الصّمت قليلا لتستجمع أفكارك وتُكوِّن استنتاجاتك قبل أنْ يأخذ السّاحة صوت آخر. ومن هنا جاءت فكرة الصّمت وأهمّيتها في مساعدة الفريق على التفكّر والتأمّل وتكوين خلاصات معيّنة في أذهانهم. وإنْ كنت من أولئك الذين لابدّ أنْ يتحدّثوا ليصلوا وتتبلور افكارهم، فربّما يكون من المفيد أنْ تكتب لكي تسمح لأولئك الصّامتين بتكوين أفكارهم ولو للحظات ولكيلا يتصدّر صوتك فوق كل الأصوات وتخسر الاستماع لك بسبب مللهم من صوتك، عندما تكون فكرتك أو خاطرتك تستحقّ ذلك. التّوازن بين المشاركة والاستماع مهم، ويقال خلقت لك أذنان وفم واحد لغاية، أنْ تستمع أكثر. وهذا تعبير ووصف دقيق لمستوى التفاعل الجمعي عن طريق الذّات فقط. فماهي مستويات التفاعل الجمعي الأخرى وكيف يندرج ما سبق فيها. هناك أربعة مستويات من الوعي والتفاعل الجمعي:

التفاعل في مستوى الذّات- الاستبطان Intrapersonal Dynamic

ويتّسم هذا المستوى بالاستماع والمراقبة والتركيز. ويحكي تجربة كلّ من الموجودين في المجموعة والتي تدور داخل ذهن كلّ منهم. وتشمل الاعتقادات والقيم والمبادئ والاتجاهات والمشاعر والمفاهيم والتّصوّرات والافتراضات الخاصّة بكلّ عضو من أعضاء الفريق. وهذا المستوى يعتبر المميّز الخاص بكل فرد وتجاربه في المساحة، مساحة الحوار الجمعي حيث يرى الفرد في هذا المستوى ذاته وما يدور في خاطرة من أفكار وما يشعر به من مشاعر. وقد يؤدّي التركيز في هذا المستوى إلى الانسحاب من التفاعل طلبا لمنطقة الراحة أو الأمان ورغبة في تلبية احتياجات الذات من أجل حفظ النفس وحمايتها من هجوم الآخرين، ومنه يأتي القرار بما ينبغي مشاركة الآخرين فيه وما لا ينبغي. وقد يكون لدى الفرد عدد من وجهات النّظر بسبب تعدّد التجارب ومن ثم يرغب في فحص الموضوع بشكل عميق لكي يضع كلّ الاعتبارات ويضعها في ميزان ما يقال، وربّما يكون جزء منه واعيا بذلك ويرغب في التّحرّك للأمام فلا يضع كلّ التركيز على الفحص ويترك ذلك لوقت آخر. وأقرب تصوّر يعبّر عن تعدّد الرؤية الداخلية وزواياها تبديل عدسات التقرب والبعد في جهاز الكاميرا.

هذا المستوى يختص بتميّز كلّ عضو في المجموعة أو الفريق وينبغي احترامه والاعتراف بوجوده. وقد يلاحظ الموجّه التعارض الدّاخلي في هذا المستوى، بمعنى أنّه يلاحظ وقع ما يُقال أو ما لا يُقال أو يُفعل أو مالا يُفعل على كل عضو، بما فيهم ذاته، وبما فيهم شريكه الموجّه الآخر. وهنا يمكن إظهار هذه المشاعر أو التّضارب الحاصل فيها بشكل إقرار هادئ أو استدعاء صريح وملائم للسياق، لكي يتحرّك الجميع للأمام. ودور الموّجه أيضا، أنْ يبحث في الوجيه الموجودة ليلتقط تلك التي تشعر بالملل أو المندمجة أو التي تسرح بعيدا عن الموضوع أو تلك التي يعتمل في نفسها شيئا وتحجم عن مشاركته. فالموجّه مثل المصوّر يهتم بعدسات الجهاز ويلمّعها أثناء الحوار لكي تعكس المعلومات وتمرّر الضوء وتتعاضد في المهمات.

المستوى الثاني – التفاعل الزوجي Interpersonal Dynamic

ويتّسم بالتّفاعل مع العلاقة أو العلاقات في المساحة. وهو يعبّر عن تجربة كل فرد مع الآخر بشكل محدّد وتجربة كل فرد مع المجموعة. وفيه تمتزج العوالم وتتشابك الافتراضات عن عالم الآخر بدون توقف ولا تأمّل ولا استماع حقيقي، وحيث ينشأ الخلاف وتتعرقل مهمّات الفريق بسبب عدم إعطاء فرصة للتأكد من الفهم لما يقصد كلّ شخص. والملحوظ فيه التركيز على العلاقات الزوجية بين الأفراد المعنيين. تلك العلاقات الزوجية قد تكون قوية ونامية باستمرار أو قد تكون ضعيفة ومخلخلة، أو قد تكون منعدمة. فكّر في الفريق كأنّه شبكةِ من الأنابيب بعضها مفتوح لم يتم توصيله ببعض وبعضها موصول وسالك والآخر موصول ومسدود أو به عوالق. وبعضها قوي وواسع وبعضها ضيق لا يسمح بالمرور لما في داخله. تلك الأنابيب التي تسمح بالتنقّل للأفكار بين شخص وآخر، مثل تلك التي تنقل الملفات من قسم لآخر في بعض الدوائر والشركات. بعضها لا زال تحت الإنشاء ولم يتم بناؤه بالكامل والبعض الآخر بني منذ وقت وفي حال نقل للأفكار كاملة من فرد لآخر، وهناك ما هو مسدود. ومّما يعين الموجّه في هذا المستوى أنْ يتخيّل أنابيب شفافة ممتدّة بين الأعضاء في الفريق الواحد تنفذ عن طريقها الرسائل، ويفحصها ويحافظ على قدرتها على تمرير المعلومات. فقد يبدو البعض متوتّرا مشدودا من المشاركة حيث يوجد صديق في الفريق، ومن ثم الصّمت أفضل، وقد يتفاعل الآخر بشكل مختلف حيث يتجرّأ على المشاركة وهو ينظر لصديقه ويضع العلاقة تحت الاختبار ليرى مدى التّحمّل لما سيقال أو ما هو مستوى الحرية في تلك العلاقة. وملاحظة ذلك ليست فقط بعيدا عن الموجّه وإنّما الموجّه ذاته مع الآخرين واحدا واحدا ومع شريكه الموجّه الآخر هي بذاتها علاقات زوجية ينبغي فحصها باستمرار.

مستوى التكتل الجمعي داخل المجموعة- الانتماءات Sub-groups Dynamics

ويطلق عليها زُمر، وهي تلك المجموعات الصغيرة التي تتشارك في اهتمامات معينة أو هوية أو وضع اجتماعي خاص. وهذه الزّمر قد تؤثّر على التفاعل الجمعي بشكل كبير أو تشكّل تحالفات جانبية ضد المجموعة الكبيرة. ومعظم هذه الزّمر متعلّق بالهوية والنظرة الاجتماعية أو ثقافة معينة. وهذا المستوى بذاته مكوّن من المستويين السابقين إضافة لعلاقة المجموعة الكبيرة معه. تقود هذه العلاقات أعراف متّفق عليها ضمنيا، وفي الغالب ما تكون هذه التّكتّلات الجانبية متدفّقة التواصل وبخاصّة إذا تمّ تقديمها بشكل كامل للفريق وتعرّف الجميع عليها. وبعض المواضيع قد تسبّب في صمت مفاجئ من التّكتّل مثل مواضيع متعلّقة باللون، أو الجنس، أو الديانة، أو العمر. ويأتي دور الموجه في تيسير هذا الحوار والتعرف على جدواه لتسهيل مهمة تعاضد الفريق فقطن وإلّا مثل هذه الحوارات قد لا يخدم التنظيم وغاية الفريق التي من أجلها يسعى. على الموجّه أنْ يتعامل مع وجود التّكتّلات بشكل واضح وصريح ويضمّها للمجموعة الكبيرة لمشاركة تجاربهم الخاصة ولماذا يشعرون بالانعزال عن الآخرين. وستظهر مع مرور الوقت تلك النّقاط الحسّاسة في التّكتّلات بشكل عدم ارتياح. وقد تكون مؤقّتة الظهور ويمكن إزالة الحواجز بينها وبين الفريق لتصبح جزءا منه. وأهمّ ما في الموضوع أنْ يستدعي الموجّه ما يشعر به الفريق ككل جرّاء تكتل ظاهر أو باطن لإزالة أي مشاعر أو تحيزات.

المستوى الجمعي الكامل – العلاقة المظلية لكيان المجموعة Group Dynamic

ويعتبر الفريق منظومة بذاتها في هذا المستوى من التفاعل الجمعي. وتصف هذه العلاقة الفريق ككلّ، وبسبب أنّ الطريقة التي نعبّر بها عن أنفسنا فردية قد تجد الفرق نفسها خالية من التّعبير الجمعي. ولكن لغتنا العربية لا تعاني من ذلك ولا ثقافتنا ولذا يمكن أنْ نتحدّث بلغة الجمع كما أفعل الآن في هذا النّص (نون الجماعة)، ممّا يعزّز التفكير الجمعي. في هذا المستوى يسعى الموجّه لتكوين الهويّة الجمعيّة وتعزيزها، وهي صوت الفريق وكيانه الموحّد وغاية التّوجيه التعاضديّة. وعلى الموجّه أنْ يؤكّد وأنْ

يتأكّد من أهمية التماسك والكيان الجمعي بشكل مستمر في التّوجيه للفريق على أنّه أحد المعزّزات لهويته الجمعيّة. قد الموجّه نفسه في وسط فريق يصف محادثاته بأنّها خفيفة وآخر يصفها بأنّها عميقة، أو فريق يصف نفسه بأنّه مفكّك وآخر يصف نفسه بالتّماسك. والفريق بذاته منظومة متكاملة مغروسة في منظومة أكبر منها في السياق المنظومي تؤثّر وتتأثّر، ولذا ينبغي أنْ يقف الموجّه مع الفريق لفحص التّصوّر الجمعي لمثل هذه الأوصاف اللغوية وماذا تعني والتأكّد من أنّها ليست إسقاط من البعض على الجميع. فالتحليل لما يحدث في المنظومة هو أداة للفهم وليس تدّخل للتغيير. والفهم مهم للفريق نفسه.

وقد يجد الموجّه نفسه مركّزا على أحد المستويات دون الآخر. وهذا يعني أنّه محجوزا في زاوية تفاعل معينة بينما المطلوب أنْ يتنقل بين المستويات هو وشريكة الموجّه الآخر، إنْ وجد، لكي يستطيع أنْ يكوّن قراءة واسعة وشاملة للتفاعل الجمعي في كل مستوياته، مما ينصب في تقيمه لكلّ لحظة من التفاعل، للّحظة التي تليها، وأين سيضع قدمه، وكيف يقدّم الدّعم للفريق. ولكي تسهل مهمّة التّعلم لملاحظة المستويات للموجه، يتخيّل الموجّه أنه يلبس عدد من النّظارات ويبدّل بينهم باستمرار ليحصل على منظور مختلف في كلّ مرة أو ربما لديه كاميرا ويقوم بتبديل العدسات ليرى الموقف من زوايا مختلفة. هذا التّبديل في العدسات هو التّمثيل الأقوى للتنقّل بين مستويات الوعي بمختلف العلاقات أثناء التّوجيه للفريق.

أسباب التدخّل التوجيهي في مستويات التفاعل

بعد أنْ تتعود كموجه فريق عمل على ملاحظة المستويات والتعمّق في معانيها المستمرة في الاتصال في أي مجموعة كانت فريقا أو أسرة أو ملتقى من الأصدقاء، يصبح لديك فضول في التّدخل لعدد من الأسباب أهمها تحفيز الانسجام والتفاعل الإيجابي والتحرك للأمام لتحقيق الغاية من وجود هذه المجموعة. وهناك أنواع من التدخلات أثناء التفاعل الجمعي وإنْ كان التدخل ليس غاية بذاته وإنما وسيلة لتحقيق غاية.

- إعادة التّوازن: إدراك مختلف المستويات يعين الموجّه على إدراك الخلل في التوازن بينها في حال الطغيان الفردي على العلاقة أو في حال طغيان علاقة ما على المجموعة الكبيرة. فيكون ردّة فعله أنْ يضع هذه الملاحظة أمام الجميع ليسمح بإعادة التوازن. وهذا يسمى استدعاء لما يتمّ ملاحظته.
- تبطئه التّحرّك: في حال وجود خلافات داخليّة فإنّ التوقّف لفحص المعاني وما يلاحظه الموجّه على الجميع قد يشكّل وسيلة للإقرار بوجود مشاعر تحتاج للخروج للسّطح أو تحقيق لبعض الأفكار التي تمّ تجاهلها في تسارع إتمام المهمّات تحت الضّغوط، ومن ثم التخلّي عن تلك المواويل القديمة أو الأنساق السلوكيّة في الفريق التي يصرّ البعض على إظهارها نتيجة التّجاهل. وهذا أيضا استدعاء لما يحدث.
- توفير المساحات الآمنة: عندما تظهر أنساق تنمّ عن المخاوف أو الانسحاب أو النقد الجارح، فإنّها دليل على غياب المساحة الآمنة للتعبير السليم ومن ثم تظهر سلوكيات منبثقة عن ردود أفعال. وهنا قد يطرح الموجّه أسئلة لها علاقة بفحص معنى الثقة أو تحقيق الشعور بالأمان.
- تماسك الفريق: في انتباه الموجّه للخلل في التفاعل أو فقدان التوازن فإنّه يحرّك الفريق للتّماسك كأوليّة فوق العلاقات الجانبية أو التكتلات. ويظهر ذلك عادة في لغة الموجه التي يتحدث بها للفريق باستخدام كلمات مثل "نحن" أو "صوت الفريق".
- متابعة معابر التواصل: يسمح بفحص وتقييم التواصل الحاصل أنْ كان من مستوى دون مستوى أو علاقة دون علاقة ومن ثم يمكن أنْ يتعرّف على بوادر نشوء الخلاف وكيف يمكن معالجته قبل أنْ ينشأ. وقد يتّخذ هذا الأسلوب شكل مباشر أو ضمني بحسب الثقافة السائدة والسياق الذي يوجد فيه الفريق.
- التّدخّل المناسب: فهم التفاعل على جميع المستويات يعدّ الموجّه لوضع التدخّل الفوري. قد يجد الموجّه نفسه في وضع يسمح له بكلمة أو عبارة تصنع الفرق في اتجاه الفريق وعمله الجمعي لتحقيق غاية. يحدث ذلك مع الممارسة لعدد من الجلسات ويصبح طبيعي تلقائي بدون تكلّف.
- المستوى الفاعل: بملاحظة المستويات أعلاه يتعرّف الموجّه في وعيه الذاتي على نفسه وعلى عادات التوجيه أو أسلوبه الخاص به. فقد نجد الموجّه يتفاعل أكثر مع المستوى الذّاتي لاعتياده على ذلك في تأهيله السّابق كموجّه أفراد، أو نجده يتفاعل مع مستوى العلاقات بشكل أكبر ومن هنا يتعلّم عن نفسه وأين يقع وعيه، ويقوم بتوجيه

وعيه لمستوى المجموعة وكيان الفريق بحيث يتعلّم وهو يلاحظ المستويات عن عادات التوجيه وأسلوبه السائدة لديه وكيف يتحرك من ذلك إلى عادات توجيه جمعي.

- تقييم الرّغبة في النّمو والتطوير الذّاتي للفريق: قد يكون من المفيد أنْ يسأل الموجّه عن رغبة الفريق في التّعلم، ماهي نسبة المخاطرة التي يمكن للفريق أنْ يقوم بها بينما يتمّ ترميم العلاقات واستعادة الثقة. تشكّل نسبة ١٥٪ من المخاطرة ، نسبة محدودة وآمنة، ويمكن التّعامل معها. وعلى الموجّه أنْ يتجنّب في الجلسات الأولى تلك المواضيع الحارّة التي تثير حفيظة الجميع وتدخلهم في معارك لا نهائية. ويركّز على السّلوكيات والأنساق السلوكيّة للفريق بدون تسمية لشخص ما. وعليه أنْ يتذكّر أنّ التّدخّل في بعض المواضيع قد لا يكون مثمرا في حال حدوثه قبل أوانه، وربما يحتاج أنْ يترك بعض المواضيع تنزلق بدون تدخّل لأكثر من جلسة لكي يتفهّم الجميع ما يقوم به من عمل كموجّه وهذا يعني أنّ اللوم قد يقع على الموجّه أحيانا. ولكن هي مخاطرة لابد منها لكي لا تخسر أوراقك منذ اللحظة الأولى.

إيجاد ضوابط المساحات الشخصية الآمنة

وضع ضوابط لحماية المساحات الشخصية للأعضاء هي من أهمّ الاولويات في التوجيه لفريق العمل وذلك لكي يشعر الجميع بالأمان في المشاركة بآرائهم وتصوّراتهم وبدون أي شعور بالقسر، أو الجبر، أو الخوف، أو الترقّب. وهذا ينصبّ بشكل مباشر في الجدارة الرابعة من جدارات التوجيه وهي "غرس الثقة والأمان وتنميتها" والتي تعني "أنّ الموجّه يتآزر مع الفريق لإيجاد بيئة آمنة وداعمة تسمح للفريق بحرية المشاركة. ويحافظ على علاقة الثقة والاحترام المتبادلين" [1]. في البداية خاصّة، ينبغي أنْ يتمّ التقدير لكلّ المشاركات وبخاصة المخاطرات التي يأخذها بعض الأعضاء بشكل شخصي لكسر حاجز الصمت أو الخوف بمشاركة ما يدور في أذهانهم. ومن ذلك أيضا محاولة التبطئة لأي ملاحظات راجعة قد تكون سلبية أو غير مناسبة في البداية لحين يكون الجميع مستعدّا لذلك وإلى أنْ يتمّ وضع ضوابط التواصل. ومن ذلك أيضا الاكتفاء بملاحظات عن الحقائق وما يظهر للجميع بدون محاولة للتحليل النفسي أو إسقاط مبررات للسلوكيات أو تصنيف الشخصيات. ويكون لفت الانتباه للظواهر السلوكيّة غير المثمرة أو التي تحتوي على ألفاظ غير لائقة أو تجاهل بعضهم لبعض أو لغة جسم معيّنة ضمنيّة

بأدب، واحترام، ولغة محايدة، وواثقة. وبعد عدد من التكرارات سيظهر للجميع تلك السلوكيات ويبدأ الوعي الذّاتي لديهم في النهوض، ومن ذلك وبخاصة في وجود ضوابط الاتصال المناسبة. ومن ذلك أيضا نمذجة سلوك العضو الفعّال في تواصله وتعبيره عن مشاعره وآرائه وفي تواصله مع زميلة الموجّه المشارك إنْ وُجِد. ويدخل في نمذجة السلوك والتواصل الفعال التوجيه بمفهوم "هنا والآن" من مشاعر وأفكار وأثر للفريق على الموجّه، واستخدم الذّات كأداة، وبخاصّة في نمذجة التّعلم والتغيير وأثر ما يقال على الموجّه شخصيا. ونمذجة الوعي الذّاتي بخاصّة ليرى الفريق كيف ينتهج الموّجه هذا المنهج. ومن ذلك أيضا أنْ يساعد الموجّه في تسمية المشاعر التي يعجز صاحبها عن تسميتها، فكثير لا يعرف كيف يستخدم ذكاء المشاعر ويعجز عن التعبير بالألفاظ الصّحيحة. ومنه أيضا نمذجة التّواضع والإنسانيّة وليس الخبرة والاحتراف ليكون الموجّه قريب المنال من الآخرين. ويندرج في ذلك أنْ يمذج الموجّه أنساق التفكير السليمة من الافتراضات عن الأشخاص وينتهج منهج حبّ الاستطلاع والاستفسار بدلا من القفز للأحكام وإطلاقها ولو في داخله. وعلى الموجّه أنْ يحذر من النصائح والاقتراحات بالرّغم من إلحاحها عليه لعلمه أو خبراته وورودها على خاطره بشكل قوي، فكلّما شارك الموجّه في معلومات كلّما حرم الفريق فرصة الوصول بنفسه لها ونحى منحى التّدخّل الاستشاري، بل وإيجاد اعتمادية عليه بدلا من استقلاليّة عنه. ليدع الفريق يجرّب ويخطئ ويصل بنفسه. وعليه أنْ يتذكّر أنّ كلماته وتواجده يحمل سلطة تسمى سلطة الخبرة شاء أم أبى، وهي نوع من القوة التي ينبغي الحذر منها لأنّها قد تصنع، هرميّة وبخاصة في المجتمعات العربية حيث يسهل ذلك بسبب السّمة الثقافية التي تحدثها عنها مسبقا. ولذا أي تلفّظ أو تحرّك يعتبر مقدّسا ويصعب التّراجع عنه. تذكّر أنك لست عضوا في الفريق، ولا ينظر لك على ذلك الأساس. ومن ذلك أنْ يتجنّب تحقيق سلوكيات الأعضاء وتمييز الخطأ من الصّواب، الموجّه في الفريق أمام أشخاص بالغين ذوي مسؤوليات، مميزين للصواب من الخطأ، حتى ولو كان ذلك في فكره ومشاعره فما يكون كذلك يظهر في لغة الجسم ويقرأه الآخرون، فلينشغل الموجّه بتحقيق وعيه الداخلي أولا.

تتجلّى في كثير من الأحيان حوادث أثناء تفاعل الفريق تظهر في وقتها وتكوّن صوت للفريق، وعادة ما تشير إلى معاني معينة، أو ربما في بعض الأحيان تكون بريئة من المقاصد. وكأنّ للفريق ضمير حيّ وصوتٌ مسموع يعبّر عنه ويحيط به، ولكنّه غير مرئي. فرفع وعي الفريق بالصّوت الجمعي والضّمير الخاص بالمجموعة مهم. وقد يعبّر عنه البعض بالطّاقة، أو بروح الفريق، أو كيانه، أو وزنه. وحتما للمجموعة وزن وكيان روحي غير مرئي، ولكنّه محسوس لو تحسّسنا ووعينا له بما فيه الكفاية. وقد يعزّز السّياق هذه اللغة المحسوسة من الفريق بشكل ما إذا ما تمّ استخدامها بمناسبتها. فكم من المرّات تدخل نحلة في مكان اللقاء أو تمرّ قطة أو تسمع صوت طائر وتشعر بوجوده إنْ كنت في الخارج في الطبيعة. ولذا من الجميل أنْ يتمّ عقد بعض هذه اللقاءات في خارج الغرف والمباني. لا يوجد طريقة لمعرفة ماذا سيظهر في السياق من فرص أمام الموجّه ممّا يغذّي حدسه وإحساسه ووعيه بمستويات التّفاعل لكن حتما يمكن أنْ نقدّم بعض ما نراه يحدث باستمرار:

المستوى	الموجّه
ملاحظة فردية عن موضوع مهم أو وقفة تأمّل فردية	كيف تؤثّر هذه الخاطرة على حضورك هنا؟ كيف تضيف هذه الخاطرة على الفريق ككلّ؟
تبادل نظرات أو كلمات بين إثنين في المجموعة	ماذا يمكن أنْ يقوله كل واحد منكم للآخر عما تم مشاركته بينكما هنا للفريق؟ يبدو أنّ ما قلتما لبعض يحكي وجهة نظر الفريق عن موضوع ما مهم، قد يكون يضيف قيمة للفريق، ماذا يريد الفريق أنْ يقول؟
ثلاثة من الموجودين يتبادلون النّظرات بشكل حاد	(تسمية الثلاثة) وصلوا إلى ملاحظات عن عمل الفريق، من يشترك معهم في تلك الملاحظات أو يحب أنْ يعلّق؟ ومن يختلف؟

ومن هنا نرى أنّ الموجّه يستغلّ فرص تظهر أمامه ليعود بالتّفاعل للفريق مع تقريره بمشاعر الفرد، أو العلاقة، أو التكتّل.

ظواهر ثقافية في تفاعل الفريق

علاقات القوة

- علاقة السلطة والقوى المتحكّمة، ومن يقود علناً، ومن يقود في الخفاء، ومن يقود من، وكيف يقوده، وهل المجموعة منقادة للقائد أم تنتظر فرص الاعتراض أو المنافسة أو المعارضة له. بمعنى آخر المركزية الهرمية أم توزيع القوى والمساواة.
- يندرج تحت علاقة القوة أيضا علاقة الحتمية والسيطرة: هل أنا منقاد حتما لنتائج عليّ الاستسلام لها؟ أم أنّي في مقعد القرار والاختيار؟
- هناك علاقة الفردية أو الجمعية أو علاقة الفرد بالمجموعة وشعوره بالانتماء لها وعلاقة المجموعة بالفرد وشعورها بأنّه جزء منها.
- يندرج فيها أيضا أيضا الاثناء مع الظروف والسياق والتعامل الفردي مع الحالات أم التعميم على الجميع بغض النّظر عن الظروف الشخصية والسياقات؟

علاقات الفردية والجمعية والتنافسية والتعاونية

- علاقة التعاون أو التنافس بحيث ينسجم الجميع في فكرة التّعاون معاً للوصول أم هناك منهم من يرغب أنْ يظهر دائما على أنّه الأفضل والأكثر تأثيراً. وكيف تحتوي المجموعة هذا الفرد أو تحطّمه وتبعده.
- الفردية والجمعية لها علاقة بطريقة الوصول للنتائج، هل أفضل أنْ أعمل لوحدي وأبرز لوحدي وأتميّز؟ هل ذاتيتي تغلب على الآخرين؟ أم أنّي أعمل للمجموعة ومع المجموعة وأقدّم قرارات المجموعة على نفسي؟ ما هو خط التوازن؟

علاقة الضبابية والوضوح

- وهي الدرجة التي تحتمل فيها المجموعة الضبابية في غياب الوضوح أو تسعى للوضوح.

علاقة الزمن

- ويعبّر عن التعامل مع ما هو طويل المدى أو قصير المدى من الإنجازات والغايات. والنظرة للماضي والمستقبل واللحظة الحاضرة، والإنجاز المتزامن أو الفردي للأهداف.
- كون الأفراد على مستوى واحد من الالتزام لمواعيد التسليم وتحقيق الأهداف أم يرى بعضهم أنّ الوقت مجرّد من المعنى وأنّه مقيّد للإبداع والحركة ومن ثم يتأخّر في التّسليم أو ينقطع ولا يتجاوب.
- علاقة التواجد مقابل التفاعل، وكون الفرد يشعر بأنّه يحتاج لوقت أطول لكي يتفاعل، ومن ذلك رغبته في قراءة الموقف أو تكوين صورة متكاملة بدلا من الدّخول مباشرة في العمل. ويتأثّر هذا الأخير بالانتماء بدرجة عالية.

علاقة سياق التواصل

- درجة إشارات اتصال أو تلميحات أو عدمها. هل هو اتصال مباشر أم ضمني، شفهيا وجسميا وخاصة في التعامل مع الخلاف.
- درجة التعامل مع المشاعر في التواصل هل هي معلنة أم مخفاة.
- درجة الرسمية في التعامل والتواصل.

علاقات اختلاف القيم

- قيم الديانات
- قيم الثقافات المحلية
- قيم الجنس واللون والأصل والانتماء

لا يُتوقّع منك أنْ تلاحظ كل تلك العلاقات في بداية حياتك المهنيّة كموجّه فريق عمل، ولكن عن طريق معرفتك لنفسك، حاول أنْ ترى ذاتك وأنت تتعامل مع الآخرين في مجموعات مختلفة.

توجيه الفريق في الثقافة العربية

ولكي يكون الطرح عمليا، ينبغي أولا على الموجّه إدراك القيم السائدة في السياق الثقافي في التنظيم الذي يعمل فيه، ثم في الفريق المناط بتوجيهه. وقد لا ينطبق كل ما قيل عن قيم الثقافة العربية على كل سياق فيها، فالهدف من سوق هذه القيم ليس التحجيم أو التأطير للسياق وإنما التحليل والفحص والتأمل لدرجة تواجدها وتأثيرها. وربما يكتشف الموجّه أنّ ما كان يعتقده أو يفترضه عن سياق ما، يختلف تماما ولا يعكس المعتاد. ولذا نقترح الآتي:

١. كوّن قائمة بالقيم الثقافية المفترضة.
٢. استكشف عن طريق التساؤل مع أعضاء الفريق والقائد في الجلسات الفردية التي تسبق توجيه الفريق.
٣. استمر في الاستكشاف خلال الجلسات التوجيهية باستمرار واقرأ ما يقال وما لا يقال.
٤. اسأل الفريق في حال ظهر لك أحد القيم الثقافية وانظر ماذا يظهر لك من ردود أفعال.
٥. قد يكون من المناسب في أحد الجلسات المتقدمة وبخاصة عندما يكون الفريق متعدد الثقافات أنْ تفحص معهم بعض القيم في حوار هادف.

وتسدي سيبورن [37] نصيحة مهمة لموجّه فريق العمل بأن يتأكّد قبل التعاقد من ثقافات الفريق وارتياح جميع الأعضاء للتوجيه وأسلوب الموجّه فيه ممّا سيجنّب الموجّه كثير من المتاهات أو الفشل. وأنّه قد ينشأ عن إهمال ذلك خلافات قد لا تحمد عقباها فيما لو حاول الموجّه طرح موضوع غير مقبول ثقافيا مثل الملاحظات على أداء العمل للأفراد، والتي في ثقافة الهرمية والسلطة العالية مرفوض الحديث عنها أمام المجموعة. وتؤكّد أنّ على الموجه أنْ يلتقي بالأعضاء كلّ على حدة ليشرح لهم التوقّعات ويأخذ ردود الأفعال مسبقا ويناقش مع كلّ منهم المنافع وربما يستطيع أنْ يقنع الجميع بأسلوب التوجيه وإلّا ربما يضطر إلى أساليب غير مباشرة أو مبدعة في تيسير المرئيات إلى أنْ يتوفر جو من الأمان والثقة يسمح بذلك. وقد يعني هذا أنّ التعاقد والاتفاق في الثقافة العربية عملية مطوّلة وتتّخذ مناحي مختلفة وتحتاج إلى معالجة متميزة من فريق لآخر. ويوصي البعض بإمضاء وقت أطول في معالجة الثقافة السائدة في التّعاقدات مع الفريق ومع القياديات في المنظمات لإيجاد الثقافة الجديدة

الخاصة بالتعاقد [18] ، حيث إنّ الوضوح لن يحدث من أوّل لقاء ولا يمكن فرض تلك الضوابط على الجميع بدون فهمهم الكامل لها وقد يتطّلب ويستغرق ذلك عددا من الاجتماعات وما نسميه في الثقافة العربية بـ "أخذ وعطاء". أضف إلى ذلك غياب الفهم الكامل لماهيّة التوجيه في الثقافة العربية والذي يتطلب كثير من التعريف والتعليم للأطراف المعنية ولا يغيب عنا أنّ الدور التوجيهي قد يحرك اعتقادات خفية ضمنية عن الحكمة والعلم والنّصح والاستشارة والتي تنحصر في دور كبار السن والقادة الذكور منهم لدى كثير من القيادات التنظيمية في الثقافة العربية [18]، ومن ثم قد يجد الموجه صغير السن أو المرأة الموجّهة نفسها في وضع حرج أو وضع غير مقبول. كل تلك المعطيات قد تكون خفية وضمنية والمعادلة قد لا تكون رابحة أصلا ومن ثم لا جدوى من الاصطدام، فمهمّة الموجه ورسالته الأساسية التّوفيق والمساندة وليس إحداث شرارة وإدلاع نيران معارضات اجتماعية وثقافية.

ويؤكد روزنسكي [16] أنّ توجيه فرق العمل عبر الثقافات المتعددة يتطلب أنْ يكون الموجّه واعياً بمثل هذه الفروقات والاختلافات. فما يعتبر انتماء في ثقافة ما، قد لا ينطبق على ثقافة أخرى، والتركيز على الذّات في الثقافة الغربية حتما غير مقبول في الثقافة الشرق أسيوية أو العربية وينبغي التعامل مع الفردية في هذه الثقافات بحذر وبشكل لا يسمح لها بالاختفاء أو الانحجام في وسط الرأي الجمعي. فمثلا قد يضع الموجّه بنود تواصل مع المجموعة تسمح باستجلاب الرأي الفردي حيث إنّ عدمه قد يتسبّب في ضياع القرار وانحرافه عن الصواب بسبب هذه المراعاة. ويؤكّد أيضا على خطورة ما يسمى بالتلاعب بالقيم أثناء التوجيه لفريق العمل من الموجّه أو الفريق بحيث يستخدم الجميع الثقافة السائدة الجمعية للضغط على الأفراد كما يحدث في أرض الواقع التنظيمي في المجتمعات التي تقدّس الجمعيّة. استكشاف وجهات النظر المتعددة ليس فقط مهم في رأب الصدع الثقافي وإنما هو أحد الأدوات لتكوين ثقافة جمعية خاصة بالفريق كمجموعة. فكما ذكرنا في أول هذه الفقرة أنّ الثقافة هي مجموعة من العمليات الداخلية والتي لابد أنْ تمرّ بوقتها وتتبلور مع تبادل الآراء وإعادة المعايرة لها. وهذا يمكن أنْ يتم عن طريق توجيه الفريق. وحتما سيصل أثر هذا التموّج إلى خارج الفريق باعتباره أحد أدوات التحول المنظومي[38] .

توجيه الانتماء والكيان الجمعي

من أهم ما يحدث في التّفاعل الجمعي هو الانتماء والذي يعني شعور كل فرد في الفريق بأنه جزء لا يتجزّأ ولا يستغنى عن وجوده فيه. وشعور الفريق بأهمية الفرد والقيمة التي يضيفها له. في كثير من حالات توجيه فرق العمل يكتشف الموجّه أنّ هناك أعضاء في الفريق يرفضون الانتماء له ويعارضون عمله ويقفون في وجه التّعاون المطلوب بين أعضائه فيمتنع هذا عن إعطاء معلومات لعضو آخر أو يعتذر عن التّعاون المشترك المطلوب في إنجاز بعض المهمات أو يصدر منه ما يعطّل تعاضد الفريق وتفاعله الصّحيح. يأتي بعد ذلك الرابطة والتي تعني بالنسبة للفرد أنّه امتداد للفريق وبالنّسبة للفريق أنّ الفرد امتدادا له. وأنّه مهما بَعُدَ أو راح يشعر بهذه الرّابطة ومن ثم يمكن أنْ تستمرّ الرّابطة مع تباعد المسافات المكانيّة وتنوّع طرق التّواصل. وتؤكّد الدّراسات أنّ الأفراد يُعرّفون أنفسهم في المجتمع بانتماءاتهم لمجموعات مختلفة ويقومون بالمقارنة بين هذه الانتماءات لتعريف أنفسهم بشكل أوضح. ووجدت الدّراسات أنّ التشابه في الانتماءات الاجتماعية يصنع انسجام أعلى في الفريق ومن ثم يحدث التّعاضد والتآزر.

الأعراف والضوابط السلوكية ودورها في تعزيز الانتماء

وتعرّف الأعراف على أنّها "الضّوابط التي ترشد السّلوك داخل الفريق" [35]. وتعتبر الأعراف الخاصة بتواصل الفريق والعادات السّلوكية، هي ما يصنع التّماسك في الفريق ويسمح بالمساحات الآمنة للمشاركة والثقة المتبادلة. والأعراف هي جزء من ثقافة الفريق. وقد تبدأ الأعراف عن طريق القيادة أو بالتفاهم بين الفريق، إلّا إنّ استمرارها لا يمكن بدون ممارسة الفريق لها، وهي التّي تحدّد الانتماء للمجموعة بعد أنْ تأخذ وضعها وتصبح راسخة في السّلوك الجمعي. والذي يظهر أنّ السّلوك الفردي يختلف عن الجمعي عندما يكون الفرد وحده. وينضبط الأفراد في السّلوك الجمعي رغبة في الانتماء. ومن هنا يكون ما تحدّثنا عنه عن تكوين ميثاق تواصل لكل فريق عمل ووضع ضوابط وأعراف للفريق ينصبّ في صميم العمل مع الفرق. وهنا تظهر

أهمّية توافق الاتجاهات الفردية مع أعراف الفريق. ويقع الفرد تحت الضغط الجمعي لتغيير اتجاهاته في حال وجود عدم التّوافق. وفي حال أنّ تلك الأعراف نتجت عن حوارات الفريق ونقاشاته ومن ثم اتفاقه فإنّ الالتزام بهذه الأعراف يكون أدعى وأقوى.

التّعلّم ودورة في الانتماء

وكلّما تمّ تفصيل وتقنين التّعلّم في الفريق كلّما صنع ذلك هويّة خاصّة ومميّزة للفريق. فتجد الفريق يتواصل أعضائه بشكل أكثر حميميّة وصدق، ويتمّ حلّ الخلافات أو مواجهة التّحدّيات فيه بشكل مبكّر قبل أنْ تتفاقم. وينتج عن ذلك، رغم تخوّف البعض من المرئيات، فريق أكثر قدرة على الانثناء وقوّة في التواصل واختيار السّلوكيات الإيجابيّة. والأهم من ذلك ينتج عنه تماسك الفريق وتكوين هويّة يسودها الثقة.

الانتماء والالتزام وعلاقتهما بالدافعية

ويؤثّر ويتأثّر الانتماء بالالتزام. ويُعرّف الالتزام بأنّه ذلك السّلوك الفردي الذي يسمح للفرد بالانتماء للفريق. ويعبّر الالتزام عن التحفّز والدّافعية ورضا الأفراد بعضهم عن بعض في الفريق. فهناك علاقة مباشرة بين الدافع والحافز من جانب وبين الرّضا في علاقات الأفراد من جانب آخر ممّا يؤثّر على الالتزام. ومن هنا نجد أنّ تحقيق الأهداف والغاية التي من أجلها وجد الفريق، والارتباط بالعمل يكون أعلى وأسلس ممّا لو كانت العلاقة الفردية يسودها الانقطاع في التّواصل والترابط الضعيف. ووجد أيضا أنّ اتخاذ القرارات في هذه المجموعات التي يسودها الالتزام في العلاقات أكثر كفاءة وفعالية من تلك التي يحدث فيها خلل في العلاقات. ومن ميزات الانتماء للمجموعة هو زيادة الالتزام والانضباط عند أولئك المعروفين بسلوكيات غير منتظمة مع المنظّمة وأهدافها بسبب الضغط الجمعي الواقع على الفرد من جرّاء الالتزام مع الفريق فيغيّر سلوكه برفع جهده المبذول أو يغادر الفريق.

ومن أهم مهمّات الموجّه لفرق العمل أنْ يقف في الجلسات الاولى وقفة مهمة عن الانتماء. هذه الوقفة قد تعني أنْ يفصح البعض بعدم رغبته في الانتماء. وحينما يحدث ذلك فعلى الموجّه أنْ يجسّد عمليا تقبّل المخالف في الرأي وكيف يمكن أنْ يمنح خيارات أخرى. ويجسّد أيضا احترامه لرغبة البعض بعدم الانتماء للفريق، وإذا كان الانسحاب من الفريق خيار يمكن أنْ يُطرح هذا الخيار على طاولة الحوار ليتعامل الفريق ككلّ مع عدم المنتمين. وطبعا يحدث ذلك بعد أنْ يضع الفريق أساسيّات الحوار والقيم المشتركة في ضوابط التواصل. وفي حال عدم وجود هذا الخيار فعلى الفريق أنْ يناقش كيفية التّعايش معاً في وجود أشخاص مرغمين على الانتماء. ومن هنا يظهر الاستماع للرأي المخالف وما يتبعه من شكاوى أو اعتراضات. وهذا يصنع تحدّي عالي للعمل والتّعاضد بين أعضاء الفريق، ولكن في الوقت نفسه يتعلم أفراد الفريق كيف يصلوا معاً لحلّ معضلات تتعلّق بالانتماء وعدمه. ولعلّه من المفيد أنْ يفكّر الموجّه في نفسه وأسرته المباشرة ليتأمّل الانتماء والالتزام والرابطة ويتفكّر في كل تلك السلوكيات التي تظهر من المنتمين للأسرة كمحاولة للانتماء والشعور بالرابطة. ويتذكّر أحيانا أنّ السلوك السلبي ليس سيئا في مقصده وقد ينمّ عن رغبة في الانتماء عن طريق لفت الانتباه. الانتماء هو غاية التجمّع الإنساني وصناعته أكبر تحدّي قد يواجه موجه فريق العمل، والسّر فيه يكمن في قيم الفريق.

توجيه التنافس ومشاعر المقارنة إلى الشعور بالجدارة وحالة السلام مع الذات

من أهمّ جدارات توجيه فريق العمل توفير المساحة الآمنة للتفاعل الجمعي. ولأنّ التّواجد مع الآخرين في مساحة واحدة يحفّز الشعور بالذّات وقيمتها، ويوقظ لدى الأفراد مسائلات عن جدارة كلّ منهم بسبب ما يحدث من مقارنة طبيعية لا واعية بين الذّات والآخر، وهذا قد يصبح مصدر تحدّي لعمل الفريق إذا لم تتم معالجته. وتنشأ غالبا عن تلك المقارنات مشاعرا عدّة من الحكم على الذّات والتنافس مع الآخرين والمقارنة. وفي اللغة العربية المنافسة قد تكون محمودة (وفي ذلك فليتنافس

المتنافسون)[30] حيث لا يعتبر كل تنافس سلبي، ولكن المقصد أنّ التّنافس يبعث الحماس ويؤدّي إلى التّفوق مع الاحتفاظ بالمودة والتعاون.

ذاتي الدافع والتحرك
عجرفة وكبرياء
حالة السلام
جيد وكافٌ
مرتكز على الخوف
الشكك في المقدرات

رسم توضيحي ٧ التوازن وحالة السلام مع الذات

في الرسم التوضيحي ٧ أعلاه، حال "جيد بما فيه الكفاية" والتي يشعر فيها كل عضو في الفريق بسلام مع أنفسهم فيما يتعلّق بجداراتهم ومقدراتهم، بدلا من تقمّص شخصية أو مظهر، والضغط على النفس لتتصدّر كمحاولة إبهار الآخرين بمهارات وأدوات، قد يضيف لقيمة كلّ منّا من حيث الاحترافية، ولكن ينتقص من أدوارنا المساندة للآخرين ليحلّ محلّها الكبرياء والعجرفة، ومن النّاحية الأخرى التّخلي عن التشكيك في الذّات وتقريعها ومن ثم الخوف والقلق من الظهور بضعف، يعني الثقة في تواجدنا ومقدراتنا على الاستمرار في فحص النيات والمقاصد في كلّ لحظة عن طريق الوعي بالذّات وإعادة معايرة التواجد لمساندة الفريق ومن فيه من أعضاء.

توجيه التّعلّم الجمعي

التجارب بحدّ ذاتها لا تعني شيئا بدون أنْ نستخلص منها ما يضيف قيمة لحياتنا، والشيء نفسه يقال عن التعلّم الجمعي كتجربة مستمّرة بين مجموعة من الأفراد في فريق عمل. ووُجِدَ أنّ الأفراد ذوي الدوافع المعرفيّة[31]، والتي تعني الدّافعيّة للغوص العميق في

[30] المطففين ٢٦

المعاني والمعارف أو المواقف وحقيقتها، يملكون إبداعاً في تحقيق مهمّات العمل والتّغلّب على التّحدّيات أكثر ممّن هم دونهم. ومن ثم عند زيادة تواجد عدد أولئك الأفراد في الفريق تزيد مقدرات الباقين العقليّة والمعرفيّة والإبداعيّة.

طرق للتعلّم الجمعي

- التعّلم بالملاحظة لما يدور حولنا وداخلنا: لغيرنا ولما يدور حولنا ولذواتنا وهو الأقوى ويسمى بالوعي الذّاتي. كيف نتفاعل مع الآخرين والمواقف وماذا نتعلّم عن ذواتنا أثناء ذلك؟
- التّعلّم من ردود الفعل: كيف نستجيب ولماذا نستجيب. وماذا نشعر قبل الاستجابة وماذا نفكّر قبل الشعور، ماهي المشاعر التي تدفعنا في مواقف مختلفة. ماذا يقلقنا؟ ماذا يزعجنا؟ ماذا يغضبنا؟ وماذا يخيفنا أو يحزننا؟
- التعلّم من ملاحظات الرّاجعة. منّا نحو غيرنا ومن غيرنا لنا.
- التعلّم بربط المفاهيم: وذلك عن طريق القراءة عن موضوع ما أو نقاش مفهوم ما.

ويعتبر الأخير أقلّها تأثيراً في تشكيل التّجارب التّعليمية. مع العلم بأنّ تجاربنا الماضية لا تسهم كثيرا فيما نواجه في مواقف جديدة بقدر ما تعلّمناه من تلك التّجارب ومن هنا تأتي أهميّة التّأمل التطويري كوسيلة للتّعلّم.

أفكار للتعلّم الجمعي

- يحدث التّعلّم عندما نقرّر أنْ نجرّب بدلا من أنْ نجربّ للإتقان فقط.
- التجربة تعني المخاطرة، وهناك علاقة طردية بين التّعلّم والمخاطرة.
- فكّر في الفرصة التي تتيحها لغيرك وانت تتجرّأ بتجربة ومخاطرة في الحديث وحرمانهم منها في حال إحجامك.

[31] Epistemic Motivation

- أفضل تعلّم يحدث بسبب تعبيرك عما تشعر وتفكّر "هنا والآن" بدلا من "هناك وعندما". الأخير يتّسم بمواقف حدثت للآخرين ولا يعرفها الغير.
- التعبير الكامل عن ذاتك وما تشعر وتفكّر به يسمح للآخرين بتكوين صلة وعلاقة معك.
- تذكّر أنه ليس بالضروري أنْ يكون لديك إجابة عن سؤال ما، أو تفسير لتجربة ما، أو تعلّم لم يحصل بعد من موقف ما. مشاركتك وإقرارك بجهلك هو بذاته تجربة تعلّم.
- كل عضو في الفريق يتحمّل مسؤولية مساوية للآخرين تجاه التّعلّم والمشاركة بالمعارف الحاصلة والخبرات.
- طلب النّصح أو إعطائه في سياق ما هو أقلّ الطرق وأعقمها في التّعلّم.

على الموجّه أنْ يتذكّر أنّ أهم مقياسيين لأداء الفريق مفتاحهما في يده. الأول هو درجة نمو وتطوّر كل عضو في الفريق في الخبرات والمهارات، والثاني درجة نمو الفريق معاً كوحدة تنمو وتتعلّم بالتجارب والممارسات كيف تتعاضد وتتكاتف لتقديم العمل وتحقيق الغاية منه. ليرجع الموجّه لنموذج الشروط الستة ولتعريف معنى الفريق عالي الأداء والفعالية. ومن هنا نستنتج أنّ توجيه التّعلم في الفريق هو من أهم الوقفات التي تيسّر الأداء العالي للفريق.

التوجيه بالتّعلّم العملي

تعود جذور التّعلم العملي[٣٢] للكثير من المبادرات في عالم التطوير والتدريب، وعالم التربية والتعليم[39] . وتتلخص في لقاءات منظمة بين مجموعة من المختصين في موضوع ما لحل مشكلة ما يصعب حلها بشكل فردي. وتعتبر الأسئلة هي الشكل الأساسي لتوجيه مثل هذه اللقاءات لكشف الغطاء عن جذور المشكلة الأساسية وتحليلها ومن ثم الحلول المبتكرة لها. ويتطلب الأسلوب ميسر تعلّم متمكن من إدارة الحوار ونقل المهارات بين الأعضاء وبين المناطق المتعددة للتطبيق بحيث يسهل تحقيق

[32] Action Learning Coaching

تصورات مختلفة جديدة وحلول مبتكرة مبدعة. ولا يمكن أنْ يحدث التعلّم بدون تطبيق عملي. ولا تحدث الحلول بسبب ذكاء شخص ما أو مقدراته المتفوقة على الآخرين وإنما من التلاقح الفكري الحاصل في الحوار والتفاعل الجمعي. وبدون نقد وجرح الفكرة الناشئة من الجميع، بل ورفضها عدد من المرات بسبب وجود خلل فيها أو عدد من نقاط الضعف، يحكم عليها بأنها غير صالحة. بمعنى آخر الفكرة التي يتم تداولها وقت أطول وفحصها والنقاش المستمر حولها، هي فكرة ذات قيمة ويمكن الاستمرار في دمجها في الحل أو المشروع[21] .

تتلخص مهمات الموجّه لفريق العمل في هذا الأسلوب في الآتي:

١- تمكين الفريق من الصعود لمستوى المبادرة والمسائلة الذاتية لكي ينمو كل منهم في مقدراته وجداراته أثناء وجوده في الفريق.

٢- دعم الفريق في إيجاد ضوابط تواصل وأعراف خاصة بالفريق تسهل على الجميع الحوار والعمل التعاضدي.

٣- تسهيل نقل المعارف المكتسبة للمشروع وتنفيذه في أرض الواقع.

ولكي يتم التوجيه للفريق بهذا الأسلوب لابدّ من استيعاب الفريق لفكرة التأثير التي تحدث من جرّاء التطبيق العملي لما يحدث في الجلسات. وفكرة التأثير وعدمه لها علاقة مباشرة بالتحول والتغيير التنظيمي حيث إنّ لكلّ خطوة عملية (أو عدمها) أثر في محيطها المباشر وغير المباشر. والتفاعل الناتج في وأثناء الجلسات هو نمذجة للمنظومة الأوسع وما يدور فيها من علاقات وتفاعلات مستمرة. وأنّ التأثير سيحدث في كل الأحوال وأنّ بإمكاننا فريق أنْ نحرك قطعة ما ويكون لها أثر أبعد في المنظومة، وبذا يؤكّد الموجّه في الجلسات هذه المفاهيم والتفكير المنظومي الناشئ عن أنشطة الفريق وأثرها المستمر. وهذا يعني أنْ ما ينتج عن تلك الجلسات يمتد أثره ليصنع حركة تحوّلية في ثقافة التنظيم قد تصل لبناء المفاهيم القيادية وثقافة التوجيه وأثره في تطوير المنظمة، وأيضا قد تتفاعل مع منظمات أخرى في المحيط الذي تواجدت فيه[21] . ويتلخص النموذج في الخطوات الآتية:

١. التقييم: من نحن؟ ولماذا نحن هنا؟ ومن هنا يتعرّف الفريق على التوقّعات الخارجية والبوصلة الداخلية له. ويقوم بحوارات منتظمة لتقييم ذاته وعمله وهل يقوم بغايته؟ ما هي عوامل النّجاح وإن كان هناك فشل أو تدنّي فلماذا حدث وكيف يمكن تصحيح المسار؟

٢. التخطيط: ماذا نريد أنْ نحقق؟ بالإجابة على الأسئلة الأولى تتّضح الرّؤية للفريق ويبدأ في التّخطيط لمرحلة جديدة يتجنب فيها أخطاءه ويوظّف مهاراته بشكل أفضل. حيث يضع الفريق خطّة عمل محكمة ويتّفق عليها الجميع.

٣. التّنفيذ: الخطوات في أرض الواقع. يوجِد الفريق طريقة تساعده على معرفة تقدّمه في الخطّة عن طريق مؤشّرات معيّنة يحدّدها الأعضاء. ويمكن هنا توظيف العديد من الادوات الخاصّة بإدارة المشاريع أو التّخطيط الإستراتيجي والتي تختلف باختلاف السّياق الذي يعمل فيه الفريق.

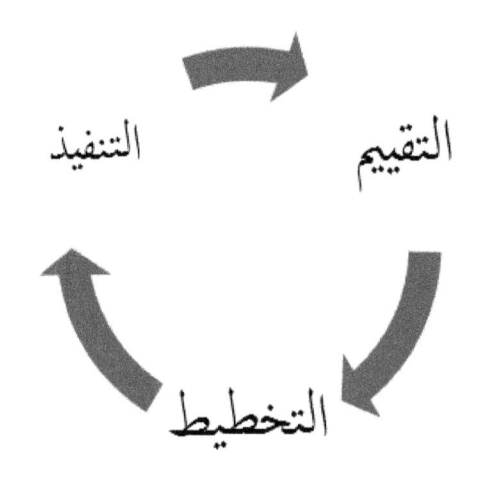

شكل ٨ نموذج التعلم العملي

النّموذج سائد ويستخدم في مجالات كثيرة منها مشاريع التربية المستدامة وأبحاثها العملية في المجتمع المحلي فيما يعرف بالبحث العملي [40]. ويعرّف البحث العملي على أنّه تجربة الأفكار في الواقع لتحسين التّطبيقات العملية وزيادة المعارف كما أنّه أسلوب لتحسين التّطبيق العملي. وباختصار النّموذج السّابق يؤدّي إلى ازدياد المعرفة والتّعلّم لدى الفريق ويزوّد باستنتاجات منطقيّة مبنية على الدّلائل العملية والتّجربة ويربط المعرفة بالتّطبيق. وعمل الفريق في ذاته هو دورة مستمرة من البحث العملي وهو المسمى المماثل لهذه الطريقة في عالم الأبحاث الأكاديمية . ويعتبر البحث العملي من أفضل طرق تحسين أداء الفريق البحثي

وحصوله على نتائج مستدامة وراسخة في المجتمع أو الوحدة التي يبحث فيها. ويماثله ما يفعله فريق العمل حيث يطرح قضية يحتاج أنْ يصل فيها لحلول معينة لغاية معينة، ويتم تجربة الحلول وتحسين الأداء أو المنتج منها في دورات متكررة من التعلم العملي [33].

توجيه الخلافات في الفريق

يؤكّد بيتر هوكنز [28] إنّ الخلافات التي تظهر في الفريق هي بحدّ ذاتها نمذجة للخلافات التي تقبع في أركان المنظومة. فعلى قدر ما ترتفع في المنظومة نسبة الخلافات والمنازعات على قدر ما يتجسّد ذلك في تفاعلات الفريق والعكس صحيح. وتجد كثير من الموجّهين أو أعضاء الفرق يتجنّبون الحوارات عن العلاقات وما يمكن أن تجسّده من خلافات أو توتّر، ظنّاً منهم بأنّ هذا يعزّز الخلافات في المجموعة ويمرّون عليها بسرعة متغاضين عنها. ولكن سرعان ما سيكتشف الموجّه أنّ هذا هو سبب عرقلة الحوار والتقدّم للأمام في أي فريق ومن ثمّ يعود بهم لنقطة البداية عندما ينفجر الموقف في حوارات قادمة. ولذا ينبغي إتقان صياغة ومراجعة ضوابط التواصل والتي على أساسها يتم معالجة الخلاف وضمان انضباط الجميع في إطار هذه الضوابط. ومن ثمّ يتمكن الموجّه من استدعاء أي خلاف أو توتّر في العلاقات يظهر في اللحظة.

وتنشأ الخلافات عادة من جرّاء تفضيلات الأعضاء في جوانب الحياة والمهنة والممارسات المختلفة لها. ومن المفترض أنّ تفضيلات الحياة لا تؤثّر على تعاضد وتكاتف فريق العمل، ولكن الواقع أنّ ذلك يختلف باختلاف الثقافات مرّة أخرى، فثقافة العرب تتميز بأنها تواجديه وتسمح بزوال الحدود بين المهنة والحياة. وقد شرحنا ذلك سابقا. وفي توجيه فرق العمل تتحقّق هذه التواجدية بشكل أوسع. فعندما تقف العلاقات في نقطة ما بين الأفراد في الفريق يتوقف العمل بين هؤلاء الأفراد ممّا يؤثّر على العمل الجمعي للفريق، وقد تتحوّل إلى خلافات تشغل طاقة وجهد الفريق فيما بعد حيث تتشابك وتتعقّد ويصعب حلّها. ومن هنا كان مهمّا أنْ يتمّ فحص العلاقات في المجموعة الكبيرة أمام الجميع بشكل حيادي يسمح للأفراد المعنيين في العلاقة بالوصول

إلى منطقة ارتياح وإيجابية بحيث يشعر كلّ منهم بالرّاحة في الاستمرار في العمل مع بعض. ويتأكّد ذلك في كل العلاقات الإنسانية الحميمة. ويتأكد أكثر في العلاقات المهنية غير الحميمة في العالم العربي بسبب ثقافة التواجدية. فثقافة التواجدية تعني غياب الحد الفاصل بين الحياة الخاصة والعامة وأنّ ما يناقش في المساء في الديوانية هو امتداد لما حدث في الصباح في المكتب، بل ربما يتم علاج كل الخلافات في المكتب خارجه ويعود كل طرف في اليوم الثاني وهو يمزح ويضحك مع الآخر، لماذا؟ لأنّ العربي وبخاصّة المسلم لا يحب أنْ ينام وفي قلبه ضغينة على أحد، بل ولا يحب أنْ يدخل صلاته بعد أنْ حلّ الخلاف الذي حدث قبل ساعة. وتتداخل العلاقات الروحية الدينية والإيمان بالله في علاقاته الإنسانية وقيمه الداخلية بشكل لا يحدث في شمال أوروبا وأمريكا الشمالية حيث ينفصل الدين عن الحياة ويبقى كل طرف يجد في نفسه على الآخر، وقد يعيش هكذا لسنوات يحمل الضغينة في داخله ويجامل. فالعربي لا يجامل كثيرا وتظهر عليه مشاعر الود والحميمية والأخوة والكرم الإنساني ولذا يكون من المناسب أنْ يتم طرح الخلاف فورا ومباشرة قبل أنْ يتم علاجه خارج العمل. نحث دائما الموجّه أنْ يعالج ما يحدث أمام الفريق وفي الفريق مع الفريق وداخل الفريق. يعنى لو ظهر نوع من الخلاف في الجلسة التوجيهية أو تأثر شخص من كلام الآخر أو ملاحظته ولو بدون قصد، يتم استدعاء ما يحدث والتفكر فيه لدقائق بحيث يتم معالجته فورا. وإذا كان الوقت غير كاف للمعالجة بسبب جدول العمل، يتم لفت الانتباه له وطلب معالجته في الجلسة الآتية. قد يعالج عضو ما يحدث بينه وبين عضو آخر خارج المساحة، ولكن على الموجّه أنْ يطرح ويستدعي الموضوع في كلّ الأحوال ليلفت انتباه الفريق إلى عمق التفاعل وأثره على الفريق وعلى أدائه. وقد يرى البعض أنّ هذا العمق غير ضروري ويعطّل سير العمل، ولكنّ الأبحاث والدراسات المختصة بعلاج الخلاف في الفريق تؤكّد أنّ غض النظر عن تلك الاحتكاكات البسيطة أو التكتلات أو غير ذلك من ظواهر التفاعل الجمعي لا يتبخر وإنما يبقى ليظهر في أوقات يكون فيها استدعاؤه صعبا لوجود ما ترتب عليه مثله، فيصبح الاستدعاء طبقي ويستغرق تفكيك تلك الطبقات وقت أطول مما لو تمّ معالجة موقف ما في وقت

قصير وترتب على تلك المعالجة ضابط جديد في التواصل أو عرف عمل يعتبر تلك الحال، ويحترم وضع ذلك الموقف. ومن هنا نشأت أهمية معالجة الخلافات.

ومما يظهر في العلاقات التّلقيب أو الحكم على الآخرين من خلال نظارات الثقافة الخارجية والاعتقادات والقيم الداخلية لكل عضو في الفريق، وعلى الموجّه أنْ يتأكّد أنّ موقف شخص أو كلمة قالها أو تصرّف، أو سلوك، أو إشارة صامتة ،أو مقروءة، لن يتحوّل ذلك إلى لقب عليه أو حكم عليه. ويشمل ذلك ما يعبّر عنه الأشخاص من مشاعر داخلية أثناء العمل في الفريق، وبخاصة الذكور منهم حيث تسود ثقافة كتمان المشاعر في العمل وأنّ ذلك غير مقبول اجتماعيًا، فيحكم عليه بأنّه غير ناضج أو عاطفي وحسّاس لأنّه عبّر عن مشاعره في المجموعة، وكذلك النّساء اللواتي يعملن في المنظمات العربية ويسود لدى الرجال الحكم عليهنّ بذلك رغم أنّ هذا ما يجمع كلمة الفريق ويؤثر فيه من خطاب عاطفي مشحون بمشاعر الحماس والتطلع. ومن هنا كان لزاما الكشف عن حقائق علميّة تتعلّق بالذكاء العاطفي وأهمية تحسّس احتياجات الآخرين في الفريق بجانب القيام بالمهمّات الخاصة بتحقيق الأهداف. وأنّ يتم الاتفاق على اللغة والاسلوب لمثل هذه المواقف وكلّ ذلك يقع في ميثاق التواصل وأعرافه. ومن ذلك أنْ يمتنع الجميع عن معالجة المواضيع التي تطرح في الفريق بشكل فردي خارج الفريق كما ذكرنا.

وعلينا أنْ ندرك كموجّهين أنّ الأفراد يسلكون سلوكاً ما، لأنّ هذا السّلوك أدّى لنتائج مرضية في مجتمعاتهم أو فرق عمل سابقة وأنّ التّخلّي عن السّلوك أحيانا يتطلّب شيء من الإقناع العلمي لإسقاط القناعات الدّاخلية وضحْدِها بالأدلة البحثية ومنها ما نسوقه هنا. والأفراد محدودي الخبرة في التوجيه والتفاعل الجمعي يقعون كثيراً في افتراضات مسبقة عما يصلح ومالا يصلح في التعامل والقيادة وإدارة الفريق وتكون مهمّتنا أنْ ندحض تلك المعتقدات عن العلاقات بما نقدّمه من بحث علمي في السّلوك الإنساني. ولكن الميزة في الفريق أنّ العمل التوجيهي يكون أكثر قوة وتأثيرا بسبب الوعي الجمعي والاتفاق الحاصل أثناء تداول الموضوع تحت الحوار. ومن هنا نجد أنّ مكاسب التفاعل الجمعي في الفريق تفوق العناء والجهد المبذول من الموجّه، ومن ثم يعود ذلك على ارتفاع الأداء والإنتاجية الفردية والجمعية.

نموذج ثوماس-كلمان [41] الشهير في حل النّزاعات من أفضل النماذج. يتلخّص النموذج في أنّ السّلوك الإنساني في حال النّزاع ينحى منحيين. الأوّل في التّمسّك بالرأي لإشباع احتياج شخصي داخلي، والثّاني تعاوني في إشباع احتياجات الآخرين. وبين ذاك وهذا تظهر لنا خمسة نماذج من السلوكيات في التّعامل مع النّزاع:

- تنافسي: وهو غير التعاوني ويمثّل التّمسك الشديد بالرأي على حساب الآخرين. وهو نموذج السّلطة.
- تنازلي: غير متمسّك بالرأي ومتعاون وهو عكس السّابق ويتّسم بتضحية الشخص بما هو مهتم به مقابل احتواء رأي الآخر.
- تجنّبي: لا هو متمسّك ولا متنازل وإنما يتخّذ موقفا غير واضح ويتجنّب بالتأجيل أو الانسحاب.
- تثابري: من المثابرة والاستمرار، فهو في تمسّكه برأيه على استعداد تام للتعاون ووضع اعتبار كامل لرأي الآخر، وذلك عكس التّجنّب. باذلا كل الجهد في معالجة الأمر مع الآخرين ليخرج الجميع محقّقا الغاية ومرتاحا للخطوات العملية الناتجة من المعالجة. وهذه المواجهة الشجاعة تبني فهم متبادل للمصالح المختلفة مع الآخرين ومن ثم يتحرك صاحبها نحو إيجاد الحلول الجديدة الإبداعية.
- تساومي: حيث يدخل الطرف في مساومات لكي يصل إلى أفضل المكاسب ويحتوي هذا الاتجاه تنازل من الطرفين للوصول إلى حل مرضي وسط يتقبّله الجميع. هو مستوى أقلّ من التّعاون، ولكن هو أيضا نسخة منه بشكل أقلّ إشباعا. وصاحبه قد لا يكون بالمرونة التي تسمح بالتثابري ولا بالوعي الكامل لهذا المستوى.

وهناك كثير من النماذج التي تخدم حل الخلاف في فريق العمل والتي جاء بها الموجّهون لفرق العمل من مجالات إنسانية مختلفة مثل نموذج التعاضد المتطرّف[43] [42] والذي يتناول المنطقة الخضراء والمنطقة الحمراء والمهارات الخمسة في حل الخلافات والنزاعات باقتباس كبير من عالم القضاء والمحاكم والصلح بين المتنازعين. ومثله أيضا نموذج آخر يتناول خطوات حل الخلاف مبنية على خطوات الصلح بين الأطراف المتنازعة في قضايا تتعلق بالمجتمع المحلي في الولايات المتحدة الأمريكية [44]. ولكن أيّا كانت الخطوات فلن يكون مناسبا تطبيقها بحذافيرها في كل جلسة في ثقافتها المحلية فما بالك بنقلها للثقافة العربية! حتما لابد من أنْ يكون الموجّه منفتحا لما يحسّ ويتبادر لخاطره في كل خطوة من خطوات الجلسة التوجيهية ولا يشغل باله كثيرا بالخطوات

الموصوفة في أيّ منهج وإنما ينحني وينثني مع ما يظهر له "هنا والآن". وقد ينجذب كثير من الموجّهين العرب لنماذج مستوردة في التوجيه محاولا تطبيقها في أرض الواقع العربي ظنّا بأنّها إذا نجحت هناك فستنجح هنا حتما، ولكن ما يلبث أنْ يصطدم بالثقافة المحلية. ولذا يخلو كتابنا هذا من النماذج الموصوفة بخطوات إجرائية لهذا السبب. ويبقى علينا أنْ نشير في هذا المقام أنّ ثقافتنا العربية وديننا الإسلامي تحمل في طياتها كثير من الممارسات والخطوات في حل النزاع والخلاف كمنهجية يقبلها العربي ويسير معها. وكما سيرى الموجّه في الجزء الثالث من الكتاب، أنّ إبداعه في جلسات التوجيه لفريق العمل يأتي، ليس مما يفعله في هذه الجلسات (ففعل التوجيه هو أول خطوة في سلم التعلّم)، وإنما فيما ينتقيه وكيف يجسد ذاته في الانتقاء لأفضل أنواع التواجد في اللحظة بروحه ونفسه الزكية وجسده المسترخي (فالانتقاء هي الخطوة الرابعة في التوجيه) [45].

***

الفصل الرابع: توجيه فريق العمل المنظومي

الأصل في التّوجيه أنه جزء من التطوير التنظيمي وطريقة من طُرقه [33]. والاصل في التّطوير التنظيمي أنّه جزء من علم الاستشارات الإدارية والتّحوّل التنظيمي. فوجود مختصّين في تلك المجالات يسمح للقادة والتنفيذين أنْ يقوموا بهمّات إدارة العمل وقيادة المنظّمة بدون أنْ يضطروا للخوض في تلك العلوم بشكل عميق. ولكنّ الوضع في الآونة الأخيرة أصبح يتطلّب ذلك المستوى من الاحترافية من القائد والمدير التنفيذي، أو المدير العام، أو مدير القسم، والذي قد يدخل تحته في الهرم التنظيمي عشرات القيادات. لماذا؟ لأنّ الانسيابية في الاتصالات الهرمية السّابقة في عصر الثورة الصناعية لم يعد لها مكان حاليا في عصر الثورة التقنية والذكاء الاصطناعي حيث يتخلى التنظيم عن كثير من العاملين ليحلّ محلهم مهمّات يديرها الذكاء الاصطناعي. بل إنّ مفهوم التغيير التنظيمي وما يتبعه من ممارسات لم يعد ينطبق بحذافيره التّامة على أيّ عملية تحوّل أو تغيير بعد أنْ كان سلسلة من العمليات تبدأ وتنتهي بتخطيط كامل، حيث أصبح التّغيير سمة مستمرّة في المنظمة الحالية خُطِّط لها أم لم يُخطّط. بل أصبح ما نعرفه عن عالم المنظّمات على أنّه حقائق غير قابل للتطبيق حيث إنّ معظمه نشأ مع الثورة الصناعية وخطوط الإنتاج باعتباره تطبيقاً عملياً لتلك النظريات، ولم يضع في اعتباره العقل والإدراك الإنساني كناقل معرفة ومحوّل شامل مستمّر في إعمال الأثر حتى بدون قصد. وهذا وذاك نشأ عنه ما يعجز التّحكم فيه من كمّية هائلة من التحوّلات المستمرة والتي يؤثّر بعضها في بعض سلبا أو إيجابا. وهذا ما يسمى بالمنظومة الكمّيّة والتي هي على غرار الفيزياء الكمّيّة والتي تحوي كمّاً هائلاً من المعارف يُبنى بعضه على بعض باستمرار وفي توسّع لا نهائي. وفي وسط هذه العمليات المعرفية المستمرة في التصاعد محرّك مهمّ هو العقل البشري[46] .

ومن بين ما ينتج عن ذلك الضبابية وانعدام السيطرة وغياب التسلسل الواضح بين الأسباب والمسببات. وتأثر أكثر ما تأثر الدّور القيادي فهو سكرتير نفسه ومدير لحساباته في التواصل الاجتماعي والتي هي مهمّة لكي يعالج مشكلات واردة وطلبات لا نهائية من العملاء الخارجيين، الذين تخلوا عن المراسلات البريدية الرسمية وعن الإيميلات أيضا ليكتفوا بتلك الحسابات في

الوصول لبعض. وتجد هذه المعالجات تتسرب إلى الأريكة التي يجلس عليها القائد في المساء ليحتسي كوب شاي ويسترخي أمام التلفاز ولا يكاد يفعل ذلك إلّا ويدخل في نقاش مهم مع فريقه (حيث يجلس كل منهم في مأواه بالطريقة نفسها) ويستمر إلى وقت النّوم، مالم يتوقّف القائد ويضع حدا لمثل هذا التسرّب. ولا يربأ أنْ يخرج مع الأسرة في عطلة نهاية الأسبوع للبرية أو البحر إلّا ويتبعه الفريق عبر وسائل التواصل ليقتحم عليه خصوصية المكان والزمان ويجلس بينه وبين أبنائه وزوجه. وهذه التسربات للحياة الخاصة هي ما يحملنا على أنْ نؤكّد ضرورة اكتساب القادة لجدارات التوجيه التنظيمي، ففي مقابل تلك الرفاهية في حِلِّ الذكاء الاصطناعي محِلّ العمالة اليدوية، فتحت على القيادة باب التواصل العام والمنفتح والمستمر والمتدفق في كل جانب. وما لم يتقن تلك الجدارات التوجيهية يغرق في الاتصالات وتغرق حياته الخاصة، وعندما يحدث ذلك يفقد توازنه النفسي والجسمي وقد يترتب عليه أضرار صحيّة ونفسيّة بالغة. الحرمان التدريجي من الحقوق الشخصية لجودة الحياة والحقوق للآخرين المهمين في الحياة هي نتيجة إهمال مستمر لمهارات التفاعل الجمعي والتي هي جزء من التوجيه المنظومي. لابد أنْ يتعلّم كل قائد في سلّم الصعود المستمر في التنظيم تلك المهارات ويطورها ويمارسها بدقة تحت إشراف توجيهي أو مع موجّه تنفيذي قيادي متخصّص. لم يعد التوجيه رفاهية اختيارية من بين باقة طرق التطوير الشخصي ولم يعد التوجيه المنظومي رفاهية اختيارية في يد الموارد البشرية، فكما أصبح التواصل الاجتماعي عبر الأجهزة الذكية أساسي في تحقيق الأهداف التنظيمية أصبحت تلك الطرق الجديدة أساسية في نجاح القيادة والتنظيم. والأساس في ذلك أنْ نفهم أنّ ما يحدث في حياة التنظيم للأفراد، قادة أو تابعين، يؤدّي إلى سلسلة لانهائية من التطويرات على الصعيد الشخصي والعملي لكل منهم وعلى التنظيم بأكمله في كلّ لحظة بعد ذلك. ولا وسيلة لإيقاف أو التحكّم فيما يدور غير أنْ نفعّل العلاقات الإنسانية لنكتسب مهارات وعي على مستوى آخر أوسع وأشمل من أي مستوى سابق كنّا نعيشه أو نعي به [46].

ويعتبر التوجيه المنظومي وتوجيه القيادة وتوجيه فريق العمل جزءا لا يتجزأ من منظومة التّحول الحاصلة، والتي يعنى بها علم الاستشارات في شمولية خطواته ومراحله [47] لكي يفحص الموجّه والقائد والراعي مدى الفائدة التي يجنيها الفريق والقائد

والمنظومة ككل من هذا التّدخّل التطويري. ولعلّ القارئ يتساءل عن سبب تركيزنا على توجيه الفريق في حديثنا عن التوجيه المنظومي؟ وذلك لأنّ الفريق حجر الأساس في فهم المنظومة وما يدور فيها، ولأنّ الفرد يعمل في الفريق ويتواصل في الفريق في أغلب الأحيان. فالفريق هو حلقة الوصل بين الفرد وبين المنظومة ومنه يتلقّى الفرد الثقافة التنظيمية ويؤثّر فيها في المقابل، عن طريق التأثير في الفريق. ويلي ذلك العلاقات في التنظيم وأهمّية توجيهها مما يحدث أثر أكبر في توجيه الفريق ومن ثم المنظومة. وأما التّوجيه القيادي فهو أساس ومدخل الوصول للفريق والمنظومة وعن طريقه يتمكّن القائد من معالجة مختلف العلاقات، فالتّوجيه القيادي ليس فقط توجيه لفرد وإنما توجيه لعلاقة هذا الفرد بفريقه وبأعضاء التنظيم أفقيا ورأسيا في كلّ المستويات. وتتنوّع وتتعدد المهمّات التوجيهية بتعدد السياقات والسيناريوهات، وكل هذه الأوجه المختلفة للتوجيه تنصب في عملة واحدة، هي التطوير التنظيمي والتحوّل الحاصل فيه ومن ذلك التحوّل الثقافي الاشمل والذي بدوره يؤثّر في البيئة والمجتمع المحلي.

ولعلّه من المهمّ أنْ نبدأ بتعريفات معيّنة تساعد القارئ في التفرقة بين كل ما يظهر من توجيه في المنظّمات.

- التوجيه التنفيذي: يتعلق بمستوى إداري أو قيادي معين في المنظمة ويركز على التطوير والنمو التخصصي للعميل في هذا المستوى. وعرّفه البعض بأنّه توجيه يركز على التعاضد وحلول المشكلات والوصول إلى النتائج بشكل متسلسل يسمح للموجّه بأنْ يكون ميسّرا لتطوير الأداء الخاص بالتنفيذي.
- التوجيه التنظيمي: هو ذلك التوجيه الذي يسمح بنمو القائد وجداراته لتحقيق الغايات التنظيمية [33].
- توجيه السياق: هو أسلوب توجيه يرشّح عدد من العوامل المؤثّرة في السّياق لرفع فعالية تغيير السّلوك في المنظّمة [48] [49].
- وأمّا التوجيه القيادي: فيهتم بتوجيه الأدوار القيادية وإكساب القائد الجدارات التي تسمح له بالقيادة الفعالة [4].

وقد يغوص الموجّه بعد إذن القائد المستفيد أو الفريق في جوانب نفسية أو ذاتية أثناء التوجيه ويظنّ السّامع أنّ ذلك ليس ذا علاقة بنوعية التوجيه. ولكن في الحقيقة أنّ علم السلوك التنظيمي يبحث في السلوك الجمعي للتنظيم وهذا لا يكون بدون فحص السلوك الفردي، والسلوك الفردي يعتمد بشكل كبير على جدارة الوعي الذاتي وهي من أهم الجدارات القيادية، بل هي الأساس

في كل الجدارات. ففي دراسة حديثة عن الثورة الصناعية الرابعة وهي ثورة الذكاء الاصطناعي، أكّدت على ضرورة وجود عدد من العوامل مثل: (١) الرضا الوظيفي، والذي يعتبر الأساس في الأداء العالي لكل قيادي وفريق عمله، (٢) الاتجاهات النفسية مثل الاعتقادات الذاتية عن الجدارة الوظيفية والتحفيز الذاتي، والقدرة على مواجهة تحديات العمل، والمرونة تجاه التغييرات المستمرة، (٣) القيادة التشاركية وبخاصة في اتخاذ القرار وتمكين الآخرين بمشاركة السلطة الوظيفية وتشجيع الإبداع وتحفيز وإلهام التابعين وتفويض كثير من المهمات لهم[50] . والناظر لكل هذه الدراسات وغيرها يجد أنّ القاسم المشترك بينها هو مقدرة القائد على الوعي والحضور الذاتي في كل لحظة بحيث يتفوّق في مناورة ما يتجاذَبُه من تداخلات واتصالات ويتخذ القرار اللحظي الفوري في كل مرة بناء على ما هو الأهم وليس العاجل والمُلِحّ. وهذا بعينه ما ندعو له منذ بحثنا في القيادة النيوكارزمية الأخلاقية مع الفرق بأنّ النيوكارزمية تستقي التوجيه من الأخلاق الإنسانية الاجتماعية باستمرار لكي ترشد تحركاتها [4]. وخلاصة ما نريد أنْ نصل إليه أنّ القائد التحوّلي الأخلاقي لابد أنْ يتميز بوعي عالي جدا بما يدور داخله ليتمكّن أوّلا من توجيه ذاته المستمر وثانيا من توجيه أتباعه.

والتوجيه المنظومي يختلف في هدفه وأدواره عن التوجيه التنظيمي. فالتوجيه التنظيمي يحتوي المنظومي ويقصدها في كثير من الأحيان، ولكن لا يلزم منه ذلك. فليس كل موجّه تنظيمي يتقن التوجيه المنظومي ولكن كل موجّه منظومي يشمل في منظومته التوجيهية التنظيم بأكمله. وقد تجد الموجّه التنظيمي يتنقل بين الأدوار السابقة الذكر بين توجيه القيادات العليا وقياديات فريق العمل وفرق العمل، ولكن لا يتقن توجيه العلاقات بينهم ولا يرى الصورة الكاملة. ومن هنا أصبح بالأهميّة أنْ يتعلّم التوجيه المنظومي لكي يكون شموليا ومتعدد الأبعاد في أسلوبه ومعالجته لما يدور في جلسات التوجيه المختلفة، وبذا ينتقل من التركيز على فئة معينة إلى التركيز على كل الفئات أثناء توجيهه لهذه الفئة. فبينما هو في جلسات التوجيه القيادي ينتقل بالقائد عن طريق أسئلته للتفكير في المنظومة ككلّ بينما يتناول الجزئيات، وللتفكير في العلاقات المختلفة وأثر ما يدور في حياة القائد على تلك العلاقات، ويفعل الشيء نفسه مع الفريق، وقد يتطور الأمر لجمع فريقين أو أكثر في جلسة توجيهية واحدة على مستوى

التنظيم أو بين أقسامه المختلفة لتسهيل حوار لطالما تجنبه الجميع مما يسمح بتعاضد الفرق أو تكاتفها. وقد يتجه لوضع فرق عمل مع مجلس الأمناء ويمارس التوجيه المنظومي بكل ما فيه من معان، بل وربما يضع مجلس الأمناء بين شركتين أو أكثر على مستوى المجتمع وبذا يصعد إلى مستويات التنظيم الأوسع تأثيرا في القيادة وفرق العمل. ولذا يعتبر التوجيه التنظيمي محدّدا في أدواره التنفيذية، بينما تتسع أدوار التوجيه المنظومي إلى ما لانهاية من الاحتمالات. والمهم في كلّ ذلك أنْ تتوفر في الموجه المنظومي جدارة التفكير المنظومي والتي تحدثنا عنها في الجزء الأول "الفريق" في الفصل الأول "السياق الذي يظهر فيه الفريق". وجدارة التفكير المنظومي أحد أهم جدارات القيادة النيوكارزمية وبخاصة في المرحلة الأولى منها حيث يتصدّر القائد الإستراتيجي على مستوى التنظيم لتقييم البيئة وهو الدور الأول له في مراحل التحوّل التنظيمي.

مزالق ومصاعد في التوجيه المنظومي

كما ذكرنا التقييم المنظومي مهم، ليس فقط إستراتيجيا من حيث المعتاد من الفرص والمخاطر والضعف والقوة غير ذلك، وإنما تقييم للجانب الإنساني والثقافي يشمل المعتقدات والسلوك السائد وأثره على الأداء التنظيمي وأداء القيادة وأداء فرق العمل. فالمعرفة والعلوم التي تسعى المنظومة لنشرها قد تتعارض بشكل كبير مع عوامل عدة في التنظيم مما لا يسمح بجهد الموجه المنظومي بالإثمار [49] [9]. ومَثَلُ الموجّه المنظومي في ذلك، مَثَلُ الذي يدخل التنظيم بمجموعة من الأدوات والطرق التطويرية وليس فقط مِطرقة، وإلّا سيرى كلّ شيء أمامه مسمارا يحتاج لطرق. وكذلك الذي يدخل التنظيم بدور توجيهي محدود، مثلا التوجيه القيادي أو توجيه فرق العمل وحده فسيرى كل تحدّي يواجه التنظيم يحتاج لمطرقة فقط[51] . فالتوجيه المنظومي هو شامل لكل الأدوات التي طوّرها الموجّه ولا يزال يطورها منذ بداية دخوله مجال التطوير التنظيمي بأوسع أبوابه. ولعلّه من المهم في هذا السياق أنْ نسوق بعض التوصيات التي ذكرها موجّهين مارسوا التوجيه المنظومي من أوسع أبوابه في الثقافات الأخرى

غير العربية، نسوق ذلك فقط للدروس المستفادة والتي يمكن أنْ تسلّط الضوء على ما يتوقّعه الموجّه المنظومي في الثقافة العربية.

أولا: وضع مقاييس للنجاح ومعايير للأداء أثناء التعاقد مع التنظيم

وهذه النقطة مهمة في التوجيه الفردي للقادة أو التوجيه التنفيذي، ولكن تتضاعف أهميتها في توجيه فريق العمل كما ذكرنا في التعاقدات والاتفاقات. وتتضاعف أكثر في التوجيه المنظومي بعد أنْ يحدث التقييم والتشخيص أو تتدفق المعلومات عن السلوك التنظيمي والثقافة السائدة في المنظمة. وعندها يقف الموجّه المنظومي وقفة الحائر بين ما يظهر له من معلومات وإحصائيات وما يعرفه من علوم الاستشارات الإدارية وبين ما يدعو له علم التوجيه أنْ تتعامل مع ما يظهر لك في "هنا والآن". والتوسّط مهم والموازنة المستمرة بين الاثنين أهم. فما يظهر لك هنا والآن غالبا ما يحدث داخل الجلسات التوجيهية، ولكن التعاقد والاتفاق على معايير النجاح ومقاييس الأداء الدقيقة التي تسعى المنظمة التي تتعاقد معك على تحقيقها يتطلب حوارات صريحة عن نتائج التقارير التقييمية التي قمت بها. وبدون ذلك لا يمكن أنْ تنطلق في توجيهك المنظومي، وستكون كمن يركب سفينة في البحر بلا دقّة تتقاذفه الأمواج وقد تبتلعه.

ثانيا: وجود إطار تطويري متماسك وواضح للتنظيم

إنّ غياب سياسة التطوير الواضحة يتطلب أنْ تتعاقد لوضع هذه السياسة لكي تستطيع أنْ تنجز فيها. ومن هنا يأتي دورك الاستشاري. ومن هنا يصبح عملك التوجيهي جزءا من الكلّ ليضفي تكاملا ويضع دعامات تسنده وتيسره. فما التوجيه إلّا عربة من العربات التي تسير في اتجاه معين وبدون الغاية والاتجاه الواضح لن تصل العربة أبدا.

ثالثا: التركيز على إيقاظ الوعي الجمعي والفردي في العلاقات

بدلا من التركيز على السلوكيات والأنشطة والأنظمة والممارسات وإلّا سيمتصّك النظام الموجود في أوعيته الدموية وتصبح أنت أداة له في تكرار ما تمّ فعله من أو تنفيذ ما يريد لتجد نفسك في دائرة مفرغة. لذا عليك أنْ تضع آليه العمل المعتمدة على الوعي وليس على التنفيذ وإلّا أصبح توجيهك لا معنى له. والحذر من أنْ تحلّ محل القادة أو تتصدّر الحديث بدلا منهم أو تكون الأداة التي يتواصلون عن طريقها فيما بينهم.

رابعا: التركيز في خدمتك على الكلّ دون الجزء

ومهما بدا الإغراء كبيرا في التعامل مع الجزء لكونه متناولا، إنْ دخلت على أنّك موجّه منظومي ولم تنتبه للشمولية والشبكية والبعد الواسع للتنظيم وما يدور فيه، فأنت فقط موجّه تنظيمي أو قيادي أو تنفيذي. والتنازل عن الكلّ مقابل الجزء سيؤدي إلى فقدان مقدرتك على الوصول إلى نتائج قوية ومستدامة تحوّلية في التنظيم.

خامسا: التّمسّك بأخلاقيات التعامل الصحيح

أحد أهم المنزلقات في منحدر التوجيه المنظومي أنْ يشتريك قائد ما، أو فريق ما، على حساب أخلاقيات العمل والمهنة التوجيهية ويغريك إبقاءه كمستفيد فترة أطول، على قيمك الأخلاقية فتساوم ذا بذاك وتجامل على حساب الدّخل الوارد من التنظيم. ولذا عليك أنْ تتذكر أنك كموجه لا تمثّل نفسك فقط، وإنما أمّة من الموجهين المعتمدين ورائك وتحمل أيضا قيم مجتمعك الدينية الإسلامية. ولذا من البداية لابدّ أنْ تضع تلك الأخلاقيات والحدود أمامك وأمام المستفيدين في المنظومة من وجودك. تذكّر أنْ تعرّف نفسك بتعريف محايد لا يسمح لأي منتمي للتنظيم من إغرائك أو التحيز معك، وأنك شريك نجاح منظومي وليس شريك نجاح لقائد بعينه أو فريق بدون انتمائه الكامل للتنظيم. وأنّ التنظيم شريك لك فقط ما دام يحترم أخلاقيات المهنة

التوجيهية والخصوصية التي تمنحها لمن تعمل معهم في أنحاء التنظيم. والكلمة التي يمكن وصف هذه الفقرة بها هي المساومة أو تقديم التنازلات. وكلاهما خطيرتين.

وهذه المنزلقات الخمسة يقابلها مصاعد مهمّة [51]:

أولا: هويتك ومن تكون، أهمّ بكثير مما تفعله، وأعني بذلك كيف تعرّف نفسك في التنظيم وكيف تحمل وزنك وأنت تظهر في مختلف المساحات التوجيهية، ممّا يتطلّب قدر عالي من الوعي الذّاتي والتوازن وتدريبا مستمرا بجهد عالي للوصول لذلك. وممّا يساعدك في ذلك برامج توجيه فرق العمل، وبرامج اعتمادات التوجيه العليا المستمرّة، والممارسة فوق كل شيء. وفوق ذلك كلّه رؤيتك الشخصية ومقصدك التعاضدي المستمر في التفاعلات الجمعية التي تقوم بها.

ثانيا: الشفافية والتحقّق والشجاعة سلوكيات أساسيّة في طريقة تناولك للمواضيع والقضايا التي تظهر أمامك وكيفية استدعاء مشاعر الحاضرين تجاهها واستنهاض الوعي بتصورات مختلفة، ومعالجتها بوقت، وأريحية، واطمئنان.

ثالثا: تكوين المسائلة المستمرة المشتركة وهذا يدعو إلى توضيح المخرجات والنتائج من كل خطوة نقوم بها معاً في التوجيه. وتوزيع المسؤولية على الفرق المستفيدين، حتى لو حصل تأخير فإن التأخير فرصة للتحقّق والتوجيه وليس سلبيّا لأنه يكشف لك وللآخرين عن معتقدات خفية عما ينبغي وما لا ينبغي ومن ثم يعود بك للنقطة السابقة. ويمكنك أنْ تبدأ بهذه النقاط وتبني عليها أثناء طلبك لمزيد من العلم والتدريب وأثناء تأمّلك كما سنرى في الجزء الثالث من الكتاب عن "الموجّه".

***

الفصل الخامس: فريق العمل النّيوكارزمي

بالرّغم من كون هذا العنوان يشغل جزء من عنوان الكتاب إلّا إنّ تأخيره لهذا الفصل في الجزء الثاني أتى بقصد. ففريق العمل النّيوكارزمي هو نموذج خاص في التوجيه المنظومي ينبع من صميم مفهوم التحوّل المنظومي الفعال والذي يحدث بسبب نوع معيّن من القيادة. إضافة إلى أنّه يحمل كلّ عناصر الفريق عالي الأداء فهو مسؤول عن التحوّل التنظيمي بأُكمله. ولأنّ هذا الفريق يتبع قائدا نيوكارزميا أخلاقيا في الأصل، كان من المتطلبات الحتمية عليه أنْ يكون كلّ عضو فيه قائدا نيوكارزميا أخلاقيا حذوة بقيادته. وقد لا يدرك القائد النيوكارزمي طبيعي قيادته ولا النظرية التي تفصلها فهذا ليس شرطا ولا أساس في فعالية الأدوار السلوكية التي يلعبها في التحوّل، كما أنه قد لا يدرك الفريق ذلك. ولكن الموجّه للقائد والفريق لابد أنْ يكون مطّلعا على النظرية وفاهما لها ولعناصرها لكي يتمكن من التوجيه بها للقائد وللفريق. وفي الفقرات القادمة نتحدث عن هذا النموذج الذي هو نتاج أبحاثنا في الدكتوراه [52] وموضوع كتابين أحدهما باللغة العربية [2] والآخر بالإنجليزية [4] في القيادة الكاريزمية والبعد الأخلاقي فيها على جميع المستويات. لنبدأ أوّلا بمقدمة قصيرة عن القيادة وأنواعها.

أنواع القيادة الحديثة

يقسم الخبراء القيادة الحديثة إلى نوعين، القيادة التحويلية والقيادة التحوّلية. فأمّا الأولى فتهتم بصناعة قائد يتبع أثر من سبقه للمحافظة على الوضع الحالي في التنظيم والمحافظة على مكاسبه من هذا الوضع. فأي تغيير أو تحسين في الأنظمة والممارسات التنظيمية هو الأدنى لخدمة هدف مباشر وفوري ومن ثم يتجنّب هذا القائد إحداث تغييرات جذريّة تحوّلية إلى أنْ يصبح مضطرّا إليها. وعلاقاته داخل وخارج التنظيم تتسم بتحويلات مالية ومادية محسوسة ملموسة تنصب في غاياته الخاصة من اعتلاء هذا المنصب. وعادة ما تجد هؤلاء القادة مستمرين في مناصبهم لفترة طويلة جدا ولا يسمحوا لغيرهم بأنْ يتحرّك بدون علمهم وتتّسم منظماتهم بالهرمية العالية والبيروقراطية المعيقة، والتكتّلات المسيّسة مع أو ضد القائد، كما تسود الثقافة التنظيمية

مشاعر الخوف والوجل، بل والترقب خوفا من الفصل أو فقدان الوظيفة. ويتجنب المبدعون العمل في تلك المنظمات حيث لا صوت لهم ولا أمل من التغيرات التي ينشدونها [53].

وعلى النقيض ممّا سبق القيادة التحوّلية والتي تسعى بأنْ تغيّر الوضع الحالي أو تحوّله بالكامل بحسب ما يتاح لها من موارد ودعم من الداخل والخارج. وحيث تجد القائد همّه البحث عن طرق مبدعة وجديدة للأداء ولا يوجّه جهده كلّه للأنظمة والممارسات فحسب، بل يهتمّ برأس المال البشري وتحقيق الرّضا ودرجة من الانسجام لتحفيز المنتمين له وتحريك مشاعر الانتماء فيهم. وهذه القيادة عادة ما تكون ملهمة ومحفّزة ومحرّكة للجموع بالتحدّث إلى القيم الداخلية واستنهاض الاعتقادات الثقافية التي تحرك الناس. وتجد التابعين لها يتحرّكون بحماس معها ويبذلون قصارى جهدهم، ليس فقط لرغبتهم في الترقية أو المكافأة، ولكن لإيمانهم بالغاية التنظيمية والرؤية المؤسسية التي يدعو لها القائد والتي تخدم المجتمع المحلي الداخلي والخارجي. ومن هنا يصبح القائد عامل تغيير ليس فقط على مستوى المنظومة، وإنما قبل ذلك بالتأثير على الإتباع[54] . وقد ظهرت نماذج عديدة تحكي هذه القيادة ، وأصبحت شعار كلّ دورة تدريبية حديثة وكل برنامج تطويري قيادي، لدرجة أنّ البعض صنّفها كقيادة نبويّة، لتقاطع السلوكيات بينهما. وهذا من أخطار إسقاط البحث العلمي الحديث على القرآن والدين الإسلامي. وللأسف لا تخلو القيادة التحوّلية من انتقاد في ساحات الكتب العلمية الأكاديمية ، فقد تتجرّد تلك القيادة من الدين والروحانية والأخلاق ليعتلي صهوتها من يطوّع تلك السلوكيات لخدمة غاية خاصة به قصد أم لم يقصد. ولا أشهر من القيادة الكارزمية التي تحدث عنها الناس في حقبة زمنية وبهروا بها إلى أنْ ظهر قوّاد كارزميين تسبّبوا في كوارث عالمية نعيش آثارها ليومنا هذا.

القيادة الكاريزمية

الكاريزما هو مصطلح إغريقي قديم يعني الهدية الإلهية والتواجد الروحي المؤثر بسبب صفات خارقة للمعتاد. وأُضِيفَ له أولئك الذين يسحرون الناس بكلامهم في القيادات التاريخية العديدة. ثم تعرّف الباحثين في هذا الفرع على ما يسمى بالظّل الأسود

للقيادة الكاريزمية وهو "الأنا" أو الذاتية وابتغاء المصلحة والمكاسب الشخصية. وحذّروا منه وضربوا لها أمثلة عديدة في عالم المنظمات بأنواعها. ثمّ ظهرت في نهاية الثمانينات حركة مختلفة تدعو إلى النيوكارزمية والتي يتم استبعاد ذلك الظل الأسود فيها بأساس لا غنى عنه في صميم شخصية القائد واتجاهاته النفسية وهو خُلُقَ "الإيثار" المغاير "للأنا". وفرّغ أولئك الباحثين أنفسهم لتقصّي الحالات التي تظهر فيها القيادة التحوّلية، ولكن بشكلها الأخلاقي الجديد النابع من الإيثار، وتتبعوا سلوكياتها والظروف التي تظهر فيها في ست دراسات عالمية وعدد من الكتب والأبحاث العلمية المنشورة من جراء تلك الدراسات[55] . وخرجوا بمسمى القيادة النيوكارزمية أو القيادة الأخلاقية النيوكارزمية. ولأنّ النظريّات الأخلاقية عديدة وتعود جذورها لعلم الفلسفة ومحاولة الإجابة عن سؤال ماهيّة الأخلاق فقد خصّص هؤلاء الباحثين كتابين منشورين لبحث النظرية الأخلاقية في القيادة[57] [56] . ثمّ تناولنا الموضوع بشيء من الدّقة وطبقنا خلاصات أبحاثهم على حالات دراسية في بحث الدكتوراه وخرجنا بعشرة أدوار مهمّة يتجسّد فيها خُلُقَ الإيثار ويغلب على الأنا، وقبل أنْ نكمل هذا العرض من المهم أنْ نقف وقفة مع علم الأخلاق.

حقيقة الأخلاق في الثقافة العربية

عند طرح مواضيع الأخلاق والعلاقات الإنسانية نجد أنفسنا نعود لتأصيل تلك المواضيع أولا وقبل كل نظرية بشرية إلى كتاب الله وسنة رسوله، فعندما يكون النص القرآني "العربي المبين" صريحا في موضوع ما، يصبح ما عداه كلام بشر يؤخذ ويردّ. وما التنظير في عالم الأكاديمية إلّا محاولة للبحث عن الحقيقة وقياسها بالأدلة الحسية والمعنوية بقدر الإمكان. ولذا نبدأ بحقيقة وليس نظرية. وقد ذكر الله تعالي في القرآن الكريم وصف النخبة من القادة الصحابة المهاجرين أولي التأثير العالي فقال: "وَالَّذِينَ

تَبَوَّءُوا الدَّارَ وَالْإِيمَانَ منهِمْ يُحِبُّونَ مَنْ هَاجَرَ إِلَيْهِمْ وَلَا يَجِدُونَ فِي صُدُورِهِمْ حَاجَةً مِمَّا أُوتُوا وَيُؤْثِرُونَ عَلَىٰ أَنْفُسِهِمْ وَلَوْ كَانَ بِهِمْ خَصَاصَةٌ ۚ وَمَنْ يُوقَ شُحَّ نَفْسِهِ فَأُولَـٰئِكَ هُمُ الْمُفْلِحُونَ ".[33] وتدلّ بوضوح على أنّ النخبة من قادة المجتمع، وفي هذه الحال الأنصار، هم أولئك الذين (١) يُحِبُّونَ مَنْ هَاجَرَ إِلَيْهِمْ ، (٢) وَلَا يَجِدُونَ فِي صُدُورِهِمْ حَاجَةً مِمَّا أُوتُوا ، (٣) وَيُؤْثِرُونَ عَلَىٰ أَنْفُسِهِمْ (٤) وَلَوْ كَانَ بِهِمْ خَصَاصَةٌ. ثم ختمها بالتأكيد على أنّ شحّ النفس هو الصفة النقيضة المنبوذة البغيضة والتي تؤدي بصاحبها للهلاك والذي هو عكس الفلاح: (٥) "وَمَنْ يُوقَ شُحَّ نَفْسِهِ فَأُولَـٰئِكَ هُمُ الْمُفْلِحُونَ". ومن هنا نستخلص خمس مدارج في الأخلاق لا غِنى عنها لكي يترقّى القائد بقيادته، وتعتبر بمثابة المراحل المهمة في تأهيل القائد لنفسه وتربيته لذاته قبل أنْ يتصدّر لقيادة مجموعة من التابعين أيا كانوا وفي أي زمان أو مكان ظهروا:

(١) القدرة على ممارسة الحب في فعل مستمر الوقع والتأثير "يحبّون". والحب يقتضي مشاعر معينة تسمح بمرور النيّة والمقصد والمحفّز والمحرّك عبر العلاقات الإنسانية. ويخطئ من يحصر الحب الإنساني في العلاقة الجنسية أو الزوجية. فالمحبّة هي تلك المشاعر الرّاقية التي نترجم بها رغباتنا ونياتنا في مختلف أدوارنا في الحياة. فأنت تحب ما تفعل ومن تتحدّث معه برفق أو تصادق أو تآخي أو تعمل معه أو تتعاون وتتآزر. وتسبق هذه المشاعر أي فعل آخر وإلّا ما قمت بما تقوم به ومن غير المحبّة للشيء والرغبة في التّحرّك نحوه.

(٢) والثانية في استقبالهم لمن هم أفضل منهم (وفي هذه الحال يظهر بوضوح درجة المهاجرين وأنّها أعلى من الأنصار)، وصفهم بأنّهم لا يجدون في أنفسهم حقد ولا غل ولا حسد (ولا حاجة) لما أُوتي المهاجرون من فضائل. وهذا السلوك القلبي يدل على توجيه قوي جدا من القائد لنفسه ليتخلى عن تلك الصفات التي يتّسم بها معظم البشر من التنافس والتمني لما في أيدي الآخرين من نعم ومن ميزات. فيكف تتصدّر للقيادة وأنت ترغب في ميزات الآخرين واعتلاء مناصبهم والتفوق عليهم؟ وكأن الله يحكي عن ميزة صعبة الحصول وتحتاج للكثير من التربية الذاتية والممارسة. ومن المعروف أنّ التخلية (التخلي عن سلوك أو مشاعر أو فكر معين) يسبق التحلية (التحلي

[33] سورة الحشر آية ٩

بسلوك آخر أو مشاعر بديلة أو فكر جديد) ولذا سبق هذا السلوك المنفي السلوك الآتي وهو سلوك الإيثار. فالتخلي عن الأنا وما لي، وما أرغب فيه لابدّ أنْ يقع وبإحكام قبل القيادة الكاملة المثالية والتي يتحقق فيها معاني لا توجد في غيرها من القيادات التحوّلية.

(٣) صفة الإيثار والذي يحدث في حالتين: التخلّي عن الحاجة وكونها كمالية وليست ضرورية له وهذا أبسط.

(٤) والإيثار مع الحاجة كأنْ يكون فقيرا أو صاحب ضائقة أو الموضوع بالنسبة له يشكل خسائر مادية أو معنوية أو مخاطرة، ومع ذلك يمارس التوجيه لرغباته ومقاصده لمصلحة الآخر ويتخلى قصدا لغيره.

(٥) وآخرها تثنية على الإيثار مع الحاجة بدرجة دقيقة جدا وهي التخلي الكامل عن الشّح، والحرص والذي يأتي في المنظمات والقيادة مع المنصب من مال أو سمعة أو تقدّم أو تصدّر أو ثناء وغيره. الشّح صفة ملازمة للأنا وهو أبشع صورها ووضعه في موضع الثناء على المتخلي لأنّ القائد قد يؤثر بدون تخلّي كامل في موقف أو موقفين ولكن أنْ يتخلّى، هذه تتطلب نقلة كبيرة في العقلية، من عقلية الندرة إلى عقلية الوفرة وقد لا يترتب على التخلي جزاءا ولا شكورا.

ماذا يحدث بعد ذلك؟ يحدث تلك المعجزة الإنسانية في العلاقة وهي التحوّل في التابع أو الإتباع، والتمسّك بالقائد أكثر وحذو مثاله في كل صغيرة وكبيرة. تحدث تلك الحال التي نرغب فيها في التنظيم. حال التأثر. التأثّر الذي هو سرّ التحوّل ليس فقط على المستوى الفردي، ولكن على المستوى الجمعي حيث تصبح المنظمة خلية نحل أو مستوطنة نمل في قمة التعاضد والتكاتف لأنّ القائد يضرب المثل في الإيثار ولا مكان بعد ذلك للأنا الساحقة للمجتمع.

النظريات الأخلاقية في الثقافات الواردة

ثم نقف وقفة مع النظريات الأخلاقية الحديثة في المراجع العلمية التي استخلصت أفضل ما وصل إليه الباحثون من نظريات. تتناول هذه النظريات السلوك الأخلاقي من ثلاث جوانب: (١) السّلوك، (٢) المحرّك للفاعل، و(٣) السياق الذي يقع فيه السّلوك. فالسلوك لوحده قد يكون جميل مثل التصدّق على الفقير، ولكن في سياق قد يكون هذا الفعل قبيح ومرفوض مثل التصدق على الفقير الذي يصرف المال في المخدّرات، وقد يكون السلوك الجميل في السياق الصحيح، ولكن المحرك للفاعل

قبيح مثل التصدق بنية المنّ على الفقير أو نية الظهور والرّياء. ومن هنا تنوعت معالجات نظريات الأخلاق بتنوع هذه الثلاث [56]. وهناك اتجاهات عديدة في طريقة مناولة الأخلاقيات أشهرها ما اعتمد عليه باحثوا النظرية النيوكارزمية وهي التوسط بين المثاليات التي تتجاهل بشرية الانسان وواقعه التجريبي البعيد عن المثالية عن طريق توظيف علم الظواهر[34] واتجاهات المعارف الغيبية[35] لأرسطو[36] وأكوينس[37] لنصل إلى معادلة بين الاثنين عن طريق نظرية تعني بفحص التجربة الإنسانية[38] في الوجود اللحظي[39] بشكل متكامل حسي جسدي ونفسي روحي. وهذا الاتجاه له مخاطره في التركيز على التجربة وتضخيمها لدرجة الطغيان على الجمعيّة أو المجتمع وكون الأثر الواقع ذا منفعة أو ذا ضرر ممتدّ كما نرى الآن في العالم من تمجيد الفرد وتجربته الإنسانية. ويحاور مؤيدو التجربة الإنسانية بأنّها بفعلها وفاعلها (الإنسان) ينتج عنها إدراك هذا الإنسان لمقدراته الخيرية الأخلاقية وأنّه ذا قيمة وأثر ومن ثم يشعر بالرضا الذاتي عن نفسه. وفي الواقع الرضا ليس نتيجة الممارسة في التجربة وإنما نتيجة الأثر للممارسة، على الفاعل نفسه وعلى الواقع والذي يستوعبه الفاعل للسلوك فيزداد وعيا بذاته عن طريق التجربة. ويستند الباحثون في ذلك على ووجاتساي[40] والذي يؤكّد أنّ الممارسة الأخلاقية ليست في الكيان الجسمي أو النفسي للإنسان وإنما هي في الكيان الروحي له وهو أصل وجوده وسبب توحّد كياناته الأخرى في بعض. وكأنه بذلك يؤكّد تكامل الإنسان في جوانبه المختلفة العقل، والروح، والنفس، والجسد. ومن ثم الرضا الداخلي لا يحدث إلّا بتجسيد وممارسة القيم الأخلاقية وأنّ هذا الرضا هو ما ينتج عنه الضمير الذي يميّز بين الحق والباطل [57].

---

[34] Phenomenology
[35] Metaphysics
[36] Aristotle
[37] Aquinas
[38] Personalism
[39] Existential
[40] Wojtyla

وكما ذكرنا كلّ تلك المحاولات عبر القرون في الثقافات الأخرى هي لرأب الصدع الحاصل نتيجة غياب منهج إلهي أخلاقي ونحن في وقفتنا هذه نتعرّف على هذه الأبعاد بحذر وفحص ونقد كامل للنظريات فلا ننساق إلى هؤلاء أو هؤلاء، بل نتفق مع ما اتفق عليه منهجنا الرباني القرآني وندرك أهمية الارتباط بالله أو بالروحانية الإنسانية كما تسميها الثقافات الأخرى والتواصل مع ما وراء الغيب كأساس لتواجد الإنسان في جميع المساحات التفاعلية في الحياة وبطلان ما يدعو له العلمانيين الذين فصلوا الدين عن الحياة من أنّه لا علاقة لهذا بذاك. والكلام في ذلك يطول والهدف من هذا العرض هو لفت الانتباه لوجود أصول لموضوع الأخلاق في الثقافات المتعددة وهو مفيد في نقد وتحليل البحث الأكاديمي في الثقافة الغربية لمن يكتب أو ينشر أبحاثه. وهو أيضا مفيد لمن يريد أنْ يمارس التدخّل الانتقائي[٤١] والاستيعاب في الأدوار التوجيهية الاختيارية ويرغب في التعمّق في مواضيع الوجود الرّوحي من وجهة نظر الثقافات الأخرى وينصب ذلك مباشرة في تكوين قناعات القادة التحوليين في الثقافات المتعددة العالمية حيث يحتاجون لمثل هذه النظريات في غياب العقيدة الدينية الروحية والمنهج الإسلامي الأخلاقي كمؤثّر في الثقافة التنظيمية. ويرى كلمان أنّ الموجات الخفية التي لا نراها في عالم المنظمات هي أساس في حدوث التحوّل التنظيمي وسابقة لرسم الإستراتيجيات، أو الأنظمة، أو الهيكل، أو غيرها من محاولات التّحول وبدونها لا يحدث التحوّل أو أي محاولة لإصلاح التنظيم المتفكك. ويشير بالموجات للثقافة السائدة والقدرة لدى الناس في مواجهة الشبكات المعقدة من العلاقات والتي تحرك هذه الموجات، وإلى فرق العمل والتفاعل الجمعي الحاصل فيها والتي هي محرّك العلاقات الإنسانية في المنظومة. ويستقي كلمان فكره الشمولي للمنظومة وما يحدث في تلك الموجات الخفية من الفيزياء الكمية وعلوم الفضاء ويؤكّد أنّ ما وصلنا إليه من علوم مبنية ومجردة لا يفسّر ولا يعرّف تلك الموجات الخفية التي نشعر بها، ولكن لا نستطيع تعريفها أو الوصول لها. وهي متعلقة

[41] Eclectic

بالجانب الروحي من الإنسان [53]. وفيما يتعلّق بالسلوك ذاته، تظهر لنا مدرسة الجشتالت المعروفة في التطوير التنظيمي والتي تؤكّد أنّ التجربة الإنسانية عبارة عن مراحل من حال الدافعية[٤٢] إلى حال العزم على اتخاذ القرار بالتنفيذ أو الإرادة، وما بين ذلك من حالات تفكير ومشاعر وتصورات مختلفة عن النتائج أو في الهدف أو المخرجات أو القيمة الأخلاقية المجنيّة من الفعل. وهذا في حد ذاته ممارسة لحرية الاختيار والتي عرّفها الله في القرآن "وهديناه السبيل إمّا شاكرا وإمّا كفورا"[٤٣]. ومن هنا يتمّ تفعيل الإطار الأخلاقي المتوائم مع الحقيقة في تلك التجربة الإنسانية وما تلامسه من واقع حيّ لسياقها الخاص ووعيها النّامي. وفي هذه التجربة وتفاصيلها يقع التحوّل والإدراك للذات في ضوء الانتماء لقيم أخلاقية خيرية. فينتقل معنى الصدق مثلا ليتحقق في إنسان صادق مع الآخرين ويتلمّس أثر الصدق في حياته وهكذا، بعد أنْ كان الصدق معنى معلّق بعيد عن الواقع. ويخرج المسلم زكاته عن ماله باختياره وحريته لشعوره باستحقاق المحتاجين من حوله ومسؤوليته الاجتماعية تجاههم وليس خوفا من نظام أو قانون ومن هنا يتحرّر الإنسان من الخوف أو المراقبة الخارجية البشرية إلى المراقبة الإلهية العليا. والتجربة الإنسانية الخالية من الروحانية تجربة ضحلة وسطحية وقليلة الوعي. ومعظم العاملين في حقل التطوير الإنساني على اختلاف ارتباطاتهم الروحية بالخالق يعرفون أثر ذلك على الوعي الإنساني الفردي وعلى الوعي الجمعي. ونحن في سعينا لتأصيل النظرية الأخلاقية لتكون شمولية لكلّ إنسان يعمل في التنظيم ويتفاعل فيه، لا نهمل هذا الجانب، بل نحرّك القارئ الموجّه والقائد لفريق العمل له، ليكون نبراسا في تحركاته المستقبلية في كل اتجاه. ومن هنا نبدأ ومن هنا ننطلق للقيادة النيوكارزمية والتي تعتنق في حناياها موضوع الرّوح والعقل والقلب والنفس والجسد، والتي لا نعرف بالتجربة العلمية المجردة منها إلّا شيئا عن الجسد وأما الباقي فهو في علم الله وما نحن في محاولاتنا الحالية إلّا ننقش في سطح لا نعرف عمقه. ولذا فإن أقرب لغة نتحدث

[42] Motive

[٤٣] سورة الإنسان، آية ٣.

بها ليفهمنا الغرب في محاولاتهم البسيطة في المئوية السابقة هي النظرية النيوكارزمية والتي تشير إلى شعار سيد الأنبياء والرسل: "إنما بعثت لأتمم مكارم الأخلاق"[٤٤] وموضوع الإيثار وأهميته في بناء القيادة.

النموذج النيوكارزمي

يتلخص النموذج النيوكارزمي في أنه يحكي الأدوار السلوكية التي يمارسها قائد التحوّل في مراحل التحول الثلاث لمنظمة بكاملها. ونعني بالتحوّل ذلك الانتقال من حال لحال بسبب اتخاذ قرار إستراتيجي يحدث أثرا كبيرا في حياة التنظيم. ومن أشكال التحوّل التنظيمي الدّمج والاستحواذ، أو التّخلي عن فرع أساسي، أو بناء فرع جديد، أو إعادة هيكلة ، أو تموضع كامل لمخرجات ومنتجات التنظيم positioning، أو أتمتة Automation، أو تحجيم وما إلى ذلك من نقلات نوعية في حياة التنظيم. والفرق بين التّحول التنظيمي والتغيير التنظيمي، أنّ الأخير قد لا يكون إستراتيجي شامل، وقد يكتفي بتغيير إستراتيجيات عمل معنية أو تقديم سياسة معينة أو سلسلة من السياسات التي ترشد الموظفين في العمل لأسلوب أداء مختلف أو قيود أو بنود جديدة، وبينما التغيير يراعي المحافظة على الوضع الحالي في مؤثرات معينة في إستراتيجيات العمل والسياسات والأنظمة ليتجنب الفوضى الناتجة، التحوّل يقلب الطاولة على ظهرها ويبحث عن شكل جديد كامل للعمل ومن ثم يسبب حال شكك وضبابية وعاصفية. ومن هنا تصبح السياسات والأنظمة والاستراتيجيات والممارسات القديمة غير قابلة للمراجعة أصلا ولا تفيد في الوضع الجديد. بينما التغيير يستفيد من الوضع القديم ويحافظ عليه إلى أقصى درجة ممكنة ليكون الازعاج الناتج عن التبديل في أقلّ درجة ممكنة للعاملين والمخرجات أو الغاية التي وجد من أجلها التنظيم. وقد يجادل البعض ضدّ التحوّل ومع التغيير التدريجي المخطط له، إلّا أنّ التحوّلات التي حدثت في السّاحة في الآونة الأخيرة أثبتت لنا أنّ التحوّل أقوى وأسرع وأقلّ تنبؤا

[٤٤] الادب المفرد للإمام البخاري.

من التغيير ولا يحدث أحيانا بالطريقة التي نخطط لها ولا ينتظر منّا الإذن أو الموافقة. ومن هنا كان جذريا أنْ يقود التنظيم أولئك المتمكنون من مفاهيم التّحول ويعرفون كيف يلعبون تلك الأدوار النيوكارزمية الأخلاقية. وقد يجادل البعض بأنّ النظرية لا ممارسة لها إلّا في أثناء التّحوّل ومن ثم لا داعي لتدريب القياديات على هذه الأدوار والجميع يعرف ما يفعل. والرّد أنّ هذا الافتراض مبني على استقرار وقتي في عمر التنظيم. فحركة التغييرات التي نشهدها تنفي ذلك الاستقرار الذي نعم به أجدادنا، واليوم العالم العربي في ربيع عمره بمعنى أنّ تعداد سكانه تحت سن الثلاثين يفوق عدد سكانه فوق تلك السن، ومن هنا ننظر فنجد هذا الجيل الشاب ينضخ بالحيوية ويتسم بالسرعة والكفاءة في التعلم والإدراك للمفاهيم العلمية والإنسانية ويستخدم التقنية بكامل أدواتها، بل ويبدع ويصمم وينفّذ في دقائق فيصعب مواكبة التابعين من القادة إذا لم يكن القادة مؤهلين على كبر سنهم ونضج تجاربهم. وينبغي أنْ يفهم القارئ أنّنا في تناولنا للتحوّل التنظيمي نشمل بذلك التغيير وإدارته على مستوى السلوك الفردي أينما كان في التنظيم. وبذا فإن الأدوار التي سنتحدّث عنها في مراحل التّحوّل لا تنفكّ من أنْ تكون كلّها أو بعضها مناسبا لأدوار القائد أثناء التغيير، ولكن تفترق في سمات معينة بحسب المستوى القيادي وحجم المسؤوليات المناط بها وعدد التابعين له. ولذا فإنّ السّلوك القيادي النيوكارزمي هو شامل وواسع التطبيق وليس محدّدا بأدوار معينة، بل يمكن أنْ يمارس السلوك القيادي النيوكارزمي صاحب المنشأة الخاصّة أو حتى الذي يعمل حرّا لنفسه ويستخدم التأثير في وسائل التواصل الاجتماعي.

والتعريف الرئيسي المعتمد للقيادة النّيوكارزمية هو:

"سلوك قيادي مؤثر في الإتباع مندرج تحت مجموعة من الأدوار ويتبع رؤية مثالية مميزة بإيثار ومرجعية أخلاقية".

وعادة ما يتميز كل دور بمجموعة من السلوكيات ينبني بعضها على بعض بحيث تظهر نتيجة المرحلة التي يمرّ بها القائد أثناء التحول. وكلّها تعكس عقلية معيّنة عميقة في الوعي الذاتي، والتّفهم والرؤية الخاصّة بهذا القائد. ومن هنا جاء مفهوم الرؤية

المثالية. فهذا القائد عادة ما يكون لديه رؤية مثالية لذاته في الحياة وهي رؤية قوية ينبثق منها رؤيته التنظيمية والتي لا تظهر بدون مشاركة التابعين. فالتشارك مهم في القيادة النيوكارزمية واتخاذ القرارات لا يكون من القائد بدون تمكين الإتباع، وتمكين الإتباع يتطلب تحوّل كامل فكري ومعنوي وروحي لديهم ليسمح لهم بالاتصال مع القائد في مستوى أعلى من مستوى تحقيق الأهداف الربحية ولكي يتم تجسيد البعد الأخلاقي في كل مرحلة من مراحل التّحوّل. ويهمنا هنا أنّ القائد وهو يمرّ بتلك المراحل مع فريقه القيادي يحتاج لموجّه قادر على استيعاب النموذج وتقديمه له بحيث يجسّده في كل دور من أدواره ويُنَمْذِجُه في سلوكيات هذا الدور. ومن هنا جاءت أهمية تقديم النموذج في سياق هذا الكتاب ودعوتنا للموجّه المهتم بالتوجيه القيادي أنْ يثقّف نفسه فيه ويتعلّمه ويتدرّب عليه ليستطيع أنْ يوجّه به قادة التحول الشامل في مجال عمله.

الأدوار السلوكية للنموذج النيوكارزمي

ولكي يفهم القارئ النموذج النيوكارزمي نرص له المراحل والأدوار العشرة التي تندرج تحتها بشكل كامل في هذا الفصل مع أهمية النموذج المرئي في الرسم التوضيحي ٩ وهو عبارة عن تجسيد تمثيلي لمجرة كاملة تدور فيها مجموعة من الأفلاك وهي الأدوار القيادية، وتتقاطع حركتها شكل منظم مستمر في مراحل متتابعة، ولكن متداخلة. فتخيل أنّك قائد لتحوّل تنظيمي شامل وتحتاج في قيادتك لهذا التحوّل أنْ تتحرّك باستمرار بين هذه المراحل الرئيسية والأدوار التابعة لها. ولكن يصعب تحقيق كل دور منفصلا عن الآخر وإنما يتصل به في أشكال متعددة تختلف مع اختلاف السياقات والمتغيرات في كل سياق. وتخيّل أنْ فريقك القيادي، كلّ عضو منهم، أيضا يلعب تلك الأدوار، ووراءه فرق أخرى وهكذا إلى آخر عضو في التنظيم. فالقائد هو المجرّة والكواكب هي الأدوار الخاصة به والعلاقات بينها هي المدارات. ولكي يعمل مع قياديات أخرى في هذا الكون الواسع فإن لكل منهم مجرته الخاصة وكل تلك المجرات تتقاطع مداراتها باستمرار ووظيفتك كموجّه قيادة هو أنْ تتعلّم كيف توجّه هذه العلاقات المتشابكة والتقاطعات لتسهّل وتيسر التواصل بينهم لخدمة الغاية التنظيمية والتّحول الحاصل. وما الفكرة إلّا لتقريب

الفهم. وفي السّرد الآتي حرصنا على شرح المرحلة ثم ما تحويه من أدوار وما ينبغي أنْ يهتم به الموجّه لفريق العمل في كلّ منها. وأمّا التوجيه القيادي النّيوكارزمي فهو في محلّه بتفاصيل أخرى وأسئلة محددة للموجه وللقائد مع نفسه في حال التّفكّر والتدبر في كتابنا [3].

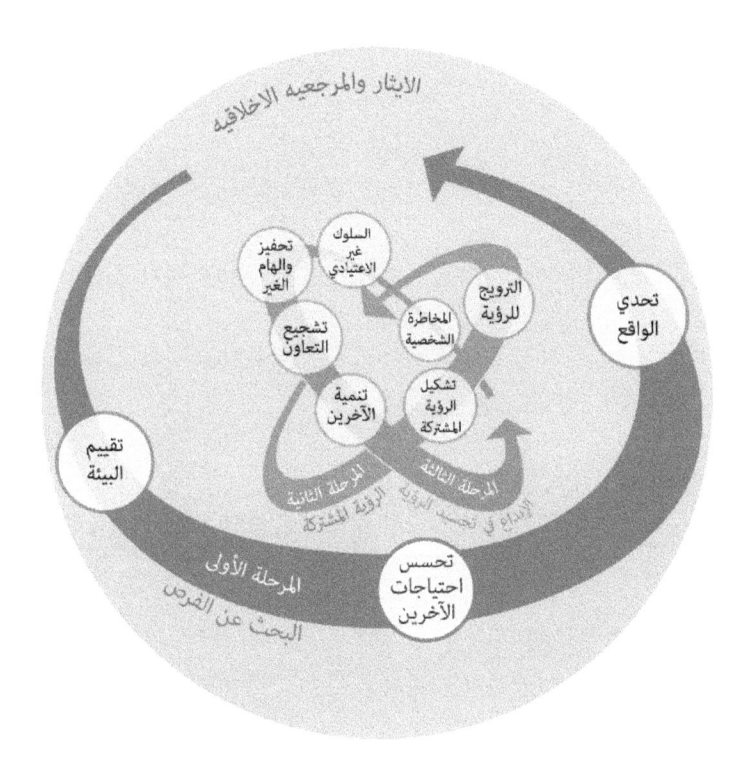

رسم توضيحي ٩ نموذج القيادة النيوكارزمية

مراحل التّحوّل التنظيمي وأدوار موجّه الفريق النيوكارزمي فيها

المرحلة الأولى: البحث عن الفرص

تتلخّص هذه المرحلة في البحث المستمر من القائد الذي لا يفتأ من أنْ ينتهي من تحوّل أو تغيير جذري إلّا وأتى بغيره. فرؤيته المثالية المتميزة لا تسمح له بالرّضا بالوضع الحالي ويظهر له دائما وضع مثالي آخر وأفضل. والبعد الأخلاقي لهذه المرحلة يدفعه

بقوة للبحث عن العدالة والمساواة وتحقيق مفاهيم وقيم عليا تتعلق بالإتباع. ورؤيته الخاصّة تحرّكه باستمرار ليبحث عن أفضل وأعلى الفرص ليس لنفسه، ولكن لما فيه الفائدة للجميع تفعيلا للبعد الأخلاقي الداخلي وخُلُقَ الإيثار. وتظهر في هذه المرحلة تبعا ثلاث أدوار رئيسية واضحة:

الدور الأول: تقييم البيئة الداخلية والخارجية

القائد: ما يميز القائد النيوكارزمي فيه هو رغبته في أنْ يكون جزءا من هذا التقييم ومن ثم يلتفت إلى تفاصيل مهمة في التقييم لها علاقة بالرؤية المثالية الخاصة به في قيادته ومن هنا يتم تفعيل البعد الأخلاقي مرة أخرى ولا يرضى القائد في نتائج التقييم بأقل من الحل الأمثل أو الأفضل ويضع التقييم في ميزان القيم الأخلاقية ويطلب مزيد من فريق العمل القيادي ليتحدى أفضل ما لديه من إبداع وجدارات عمل.

الفريق: يواجه الفريق النيوكارزمي في مصاحبته للقائد في هذا الدور كثير من التحديات ومنها حجم العمل المطلوب في التقييم البيئي، فبين ما يعرفه كل منهم عن منظمته التي يقودها أو فريق عمله الخاص به وبين ما يطلبه القائد الأعلى للتنظيم تقع صعوبة التنسيق. ويجد كل عضو منهم في حاجة لتوجيه ودعم كامل من قائد الفريق، إضافة إلى ما ينتاب الجميع من قلق وتصورات لأسوأ السيناريوهات التي يمكن أنْ تصبح واقعا فيما لو لم يتم تجميع المعلومات في أسرع وقت وبأفضل وأشمل الطرق.

الموجّه: لدى الموجّه عددا من الاتجاهات وكلها مهم وعليه أنْ يبدأ بطرح خيارات للفريق في أولويات المعالجة.

١. توجيه مشاعر الفريق السائدة واستدعائها ليتم معالجتها بينهم بشكل كامل مع ما يسببها من أفكار أو تصورات ناتجة عن الوضع في البيئة الداخلية أو الخارجية أو كلاهما معا.
٢. توجيه الفرق للوصول بتعاضد إلى قرار لأفضل الطرق للتقييم البيئي بعد التعرف على المعايير التي يرونها مناسبة لاتخاذ القرار.

٣. طرح أدوات أو طرق تساعد الفريق للوصول بحيث يكون الميسير أو المحفّز بحسب مقدرات الفريق في كل من ذلك.

٤. توجيه القائد ليبقى منفتحا ومحايدا أثناء كلّ ما سبق ليدع الفريق يقود ذاته ليكون القرار نابعا من الداخل وبتعاضد كامل. مع توجيه معايرة الرؤية المثالية لتتناسب مع واقع البيئة والوضع الحالي.

٥. توجيه الفريق في طريقة مرحلة التخطيط للتقييم، والتنفيذ والاطلاق وما إلى ذلك بدور استيعابي كامل.

٦. توجيه البعد الأخلاقي باستمرار أثناء اتخاذ القرارات المختلفة المتعلقة بالتنفيذ وجمع المعلومات وغيرها.

الدور الثاني: تحسس احتياجات الآخرين

القائد: في أثناء قيام اللجنة المختصة بالتقييم تجده يتنقل بين اقسام التنظيم ويجري تحرياته الخاصة عن احتياجات الآخرين فيه، ومن هنا نجده يفعّل البعد الأخلاقي مرة أخرى ليتأكد أنّ رعيته في أحسن حال أو مستعدين للتحوّل بكل ما يحتاجونه من أدوات وأسلحة تضمن ثباتهم أثناء التحوّل وتقليل الخسائر المعنوية والمادية عليهم وتلبية طلباتهم لضمان الرضا.

الفريق: قد لا يفهم الفريق ما يقوم به القائد من تحسس للاحتياجات ويعتبر بعضهم ذلك مضيعة للوقت، وقد يتضامن البعض مع القائد وقد ينقسم الفريق في ذلك ما بين مؤيد ومعارض، وفي النهاية القائد يقوم بما يقوم به لأنه يجسّد وخُلُقَ الإيثار ويتطلب ذلك منه تخفيف الضرر الواقع على المتأثرين سلبيا بالقرار.

الموجّه: لدى الموجّه عددا من الاتجاهات وكلّها مهم وعليه أنْ يبدأ بطرح خيارات للفريق في أولويات المعالجة.

١. يظهر مرة أخرى موضوع المشاعر والبعد الإنساني في حوارات الفريق ومن هنا ينبغي أنْ يتم معالجة الموجّه لتلك الحوارات بشكل يسمح بالتفهم من كل منهم للآخر لكيلا يتحوّل الخلاف إلى نزاع.

٢. يظهر البعد الأخلاقي أيضا في المواءمة بين أخلاقيات التعامل الإنساني وبين مصلحة العمل، ومن المهم أنْ يرعى الموجّه المواءمة بين أعضاء الفريق عن الغاية والرؤية والقيم المشتركة.

٣. يتحرك الموجه لتيسير حوار عن معايير تحسس احتياجات الآخرين، وقبل ذلك المعنى والمقصد من هذا الدور وقيمته المضافة للتنظيم على مستويات عديدة داخل وخارج التنظيم.

٤. يستخدم الموجه المعايير في إدارة الحوار لاتخاذ قرار عن هذا السلوك القيادي المطلوب وكيفية تنفيذه في أرض الواقع بما يخدم أيضا مصلحة التنظيم، ومن هنا يكون التوجيه للعلاقة بين الفريق والتنظيم والفريق والبعد الأخلاقي الاجتماعي، والفريق والمتضررين في التنظيم أو ذوي الاحتياجات أو كل العاملين والمنتسبين له.

الدور الثالث: تحدّي الواقع

القائد: يجد نفسه أمام اختيارات عديدة للحفاظ على التنظيم ومن فيه وتفعيل البعد الأخلاقي هنا أيضا يضمن أفضل قرار إستراتيجي ذا صدى وأثر إيجابي أخلاقي وبعد إنساني عميق، وبما ينصب أيضا في مصلحة التنظيم. يشعر القائد بأنه يرغب في تحدي الواقع واتخاذ قرار قد يتضمن مخاطرة بالتنظيم كونه أفضل القرارات، ولن يخلو من أضرار، ولكنها في سياق المجال المحتمل بحسب الحسابات المسبقة.

الفريق: يجد البعض أنفسهم في معارضة كاملة للقرار وبخاصة من يعمل منهم في منطقة الأمان، والبعض ممّن يعمل في منطقة التحدي يرى رأي القائد ويرغب في تأييده في القرار، ولكن يخاف من المسائلة أو من حكم الآخرين عليه فيصمت.

الموجّه: لدى الموجّه عددا من الاتجاهات وكلها مهم وعليه أنْ يبدأ بطرح خيارات للفريق في أولويات المعالجة.

١. معالجة المشاعر مرة أخرى ووضع مساحة آمنة للجميع في مشاركة رأيه ومخاوفه بدون أنْ يحكم أحدهم على الآخر أو يسخر من رأيه أو يتهمه. هذه المعالجة أساسية حيث تسمح للفئات المختلفة في الفريق استدعاء رأيها وما تشعر به تجاه الخيارات المختلفة.
٢. يوجه الموجّه القائد لكي يستوعب الفريق ولا يصنع قرار قبل أنْ يتم معالجة جميع المشاعر ففي النهاية القائد راغب في مساندة فريقه له وليس إيجاد معارضات وتكتلات بينهم داخل التنظيم.
٣. يتم معالجة القرار في جلسة هادئة بشكل موضوعي بعد أنْ عبّر الجميع عن مخاوفه ورغباته. ويوضع للمعالجة ضوابط اتصال عالية تحكمها معايير اتخاذ القرار النهائي. وعلى القائد أنْ يساهم في وضع المعايير.
٤. بعد اتخاذ القرار أيا كانت الآلية ينسجم الجميع في دعم القائد ويتم توزيع المهام والأدوار وخطط العمل ومراجعتها في جلسات أخرى.

٥. في حال التحدي للواقع بشكل يسبب معارضات قوية ينبغي التخطيط لإعلان القرار وطريقة هذا الإعلان ومن يقوم به ومن يساند القائد في ذلك. ويتبنى بعد ذلك الجميع سياسة موحّده يتم إيجادها في الجلسة التوجيهية برضا تام من الجميع.

٦. يوجه الفريق الثورات والمعارضات في جوانب التنظيم بخطّة موحدة تضمن توجيه وتفهم كامل وحلول عملية تسمح للمتضررين بتعويضات كريمة.

٧. يوجّه الموجه جلسات التأمل والتفكر في التجربة وما تعلمه الفريق منها، وأيضا التأمل في نمو الفريق كوحدة متكاملة مع القائد عن المرحلة الأولى.

المرحلة الثانية: تكوين الرؤية المشتركة

لا يكتفي القائد بما تمّ اتخاذه من قرار ورسم لرؤية خاصة بالتحول، بل يرغب في أنْ يبني رؤية ما بعد التحوّل مباشرة (أو أثناء التحول أو قبله في بعض الحالات) بشكل تشاوري جمعي يضمن صوت كل من في التنظيم وربما خارجه ممن يسهم هذا القرار. وتبدأ خلية النحل بالتفاعل الجمعي مرة أخرى، ويتم بناء شبكة وسلسلة من الاتصالات في كل الاتجاهات لضمان مشاركة الجميع، وأثناء ذلك لا يتوقف العمل في المرحلة الأولى فكلّ ما يتمّ عمله ينصبّ فيها مرة أخرى ويعيد صياغتها إلى أنْ تخرج الرؤية بشكل كامل وجاهز للاعتناق وبدون أنْ يتم قسرها على الآخرين، كيف وقد شاركوا فيها.

الدور الرابع: تكوين الرؤية المشتركة

القائد: يطرح للفريق النيوكارزمي هذه المهمة مسبقا قبل إعلان القرار أو ربما بعده بشكل يسمح للفريق بأنْ يسأل ويناقش أو يؤثر في الآلية.

الفريق: يناقش ويؤثر في الآلية حيث سيتبنى كل منهم تفعيلها في منظمته أو قسمه. يسود الحماس الجميع، ولكن يوجد قلق من جرّاء آثار وانعكاسات الدور السابق وكيف يمكن أنْ يتم إزالة هذه الآثار السلبية لكي يكسب الفرق ثقة التنظيم مجددا.

الموجّه: لدى الموجّه عددا من الاتجاهات وكلها مهم وعليه أنْ يبدأ بطرح خيارات للفريق في أولويات المعالجة.

١. معالجة المشاعر الناتجة عن آثار المرحلة الأولى باستمرار أثناء الجلسات التوجيهية مع الفريق. قبل معالجة تكوين الرؤية المشتركة.
٢. توجيه جلسة إبداعية في طرق تكوين الرؤية المشتركة يسمح فيها بعصف ذهني شامل ويقود الفريق معظم هذه الجلسة مع القائد.
٣. يتم توجيه القيادة لمهارات التفهم والاستيعاب للفريق، فقد يغلب الحماس على القائد ويملي عليهم الخطوات ولكن من المهم أنْ يظهر القائد كموجه مشارك في كل ما سيأتي من جلسات ويتعلم كيف يوجه الفريق فنحن الآن في منتصف الطريق.
٤. يتم توجيه القائد أيضا ليتبنى الأدوار الخاصة بالمرحلة الثالثة- تنفيذ الرؤية- ليعكسها مع الفريق أوّلا في مساحة الفريق استعدادا لظهوره القادم في التنظيم (إن لك يكن وقع ذلك).
٥. يستمر الموجّه في توجيه الفريق باستيعاب وأدنى تدخل مع القائد.
٦. يستفيد الفريق من وقفات تأملية، يقوم بها الموجه، لتسليط الضوء على التعاضد والتكامل الحاصل بينهم، وكيف أدّى ذلك إلى تدني الخلافات والمرونة وتحسين عمل الفريق.
٧. ينفذ الفريق الخطة ويعود في الجلسات التوجيهية لبحث المعوّقات أو التحديات وإيجاد الحلول لها بشكل منتظم مع القائد/ ويمارس القائد دوره التوجيهي بشكل أكثر تمكّنا مما سبق.

الدور الخامس: ترويج الرؤية المشتركة

بعد استكمال الرؤية التنظيمية الجديدة يتم الإعلان عنها بأشكال مختلفة، ولكن يحصل الترويج بنمذجة الرؤية أثناء التحول وعملياته الكاملة وعن طريق إعادة مراجعة الأنظمة وإستراتيجيات العمل الشمولي من الفريق القيادي. يشهد التنظيم ذلك ويلمس الجميع شيء من الانفراج.

القائد: منشغل جدا بصياغة الرسائل والكلمات المسموعة التي سيلقيها وكيفية الظهور.

الفريق: منشغل أيضا بما سيقوله ويقوم به لترويج الرؤية.

الموجّه: لدى الموجّه عددا من الاتجاهات وكلها مهم وعليه أنْ يبدأ بطرح خيارات للفريق في أولويات المعالجة.

١. يحصل الفريق على إيجابيات جديدة في التحول بعد كل العواصف تحتاج لمراجعة. يستثمر الموجه هذه الفرصة في وسط حياة الفريق (حيث إنّ مشروع التحوّل وصل للمنتصف تقريبا) ويحتفي معهم بذلك منمذجا جدارة مهمة وهي الاحتفاء بالإنجازات ومراجعة التعلم الحاصل الفردي والجمعي.
٢. الترويج للرؤية يستدعي أنْ يرى الإتباع تحقيقاً كاملاً لها من الفريق القيادي النيوكارزمي، فيبحث الموجه طرق النمذجة للسلوكيات الأخلاقية والقيم التي يدعون لها في الرؤية. يستوعب القائد كثير من الأفكار والمعاني التي يناقشها الفريق ويعيد صياغتها بشكل يعززها في أنفسهم.
٣. يوجه الجميع في جلسات عصف ذهني في مواضيع الترويج، الشفهي والمادي والمكتوب والنمذجة وتوضع خطط عمل ويستوعب الموجّه تلك المرحلة بتأكيد وتوثيق الانتصارات ووضع خطوط عريضة تحتها في الجلسات التوجيهية.
٤. يعدّ الموجه الجميع بما في ذلك القائد للمرحلة الأقوى في النمذجة والترويج وهي مرحلة التنفيذ التي ستأتي.

المرحلة الثالثة: تجسيد الرؤية المشتركة

عادة ما يختفي القادة في هذه المرحلة ويتركون التنفيذ للمديرين والقيادات التنفيذية، ولكن القائد النيوكارزمي يمارس خمسة أدوار مهمة باستمرار أثناء التنفيذ، تجسد في الواقع، الرؤية التي سعى لها من بداية التحول وتؤكدها، بل وتصنع أبعادا لها مستقبلية تدلّ على تحوّل جديد في الأفق.

الدور السادس: المخاطرة الشخصية

القائد: الدّور يحكي حياة القائد الخاصة وهو يقف أوّل من يطبّق ما يدعو له ويتقدم الجميع في ذلك. وأحيانا ينتج عنه مخاطرة شخصية بصحّته أو نفسه أو حياته الخاصة، ولكن لا يردّه ذلك عن التقدم والممارسة لما يدعو له. فالمخاطرة أحيانا يصحبها تعريض لضعفه وبشريته إذا لم يتمكّن أو أخطأ أو اعتراف بأخطائه السابقة أو يجهله.

الفريق: يرى المخاطرات الشخصية للقائد وانطلاقاته المتعددة ويشرح للقائد الضوابط أو المخاطر ممّا يكمّل القائد وتصوّراته، وأحيانا لا ينتظر القائد من الفريق إلّا الدّعم بالرّغم من تحفّظ البعض.

الموجّه: لدى الموجّه عددا من الاتجاهات وكلّها مهمّ وعليه أنْ يبدأ بطرح خيارات للفريق في أولويات المعالجة.

١. يضع الموجّه موضوع المخاطرات الشخصية محلّ الحوار في الفريق ويبحث المخاوف والتطلعات من الفريق ثم القيادة ويعطى القائد المجال للتعبير عن ما يعني هذا الدور بالنسبة له وماهو البعد الأخلاقي المتعلق به. يستمع الفريق وينتقل الجميع لمنطقة أمان تسمح بالمشاركة بالرّأي من الأعضاء عن هذا الدّور. يتم معالجة المشاعر الناتجة من المشاركات ثم ينتقل الموجّه لإطلاق الإبداع الخيالي لما يمكن أنْ يحتوي عليه هذا الدور وكيف يمكن أنْ يوازن الجميع بينه وبين ما ينتج عنه. يخلص الجميع بإستراتيجية للمخاطر الشخصية بموافقة القائد ويتحرك الفريق معاً في هذا الاتجاه.

٢. يوجّه الموجه الفريق للمراجعة بين الحين والآخر للتّعلم والتطوير.

الدور السابع: السلوك غير الاعتيادي

القائد: يبحث عن طرق لتجسيد الرؤية تخرق العادات والأعراف التنظيمية الاعتيادية بحيث يتم ملاحظة سلوكه ومن ثم التحفز للتحرك مثله أو بما يطلبه بدون أنْ يكون هناك أمر مباشر. وتختلف السلوكيات غير الاعتيادية من تنظيم لآخر ومن بيئة عمل لأخرى وأهم ما يميّزها أنها صادرة عن صدق مع الذات والآخرين وليست تمثيل وأنها أصيلة بمعنى ليست مقتبسة أو محاولة للظهور أو الإبهار.

الفريق: لديه تحفّظات تجاه السّلوك غير الاعتيادي ومداه. والبعض يشعر بأنه لا يليق بمقام القيادة وبخاصة في البيئة أو الثقافة المحلية.

الموجّه: لدى الموجّه عددا من الاتجاهات وكلها مهم وعليه أنْ يبدأ بطرح خيارات للفريق في أولويات المعالجة.

١. كما في السابق تتم معالجة المشاعر النّاجمة عن السلوك غير الاعتيادي. يتمّ أيضا وضع المعاني لهذا السلوك في السّياق الحالي، ويناقش الفريق في حواره ماله وما عليه في حالات محدّدة تختص بالتنظيم. ويخلص الجميع بمعايير وإستراتيجية للسلوك لمساعدة القائد في التأثير ببعد أخلاقي وثقافي يتحدّى المعتاد ولكن بشكل لا يخرق العادات والتقاليد الثقافية أو يرمي بها عرض الحائط. في النّهاية القائد يعرف أبعاد كل خيار ويتحرّك بحساب.
٢. جلسات المراجعة المستمرة والتأمل.

الدور الثامن: التحفيز والإلهام

القائد: قد يظنّ البعض أنّ هذا الدور يقتصر على الكلام الشفهي، ولكن بعض المواقف التي تحدث تحفّز وتلهم أكثر من الكلام. وقد يتقاطع هذا الدور مع السلوك غير الاعتيادي وقد يظهر مع المخاطرة الشخصية، وأيا كان الظهور أو أسلوبه لهذا الدور أو السلوكيات المندرجة تحته فهو عادة يبعث في النفوس الدافع للإنجاز.

الدور التاسع: تشجيع التعاون

وهذا الدور هو من أهم الأدوار حيث يندرج تحته تمثيل حقيقي للإيثار وكيفية التفاعل الجمعي مع الآخرين في أشكاله المتعددة ومنها التعاون، والتكاتف، والتآزر، والتّعاضد. وفيه تظهر القيم والبعد الأخلاقي في أقصى صوره.

الدور العاشر: تنمية وتطوير الآخرين

وهذا الدور هو التّمثيل الأقصى الأخلاقي حيث يحرص القائد أنْ يضع أتباعه في كل فرص التطوير ويخصص ميزانية لهم وينظر للتطوير على أنّه استثمار ليس فقط في التنظيم والعائد عليه وإنما استثمار في الغير وفي المجتمع الأكبر ومن ذلك أنّه لا يجد غضاضة في تطوير موظف حتى ولو مؤقت أو بدوام جزئي.

الفريق في الأدوار الثلاثة السابقة: مع القائد في كل خطوة، ولكن أحيانا يحدث خلط بين هذا وذاك.

الموجّه: يستمر في معالجة المعاني والاتجاهات والأفكار والمشاعر الناتجة ووضع معايير وإستراتيجيات تسمح للقائد والفريق بالتحرك بشكل قوي معاً.

ممّا سبق يتضح لنا أنّ التوجيه لفريق التحوّل التنظيمي يتطلب فهم عميق، بل وقدرة على تحليل وتكوين تصورات متقدمة في عدة مواضيع:

١. التطوير التنظيمي وطبيعته وأدواته
٢. التغيير ونماذجه
٣. القيادة النيوكارزمية الأخلاقية
٤. التوجيه وأبعاده المختلفة وبالذّات التوجيه لفريق العمل وتوجيه المنظومة
٥. الثقافة المحلية والبعد الأخلاقي فيها

وقد قمنا بعرض مقتطفات من هذه المفاهيم توفّر عمق كافي للقارئ القائد والموجه على السواء في بداية المسار. ولكن نريد أنْ نضيف جدارات مهمة للجدارات الأساسية والتي تتناسب مع كل دور من الأدوار العشرة والمراحل الثلاثة التي تظهر فيها ومع البعد الأخلاقي المناسب لها.

جدارات الموجّه للفريق النيوكارزمي

تتلخص جدارات توجيه فريق العمل النيوكارزمي في ثلاث مستويات. ويتم التدريب عليها في برنامج توجيه فريق العمل النيوكارزمي بشكل تدريجي يرقى بالمتعلم في مصاعد الجدارة ويبني كل جدارة على ما قبلها.

المستوى الأول: جدارات التفاعل الذاتي[45]

تتلخص جدارات التفاعل الذاتي في أربع مجموعات، يحتوي كل منها على مدرج من المهارات والممارسات:

١. مجموعة الوعي الذاتي بالأفكار والمشاعر، وقد خصصنا لها كتاب "وجّه أفكارك ومشاعرك" [7] وعالجنا فيه موضوع الذكاء العاطفي والقدرة على توجيه الأفكار من جذورها بتفكيك الاعتقادات والتصورات المعيقة وترتيب قيم الحياة. وأطلقنا عليها مرحلة التّحرّر. فالموجّه المتحرّر يتخلص بسرعة من العوارض الذهنية ويتواجد في مساحة المجموعة مستمتعا بالتجول بين عوالم من حوله ومعطيا كامل اهتمامه لهم بدون أنْ يدخل عالمه فيهم. والبعد الأخلاقي ظاهر فيها من حيث مقدرة الموجّه على ربط مفاهيم وقيم أخلاقية عليا بأفكاره ومشاعره وإعادة توجيه ذاته في هذه المنظومة الأخلاقية.

٢. مجموعة الرؤية المثالية والتي تعني مقدرة الموجّه على الاستبصار الذّاتي بحيث يرى نفسه في اللحظة والمستقبل ويعرف كيف يدير الماضي في ضوء الرؤية المثالية الدافعة والمحركة له. ومن هنا يمارس تلك الجدارة في توجيه الفريق النيوكارزمي. وهذه الجدارة مرتبطة بالبعد الأخلاقي له بحيث يستطيع أنْ يؤرّض المواضيع العديدة في مكانها من الثقافة المحلية والعربية الإسلامية ولا تختلط عليه القيم لأنّ رؤيته واضحة ومثالية.

٣. مجموعة التنظيم الذاتي، وتختلف هذه الجدارة النفسية عما قبلها بحيث تتجاوز الإدراك والوعي إلى تنظيم الأفكار والمشاعر والخواطر والمفاهيم وتصنيفها واستحضار الحقّ من الباطل في ميزان العدالة والمساواة والمفاهيم الأخلاقية العليا كالتواضع والصبر، والحلم والأناة وغيرها. التنظيم الذاتي يفعّل مجموعة الوعي الذاتي باستمرار ويربط الرؤية المثالية والبعد الأخلاقي بها ويستدعي التّعلم المستمر في المجموعة الأخيرة. ويفعّل القدرة على استيعاب الآخرين ومراقبة الذات أثناء التفاعل معهم.

٤. مجموعة التعلّم المستمر هي مهارات وقيم تنظّم استقبال المواقف والتفاعلات على أنّها منظّمات للفكر والمفاهيم وتضيف تصحيح مستمر للتصورات والمعتقدات الداخلية عما يدور حوله. القدرة على التعلم المستمر هي جدارة

[45] Personal Dynamics

قيادية في الأصل، ولكن في هذا السياق يحتاجها الموجّه بشكل أقوى ليتمكن أنْ يستقبل العلم والمعرفة ويوظفها باستمرار.

المستوى الثاني: جدارات التفاعل الجمعي[46]

وتنقسم هذه المجموعة لأربعة مجموعات مهمّة أيضا ويؤدّي كلّ منها للآخر بشكل مستمر تفاعلي عشوائي وليس تتابعي منتظم:

١. مجموعة التفاعل الجمعي: وتتلخص في فهم وتطبيق جدارات عديدة أثناء التواجد مع مجموعة من النّاس تنبني على تلك التي ذكرناها في التفاعل الذاتي وتضيف عليها طبقة جديدة من الانتباه والإدراك للعلاقات الإنسانية ومستوياتها. فكون الموجّه يتقن هذه الجدارات أساسي في قدرته على استيعاب وتحفيز المجموعة أو قيادتها والتأثير فيها.

٢. مجموعة الذّكاء الثقافي: وتعني استيعاب طبقة أخرى مليئة بالمتغيرات الثقافية التي تتفاعل مع بعضها البعض باستمرار وتضيف عبء على العلاقات الحالية، بل وتعتبر بذاتها علاقة أخرى موجودة في المساحة الخاصة بالمجموعة. إدراك وفهم وتوظيف هذه الطّبقة أساسي في توجيه فريق العمل النيوكارزمي وبخاصة في حال التّحول الهائل في التنظيم.

٣. مجموعة التّعاضد الجمعي: وتختص بإستراتيجيات العمل والتّعاون الموجود بين أفراد المجموعة في تحقيق أهداف وغايات محددة. انتباه الموجّه لهذه الطبقة من التعاضدات والتعاونات بين الموجودين هو عبء آخر وعلاقات أخرى ينبغي استحضارها أثناء التّوجيه بشكل يسمح للفريق النيوكارزمي بالحركة السّلسة في الأداء.

٤. مجموعة تنمية الآخرين: وتجسّد هذه المجموعة طبقة أخرى يوظفها الموجّه المفعّل لهذه الجدارة بحيث يسمح له توظيفها بنقل المعارف والعلوم وتيسير التّعلم الجمعي. وهي لا تكاد تغيب عنه بل يستحضرها في كل لحظة أثناء تفاعله مع الفريق النيوكارزمي.

[46] Group Dynamic

مستوى التفاعل المنظومي[47]

ومرة أخرى تنقسم جدارات هذا المستوى إلى أربعة تتفاعل مع ما سبق بشكل مستمر:

١. مجموعة العمل الأخلاقي وتتجسد في كل ما يشير إليه ويتحدث به الموجّه ويستحضرها في صياغة أسئلته وتفاعلاته مع الفريق النيوكارزمي بشكل مستمر. وتجسّد البعد الأخلاقي النيوكارزمي.

٢. مجموعة التفكير المنظومي وتعني استمرارية التنقل بين الفريق ومساحته الحالية وحلوله لمشكلة ما أو طرحه لموضوع ما، وبين التنظيم وغاياته ورؤيته المحلية والعالمية وقدرة الموجه على التفكير المنظومي تستدعي تنمية ذلك لدى الفريق بشكل أو آخر.

٣. مجموعة تحدّي الواقع وتتسم في دفع الفريق لأقصى درجات الإبداع في الحلول أو الطرق أو الأداء والتي قد يقف نوع من التردد أو التّحفظ عليها من الفريق نفسه بحيث يكسر بها الموجّه تلك الحواجز النفسية ويعيد للفريق التّعامل مع الوضع الحالي بطريقة تتحدّى الواقع نفسه. . هذه المجموعة تتطلب نوع مختلف ومتميّز من الجدارات.

٤. مجموعة التوجيه غير الاعتيادي وتتلخص في الأفكار والطّرق والإبداعات في استخدام أدوات توجيهية غير اعتيادية تسمح بإطلاق أفضل ما لدى الفريق من طاقات تحوّلية تجسّد البعد الأخلاقي لديهم وتعمّقه للوصول إلى أفضل ما يمكن في التحوّل التنظيمي من أداء.

نخصّص هذه المستويات في كتاب آخر متقدّم للموجهين والقياديين، فخبرتنا وتجربتنا في أرض الواقع تعطينا قراءة بأنّ الفرق النيوكارزمية لازالت تعاني من نقص بحثي وممارسات تطبيقية لا تسمح لها بالانطلاق. ومعالجتنا الحالية معالجة أوّلية لتوسيع التفكير في النموذج النيوكارزمي التوجيهي وليست حتمية نهائية.

***

[47] System Dynamic

الجزء الثالث: الموجّه

الفصل الأول: مدخل لعالم الجدارات الخاصّة بتوجيه فرق العمل

الفصل الثاني: الجدارات الثمانية لتوجيه فريق العمل وعلاقتها بالجدارات الأساسية

الفصل الثالث: التطوير المستمر لموجّه فريق العمل

الفصل الأول: مدخل لعالم الجدارات الخاصة بتوجيه فرق العمل

عندما نتحدث عن الجدارات الخاصة بموجه الفريق، من المهم أنْ نشير إلى أنّ هناك العديد من النماذج المختصة بجهات تنظيمية لهذه المتطلّبات. ليس هذا فحسب، بل هناك باحثين يعملون على تقنين المتطلّبات باستمرار والتّأكّد من أنها تصنع الموجّه الفعّال. وفي هذا الوقت الذي كتب فيه هذا الكتاب تركيزنا على الجدارات التي اعتمدها الاتحاد الدولي للتوجيه، ليس لأنّها الأفضل، ولكن لأنها تنطلق من بحث عملي مبني ومنفذ بطريقة أكاديمية[58] . وقد واجهت جدارات الاتحاد الدولي بعض النقد ولا زالت ومن ذلك كونها تتعامل مع التوجيه باعتباره منفصلاً عن باقي المنظومة الاستشارية التي تعالج كل ما يحدث في التنظيم بشكل شمولي [47]. وبالرغم من اتفاقنا مع هذا الاتجاه ذلك إلّا أنّ الانفصال أحيانا له ميزات ولو بشكل وقتي، فهو يسمح بالتحليل الدقيق للموقف أو في هذه الحال الجدارات بعيدا عن أي مؤثرات أخرى أو تشعّبات، ومن ثم يحدث التركيز على عملية التّعلم للجدارات والإتقان لها، قبل أنْ يحاول المستشار أو مختص التطوير التنظيمي العودة لدمجها ضمن منظومته الاستشارية، وبذا يحافظ على الأسلوب الخاص بالتوجيه بعيدا عن الخلط. وقد يكون الخلط مهم في أثناء التشخيص والتحليل واتخاذ القرار المناسب بمدى جدوى التوجيه للفريق، ولكن في لحظة الدخول للجلسة التوجيهية على الموجه فعلاً أنْ يتخلى عن جميع ما يعلق في نفسه ووعيه من الطّرق الأخرى ويركز فقط على التوجيه لكي يحصل على أفضل النتائج مع الفريق المستفيد والراعي المسؤول عنه. ولذا يستمر الاتحاد الدولي للتوجيه في تقديم التوجيه لفريق العمل على أنّه أسلوب مستقل ومنفصل حفظا لهوية هذا الأسلوب وجداراته وحفظا للتعاقد والاتفاق مع الفريق والقائد والراعي ولبنود اللائحة الأخلاقية المختصة بالمهنة. بعد تخرّج الموجه من التّدريب الخاص بتوجيه الفريق واجتيازه الاختبار أو معايير الاعتماد وحصوله عليه، يبدأ في تكوين هويته التوجيهية ويستطيع حينها تطوير شمولية الأداة من ضمن أدواته الأخرى المستخدمة.

وفي العالم العربي نسعى لأنْ نجمع ونستفيد من تلك الطرق والأساليب التطويرية لحين يصبح لنا هوية خاصة في عالم التوجيه ويمكن في تلك اللحظة المستقبلية أنْ نكوّن جدارات مناهضة للاتحاد وغيره من المنظمات، بما تسمح به الثقافة المحلية الخاصة

بنا. إلى أنْ تأتي تلك اللحظة ينبغي أنْ نستمر في الاستفادة مما وصل إليه غيرنا من جودة الأداء ومقاييسه. دعوتي في هذه اللحظة للقارئ العربي أنْ يعطي فرصة لنفسه ليكوّن تلك الجدارات ويعطي لنا فرصة نحن المختصين أنْ نتلقى من العلم ما يسمح لنا بتطوير أدوات خاصة بالعالم العربي. فكل شيء ينال بالصبر والحلم والأناة.

منهجنا في هذا الجزء أنْ نتناول الجدارات الخاصة بالتوجيه لفريق العمل بشكل تحليلي متسلسل وربطها بما سبق من ممارسات بحيث يسمح بالشمولية والاستيعاب، نعدّ القارئ والقائد والموجه والمستشار المتعلم للمرحلة الآتية من الوعي والتطوير الذاتي، لكي يستمر في رحلته التطويرية ليكون موجها محترفا لفريق العمل المسؤول عنه. يعتبر أيضا هذا الجزء من الكتاب منهجيا وأساسيا في رحلة البرنامج، برنامج توجيه فرق العمل النيوكارزمية. فهو حجر الأساس ومنه ننطلق لباقي المستويات. يغطي البرنامج الجزء الاعتمادي والذي يسمح بممارسة توجيه فريق العمل وأيضا اجتياز اختبارات الاتحاد الدولي بنجاح وغيرها من الاختبارات من باب أولى.

***

الفصل الثاني: الجدارات الثمانية لتوجيه فريق العمل وعلاقتها بالجدارات الأساسية

تنصّ وثيقة جدارات توجيه فريق العمل الخاصة بالاتحاد الدولي للتوجيه والتي قمنا بترجمتها بدقة لتعكس الكلمات والتعبيرات والمعاني المقصودة في الوثيقة الأساسية بدقة على توسيع الجدارات الثمانية الأساسية للتوجيه الفردي لتكون البنية التحتية لجميع ممارسات التوجيه [1]. "ومن هنا فإنّ كل عنصر من عناصر نموذج جدارات الاتحاد متوافق في تصميمه مع هيكل الجدارات الأساسية للتوجيه الفردي. وسيجد القارئ تحت كل جدارة أساسية، جدارات فرعية وإشارة إلى أيّة فروقات دقيقة أو تفاعلات خاصة بالمجموعة أو إضافات ضرورية لممارسة توجيه الفريق. وعلى الرّغم من عدم وجود جدارات جديدة أساسية لتوجيه الفريق مستقلّة بذاتها، إنّ هناك العديد من الجدارات الفرعية الجديدة لكي يمارس موجه الفريق عمله بفعالية" [1]. وتضيف الوثيقة: "وإنّ من أهم ما يميز بين الجدارات الأساسية وجدارات توجيه الفريق، طبيعة العميل. فبينما استخدام مصطلح "العميل" في الجدارات الأساسية يشير إلى العميل الفرد، فإنّ العميل في سياق توجيه الفريق هو الفريق ذاته ككيان مستقل مكون من عدّة أفراد" [1]. وسنعرض الجدارات كما عرضتها الوثيقة ونضيف شرحا يسمح بالتّعمق المطلوب للممارسة بعد كلّ عنصر من تجاربنا وخبراتنا العملية، بما لا يخلّ بالمعنى المقصود ويمكن للقارئ دائما العودة للوثيقة المعنية في موقع الاتحاد لقراءتها باللغة الإنجليزية إنْ أشكل عليه أمر ما. سنعرض الجدارات بالطريقة نفسها بدون تغيير في الترجمة الحرفية ونضع الشرح لها وغير ذلك من الأمثلة في أسفل النّص الأصلي كتذييل لكي يفرّق القارئ بينه وبين فهمنا وممارستنا له.

الجدارة (١): نمذجة الممارسات الأخلاقية

"التعريف: يفهم ويمارس باستمرار أخلاقيات ومعايير التّوجيه".

أقول: نؤكد للقارئ أنّ اللائحة الأخلاقية المعنية هنا هي التي اعتمدها الاتحاد في موقعه ويقوم بتحديثها بشكل مستمر. ينبغي الإشارة هنا إلى أنّ الترقيم للنقاط في الجدول غير موجود في الوثيقة الاصلية وإنما وضعته للقارئ لكي يسهل استيعاب النقاط المترابطة وفهمها بشكل منطقي متتابع.

مكمّلات الجدارة في توجيه الفريق	العمق المعرفي والتطبيقي
١,١ يقدّم التوجيه للفريق ككيان واحد.	١,١,١ العميل المستفيد من توجيه الفريق هو الفريق ككيان واحد. ١,١,٢ يتكون الفريق من أعضاء لكلّ منهم دور مهمّ يلعبه في الفريق، كما أنّ له رأي يُعبّرُ عنه، ويُستَمَع له، في حوارات الفريق. ١,١,٣ يجب أنْ يبقى موجّه الفريق موضوعيًا في جميع التّفاعلات مع أعضاء الفريق والجهات الراعية وأصحاب المصلحة المعنيين. فالتّصوّر عن موجّه الفريق أنّه غير متحيّز لأي تكتّل أو عضو من أعضاء الفريق، بحيث يظلّ مستقبلاً ومرحّباً لما قد يظهر في الجلسات، وصريحاً تمامًا في تعامله مع الفريق. ١,١,٤ كما أنّ الحوارات الفردية مع أعضاء الفريق تكون خاصّة بين الموجّه وبين العضو المعني ما لم يسمح هذا العضو بمشاركة تلك المعلومات الخاصّة مع الغير وبما تسمح به اتفاقية التّوجيه للفريق.

النقطة ١,١,١ في فرع الجدارة ١,١ تشير إلى وحدة الفريق ككيان مستقل أثناء القيام بتوجيهه، وأنْ يتعامل معه الموجّه ككيان له وجود وغاية يسعى لتحقيقها من هذا التواجد. وتشير ١,١,٢ لمكوّنات الفريق من أعضاء لكلّ منهم دور يؤثر ويتأثر بالأدوار الأخرى، ولكل منهم رأي ووجمة نظر تختلف عن الآخرين ويحقّ له التعبير عنها واستحقاق الاستماع لها أثناء التّفاعل بين أعضاء الفريق. وهذه نقطة مهمّة ينتبه لها الموجّه بحيث يرعى انتباهه أثناء التفاعل الجمعي للفريق من يتحدث ومن لا يتحدث وهل يشارك أو مجرد يمرّ بسطحية أو يتفق بدون وعي وكيف يتفق ولماذا، وغير ذلك مما أشرنا له مسبقا. وأما ١,١,٣ فهي تشير إلى ضرورة أنْ يتناول الموجّه فكره ومشاعره باستمرار ويعي بنفسه في وقت التّوجيه ألّا يميل مع رأي دون

آخر ولا ينساق مع اتجاه مهما بدا له حسنه وأحقيته. فالميلان مع الأشخاص أو المواقف أو الآراء يدلّ على غياب الوعي الذاتي وينأى بالموجّه عن دوره التوجيهي. فالأصل عدم التّحيز أو التّكتل، وأنْ يبقى مستقبلا لكل ما يردّ عليه، ويقاوم في ذلك أي رغبة داخلية في التّفاعل الشخصي مع الموضوع أو مع الأشخاص. وذلك من شأنه أنْ يسمح بالانسياب بينهم ويسمح أيضا بأن يمارس الصّراحة معهم فيما يطرأ حيث إنّ التحيز أو التفاعل يمنع من المصارحة أحيانا لأنّ الشخص يتلوّن بلون معين ولا يرى ما يحدث بموضوعية. وتنطبق هذه النّقطة في تفاعله مع الفريق والقائد والراعي على السّواء وباستمرار. ومن هنا ندرك صعوبة الانفصال النفسي والفكري للموجّه وضرورة التّدرب على هذا التّواجد الموضوعي.

وأمّا ١,١,٤ فهي تنصّ على بند الخصوصية في اللائحة الأخلاقية والذي يؤكّد على سرّية الحوارات التي تحدث بين الموجّه وبين أي عضو من أعضاء الفريق بحيث لا تخرج هذه الحوارات للفريق إنْ حصلت في مساحة خاصّة أو إنْ حصلت في الفريق لا تخرج خارج الفريق. وهذا يصعب خاصّة في حال مصارحة البعض للموجّه سرّا بنية ما، أو علاقة ما، أو خلاف ما، أو رأي شخصي ما، عن قضية ما. ولذا لا نشجّع أنْ يقوم الموجّه بتوجيه الأفراد كلّ على حدة خارج مساحة الفريق ويسمح له فقط بالتخاطب مع كلّ على حده في مرحلة جمع المعلومات وتشخيص الفريق. والتحدّي أنّ الموجّه قد يتلوّن رأيه في شخص أو موقف أو علاقة بحسب ما سمع. وعلى الموجّه أنْ يمارس الاستقبال والانفصال مرّة أخرى لكي يستطيع أنْ يستمرّ في التوجيه بدون التحيز أو التكتل مع أو ضد شخص ما. قد يكون الكلام فيها سهلا، ولكن الممارسة تحتاج إلى قدر كبير من الوعي الذاتي وضبط النفس وتوجيه المشاعر لكيلا تظهر تلك المعلومات التي يعرفها الموجه بسبب تلك المسارة، على سلوكه ولغة جسمه وتؤثر على أدائه في دوره التوجيهي. ومن هنا ننصح باستمرار بالتّأمل الذي يخلصك من تلك الشوائب ويعود بك للتوجيه صفحة بيضاء.

مكمّلات الجدارة في توجيه الفريق	العمق المعرفي والتطبيقي
١,٢ يحافظ على التمييز بين توجيه الفريق، وبناء الفريق، وتدريب الفريق، واستشارات الفريق، وإرشاد الفريق، وتيسير تواصل ونمو الفريق، وطرائق تطوير الفريق الأخرى.	١,٢,١ يحوي تطوير الفريق العديد من الأساليب، بما في ذلك توجيه الفريق، بناء الفريق، تدريب الفريق، استشارات الفريق، إرشاد الفريق، وتيسير تواصل أو تعلّم الفريق. ١,٢,٢ ومن هنا ينبغي على موجّه الفريق أنْ يتعاضد مع خبراء آخرين عندما تتطلّب طبيعة السّياق ذلك، أو عندما تنشأ الحاجة لدرجة مختلفة من المعرفة والمهارة. ١,٢,٣ وبينما التمييز بين هذه الأساليب غير ضروري في كثير من الأحيان، ينبغي توخّي الحذر إذا تمّ تضمين تدخّلات تتجاوز التّوجيه. فقد يحتاج موجّي الفريق إلى إحالة العملاء إلى متخصّصين، أو يتلقى المساندة من موجّه آخر أو مشرف أو مختص في تطوير الفرق.

تشير الجدارة الفرعية ١,٢ المندرجة تحت نمذجة الممارسات الأخلاقية وهي الجدارة (١)، إلى أهميّة الوضوح في اختيار وتنفيذ أسلوب التطوير بتوجيه الفريق كما في النقطة ١,٢,١. وأنّ ذلك يقع من بين عدد من الأساليب. وقد يظهر أنّ الكلام مكررا، ولكن الهدف أنْ يكون الموجه واضحا في منهجيته في التطوير للفريق وأنْ يوضح للراعي والقائد والفريق على السّواء هذه المنهجية لكي يعرف الجميع نوعية الخدمة التي يقدمها لهم وأهميتها ولا يتم الخلط بينها وبين الخدمات الأخرى سواء قدمها لهم من الباقة أم لا. فالأمانة في الوضوح مهمة وتنمّ على علو الأخلاق في التعاملات الإنسانية. وأما النقطة ١,٢,٢ فتشير إلى ضرورة التعاضد مع مختصّ آخر في حال افتقر الموجّه للخبرة المطلوبة بسبب الحاجة لأساليب أخرى تطويريّة للفريق، والوضوح في حال اشتملت الخدمة طرفا ثالثا أو آخرا سواء كان موجما شريكا أم استشاريا مختصا بدور ما، أم كان جمة مقيمة مزوّدة لأداة ما تساعد الفريق على التطوير مثل استبانة تشخيص أداء الفريق التي تحدثنا عنها مسبقا في الجزء الأول من الكتاب. ومن هنا نستقرئ أهمية قراءة السياق والتقييم المسبق له لكي يكون هناك خطة واضحة في التعامل. فدخول شخص آخر لا يؤخذ بخفّة. فمع ارتفاع مستوى الأمن بأشكاله لحماية عملاء التنظيم ومستفيديه وخصوصياتهم، فإنّ دخول طرف آخر لابدّ أنْ يسمح بوقت كاف للتحقّق وخلو هذا الطّرف من أي خطورة أو اختراق للخصوصيّة. ويدل هذا أيضا على ضرورة تقدير الموجه

لمقدراته في السياق وأن يستعين ويطلب المعونة لكي تنجح العملية التوجيهية المرجوة. وتشير النقطة الثالثة ١,٢,٣ إلى أنّ مزج أساليب التطوير للفريق ممكن في حال تضمُّنِها للتوجيه بحيث يكون التّوجيه أحد الطّرق، وفي تلك الحال يصبح لزاما أنْ يوضّح الموجه ماذا يفعل، ولماذا تختلف طرق تناول الفريق. وقد يتساءل الموجّه في هذه اللحظة عن السبب. ولعل الإجابة تتضح بالرجوع لطبيعة هذا التدخل والتي تستلزم الشّراكة في قرارات لحظية وفي كل خطوة يتحرك فيها الموجّه مع المستفيد في الجلسات. فطبيعة هذه الشراكة تستدعي التعاضد الكامل بين الموجّه والفريق المستفيد بكل أعضائه. فارتكاز التوجيه على الشراكة يعني أيضا المسائلة تقع بالكامل على المستفيد، ويعني ذلك تمكين الفريق المستفيد من الوصول بذاته ومنحه التّحكم في الاتجاه والأدوات ومن ثم تمكين التفكير الإبداعي والتفكير الخارج عن المعتاد والمخاطرات المصاحبة لذلك وأيضا تمكين خيارات عديدة مهمة لا تحصل في الطرق التطويرية الأخرى، ومن ثم الفريق مسؤول عن قراراته وليس الموجّه. ومن هنا يتضح ضرورة أنْ يقدّر الموجّه إمكاناته فيما سبق ويكون صريحا مع نفسه أوّلا إنْ كان يحتاج الإحالة لتخصصات أخرى إنْ ظهر له ضرورتها، وألّا يخجل من الاستعانة بموجّه آخر رفيق له في التوجيه في حالات معينة أو أنْ يتلقى التوجيه من مشرف توجيهي مختص لكي تظهر له الإجابات عن إشكالات لا يعرفها.

مكمّلات الجدارة في توجيه الفريق	العمق المعرفي والتطبيقي
١,٣ يجسّد المعرفة والمهارة اللازمين لممارسة مزيج معين من أساليب تطوير الفريق التي يتم تقديمها.	١,٣,١ يتمتع موجّه الفريق بمهارات كافية لممارسة جميع أساليب تطوير الفريق بجدارة والتي قد يمكن أنْ يعرضها كجزء من توجيه الفريق.

وأمّا آخر نقطة في جدارة نمذجة الممارسات الأخلاقية رقم (١)، فتتعلّق بسعة إطّلاع الموجّه على أساليب أخرى لتطوير الفريق، وقدرته على ممارستها في الوقت المناسب عندما يحتاج الفريق لها. ولا أسوأ من أنْ يحتاج الفريق لأداة تيسير أو نموذج استشاري مهم في عالم الإدارة أو تنفيذ المشاريع ويظهر الموجّه غير متمكن ولا يعرف شيئا عن التطوير التنظيمي. فالتطوير التنظيمي يحوي العملية التوجيهية، وهو الأساس في وجود الموجّه مع فريق العمل في المنظّمة. ونصيحتي المباشرة الصريحة ألّا تدخل عالم التوجيه المنظومي بدون أنْ تتذوّق من البوفيه المعروض ابتداء من الموارد البشرية وما تقوم به، إلى التدريب

وأسسه ثمّ الاستشارات ونماذجها المتعددة في عالم التنظيم. وأنْ يكون اطّلاعك ليس فقط نظريا وإنما أنْ تنضم عمليا للمنظّمات كمتخصص خارجي أو موظف داخلي لتعرف كيف تعالج مع الفريق مهماته وتكون داعما له بشكل كامل. ولا بأس أنْ يخوض الموجّه التجربة مع زميل آخر لحين تقسو جلدته ويعرف دواخل التطوير التنظيمي ومخارجه وبخاصة في بداية الممارسة.

مكمّلات الجدارة في توجيه الفريق	العمق المعرفي والتطبيقي
١,٤ يعتمد مزيد من أساليب التطوير المباشرة في توجيه الفريق عند الحاجة فقط لمساعدة الفريق على تحقيق أهدافه.	١,٤,١ بشكل عام، يلجأ موجّه الفريق في كثير من الأحيان إلى أنْ يتبنى أسلوب تلقيني مباشر على النّقيض مما لو كان العميل المُوَجّه فردي. ومع ذلك لابدّ أنْ تبقى هذه الحالات مقتصرة على تلك الأوقات التي تتطلب المنهج التّلقيني المباشر بهدف زيادة الوعي في وقفات النّمو للفريق ولمساعدتهم على فهم عملية توجيه الفريق. ١,٤,٢ قد تنشأ هذه الوقفات المهمّة في جلسات توجيه الفريق وتشكّل فرصاً للإشارة إلى التّفاعل الجمعي للفريق سلباً وإيجاباً، وطرق التّحرّك للأمام. ١,٤,٣ ينبغي أنْ تكون هذه الوقفات فرصاً لتعزيز سعة أفق الفريق وتصوّره عن الوضع الحالي الخاص به، وليس سبباً في تحديد الاتجاه أو تضييق التّصور للفريق.

ويتضح لنا في ١,٤,١ أهميّة سعة علم الموجّه واطّلاعه ودرجة مقدرته أنْ يتبنى أسلوب مباشر تلقيني على غرار التوجيه الفردي الذي يحظر فيه ذلك تماما. ولكن كما ترى يشدّد الاتحاد عندما يتعلق الأمر بتبني المباشرة في الأدوار التوجيهية. وهذا ما أشرنا إليه مسبقا في الجزء الثاني من الكتاب، بحيث يكون الموجّه مباشرا فقط عند الحاجة لذلك مثلا كون الفريق يحتاج نموذج لتطبيق معين في إستراتيجيات العمل والموجه لديه خبرة في هذا النموذج فيعرضه ويشرحه ويشرف على تطبيقه لحين يتمكّن الفريق من ذلك بنفسه. أو كون الفريق في لحظة تأمل وتعلم ويحتاج لمن يشير إلى نقاط القوة والتميز لديهم بشكل واضح. أو يحتاج الفريق أنْ يشرح لهم الموجّه نظرية معينة في العمل أو لفهم مفهوم معين ولماذا سأل الموجه ذلك السؤال أو ذا. وأما النقطة ١,٤,٢ أعلاه فتشير إلى تلك المواضع التي يمكن أنْ يكون فيها الموجه مباشرا بحيث يشير إلى ما يراه أو سمعه أو يشعر به تجاه التفاعل الجمعي للفريق أو غيابه مما يؤدي إلى تعلّم الفريق وتقدمه في خطوات العمل. وأخيرا النقطة ١,٤,٣ تؤكد على أهميّة استغلال مثل هذه الفرص لتعزيز سعة الأفق لدى الفريق وإكسابه تصورات جديدة عن وضع ما، أو مشكلة ما أو

تحدي ما، بدلا من أنْ تكون محاولة من الموجّه لتحديد الوجهة أو تركيز جهد الفريق على اتجاه يراه الموجّه مناسبا، مما يخالف مقصد التّوجيه في كلّ أحواله. فالتّوجيه وُجد لفحص الوجهة وتسليط الضّوء عليها وإعداد المستفيد لكي يختار الاختيار المناسب له وليس لقسره عليه.

مكمّلات الجدارة في توجيه الفريق	العمق المعرفي والتطبيقي
١,٥ يحافظ على الثقة والشفافية والوضوح عند القيام بأدوار متعدّدة في توجيه الفريق.	١,٥,١ في حال لجوء الموجّه لطرق مصاحبة أخرى لتطوير الفريق، عليه أنْ يكون واضحًا بتبنّيه لهذه الأدوار المختلفة وكيف يمكن أنْ يؤثّر أحدها على الآخر.

تتطابق هذه النقطة بشكل كبير مع نقطة ١,٢,٣ والتي تدعو لتوخّي الحذر عند استخدام طرق تطوير أخرى وتحدّثنا فيها عن أهميّة التفريق بين الطرق بحيث يكون المستفيد على علم بما بفعل الموجّه. وينطبق هذا على هذه النقطة مع إضافة أهميّة لفت الانتباه في حال تغيير الطريقة من توجيه الفريق إلى التدريب مثلا، فيما عدا الدّور التيسيري فهو يمتزج بسلاسة مع التوجيه للفريق. ويفعل الموجّه ذلك بسلاسة وانسيابية تُشعر الفريق بأنّ اللحظة الانتقالية مناسبة وليست تحول سريع قسري. وتكون هذه اللحظة بموافقة الجميع في الفريق وتوجههم إليها بشكل داخلي وليس فرض خارجي. وهذه الشفافية والوضوح ليست فقط عشوائية فمن التجارب الخاصة بموجهي فرق العمل في العالم، إشراك الفريق في هذه اللحظة هو جزء من كسب ثقة الفريق وشعورهم بالتحكم في الجلسة التوجيهية وأنّ تحديد الوجهة هو أمرهم. ومنها يتعلم الأعضاء الشورى في كل صغيرة وكبيرة فيكون أمرهم شورى بينهم وليس بينهم وبين الموجّه الطارئ عليهم في هذه الجلسات. فالموجه مؤقّت الوجود ولا ينبغي أنْ يحرّك الجميع نحو أي اتجاه بدون موافقتهم الكاملة.

الدمج بين الجدارة (١) وبين أصلها في التوجيه الفردي

البنود الأصلية لجدارة "نمذجة الممارسات الأخلاقية"

١. يظهر النزاهة الشّخصية والصدق في التّعامل مع العملاء والجهات الراعية وأصحاب المصلحة المعنيين.

ظهر لنا في الشرح السابق كيف أنّ كلاً من الموجّه الفردي وموجه الفريق يتعامل بوضوح ويفرق بين التوجيه الفردي والتوجيه للفريق وباقي أساليب التطوير، بل يكون صادقا في تغيير أدوار التوجيه للفريق. كل ذلك مراعاة للصدق في التعامل مع العميل فردا كان أو فريقا أو منظمة.

٢. حسّاس لهوية العميل وسياقه، وتجاربه، وقيمه، ومعتقداته.

كما في التوجيه الفردي يرعى الموجه في توجيه الفريق التعبير الفردي للأعضاء ومعتقداتهم وقيمهم الشخصية فلا يتدخل بذاته ولا قيمه ولا تصوراته في الحوار ولا يضع أيّ خطّة مسبقة لكيف سيؤثر على الحوار مهما ظهر له فيه من تفضيلات خاصة، بل يبقى واعيا ليحافظ على هوية الفريق الحالي ويتركه يعلّم بعضه البعض. وكلّ ما يسري في التوجيه الفردي من مضادات لهذه الجزئية يسري هنا. فمثلا المقاطعات للمتحدثين، أو رفع الصوت، أو التحيز لرأي، أو الحكم على رأي، أو شخص، مما نعرفه في أصول التوجيه الفردي يسري هنا أيضا.

٣. يستخدم لغة مناسبة تنمّ عن التّقدير للعملاء والجهات الراعية وأصحاب المصلحة المعنيين.

يندرج تحت ذلك ما يندرج من أدب في التعامل مع الآخرين وتقدير لإنسانيتهم وذواتهم. وبخاصة التقدير لبيئاتهم وثقافاتهم المختلفة عن بيئة الموجه وثقافته. وتقدير لمعتقداتهم الدينية وقيمهم الاجتماعية وهويتهم الوطنية وبخاصة فيما يتعلق بتلك الفرق التي تتعدد فيها الثقافات بحسب البلد أو المكان أو المنطقة التي يتواجد فيها الفريق وبحسب ضوابط الاتصال والأعراف التي اجتمع عليها الناس في هذا المكان. ويقدر الموجّه ذلك كله أثناء مرحلة تشخيص الفريق فيكون واعيا بتحيزاته الشخصية وافتراضاته الخفية عن الفريق، والقائد ، والراعي، والأعضاء، والمكان، والمنظومة. ووعيه هذا يسمح له بالتعلم وبموائمة أسلوبه في اللغة المنطوقة والجسمية. بل ويتعلم المفردات التي يستخدمها الآخرين في التعبير عما يقومون به أو عن السياق فيستخدم لغتهم.

٤. يلتزم بلائحة أخلاقيات الاتحاد الدّولي للتوجيه ويدعم القيم الجوهرية له.

٥. يحافظ على خصوصيّة العميل وما يشاركه فيه من معلومات وفقًا لاتفاقيات ذوي المصالح والقوانين المتعلّقة.

٦. يحافظ على التّمييز بين التّوجيه والاستشارة والعلاج النفسي وغيرها من المهن المساندة. وقد اشبعنا يقابلها في جدارات الفريق شرحاً.

٧. يحيل العملاء إلى متخصّصي الدّعم الآخرين، بحسب الحاجة. وأشرنا مسبقا إلى ضرورة الاستعانة بخبراء آخرين في حال نشأت الحاجة لذلك أعلاه.

الجدارة (٢): تجسيد عقلية التوجيه

التعريف: "يطوّر ويحافظ على عقلية منفتحة وفضوليّة ومرنة ومتمحورة على العميل".

أقول: التعريف واضح في كون الموجّه مركّزا على العميل وليس على ما يدور في عقل الموجّه وعالمه وتجاربه الخاصة، ومن ثم يسمح لنفسه بعدم بالانحياز عن الاستماع بحضور كامل أو فضول مقصود أو بمرونة لفحص كل الاتجاهات التي يرغب العميل أنْ يخوضها في حواره مع الموجّه ومن ثم ينحى الموجه منحى العميل ويسير بقيادته واتجاهه. وينطبق ذلك على الفريق أيضا فالموجه الذي يحيد عن عقلية التوجيه لعقلية أخرى متعلقة بأدوار دخيلة يشلّ حركة الفريق ويعرض نفسه للتحيز أو التكتل أو المباشرة التلقينية للفريق فيخرج عن الدّور المقصود. ولا يكفي ذلك فحسب، بل على الموجه أنْ يسعى لتطوير نفسه ليحافظ أو يمارس هذه العقلية المنفتحة الفضولية.

مكمّلات الجدارة في توجيه الفريق	العمق المعرفي
٢,١ يفعّل الإشراف التّوجيهي كأداة للدّعم والتطوير والمساءلة عند الحاجة.	٢,١,١ قد يكون من السّهل على موجّه الفريق أنْ يتشابك مع التّفاعل الجمعي للفريق ويصبح غير مدرك للقضايا التي يجب معالجتها. لهذا السّبب، يجب أنْ يعمل موجّه الفريق مع مشرف توجيهي. ٢,١,٢ يعتبر توجيه الفريق أكثر تعقيدا من التّوجيه الفردي، نظرً للمداخلات الواردة من عدد من الأعضاء في وقت واحد. ٢,١,٣ يستخدم الإشراف التأمّل فيما مضى من مواقف في توجيه الفريق، واستشارة الوعي بدور الموجّه في تلك المواقف أو أثرها على اللحظة الحالية وما يتبعها من سلوك توجيهي. ٢,١,٤ ويعتبر المشرف مورداً مهمّاً لموجّه الفريق كراصد محايد ومعيناً للحصول على مرئيات في عملية توجيه الفريق.

تفعّل النقطة ٢,١ الفرعية للجدارة، عملية الإشراف التوجيهي التي تحدثنا عنها مسبقا والتي تعني بعدد من الجوانب التّطويرية للموجّه والتأملية في المواقف التي يمرّ بها مع الفريق أثناء التوجيه. وتنص على أربعة نقاط فرعية أخرى. نسوقها بالآتي:

وتؤكّد النقطة ٢,١,١ أنّ التفاعل الجمعي معقّد ويحوي كثير من المواقف التي ربما تلمس جوانب شخصية في حياة الموجه وتثير حفيظته لكونها تتشابك مع حياته الخاصة والمهنية بشكل أو بآخر. فالتفاعل الجمعي يسحب رجلك إلى الخوض مع المتفاعلين وأنْ تنسحب لعلاقاتهم ومن ثم تفقد موقفك المحايد ونمذجة الأخلاقيات التي تحدثنا عنها. وكونك تعمل مع مشرف توجيه يعني أنك ستقف فاحصا لكل ما يحدث معك في هذا التفاعل ومن ثم يجعلك تتوازن في حيادية كاملة قبل أنْ تعود مرة أخرى للتفاعل بشكل مختلف. وأما النقطة ٢,١,٢ فهي تعني أنّ التفاعل الجمعي يتطلب مستويات عدة من التواصل تتضاعف بتضاعف العلاقات وعدد الأعضاء. وهذا بحد ذاته قد يؤدي إلى فقد الموجّه قدرته على التفهم والاستماع والممارسات التوجيهية في الجدارات الأخرى. ومن هنا تأتي أهمية الإشراف لبحث مثل هذا التشتت المحتمل أو أي أثر ينشأ من هذه التفاعلات الشائكة. وتؤكد النقطة ٢,١,٣ على مهمّة المشرف وكيف يحدث الإشراف بحيث يتم التأمل فيما طرأ من على الموجه من غياب لوعيه في لحظات معينة أو تفاعله بشكل غير مرضي أو وجود مشاعر معينة تجاه التجربة أو أعضائها أو مقدراته وما إلى ذلك. وكل ذلك في مصلحة الموجه ونموه الاحترافي. والنقطة ٢,١,٤ تؤكد دور المشرف التوجيهي كمورد لمعالجة ما يدور في الجلسات ومساعدة الموجّه على إيجاد طرق لمعالجة التحديّات التي تواجهه.

مكمّلات الجدارة في توجيه الفريق	العمق المعرفي
٢,٢ يحافظ على الموضوعية والوعي بالتّفاعل الجمعي وأنساقه.	٢,٢,١ تتكوّن الفرق من أفراد لديهم شخصيات ومعارف ومهارات ودوافع مختلفة. والجمع بين هؤلاء الأفراد من أجل غاية عمليّة يحدث تفاعلاً متعلّقاً بالسّلطة والتحكّم والخبرة والأهداف المتباينة. ٢,٢,٢ على الموجّه للفريق أنْ يكون يَقِظًا لأثر هذا التّفاعل على تواصل الفريق وجدول أعماله، وعلى الخلافات الداخلية والمعتقدات، والتّحالفات، ولابد أنْ يبقى موضوعيًا في الأوقات جميعها.

ويؤكد الاتحاد في شرح هذه الجدارة رقم (٢) والتي تعني بتجسيد عقلية التوجيه، أهمية الموضوعية والوعي بأنساق التفاعل الجمعي التي من شأنها أنْ تعزز الموضوعية. وتذكر هذه الجدارة موضوع أنساق التفاعل الجمعي وهي ما تم نقاشه مسبقا في محله في الجزء الثاني من الكتاب في حديثنا عن التوجيه عن طريق التفاعل الجمعي. وتؤكد النقطة ٢,٢,١ وجود تفاعلات فردية

أثناء التوجيه للفريق متعلقة بالسلطة والتحكم والخبرة والأهداف المتباينة للأفراد والتي من شأنها أنْ تصنع كثير من تعدّد وجهات النظر وربّما نقاشات تتطلب الحذر في طرحها وتتطلب من الموجّه الوعي بأنساق التفاعل أثنائها ومن هنا أصبحت الموضوعية مهارة أساسية ومتطلب جذري. وتؤكد النقطة ٢,٢,٢ أنّ ذلك قد يقع أثره على عمل الفريق وحماسه الذاتي وتحفيزه لإنجاز مهماته، حيث قد يؤدي إلى خلافات وربما نزاعات وتحالفات أو تكتلات جانبية. ولذا تناول هذه التفاعلات مهم وقد غطينا ذلك كله في مكانه من الكتاب.

الدمج بين الجدارة (٢) بين أصلها في التوجيه الفردي:

١. الإقرار بأنّ العملاء مسؤولون عن اختياراتهم الخاصّة. ويعني ذلك أنْ يتخلّى الموجه عن التمسك بمحاولة قيادة الحوار والتأثير على المستفيد وأن يحترم رغباته في توجيه الحوار التوجيهي إلى حيث يريد أنْ يتوجه وفي حال الفريق يفعل الشيء نفسه.
٢. يلتزم بالتّعلم والتّطوير المستمر في مجال التّوجيه. والتعلم المستمر لا يحصل فقط عن طريق الدورات التدريبية ولكن عن طريق الحوار مع المشرف التوجيهي في جلسات الإشراف .
٣. يمارس التّأمل والمراجعة المستمرة لتعزيز مهارات التّوجيه بأن يمضي وقتا بعد الجلسات ليفحص ماتمّ فيها من حوارات ويخلص لمخرجاته الخاصّة والتي قد يحضرها للإشراف التوجيهي.
٤. يمارس الوعي والانفتاح لتأثير السّياق والثقافة على الذات والآخرين. وهذه تنطبق على الموجه في التوجيه الفردي وتوجيه الفريق بحيث يتخلى عن كل ما لديه من أفكار أو معتقدات تجاه الآخر والموقف ويبقى منفتحا لكي يتأثر شخصيا بحيث يتعلم عن المستفيد ومنه باستمرار ويطوّر فكرته الخاصة عمّا يدور في حياة المستفيد مبقيا الفضول مفتاحا لكل تفاعل معه. والتأثر هنا لا يعني التّخلي عن الإعتقدات الدينية أو القيم الخاصّة بالموجّه، وإنّما التأثر فيما يكون مفيدا لفهم المستفيد وللتواصل معه والتخلي عن الحكم المسبق أو الافتراضات.
٥. يستخدم الوعي بالذّات والحدس الداخلي لإفادة العملاء. وهذه تلعب دورها في التوجيه الفردي، ولكن دورها أكبر في التوجيه للفريق حيث يقوم الموجّه باستمرار بإعادة الموائمة بينه وبين ذاته لوعيه الداخلي بنفسه وبمستويات

التفاعل الأخرى في الجلسة التوجيهية. ويسأل ذاته باستمرار عن أفضل الطرق للاستجابة والتحرك وربما يفضّل الصّمت قبل أنْ يتفاعل لفترة ليسمح لذاته بأنْ تشعر وتحس بما يدور.

٦. يطوّر ويحافظ على مقدرته في التّعامل مع مشاعره وتنظيمها. وحتما تكمل هذه النقطة ما ذكرناه أعلاه من أهمية الوعي وتنظيم المشاعر الداخلية في توجيه الفريق.

٧. يستعدّ عقليا ونفسيّاً للجلسات. فيتطلب منه الحضور الكامل ووضع نفسه في حال معين من الانفتاح والوعي والتلقي وإعادة معايرة الذّات.

٨. يطلب المساعدة من مصادر خارجية عند الضّرورة. في حال وجد نفسه غير متوازن أو قادر على المعايرة بحيث يسعى لضمّ مختصّ آخر متمكن يضيف قيمة للتوجيه للفريق أو يتخلى لغيره بحسب ما يمليه عليه السياق.

الجدارة (٣): تأسيس الاتفاقيات والمحافظة عليها

التعريف: "يكوّن شراكة مع العميل وذوي المصالح المعنيين لوضع اتفاقيات واضحة عن علاقة التّوجيه والآليّات، والخطط، والأهداف. ويضع الاتفاقيات لعملية التّوجيه عامّة ولكل جلسة توجيهية خاصّة".

أقول: التعريف يشير بدقة إلى دور الاتفاقيات والتعاقدات في العملية التوجيهية الفردية وتوجيه الفريق والمنظومة من باب أولى. ولعل من أهم ما يعوق العملية التوجيهية هو سوء الاتفاق وتجاهل التعاقد المبني على الطرح السليم والكامل لما ينبغي تحقيقه من التوجيه للفريق ولماذا هو مهم وماذا يقف في طريق ذلك وماذا يعني ذلك للفريق وللمنظومة ككل. بل إنّ التعاقد والاتفاق هو شريعة المتعاقدين يعني الدستور والمرجع في حال وجود الخلاف أو التجاوز من أي من الأطراف. وقد ناقشنا ذلك في مكانه عند الحديث عن الرحلة مع العميل. ولكن نعيد ونؤكد النقاط هنا بشكل تذكيري لأهمية هذه الجدارة في تحقيق كينونيّة التوجيه.

٣,١ يوضّح ماهيّة توجيه الفريق وما ليس منه واختلافه عن أساليب تطوير الفريق الأخرى.	٣,١,١ أنْ يسلّط الموجّه الضوء على الفرق بين توجيه الفريق وطرق تطويره الأخرى. ٣,١,٢ بسبب طبيعة شخصيات الأفراد المتميزة، قد تحتاج الفرق للانتباه للموافقة والموائمة بين الفريق وبين الموجّه.

تأتي هذه النقطة بشكل يبدو مكررا، ولكن المقصد منها هنا في سياق الاتفاقيات والتعاقدات وليس في سياق التوضيح أو الأداء الفعلي للجلسة التوجيهية للفريق. ففي السابق عند الجدارة الأولى الخاصة بنمذجة الممارسات الأخلاقية، جاء توضيح الفرق بين التوجيه وأساليب التطوير الأخرى ليؤكّد ما يدور في الجلسة التوجيهية وما يدور خارجها قبلها وبعدها من محادثات، ويأتي هنا في سياق الاتفاق والتعاقد ليكون مكتوبا واضحا أو مسجلا شفهيا بين الجميع بوضوح. ولعل القارئ يتساءل لماذا كل هذا التدقيق في التفرقة؟ ونردّ بأنّ المطّلع على عقود الاستشارات يرى فيها كثير من الضمنيات التي تضمن فصل الخلاف في حال وقوعه. وأهم ما تحويه هذه النقطة في التعاقد والاتفاقيات هي إخلاء الذمة للجميع من كون الموجّه مسؤولا عن النتائج الخاصة بعمل الفريق. وهذا مهمّ من حيث التفرقة بين ما ينتج منطرق تطوير أخرى وبين نتائج التوجيه كاستثمار في تطوير الفريق، حيث ذكرنا مسبقا أنّ الموجّه مسؤولا عن التوجيه كأداة لتطوير الفريق وليس كأداة للوصول إلى ما يطمح له الفريق وإنْ كان هذا أحد أهمّ المخرجات الخاصة بالفريق أثناء عمله مع الموجّه، ولكن غير المضمونة. فلا يضمن الموجّه في التوجيه للفريق إلّا تعلّمه وتعلّم أفراده وتطور الفريق كوحدة متماسكة عالية الأداء. وفي حال قرّر أعضاء الفريق تغيير الغاية من وجودهم، أو الانسحاب منها وعدم إشباعها، ومن ثم تأثّر العمل أو المخرج الكامل للأداء، فأنّ ذلك ليس له علاقة بعمل الموجّه بشكل مباشر. ولذا من المهمّ أنْ يخلي الموجّه طرفه بتوضيح هذا في التعاقد بشكل كامل. بينما في أساليب التطوير الأخرى قد يشير المستشار أو الميسر أو المدرب إلى مخرجات أكيدة منها مثلا ارتفاع المبيعات أو الحصول على نسبة أعلى من السّوق أو رفع كفاءة التنظيم في جوانب معينة أو رفع فعالية الممارسات المصنعية مثلا. وهذه كلها مخرجات لا يتولّى التوجيه المسائلة عنها ومن ثم لا يلتزم الموجّه بأيّ منها. فالموجه مسؤول فقط عن نمو أعضاء الفريق، وتطوّر أداء الفريق كوحدة متكاملة

ومن ثم رفع الأداء الذي ينتج عنه مخرجات التنظيم. ومسؤوليته عن مخرجات التنظيم تبعيّة في حال أنّ الفريق رغب في ذلك ووصل إلى قوة الأداء المطلوبة عن طريق التوجيه. ومن هنا كان من المهم أنْ يتعامل الموجّه بوضوح في التفريق بين التوجيه وبين باقي الأساليب التطويرية. وهذا بالضبط محتوى النقطة ٣,١,١. وأما النقطة ٣,١,٢ فهي تختص بالموائمة بين الموجّه وبين الفريق. وهذا يعود بنا لمرحلة التشخيص حيث يجري الموجّه المقابلات الشخصية مع أعضاء الفريق كلّ على حدة أو مع بعض في جلسة تعريفية استكشافية. وهذا يعني أنّ الموجّه يتعرف عليهم ويتعرفون عليه وتحدث الموائمة في تلك الجلسة أو اللقاء. والموائمة مهمّة فهي التي تساعد الجميع على استكشاف إمكانية التعامل المستقبلي في الجلسات التوجيهية وتوضّح المعاني والقيم والمعتقدات الشخصية لكل الأطراف ومن ثم يدخل الموجّه وهو في حال اطمئنان لمن سيتعامل معهم ويتأكد من رغبة الجميع في استثمار الوقت والجهد في الجلسات. ليس هذا فحسب، بل يتأكد الجميع من فهمهم لطبيعة التوجيه للفريق وما يحتويه من ضوابط وماهية هذا الأسلوب. ومن ثم يحدث الاتفاق الأوّلي بالارتياح قبل التعاقد المكتوب النهائي. على النقيض من باقي الأساليب التي عادة ما يتم التعاقد فيها مع المختص بدون أنْ يكون للفريق رأي في ذلك. فالتوجيه يتطلب شيء من الحميمية والثقة المتبادلة بين الأطراف.

مكمّلات الجدارة في توجيه الفريق	العمق المعرفي
٣,٢ يتآزر مع جميع الأطراف المعنيّة، بما في ذلك قائد الفريق وأعضائه وذوي المصالح ومن يقوم بالتوجيه المشترك معه، لتكوين اتفاقيات واضحة عن علاقة التوجيه وممارساته، وخططه، وطرق التطوير، والأهداف.	٣,٢,١ يجب أنْ تكون اتفاقية التّوجيه مقبولة عند جميع الأطراف، بما في ذلك أعضاء الفريق فردا فرداً، والموجه المشارك إنْ وجد، والرعاة بما يتناسب. ٣,٢,٢ يجب طرح موضوع الخصوصيّة فيما يُطرَحُ في جلسات توجيه الفريق، أو في الحوارات الخاصة بين موجّه الفريق وأيّ عضو على انفراد. ٣,٢,٣ من المهمّ أيضًا اعتبار دور ومدى تأثير ثقافة المنظّمة ورسالتها التنظيميّة والسياق العام، على عملية توجيه الفريق.

في هذا الفرع من الجدارة ٣، يتضح ما أشرنا إليه مسبقا من أهمية التآزر بين الجميع. وعندما نتحدث عن التآزر نعني لُغويا ما نقصده من دخول الجميع تحت إزار واحد وكأنّه خيمة تغطيهم وتشملهم. فلا يصلح أنْ نتآزر بدون أنْ نتّفق كيف سنعيش في تلك الخيمة وتحت ذلك الإزار. وكل ما ذكر أعلاه ينبغي توضيحه والاتفاق عليه وهذا يعني أنْ نعود لمرحلة التشخيص وتقرير البيانات وتحديد الأهداف ونضع كلّ ذلك في الاتفاقية والتعاقد النهائي بعد التعاقد المبدئي التشخيصي. ولابدّ من القبول من الجميع فردا فردا من أعضاء الفريق وقائده والراعين له كما في نقطة ٣،٢،١، وهذا قد يتطلب وقت وجهد.

فمن أهم ما يتم طرحه للحوار بشكل جمعي مع الفريق وقائده هو الأهداف التوجيهية عموما وأهداف كل جلسة على حدة. فينبغي أنْ تكون الأهداف قياسية واضحة ولا يشوبها أي غموض ويتم تأكيدها وصياغتها بشكل مفهوم وواضح للجميع بحيث يستطيع الجميع المشاركة في كتابتها وتحديدها بشكل كامل مع القائد فردا فردا ويتفقوا عليها اتفاق كامل. وهذا بذاته يتطلب جلسة حوار كاملة مهمة وأساسية قبل انطلاق العملية التوجيهية أو في بدايتها مع الجلسة الأولى. وليس ها فحسب، بل ينبغي تحديد معايير الوصول لكل هدف أو ما يسمى بمقاييس النجاح كما في الجدارات الجوهرية بحيث يمكن للجميع وصفها وتخيلها بشكل يمكن ملاحظته وتعريفه عند حدوثه. ويتعرّف الجميع على سبب كونهم اتفقوا عليها ولماذا هي مهمة بالنسبة لهم، فيقودهم الموجه في حوار عميق عن قيم هذه الأهداف لهم وما تحقّقه من منافع تعود عليهم وعلى التنظيم بالفائدة. وأضف إلى ذلك أنْ يتعرّف الفريق على المعوّقات التي تقف في طريق تحقيق هذه الأهداف أو المواضيع التي ينبغي التّطرق لبحثها لكي يتم تحقيق هذه الأهداف في الجلسات التوجيهية. ومن هنا ترى أنّ هناك (١) مجموعة من الأهداف التوجيهية التي يتعرّف عليها الجميع من أعضاء الفريق مع قائدهم في بداية الاتفاق ثم في بداية كل جلسة توجيهية يقرر الفريق ما يريد أنْ يتناول منها ويسأل الفريق (٢) لماذا يرى هذا الهدف أو ذاك مهما و(٣) ثم يعيد تحديد معايير النجاح أو المخرجات المرجوة لكل هدف ومن ثمّ (٤) محاور الحوار لكل هدف يرغب الفريق في الاتجاه له بما يسمح الوقت بتحقيقه. هذه الأربعة نقاط هي مكونات الجدارة رقم ثلاثة وهي تأسيس الاتفاقيات والمحافظ عليها. التأسيس قبل كل الجلسات التوجيهية ثم المحافظة عليها بالرجوع لها في بداية كل

جلسة لكي يستمر الحوار عن تلك الاتفاقيات ويزداد دقة ووضوحا. هذه الدقّة والوضوح هي مطلب مهم في كل جلسة وإن طال بنا الوقت أو المسائلة لتغطية هذه المحاور والتي بدونها يمكن أن يفقد الموجّه مساره في الجلسة التوجيهية ويضيع ويخرج بلا فائدة. ولمعرفة مزيد عن المحاور الأربعة يمكن الرّجوع لموقع الاتحاد الدولي للتوجيه لمعرفة دلالات الجدارة.

ثمّ يستمر تركيز الموجّه على ما يراه الفريق مهما وأساسيا، ولا يغير ما يراه الفريق مهما ولا أساسيا، إلّا في حال رغب الفريق في تغيير المسار أو بإذن من الفريق ومجموع أعضائه الكلّي وهذا يعني ألّا يضع للفريق خطة خاصّة مهما كانت مناسبة في رأي الموجّه، ويحرص في كل جلسة بعد مراجعة ما تم في السابقة أنْ يسأل الفريق عن خطّته وتركيزه المطلوب. وتجده يتفق مع الفريق باستمرار ويصادق معه على ذلك ولا يعارضه أو ينحى به منحى لا يرغب فيه رغما عنه. ويستمر في عرض الخيارات المتعددة عليه في وقفات التوجيه ويصادق مع الأعضاء على أسلوب الجلسة المتبع ليتأكد أنْ الجميع يسيرون في الاتجاه نفسه. ويلاحظ أهمية إعادة الاتفاق أحيانا في حال تغيير الاتجاه أو تركيز الجلسة. وفي حال استمرار الاتجاه يسمح بلحظات الصمت والتأمل ووقفات المراجعة المستمرة لما يحدث مع الفريق.

وأما النقطة ٣,٢,٢، فتشير إلى بند مهم في الاتفاقيات والتعاقد لابدّ من فحصه جيدا وهو بند الخصوصية للمعلومات الخاصّة بأعضاء الفريق، وبهم فريق في داخل الجلسات التوجيهية ومن سيطلع عليه وبموافقة مَنْ. وينصّ الاتحاد الدولي للتوجيه بشدّة على حفظ خصوصية الفريق وأعضائه حتى عن الراعي لكي يتحرّك الفريق في الجلسات بثقة كاملة في مشاركاته الشخصية والجمعية. والاتفاقية تحوي ما يستطيع القائد تبليغه للراعي وما لا يستطيع وهذا يتم أيضا بعلم وحوار الأعضاء في تلك الجلسة الاستكشافية. وفي حال عدم وجود لوائح خصوصية خاصة بالراعي في المنظمة فإنّ الموجّه يناقش هذه المواضيع مع القائد والفريق ويصل الجميع إلى اتفاقيات في ضوابط التواصل يتم موافقة الجميع عليها وتكتب في ميثاق التواصل كما ذكرنا في الشّروط الستة. وينصّ ٣,٢,٣، على اعتبار الثقافة المحلية للتنظيم وقراءتها بشكل كامل. فهناك ضمنيات في الثقافة تسمح بدرجة معينة من المشاركة في الخصوصيات وبخاصة في الثقافة العربية حيث يحافظ المجتمع على حدود بين البيت والعلاقات الخاصة الأسرية

وبين العمل. فينبغي مراعاة ذلك ومناقشته مع الأفراد لتجنّب طرح غير لائق بالبيئة المحلية وحوارات تخترق العادات والأعراف والدين، وكل ما ليس له علاقة بعمل الفريق والغاية منه. وقد يختلف الوضع في بيئات مناطق أخرى في العالم ذات ثقافة فردية، حيث يركز التوجيه على تقبل الفرد أولا بذاتيته المطلقة وحريته الدينية والجنسية، قبل أنْ يندمج في فريق العمل. ولا يسعنا إلّا أنْ نقول أنّ خرق هذه الضوابط قد يكون ضارّا في العالم العربي ويسبّب تفكّك وخلافات في داخل التنظيم والمجتمع، نحن في غنى عنها، بل قد يلزم الموجّه بالتبليغ عمّا يخالف الدّين والعرف وأنظمة وقوانين البلد ويعرّض حياة الأفراد في التنظيم للخطر. ويكفينا أنْ نجتمع على العموميات ونترك الخصوصيات في مساحات خاصة بها في التفاعل الاجتماعي خارج التنظيم. ونتذكّر أنّ من تعاليم ديننا الحنيف الستر على الآخرين وعدم تشجيعهم بالمجاهرة بالمعاصي أو المخالفات وإن كانت تعتبر بالنسبة لهم وفي ثقافاتهم الخاصة أيّاً كانت مقبولة. وأشير بذلك خصوصا لبنود اللائحة الأخلاقية التي تنص على احترام التنوع والاختلاف ويندرج تحته الشذوذ والزنا والإباحية والتي لا نقبلها في مجتمعنا العربي المسلم. وعلينا أنْ نتذكر كموجهين في التنظيم وفي المجتمع كيف نحافظ على الجمعية التي حبانا بها الله والتي هي سبب تماسك مجتمعاتنا العربية. وأما تلك الحالات الفردية التي تظهر لنا في الجلسات الخاصة فتتطلب حكمة ومعالجة وحلم وأناة لحين يصل المستفيد بنفسه إلى ما ينظّم سلوكه في المجتمع أو التنظيم. أو يصل الموجه معه إلى أنّ هذا السلوك غير مقبول في شريعة وعرف الموجه وثقافته ومن ثم على المستفيد أنْ يبحث عن موجّه آخر يتفق معه في قيمه الشخصية. ومن هنا تأتي أهمية المواءمة والقبول بين الموجه وبين المستفيد فردا كان أم فريق عمل.

مكمّلات الجدارة في توجيه الفريق	العمق المعرفي
٣,٣ التعاون المشترك مع قائد الفريق لتحديد كيف سيتمّ تبنّي العملية التوجيهية بين الموجّه والقائد والفريق.	٣,٣,١ أحد أهداف توجيه الفريق هو المساعدة على بناء استدامة الفريق بحيث لا يتطلّب وجود موجّه ليحافظ على فعّاليّة تقدّمه. بينما قد يتم في البداية قيادة العملية التّوجيهية بشكل مباشر، لابدّ أنْ يتمّ الاتفاق، عن التّدرّج في التّخلّي عن ذلك لقائد الفريق وللفريق ككتلة جمعيّة.

وأما الفرع الأخير من الجدارة (٣)، فينص على أهمية تعاضد الموجه مع قائد الفريق وأنْ يتم التفاهم عن تبنّي ملكية مساءلة ومسؤولية التوجيه. فالقائد هو اللاعب الأساسي بحسب ما أشرنا إليه في الأبحاث الأكاديمية . واستقصائه بحيث يحلّ محلّه الموجه غير معمول به إطلاقا. بل على العكس القائد هو من يقوم بتوجيه الفريق عادة وما تدخل الموجّه إلّا وقتي وتمكيني للقائد ليكمل عملية التوجيه المستدامة بعده. ووظيفة الموجّه ألّا يكون له وظيفة في نهاية التعاقد أو يتخلى الجميع عن خدماته. ولذا ينبغي أنْ يمضي الموجّه وقت كاف مع القائد ليفهم ويشارك المعلومات البحثية في فرق العمل عالية الأداء ومن ثم يمكّنه من الممارسات المختلفة التوجيهية التي تسمح له باستدامة العمل بعد إنهاء التعاقد. ويكون القائد الشريك الإستراتيجي الكامل في عملية التوجيه. ويتطلب ذلك القيام بجلسات توجيه فردي للقائد في أوقات متباعدة ليسمح له بنقل المهارات والجدارات أو الحديث عن التحديات أو معالجة بعض ما يطرأ في الفريق من وجمة نظر القائد. ومن هنا ينبغي الاتفاق الكامل مع القائد في كل الجلسات على الأدوار وفي حال إنهاء التعاقد على تبني الأدوار التوجيهية. وينبغي أيضا أنْ يتواجد القائد في كل الجلسات التوجيهية بشكل كامل ويدعم ما يدور فيها ويكون له دور توجيهي مكمّل أو رئيسي بحسب الاتفاق. وفي حال تعذر ذلك لا يتم التّوجيه ويتأخر لحين وجوده. وفي الموضوع تفاصيل نناقشها بحسب الحالات، ولكن نشير عموما إلى فشل كثير من العمليات التوجيهية بسبب غياب القيادة فيها.

الدّمج بين الجدارة (٣) وبين أصلها في التوجيه الفردي:

١. يشرح ماهيّة التّوجيه وما ليس منه ويصف الممارسات للعميل وذوي المصالح المعنيين. وهذا ينتقل لتوجيه الفريق كما ذكرنا.
٢. يتوصل إلى اتفاق عما هو مناسب وما هو غير مناسب في العلاقة التّوجيهية، وما سَيُقَدّم وما لن يُقَدّم ومسؤوليات العميل وذوي المصالح المعنيين. وهذا يتعلق بالأدوار التوجيهية والتفريق بينها وبين أساليب التطوير الأخرى وتوضيح كل ذلك للفريق وقائده والراعي له.

٣. يتوصّل إلى اتفاق للإرشادات والمعايير المحددة لعلاقة التّوجيه مثل اللوجستيّات والرسوم والجدولة والمدة وإنهاء التّعاقد والخصوصيّة وشمول الآخرين. وهذه تتعلق ببنود التعاقد وتفاصيلها المختلفة من حال لحال.

٤. يشترك مع العميل وذوي المصالح المعنيين في وضع خطة وأهداف توجيهية شموليّة. تشمل خطة التوجيه وما ذكر أعلاه.

٥. يشترك مع العميل لتحديد مدى التّوافق بين العميل والموجّه. يسري ذلك أيضا على الموائمة بين الفريق وبين الموجه الفريق.

٦. يشترك مع العميل لتحديد أو إعادة تأكيد ما يرغب العميل تحقيقه في الجلسة. يشمل ذلك الأهداف العامة للتوجيه وهدف الجلسة التوجيهية للفريق المعني وما يرغب الفريق تحقيقه فيها. يشمل ذلك، سبب أهمية وقيمة الهدف أو الأهداف المرجو تحقيقها كما ذكرنا مسبقا. فالأهمية جزء من الحافز لتحقيق الهدف.

٧. يشترك مع العميل لتحديد ما يعتقد العميل أنه بحاجة إلى معالجته أو حلّه للوصول إلى ما يريد تحقيقه في الجلسة. يتفق الموجه مع الفريق على المواضيع التي تقود للهدف أو التي تمنع من الوصول له بتعاضد كامل وواضح للجميع.

٨. يشترك مع العميل لتحديد أو إعادة تأكيد معايير النّجاح لما يريد العميل تحقيقه في علاقة التوجيه أو الجلسة الفردية. يتعاضد الموجه مع الفريق على معايير النجاح لكل هدف على انفراد وكيف ترتبط بعضها ببعض.

٩. يشترك مع العميل لإدارة وقت الجلسة وتركيزها. يتعاضد الموجه مع الجميع في إدارة وقت الجلسة احتراما لوقت الفريق والتزاماته بعدها.

١٠. يستمر في التّوجيه في اتجاه النّتيجة المرجوّة للعميل ما لم يُشِر العميل بغير ذلك. يستمر الموجه في التوجيه في الاتجاه الذي يرغب فيه الفريق وفي حال رغبة الفريق في تغيير الاتجاه يعيد الاتفاق معهم على جدوى ذلك وأهميته ومعاييره ويتأكد أنّ الجميع فعلا موافق على ذلك التغيير.

١١. يشترك مع العميل لإنهاء علاقة التوجيه بطريقة يملؤها التقدير للتجربة. إنهاء العلاقة التوجيهية في حال عدم التوافق أو عدم رغبة الفريق في استكمال التوجيه مع الموجه هو حرية مهمة في التعاقدات وينبغي ضمانها للفريق كما يتم ضمانها للفرد المستفيد. التقدير للتجربة يشمل الإشارة لما تم إنجازه والاستفادة من التعلم للموجه وللفريق وشكر الجميع على ذلك.

الجدارة (٤): يغرس الثّقة والأمان وينمّيها

التعريف: "يتآزر مع العميل لإيجاد بيئة آمنة وداعمة تسمح للعميل بحرية المشاركة. ويحافظ على علاقة الثقة والاحترام المُتبادَليْن".

مكمّلات الجدارة في توجيه الفريق	العمق المعرفي
٤,١ يوجد مساحة آمنة ويحافظ عليها للتّفاعل المنفتح والصّادق بين أعضاء الفريق.	٤,١,١ لكي يتمكن كل عضو في الفريق من حرية وعمق المشاركة، يجب على موجّه الفريق بناء مساحة آمنة يشعر فيها كل عضو في الفريق بحرية إبداء الرأي المخالف مع زملائه أو طرح مواضيع حسّاسة. ٤,١,٢ عند العمل مع عميل فردي، يكون الموجّه على دراية واعتبار للسّياق الثّقافي للعميل. في توجيه الفريق يعتنق الفريق ثقافته الخاصة، وهي شكل آخر مختلف عن الثّقافة التّنظيميّة، والتي قد تضيف طبقة إضافية من التّعقيد في التّفاعل.

المساحة الآمنة من أهم ما يسمح بتطبيق الجدارة رقم (٤)، والتي تعني بحرّية المشاركة والتعبير عن الذات في التوجيه الفردي والجماعي وتوجيه الفريق بأيّ شكل يساعد المستفيد أنْ يصل ويتعلم ويحقّق خطوات للأمام نحو الهدف التوجيهي الذي تم الاتفاق عليه. ففي نقطة ٤,١,١ تظهر هذه الجدارة بوضوح أثناء توجيه فريق العمل بحيث تصبح المساحة الآمنة ليست فقط أساس للتعبير الفردي وإنما لكي يظهر صوت الفريق الحقيقي عن طريق الأفراد وهم يعبرون عن أفكارهم ومشاعرهم وتصوراتهم، واعتقاداتهم، واهتماماتهم، واقتراحاتهم. وما يسري على التعبير الفردي في التوجيه الفردي يسري في التوجيه لفريق العمل لكي يتحرر الأفراد من المخاوف أو القيود التي تحول بينهم وبين المشاركة الحقة نحو تحقيق الغاية التي من أجلها وجد الفريق. ومن هنا تأتي أهمية الوعي من الموجه بمستويات التفاعل المختلفة وملاحظة واستيعاب ما يحدث في داخل الفريق أثناء العمل والتعاضد أو الحوارات المختلفة من سلوكيات وطرق اتصال إيجابية تسري على الموجه وعلى الأعضاء بحيث يعززها ويشجعها ويقررها ويستدعيها أمامهم ليكون قدوة أوّلا في تبنّيها ومثالا يحتذى به، ثم يتعود الفريق أنْ يتناول تلك الحوارات

بالطريقة التوجيهية نفسها التي يتناولها الموجه لفريق العمل. وتشير الجدارة إلى أهمية المعالجة للمواضيع الحسّاسة ثقافيا ونفسيا والتي تؤثر في أسلوب وطريقة العمل والتفاعل بين الأعضاء في الفريق ومن ثم التّعاضد المطلوب. وبوجود المساحة الآمنة يعرف الجميع أنّ بإمكانهم أنْ يعترضوا أو يخالفوا البعض أو حتى القائد أو أنْ يتمكنوا من نقد المنظومة وتحليل مَكْمَن التحدي الذي يواجهونه وسببه وطرح الحلول والمعالجات بدون الشّعور بالتهديد أو الإقصاء.

وقد يدخل في ذلك قضايا تتعلق بهوية كل منهم ودينه ومرجعياته أو جنسه إنْ كان ذكرا أو أنثى وما يدور حيال ذلك من افتراضات تتعلق بأسلوب عمله أو طريقة معالجته لما يتناوله الفريق. ويدخل فيها ما يمكن أنْ يفترض البعض تجاه الآخر من افتراضات خفية بسبب ما سبق، إلى أنْ يقف ويوضح نفسه وتوقعاته من الآخرين بكل أريحية ويتفهمه الآخرون ويتفهم هو بدوره اختلافهم عنه ووجهات نظرهم وافتراضاتهم. ومهمّة الموجّه أنْ يتيح للجميع فرصة تصحيح مفاهيمهم نحو بعض بحيث يتضح لهم ما كان غامضا من تلك الأساليب أو الطرق في التعامل. وقد يحاول بعضهم تصحيح بعض، أو فرض رأيه على البعض، أو إقصائه بسبب معتقد، أو قيمة، أو اختلاف ثقافي ومن هنا يأتي دور الموجّه في نمذجة التواصل الصحيح فلا يوجد فريق منسجم مائة بالمائة في قيم أفراده الشخصية وتفضيلات حياتهم، ولكن يمكن للجميع أنْ يصلوا إلى منطقة تسمح لهم بالتواصل باحترام لإنسانية كل إنسان بدون أنْ يسعى أحدهم لأن يطغى على الآخر أو يقصيه أو يوجه له اتهام أو إهانة لأنه اختار ألّا يكون أو يكون. ومن هنا كان مهما أنْ يتعامل الموجه مع ذلك كله بحذر من حيث أولا توفير المساحة الآمنة وثانيا تعريف ما تحويه تلك المساحة في هذه الثقافة أو تلك وبالتشاور مع قائد الفريق وفهم كامل لسياق المنظومة قبل أنْ يستدعي ذلك كله ليتحدث عن الاختلافات الثقافية والنفسية والدينية بشكل يسمح للآخرين بالتواجد المريح في الفريق. وأحيل القارئ للقسم الأول من الكتاب حيث ناقشنا بالتفصيل الثقافة العربية وما تحويه وكيف يمكن أنْ يوجه الفريق فيها وأهمية الجمعية فيها فوق الفردية. ومن هنا يتّضح أنْ النصّ في الجدارة ليس وحيا منزلا، وأنّه مفسر ومترجم من ثقافة تعتز بفردية الفرد وتعزّزها فوق المجموعة. ولذا لابدّ أنْ نضع الأمور في نصابها عندما نتعامل مع تلك النصوص المستوردة. فهي وجدت أوّلا في

ثقافة مختلفة وتفهم في سياق تلك الثقافة قبل أنْ يتم مقايستها على ثقافتنا المحلية العربية المسلمة (أو غير المسلمة)، المحافِظة، والجمعيّة السمات، والهرميّة السّلطة.

وفي المقابل ينبغي على الأفراد احترام ثقافة التنظيم ومكانها الجغرافي الذي توجد فيه وما يتبعه من أنظمة وقوانين محلية تمنع من سلوكيات معينة أو الإفصاح عن تلك السلوكيات أو تحمي سلوكيات معينة أو الإفصاح عن تلك السلوكيات وما يتبعها من اعتقادات أو مخالفات بحيث يحافظ كل منهم على خصوصيّة حياته بعيدا عن التداول بشكل يحميه من الابتذال، أو العقوبات للمخالفين، أو أنْ ينظر له الآخرين نظرة دونية لكون سلوكه غير مرغوب أو مستنكر من تلك الثقافة ولا يحاول أنْ يفرض الثقافة الواردة عن طريقه على الثقافة المحلية. وليعلم الأفراد أيضا أنّ التعبير عن الرأي المقصود هنا يكون لدرجة تسمح للفريق بالتواصل الصحيح في إطار أهداف الفريق وغاياته التنظيمية التي من أجلها وجد وأمّا ما يدور في حياة كل منهم خارج الفريق فهذه خصوصيات في ظل الثقافة العربية وسياقها لا يتدخل فيها الموجه ولا يستدعيها، إلّا بما تسمح به أنظمة المكان وبما يراه القائد مناسبا للتحرك بالفريق نحو تحقيق الأداء المطلوب منه.

وأما ما يتعلق بثقافة الفريق وكونها طبقة إضافية من الطبقات الثقافية في النقطة ٤,١,٢ فقد يصل الأعضاء إلى نوع من التأقلم مع بعض يسمح له بتكوين ثقافة خاصة تختلف عن ثقافة التنظيم وهذا عادة ما يحدث عندما ينتمي الفريق لجنس معين، أو منطقة جغرافية محددة، أو تخصص معين، أو قسم معين في المنظومة، فتجدهم يتفقون على سلوكيات وقيم واعتقادات وتصورات وافتراضات معينة، وليس من شأن الموجه تغيير الثقافة أو معارضتها إلّا بما يطلبه الفريق أو يراه مهما لمخرجاته. فمثلا قد يرى الفريق الذي ينتمي أفراده لدول شرق آسيا أنّه يتعرض للكثير من العنصرية من فريق آخر انجليزي من ثقافة أنجلوسكسونية في قسم آخر يتعامل معه، ومن هنا يصبح طرح هذا الموضوع مهم لكونه تحدّي في صميم عمل الفريق، أو يصنع حاجزا نفسيا أو فكريا في التواصل بين الفريقين، وقد يكون الموضوع كلّه تصور أو افتراض من أعضاء الفريق الأول ويزول بمجرد تداوله والتعبير عنه. وتعتبر ثقافة الفريق المتميزة طبقة إضافية ليس فقط على مستويات التفاعل الجمعي داخل الفريق

وبينه وبين المنظومة، ولكن أيضا تحتاج إلى وعي من الموجّه بالإضافة إلى وعيه بالمستويات الأخرى، وهو الوعي على مستوى العلاقة بين الفريق والمنظومة ككل. وقد يصحب ذلك احجام أو تردّد أو مجاملات أو صمت أو ترقّب أو قلق قبل أنْ تحدث المساحة الآمنة. وهذا يأخذ وقت أطول في تلك الفرق التي تعاني من الصّدمات النفسية والمشحونة في داخلها من المنظومة أو تحت قيادة قائد معين أو سياق تسوده ثقافة السلبية. ومن هنا كان مهما أنْ يضع الموجّه ضوابط اتصال تمنع التعدي بين الأفراد داخل الفريق وخارجه، أو التحقير، أو إطلاق الاحكام على الآخرين أو على أفكارهم المكتملة أو الناشئة أو تصوراتهم عن أنفسهم أو ما تعلموه أو عن المواقف أو السياق وما تعلموه عن السياق، أو المواقف، أو بالمقاطعة باللفظ ،أو بلغة الجسم ،أو بتغيير الموضوع قبل أنْ يكتمل أو التقليل أو الاستبعاد أو المعارضة بدون أسلوب مقبول، أو غير ذلك من أشكال التواصل التي، حتى لو كانت مع أفراد خارج الفريق تؤذي نفسيا بسماعها لكونها ليست من مكارم الأخلاق. ومن هنا يمكن الاستناد للكثير من أخلاقيات الإسلام في التعامل مع العداوات أو المناهضين أو المخالفين. وهذا بذاته درس في طرق التواصل يتعلمه الفريق في حواراته عن المعادين أو المؤذيين في التنظيم.

مكمّلات الجدارة في توجيه الفريق	العمق المعرفي
٤,٢ يعزّز نظرة الفريق لنفسه ككيان واحد بهوية مشتركة.	٤,٢,١ أحد عناصر استدامة الفريق هو رؤية كل عضو له بأنّه كتلة واحدة، ووحدة عالية الأداء. وعلى موجّه الفريق أنْ يعزّزْ باستمرار هوية الفريق واكتفائه الذّاتي.

ويظهر من هذه النقطة مغزى مهم وهو أهميّة الانتماء وتعزيزه لدى أعضاء الفريق وهو مهم لاستقرار الأعضاء النفسي وإنتاجهم الإبداعي أنْ يشعروا بالانتماء للفريق وأنّه المكان الذي يمكن لهم فيه أنْ يكونوا منسجمين مع من حولهم بشكل يسمح لهم بالعمل والإنتاج والتقدم. تظهر أيضا صورة التكتل في الفريق وكونه كيان مستقل منسجم حيال الغاية، ويرعى بعضه بعضا وهذا مفهوم جميل وأساسي في توجيه الفريق تعرضنا له في الجدارة (١)، في النقطة ١,١ وما يتبعها. والخطورة هنا أنْ ينفصل الفريق بالكلية عن المنظومة ويصبح مستقلا عنها في التوجيه وفي العمل للغاية. فلا ينبغي أنْ يغيب عنّا أنّ الجدارات المستندة على

جدارات فردية تعزّز الثقافة الفردية بسبب كونها أصلا مستوردة من ثقافة أنجلوسكسونية كما ذكرنا سابقا، قد تنتقل فيها الفردية إلى الفريق فيصبح جزيرة في وسط محيط من الجزر غير متعاونة مع من حولها من الجزر، ومن ثم تتعطّل مصالح التنظيم وتتعثر العلاقات بين أفراده. ولذا دعوتي هنا أنْ يكون الموجّه فاحصا للسياق المنظومي ولا يوجّه الفريق باستقلال عنه إلّا في مواطن معينة يحتاج فيها الفريق لأن ينظر لذاته باستقلالية، ولكن أنْ يضع في اعتباره توجيه علاقة الفريق بما حوله وأنّه جزء من الكل يمتد كذراع للمنظومة ليحقق لها الغايات المشتركة والأهداف السامية الاجتماعية التي تسعى لها.

مكمّلات الجدارة في توجيه الفريق	العمق المعرفي
٤,٣ يعزّز التعبير الفردي لأعضاء الفريق على حدة، وبشكل جمعي يعزّز المشاعر والتصورات والهموم، والمعتقدات، والتطلعات، والاقتراحات.	٤,٣,١ قد يحتاج الموجّه لتشجيع أعضاء الفريق على حرية المشاركة في اجتماعات الفريق لمشاعرهم الفردية، وتصوراتهم، وهمومهم، ومعتقداتهم، وتطلّعاتهم، واقتراحاتهم. ومن المهمّ أيضًا أنْ يتفهّم ويوضّح المشاعر الجمعيّة والتصورات، والهموم، والمعتقدات، وتطلّعات الفريق.
٤,٤ يشجع مداخلات ومساهمات جميع أعضاء الفريق.	٤,٤,١ من المهمّ الحصول على الاستفادة الكاملة من المعارف والمهارات الخاصّة بكل عضو في الفريق.

وفي النقطة ٤,٣ و٤,٤ ما يؤكد ما ذكرنا أعلاه من أهمية التعبير الفردي. وما ذكرناه في طيات الكتاب عن الوعي بمستويات التفاعل الجمعي. ولكن تشجيع التعبير الفردي ليس فقط منصبّا على الرأي الخاص بعضو الفريق، وإنما يحوي وبشكل أكبر ما يضعه من خبرات ومعارف ومهارات، تعتبر أساسية لنقل المعارف بين أعضائه. ومن هنا يظهر لنا أهمية ما يوصي به نموذج الشروط الستة الذي تحدثنا عنه في الجزء الأول من الكتاب عن مؤشرات فعالية إستراتيجيات العمل وكون أحد أركانها يتعلق بهذه الجدارة وهو قدر ما يصب العضو من خبرات ومعارف في صياغة إستراتيجيات العمل التي باكتمالها تكتمل مهمات الفريق. فمثلا ممّا يعرقل تدفق الخبرات والمعارف في هذا الصدد، غياب الشعور بالأمان من كون أحد الأعضاء قد يستغلّ الفكرة خارج الفريق وينسبها لنفسه أو كون القائد ينسب لنفسه مخرجات العمل أو غياب التقدير الفردي من القيادة للأعضاء

ومن ثم يشعر العضو الخبير بأنّ عليه الاحجام وحفظ الخبرة أو المهارة عن الباقين بسبب الخوف السابق. ولذا الخوف يعتبر أحد أهم عوائق التقدم في فرق العمل وبتحقيق المساحة الآمنة يتم غرس الثقة ومن ثم تدفق الخبرات والمعارف بشكل صحيح.

مكمّلات الجدارة في توجيه الفريق	العمق المعرفي
٤،٥ يتآزر مع الفريق للتطوير والمحافظة على ضوابط وأعراف الفريق واستمرارية المراجعة لها.	٤،٥،١ تساعد الضّوابط والأعراف الفريق أنْ يكون أكثر إنتاجية وأعلى أداء. فتوضيح وتصنيف هذه الضوابط والأعراف يعين على استدامة القيادة الذّاتية للفريق.
٤،٦ يعزز التّواصل الفعّال داخل الفريق.	٤،٦،١ يشكّل التواصل الجيد بين أعضاء الفريق تحدّياً. وحيث إنّ التّدفّق الجيد للمعلومات أمر حيوي لنجاح الفريق فعلى موجّه الفريق التأكد من توجيه التّواصل الفردي بين أعضاء الفريق إلى الفريق. مع إعادة توجيه التّواصل من الموجّه إلى الفريق.
٤،٧ يتآزر مع الفريق للتعرف على النّزاع الدّاخلي وكيفية حلّه.	٤،٧،١ من المحتّم أنْ يكون هناك بعض النّزاع داخل كل فريق. والمهمّ أنْ تطفو كلّ النزاعات إلى السّطح ويتم التّعامل معها بطريقة بنّاءة تعزّز التّعلم والنّمو.

تحدّثنا مسبقا عن أهمية ميثاق التواصل ووضع ضوابط الاتصال في عمل الفريق وتعزيز هذه الضوابط بنمذجتها واستدعائها باستمرار اثناء الجلسات التوجيهية للفريق. وتحدثنا عن التفاعل الجمعي وكيف يعزّز الموجه ثقافة الجمعية والوعي الجمعي مما يؤدي للوقاية من الخلافات التي إذا لم يتم معالجتها في وقتها تتحول إلى صراعات داخل الفريق. وهذا ما تدور حوله النقاط ٤،٥ و٤،٦ و٤،٧. والأخيرة تقف عند حلّ النزاع وطرقه وقد تعرضنا لذلك كله في الجزء الثاني. كل هذه النقاط تنصب في توفير المساحة الآمنة لكي يستطيع الفريق أنْ يعمل بدون قلق.

الدّمج بين الجدارة (٤) وبين أصلها في التوجيه الفردي:

١. بينما في التوجيه الفردي يسعى إلى فهم العميل في سياقه الذي قد يشمل هويته، وبيئته، وخبراته، وقيمه، ومعتقداته، يوجد في الفريق مساحة آمنة تسمح للأعضاء بذلك معاً ويحافظ عليها لكي يحدث التفاعل المنفتح والصادق بينهم.

٢. وبينما يُظهر الموجّه الاحترام لهوية العميل وتصوّراته وأسلوبه ولغته ويلائم توجيهه الفردي معه، في مساحة الفريق يبدي الاحترام والتقدير نفسهما للهوية الجمعية بحيث يعزّز رؤية الفريق لنفسه ككيان واحد بهوية مشتركة فتظهر عليه تعبيرات وملائمة تصورات وأسلوب ولغة شمولية لكيان الفريق المستقل.

٣. وبينما يُقرّ الموجّه بالمواهب والرؤى الفريدة للعميل والعمل الذي يقوم به في التوجيه، وتقديره، يفعل نفس الشيء مع الفريق ككلّ، فيقرّ ويقدّر العمل الذي قاموا أو يقومون به فرديا عن طريق تعزيز تعبير الأعضاء عن مشاعرهم الفردية والجماعية وعن تصوراتهم وهمومهم، ومعتقداتهم، وتطلّعاتهم، واقتراحاتهم، أو جمعيا في تواجدهم صبّهم لخبراتهم ومعارفهم وجهدهم المبذول في علم الفريق.

٤. وكما يُظهر الموجّه الدّعم والتّفهّم والاهتمام تجاه العميل يفعل الشيء نفسه مع المشاركات والمساهمات لأعضاء الفريق ويشجعها بالطريقة نفسها التي يقرّ الموجّه ويدعم فيها تعبير العميل عن المشاعر والتّصورات، والهموم، والمعتقدات، والاقتراحات. فيكون هناك تفهّم جمعي لهم، وانسياق كامل مع كل ما يرونه مهما.

٥. وكما يُنمْذِج الموجّه الانفتاح والشّفافية كوسيلة لإظهار ذاته وبناء الثقة مع العميل، يفعل ذلك مع الفريق ككل ويعزّزه بالتآزر لتطوير الضوابط والأعراف والمحافظة عليها والمراجعة لها والتي تدعو للانفتاح والشفافية والتعرف على النّزاع الداخلي وكيفيّة حلّه.

الجدارة (٥): يحافظ على الحضور

التعريف: "الوعي والحضور الذّهني الكامل مع العميل، بتوظيف أسلوب يتّسم بالانفتاح والمرونة، مع الرّسوخ والثّقة".

مكمّلات الجدارة في توجيه الفريق	العمق المعرفي
٥,١ يستخدم حواسّه وإدراكه الكامل للتّركيز على ما هو مهم لعمليّة التوجيه.	٥,١,١ غالبًا ما يكون موجّه الفريق مثقلًا بالمعلومات، مما يستلزم وعيًا حسيًا كاملاً وإدراكًا لما يحدث في الغرفة خلال فترة التّوجيه.

تحدثنا عن مستويات الوعي في التفاعل الجمعي وكيف أنّ الموجه يتنقل بين تلك المستويات لكي يلحظ العلاقات والتكتلات والإشارات الضمنية فيها، زد على ذلك طبقة أخرى من ملاحظة العلاقات بالسياق المنظومي. ولكي يتمكن الموجه من ذلك لابدّ أنْ يسترخي ولا يحاول أنْ يسجّل ما يلاحظ في ذهنه ويحفظه بسرعة في قائمة مصورة في خياله مهما كان ذلك مغريا.

فاللحظة التي ينزلق فيها للتخطيط ومحاولة تسجيل المعلومات هي اللحظة التي يفقد فيها حضوره الكامل. ولذا قال الله تعالى في كتابه الكريم عندما كان نبينا صلى الله عليه وسلم يتعجّل بالقرآن مرددا للآيات مع جبريل خوفا من أنْ ينسى ما يوحى إليه منها:

"لَا تُحَرِّكْ بِهِ لِسَانَكَ لِتَعْجَلَ بِهِ (16) إِنَّ عَلَيْنَا جَمْعَهُ وَقُرْآنَهُ (17) فَإِذَا قَرَأْنَاهُ فَاتَّبِعْ قُرْآنَهُ (18) ثُمَّ إِنَّ عَلَيْنَا بَيَانَهُ(19) "[48].

فالنبي صلى الله عليه وسلم كان خائفا من النسيان للنص القرآني فأمره الله تعالى بأنْ يتّبع ما يقرأه عليه جبريل ومعنى يتّبع أنْ يجتهد ويركز على المتابعة بصيغة (التفعّل) أو التتبع من المبالغة في تأكيد الإتباع. والإتباع لما يقرأ يتطلب استماع كامل وحضور ذهني عالي. والشيء نفسه يسري على كل أنواع الاستماع والحضور الذهني أثنائها وترك الانشغال بمحاولة الكتابة، أو القراءة، أو الترديد، أو الإحصاء لعدد من القضايا التي تم تتابع طرحها كما يحدث في ذهن كل من يتصدّر لإلقاء كلمة أو عرض مجموعة من الشرائح التقديمية في دور التدريس أو المحاضرة. فالأفكار التي ترد لذهن الموجه أثناء الطرح أو غير ذلك مما قد يشغله عن الإتباع لما يقال تنافي دوره التوجيهي في الحضور الكامل. فالإتباع هو أعلى من المتابعة، المتابعة لتسلسل الأفكار قد تأتي بسهولة، ولكن الإتباع يحتاج لوعي وجهد وتقصّد باستجلاب الشيء مثل ما ذكر في الحديث الشريف: "إنما العلم بالتّعلم وإنما الحلم بالتّحلم، ومن يصبر يصبّره الله"[٤٩].

فصيغة التّعلم والتّحلم والتتبع تقتضي بذل جهد وتركيز من الراغب وهكذا الحضور بالتتبع مهم لأن الموجه يتتبع ما يدور حوله. وانشغاله بغير ذلك منافي لهذا الجهد والتركيز العالي بتفريغ كل الحواس وترك الانشغال أو التفكير أو التأمل فيما يدور في

[48] سورة القيامة ١٦-١٩
[٤٩] رواه الطبراني وغيره وحسنه الألباني في السلسلة الصحيحة، وصحيح الجامع.

المساحة. أين ومتى يتفكّر ويتأمّل إذا؟ هذا ما تحدثنا عنه في الأدوار التوجيهية وفي الوقفات التي تندرج تحت هذه الجدارة كالصّمت لوهلة أو الاستيعاب كما سيأتي في باقي نقاط الجدارة. بقي أنْ نتعرّض لكلمة الرّسوخ والثقة في التعريف وانعكاساتها التطبيقية وما تعنيه. الرسوخ، أو التجذير، أو التأريض، أو التمركز، كلّها مفردات لها معاني متشابهة تعطي مفهوم الثبات أو الرسوخ كما في التعريف. وهذا يعكس ثقة الموجه بنفسه ومقدراته، وبالعملية التوجيهية التي يقوم بها. ولا يظهر إلّا في حال أنّ الموجه مستقبل بشكل كامل لما يحدث في "هنا والآن" ويعرف أنّ كل ما يدور هو جزء من طبيعة التفاعل الجمعي للفريق. ولا يفقد نفسه في وسط الضجة أو عندما يشعر الفريق بالضياع أو تنتابهم مشاعر الهلع، بل يبقى جدارا عاليا راسخا لهم يستندوا عليه ولو بصمته والأهم بهدوئه وسكينته. ومن هنا نرى ارتباط الثقة بالرسوخ، ولا يعني هذا أنْ يصمت في أوقات يحتاج فيها الفريق له أنْ يتدخل، فهذا انسحابيه وسلبية منه ولا تنسجم مع الموائمة بين ما يحتاجه العميل في حضوره وبين موائمته لأسلوب التوجيه ليتناسب مع الطاقة الموجودة الحالية للفريق.

وهذه النقطة أيضا لها آثار أخرى مهمّة على كيان الفريق وثقافته من جهة (الهوية) وما يريد أنْ يحققه من جهة أخرى (السياق). وهذا يعني أنْ يرعى كون الفريق متوائم معه في تتابع المواضيع التي يتم معالجتها كجزء من الأهداف التوجيهية، ومتوائم معه في طبيعة المعالجة وأسلوبها وماذا ينبغي أنْ يحقّق في الجلسة. وعلى الموجّه أنْ يراعي كلا الجانبين ولا يفرض رأيه، أو اتجاهه، أو أسلوبه، أو أدواته التي يراها مناسبة مهما كان علمه أو خبرته، لأن هذا يتنافى مع طبيعة التوجيه وبخاصة فيما يختار الفريق أنْ يعالجه وكيف يعالجه. يمكن له أنْ يمارس الجدارة السابعة والتي فيها يستثير وعي الفريق بأمر ما، أو إنْ كان تعاقد مع الفريق على تقديم أدوات استشارية في الجلسات يمكن له أنْ يفعل ذلك، ولكن يراعي في كل ما سبق أنّ الفريق وقائده شركاء في عملية التوجيه وأنّ عليه أنْ يمنحهم حق الاختيار لما يريدون أنْ يفعلوه بعد عرض الأدوات بحرية كاملة وأنْ يختاروا ما يريدون فعله في كل خطوة ولحظة في الجلسة التوجيهية. ويكون في كل ذلك، ذا حب لاستطلاع وجهات النظر مع إتاحة فرص الصمت والهدوء لكي يسمح للجميع بالتفكير والتأمل ليصلوا إلى التعبير الكامل.

مكمّلات الجدارة في توجيه الفريق	العمق المعرفي
٥,٢ يلجأ لمشاركة التّوجيه مع موجّه فريق آخر بموافقة الفريق والرّاعي له، مما يسمح له أنْ يكون أكثر حضورا مع الفريق في الجلسة التّوجيهية.	٥,٢,١ تؤدّي المشاركة في توجيه الفريق مع موجّه آخر إلى تخفيف الضّغط عن الموجّه الوحيد، نظرًا للكمّ الهائل من المعلومات التي تظهر خلال جلسات التّوجيه للفريق. ٥,٢,٢ الموجّه الشّريك يعين في مراقبة التّفاعل الجمعي وأنساق السّلوك الجمعي والفردي، ويقدّم وجهات نظر بديلة، ويمذج سلوك الفريق.

تحدثنا عن التوجيه الشراكي وفوائده في الجزء الثاني وكيف أنّ الموجهان يمكنهما تبادل الأدوار والتنسيق وتبادل وجهات النظر بطرق تثري الفريق وتستثير مقدراته الابداعية. كما يضرب كلاهما مثلا للتواصل الصحيح الفعال لكل الأعضاء بهدف إكساب الجميع مهارات متقدمة منوعة في التواصل مثل التفهم والاستماع والحضور وتقدير الشخص في حال الخلاف والإقرار بنقاط الالتقاء وغير ذلك.

مكمّلات الجدارة في توجيه الفريق	العمق المعرفي
٥,٣ يشجّع أعضاء الفريق على التّوقف والتأمل في تفاعلهم أثناء جلسات توجيه الفريق.	٥,٣,١ تشجيع أعضاء الفريق على التوقف والتأمل يضع نقطة البداية للفريق في ممارسة التّأمّل الجمعي. ٥,٣,٢ ويمكّن الموجّه تبعاً لذلك من زيادة الوعي بردود الأفعال، والسلوكيات اللاحقة، وما يمكن تحسينه في اللحظة أو المستقبل في التفاعل بينهم.

التأمّل أحد أهم الأعراف التي ينبغي تمنيتها لدى الفريق والتي تسمح له باستخلاص الدروس والتفكر في عواقب السلوكيات المعينة للأفراد أو القرارات أو الإستراتيجيات التي ينتهجها الفريق في الأداء. ويشجّع الموجه أعضاء الفريق على التأمل في وقفات معينة يكون الفريق مستعدا فيها للمراجعة والتأمل. وينتهز تلك الفرص التي تحدث تلقائيا في وقفات عمل الفريق أو يصنع الفرص في نهاية الجلسات مركزا على دورة حياة الفريق والمجال الزمني الذي تحدثنا عنه في الجزء الثاني. كما ذكرنا سابقا التأمل والتفكر يحدث في لحظات الصمت والهدوء وهي أحد أهم ما يقوم به الموجه في هذه الجدارة.

مكمّلات الجدارة في توجيه الفريق	العمق المعرفي
٥,٤ يتنقّل بين التّفاعل مع الفريق في الحوار والاستيعاب له فقط بما يتناسب.	٥,٤,١ نظرًا لأن أحد أهداف توجيه الفريق هو الاكتفاء الذاتيّ، فإنّ على موجّه الفريق أنْ يشارك في الحوار فقط عند الضرورة لتعزيز إستراتيجيات عمل الفريق وأدائه، مع كونه حاضرًا للفريق ككلّ ولكلّ فرد على حدة. ٥,٤,٢ ويشكّل ذلك تحدّيًا عندما يحتدم التّفاعل ويكثر عدد المشاركين فيه.

تركز النقطة ٥,٤ في الجدارة الخامسة على التنقل بين تيسير الحوار والاستيعاب له وأصلها ما ذكرناه في أدوار التوجيه للفريق في الجزء الثاني حيث يكون الاستيعاب مهما لتحريك القيادة الذاتية للفريق وصولا للاكتفاء الذاتي بحيث يستغني الفريق عن خدمات الموجه لأنه اكتسب وتعلم تلك الجدارات فأصبح ذاتي التوجيه. ويواجه كثير من الموجهين صعوبة في التخلي كما في النقطة ٥,٤,٢ حيث يحظر على الموجّه التفاعل مع موضوع الفريق مهما كانت الإجابات سهلة وواضحة لديه أو كان الموضوع في صميم شغفه وتخصصه العلمي والعملي. وقد يشعر الموجّه أنّ الفريق ينحى منحى خاطئا أو بعيدا عن الصواب وينبغي هنا ممارسة الحكمة والتّحلم بترك الفريق يخوض الحوار ويتفاعل ويتحدى بعضه البعض، وفي النهاية يمكن له أنْ يتقدم ويستوعب الفريق بطرح سؤال ذكي يستحث الفريق على تقييم منحاه في الحوار بدلا من أنْ يتدخل ويحاول أنْ يصحّح الفريق أو يرشده خارجا بذلك عن دوره التوجيهي. فالحضور مهم والتتبع مهم، ولكن الحذر من الانغماس في التفاعل بشكل شخصي.

الدمج بين الجدارة (٥) وبين أصلها في التوجيه الفردي:

كما في الحضور مع العميل الفردي يقوم الموجه (جدارة ١) بالتركيز والملاحظة والتّفهّم والتّجاوب مع العميل و (جدارة ٢) يجسّد حب الاستطلاع (جدارة ٣) محافظا على مشاعره وموجّها لها من الداخل ليبقى حاضرا مع العميل مما يسهم (جدارة ٤) في تجسيد الثقة في تناول مشاعر المستفيد الحادّة أثناء عملية التوجيه سواء كان فردا أو عضوا في الفريق، مما يساعده على أنْ (جدارة ٥) يعمل بأريحيّة في مساحة الضّبابيّة وعدم المعرفة ومن ثم (جدارة ٦) يوجد أو يتيح مساحة للصّمت أو التّوقف

للتّفكير والتّأمل. فيبدي الموجه تصبّرا وطولُ بالٍ يسمح له بأنْ يتعامل مع الصمت، بل ويتقصّده ليترك فرصة كافية للجميع للتفكر والتأمل ومعالجة المشاعر الصعبة أو القرارات التي يتم تحديها من بعضهم بعضاً، والتي قد تحتاج لمعالجة عميقة، فلا يستعجل بإغلاق الحوار وتجنب المواجهات، بل لديه أسلوب مباشر وغير مباشر في توفير هذه المساحة الضرورية للفريق. وفي المقابل في التوجيه للفريق يستخدم حواسّه وإدراكه الكامل للتركيز على ما هو مهم لعملية التّوجيه كما في النقطة ٥,١، وفي النقطة ٥,٣ يشجع أعضاء الفريق على التّوقف والتأمل في تفاعلهم أثناء جلسات توجيه الفريق. وفي النقطة ٥,٤ يتنقّل بين التّفاعل مع الفريق في الحوار والاستيعاب له فقط بما يتناسب. ولكي يفعل ذلك يفعّل النقطة ٥,٢ يتقاسم الدور مع موجّه فريق آخر بموافقة الفريق والراعي له، مما يسمح له أنْ يكون أكثر حضورا مع الفريق في الجلسة التّوجيهية.

الجدارة (٦): يستمع بعمق

التعريف: "يركز على ما يقوله العميل وما لا يقوله لفهم الرّسالة في السّياق المنظومي للعميل لتقديم الدّعم الكامل له".

مكمّلات الجدارة في توجيه الفريق	العمق المعرفي
٦,١ يلاحظ كيف ترتبط وجهات النّظر التي يطرحها الأعضاء ببعضها البعض وبالحوار العام للفريق.	٦,١,١ من المهم لأعضاء الفريق الاستماع والتّواصل بشكل جيد من أجل تحقيق التّفاهم المشترك والأداء العالي. ٦,١,٢ يسمح باستكشاف ما تحت السّطح بالوصول إلى معاني وفهم أعمق. ويساعد ذلك في حل النزاعات وتعزيز جلسات الابتكار وحلّ المشكلات.

لأن هذه الجدارة تتعلق بمقدرة الموجّه على إدراج المعلومات التي تتدفق وتؤثر على مجرى الحديث باستمرار حيث تثري السياق واللغة والثقافة التي يلتقطها الموجّه من الفريق. هذه الجدارة تعني أنْ الموجّه قادر على الاستماع لما يقوله أعضاء الفريق المستفيد كما في نقطة ٦,١,١، ومالا يقولونه مما يستلزم أنْ يكون الموجه على قدر عالي من الدقة في فيهم سياق كل منهم ليوائم أسلوبه التوجيهي في حواره مع كل تلك الثقافات المتعددة المتدفقة في الحوار. وأثناء الاستماع يلاحظ كيف ترتبط كل وجهة نظر بالأخرى، وكيف يستقبل كل عضو من الآخر تصورات معينة حوله وحول الموقف المعني وتنصبغ بصبغة المستمع

المتلقي وتنعكس على من بعده من المستمعين المتلقين، ثم تخرج في بوتقة جديدة من الصياغة المختلفة للفكرة الأساسية. هذه الملاحظة الدقيقة تستلزم كثير من الصمت والقدر العالي من الدقة في الاستماع لما لا يقال أو يقال بطريقة معينة. وكل ذلك ينصبغ بثقافة الفريق وهويته الخاصة وينتج عنه في الأخير صوت معبر عن الفريق ككل. وفي سعيه لفهم أعمق أثناء الاستماع تجد الموجه يتوقف بتدخل قصير ليتساءل عن معاني معينة كما في نقطة ٦,١,٢، سعيا إلى فهم أعمق لما يتم التعبير عنه وليسمح للجميع بأن يعيد صياغة أفكاره في ظل الفهم الأعمق والاوضح. مما يعين على تصحيح الافتراضات التي يبنيها البعض عن الآخر ومن ثم تجنب الاختلافات في الفهم أو تسويتها فورا قبل أنْ تنتقل لتصبح حوارات معقدة أو نزاعات مستديمة. والتأمل في المعاني أيضا يفيد في تيسير الابتكار وحلول المشكلات المتعلقة بالعمل، حيث أنّ كثير من المستمعين يتحرج عن التساؤل أو الاستيضاح خوفا من أنْ يظهر أو يتهم أو يحكم عليه بعدم الفهم أو الخبرة فيفضل السكوت على السؤال. وتَصَدُّر الموجه للتوضيح عن طريق الاستفسار عن المعاني والمقاصد يسمح للجميع بأن يتجرأ ويسأل أيضا فينمذج الموجه لهم تلك الجرأة والسبر العميق عن طريق تواصله أمامهم. ويصادق على فهمه للمعاني بين الفينة والأخرى، كما يصادق على الهدف والغاية التي يرغب الفريق في تحقيقها من الجلسة وهذا يعكس عمق وقوة استماع حيث يستطيع تفصيل التجربة لهم، ممّا يعكس الموائمة والتفهّم الكامل والمعاني الضمنية التي يقصدها الجميع بلغة سهلة ومتوائمة مع لغة الفريق. وفي فعله لذلك يوظّف أسلوب مرن ومنفتح، حيث يشمل تركيزه ليس فقط على ماذا يريد الفريق أنْ يحقق، ولكن أيضا من يكون هذا الفريق عندما يحقق ما يحقق. وهذا الفحص مستمر للقيم والمعاني الضّمنية، يربط المحتوى والهدف التوجيهي بكيان الفريق. ويعني هذا أيضا أنْ يبتعد عن إسقاط افتراضاته الشخصية على الفريق وأعضائه ويستمر في استكشاف هذه المعاني معهم في كل فرصة يرى فيها احتياجهم للتأمل. والجدير بالذكر هنا ملاحظة المشاعر التي تتبدل وتتحول باستمرار مع مشاركات أعضاء الفريق وتؤثر على وجهات النظر وطريقة التعبير عنها وكيف يتعامل كلّ منهم مع مشاعره وهو يتحدث مع الآخرين، وكيف يوجه ذاته فينكشف للموجّه الجدارات الشخصية للمشاركين وتفاوتهم فيها وقدرتهم على تنظيم ذواتهم داخليا فيما يتعلّق بجانب المشاعر

والأفكار. وينتج عن ذلك السّلوك أو الكلام الذي يقولونه لبعض وما يحمل من وزن عاطفي أو مجرد من العاطفية ويقرأ ما بين السطور من التكتلات أو الانحيازات لرأي ما وما يتبعها من مشاعر. فالمشاعر هي بيانات داخلة للفريق عن بعض وللموجه عن الفريق، وتعطي قراءات جديدة باستمرار. والأهم من ذلك يقرأ ما إذا ارتفعت الأصوات واحتدم الخلاف في الرأي فيعرف لأنه يلاحظ باستمرار إنْ كان الفريق سيحتوي ذاته أم يحتاج منه لتدخّل، وإن كان سيتدخّل ماذا يقول لكي يضيف قيمة بدلا من أنْ ينقص!

مكمّلات الجدارة في توجيه الفريق	العمق المعرفي
٦,٢ يلاحظ كيف يؤثر كل عضو على الطاقة الجمعيّة والتّفاعل والتركيز.	٦,٢,١ يحسّن الموجّه أداء الفريق بشكل كبير عن طريق تسليط الضّوء على سلوكيات أعضاء الفريق الفردية ممّا يضيف أو ينقص من حركة الفريق، وتفاعله، وإبداعه، وتركيزه.

تحدثنا في الجزء الثاني عن التوجيه وتطرقنا لمجالاته العملية وذكرنا أنّ توجيه السلوك من أهم مجالات التوجيه في الفريق، فيما يدعى بالمسكب العملي أو الخسارة العملية، وكلاهما ناتج عن سلوك الأفراد المُيَسّر لحركة الفريق والمضيف لها أو المعيق المنقص لها أو منها. وأيّا كانت نيّة السلوك وخلفيته، فإن الموجه يركز على استثمار فرصة المكسب العملي لتعزيز السلوك أو الخسارة العملية لتغييره واستبداله. ويفعل ذلك بالاستدعاء للسلوك ويحدث ذلك بملاحظة الطاقة الجمعية وتفاعل الأعضاء وتركيزهم. وفي ملاحظة السلوكيات المختلفة للأعضاء أثناء الجلسة التوجيهية يتلقى الموجّه التبدّل في مستوى الطاقة الفردية لكل عضو للمجموعة ككلّ، مما يستدعي استطلاع هذه التبدّلات باستمرار، وهذه مهمّة جدّا لكونها تلفت انتباه الفريق لما يحدث "هنا والآن" وتستدعي التصورات الذهنية المتبدّلة لكلّ منهم عن نفسه، وللجميع عن الفريق ككتلة واحدة، وحول ما يتمّ معالجته. هذه التصورات قد تكون غير منسجمة مع غاية الفريق أو قيمه أو كريقة تعامله مع بعضه البعض. هذا الاستدعاء الذي يعبّر عن حبّ الاستطلاع من الموجّه أساسي في الجدارة السّادسة ويحرّك أداء الفريق للأمام كما في النقطة ٦,٢,١ من

حيث تغيير السّلوكيات المؤديّة للخسارة العلمية إلى السلوكيات التي تضيف مكسب عملي. من تلك السلوكيات التي يلاحظها الموجّه أثناء عمله مع الفريق ما يأتي في الفقرة ٦,٣:

مكمّلات الجدارة في توجيه الفريق	العمق المعرفي
٦,٣ يلاحظ أنساق التواصل اللفظي وغير اللفظي بين أعضاء الفريق لتعرّف على التّحالفات المحتملة والصراعات وفرص النمو.	٦,٣,١ مراقبة وفهم وتحسين التّفاعل الجمعي قد يشكّل عاملا مهمّا في رفع أداء الفريق. وعلى موجّهي فرق العمل أنْ يلاحظوا بدّقة التفاعل الجمعي الخفي والذي يظهر عن طريق التّواصل اللفظي والغير لفظي.

تعبّر الفقرة عن السلوكيات التي تفصح عن مشاعر الآخرين مثل تحريك القدم بسرعة وارتجاجها أثناء الانغماس في التفاعل، أو عضّ الأظافر أو الانحناء للأمام أو الاسترخاء للخلف، أو وضع رجل على رجل أو تحريك اليد بتشبيك الأصابع أو لف الذراعين. وتتحدث هذه النقطة عن التكتلات التي لا يمكن التعرف عليها إلّا بالاستماع الدقيق لما ذكرنا أعلاه وسابقا من تبدّل الطاقة الجسمية وأيضا وملاحظة مستويات التفاعل الجمعي التي تحدثنا عنها في الجزء الثاني والتي تستدعي أنْ يتنقل الموجه دوما بين ذاته ووعيه بأفكاره ومشاعره وبين ما يدور بين اثنين أو أكثر في الفريق وبين الفريق ككل.

مكمّلات الجدارة في توجيه الفريق	العمق المعرفي
٦,٤ نمذجة التواصل الفعّال الواثق والتعاضد أثناء العمل مع شريكه الموجّه أو غيره من الخبراء.	٦,٤,١ التواصل المتدفّق بين أعضاء الفريق أمراً ضروريًا لتحقيق الأداء العالي. ويمكن لموجّهي الفريق نمذجة هذا السّلوك عند العمل مع بعض أو مع خبراء آخرين.

وهذه النّمذجة تظهر ليس فقط بالعمل مع الموجه المشارك، ولكن أيضا بالتحدث أثناء الجلسة التوجيه مع الأعضاء ومع القائد وكيف يتناول الأسئلة أو يتجاوب مع ما يطرح، أو كيف يصمت، أو كيف يشارك ما يشعر به أو يتعمق في فهم المعاني. ويدخل في ذلك المقاطعة لما يحدث أو يدور في الفريق للمتحدثين أو للأنشطة، يتراجع، أو يتجنّب المقاطعة، ومتى يقاطع، ولماذا يقاطع، وكيف يشرح نفسه عندما يقاطع ويذكر سبب المقاطعة.

مكمّلات الجدارة في توجيه الفريق العمق المعرفي

٦,٥ ٦,٥ يشجّع الفريق على تبني الحوار الخاص به.	٦,٥,١ قد يميل أعضاء الفريق إلى توجيه الاتصال (الحديث والكلام) لموجّه الفريق، وخاصة في بداية عملية التّوجيه. ولتعزيز الاستدامة، لابدّ أنْ يعاد توجيه الحوار من الموجّه الفريق إلى الداخل، للفريق نفسه. ٦,٥,٢ اتخاذ خيارات معينّة دون أخرى أمراً معقدًا. ممّا يستدعي تدفّق البيانات من عدد من الأعضاء للاستفادة من عنصري الثّقة والخبرة. ويقرّر الفريق كيفية معالجة هذه البيانات وكيفية اتخاذ القرارات المبنيّة عليها. ٦,٥,٣ مساعدة الفريق على العمل بمعالجة هذه الممارسات ينسجم بشكل أكبر مع التيسير، بينما تميّز مهمّة الموجّه في مساعدة الفريق ليكون ذاتيّ الاكتفاء.

التشجيع للفريق قد يحوي لفت الانتباه لما يحدث إنْ كان لا ينبغي أنْ يحدث، مثل التخلي عن دور المستشار أو الميسر ودعوة الفريق بأن يتبنى حواره الخاص به وتوضيح دور الموجه، ويحوي أيضا توجيه الحوار بين الأعضاء والانسحاب منه لكيلا يتم تسليط الضوء على المُوجّه، كما في النقطة ٦,٥,١. ويتضمن كما في النقطة ٦,٥,٢ استدعاء المشاركات أو تشجيع الأعضاء على المساهمة بخبراتهم ومعارفهم أو ببذل جهد أكبر للمساهمة فيما يقوم الفريق بالحوار حوله. ولا تتم الثانية إلّا بالاستماع لما يقال وما لا يقال، وبملاحظة من يتفاعل ومن لا يتفاعل، وتعبيرات الوجه ونبرات الصوت وكل ما يعطي قراءة للموجه بأن هناك ما يتم حجزه من الخبرات والمعارف أو إنْ هناك مزيد ويوجد نوع من التردد. وتظل تظهر قضية المساحة الآمنة باستمرار مع مزيد من السبر لأغوار المعاني والمواضيع المطروحة حولها. ويظل هناك الحاجة لمراجعة إستراتيجيات العمل باستمرار ليتأكد الموجه أنّ الفريق يبذل أعضائه الجهد المطلوب منهم ويصبوا خبراتهم ومعارفهم كما ينبغي للوصول إلى تحقيق غاية الفريق. ويظل الموجّه يزيل تلك المعوقات التي تظهر في السلوكيات ويضيف لذلك مراجعة أعراف العمل والتواصل التي كتبت في الميثاق مسبقا ليضيف لها الفريق أو يحددها أكثر، وهذا هو ما نعنيه في النقطة ٦,٥,٣ بالتيسير لمعالجة الممارسات لتحقيق الانسجام المطلوب، والهدف الذي يسعى له الموجه هو الاكتفاء أو القيادة الذاتية للفريق. يندرج تحت هذه النقطة قدرة الموجّه على

تلخيص ما تمّ أو ما يتمّ في الفريق أو في الجلسة التوجيهية وقدرته على التقاط النقاط المهمّة وتقديمها للفريق بشكل يسمح بمزيد من الفهم والتعمق والتحرك للأمام في اتجاه الغاية من الجلسة التوجيهية وفي اتجاه رفع أداء الفريق وفعاليته.

الدمج بين الجدارة (٦) وبين أصلها في التوجيه الفردي:

كما يراعي الموجه في التوجيه الفردي نقطة ١، سياق العميل، هويته، بيئته، خبراته، قيمه ومعتقداته ليحسّن فهمه لما يريد العميل أنْ يوصله له وكما في نقطة ٢، يقدّم المرئيات أو يلخّص ما تواصل به العميل لضمان الوضوح والفهم، وفي نقطة ٣، يتعرّف ويستفسر عما إذا كان هناك مزيد مما يحتاج العميل إيصاله له، ونقطة ٤، يلاحظ ويقرّر ويستكشف مشاعر العميل وأي تغيير في طاقته أو أي إشارات غير لفظيّة أو سلوكيات أخرى، ونقطة ٥، يقرأ كلمات العميل ونبرة الصوت ولغة الجسد بشكل شمولي ليصل للمعنى المقصود. كل ذلك في سياق الاستماع العميق الفعال نجد الموجه في توجيه الفريق يفعل ذلك بشكل جمعي يتطلب استماع على عدد من المستويات لكي يرى كيف ترتبط وجهات النّظر التي يطرحها الأعضاء ببعضها البعض وبالحوار العام للفريق، كما في نقطة ٦,١ ، وكيف يؤثّر كل عضو على الطّاقة الجمعيّة والتّفاعل والتركيز كما في نقطة ٦,٢، ويلاحظ أنساق التّواصل اللفظي وغير اللفظي بين أعضاء الفريق كما في نقطة ٦,٣. وهذا بدوره ينتج عنه التعرف على التّحالفات المحتملة أو الصّراعات أو فرص النمو، مما يشجّع الفريق على تبني الحوار الخاص به كما في نقطة ٦,٥. ويظهر في تواصله مع زميله الموجه أو القائد أو الآخرين في هذه المساحة نقطة ٥,٥، وفيها يمذج هذا السلوك. ولكن الأهم من ذلك أنّ استماعه يدعوه للغوص واستدعاء المعاني أو الافتراضات، أو التصورات، أو الاعتقادات، أو المشاعر التي تدور بين أعضاء الفريق والتي أيضا تؤثر على سلوكياتهم، بل ويستدعي السلوكيات التي تؤدي لمكسب عملي أو خسارة عملية ليعززها أو يسعى للفت النظر ليتم استبدالها، وهذا كله ناتج عن الاستماع العميق. وهذا نفسه ينبع من جدارة ٦ في النقطة ٦ من الجدارات الجوهرية والتي تنص على ملاحظة أنساق ومواضيع معينة لسلوكيات متكررة أو مشاعر تظهر بشكل واضح.

الجدارة (٧): استنهاض الوعي

التعريف: "تيسير استبصار وتعلّم العميل باستخدام أدوات وأساليب مثل الأسئلة المُمَكّنة، أو الصّمت، أو الاستعارة، أو التشبيه".

مكملات الجدارة في توجيه الفريق	العمق المعرفي
٧,١ يتحدّى افتراضات الفريق وسلوكياته وأساليب الاستنتاج للمعاني لتعزيز الوعي الجمعي أو الاستبصار.	٧,١,١ يجلب الفريق المكون من عدد من الأفراد، العديد من الافتراضات، والخبرات، والسلوكيات والمعاني المصاغة في اللحظة، ليكوّن ذلك كلّه الجهد الجمعي. ٧,١,٢ ويؤدي التّنوع في هذه العوامل إلى اختلال وظيفي للفريق إذا تُرك دون فحص وتدقيق. والعكس صحيح، فإنّ التوقّف والفحص يحسّن أداء الفريق بشكل كبير.

تعزيز الوعي الجمعي هو أساس في هذه الجدارة والتي تعتمد على فحص الافتراضات المختلفة لأعضاء الفريق تجاه موقف ما أو قضية ما لها علاقة بالفريق مثل (١) ما يشعر أو يفكر أو يرى أنه محم في اللحظة الحالية أو يحتاج أو يرغب أو يعتقد أو ما ينبغي أنْ يفعل. أو (٢) عن الهدف أو معايير النجاح التي يرغب الفريق في تحقيقها، أو (٣) عن السياق الحالي للفريق، أو (٤) عن الفريق ذاته (تصميمه، وطرق اتصاله، وأدائه، وجمده، وعيه، الخ)، أو (٥) عن طريقة سلوكه خارج المساحة الحالية في عالم العمل والأداء مثل طريقة قيادته لاجتماعاته أو وقته أو خلاف ذلك.

ومن ذلك نستنتج أنّ ما سبق هو ما يكوّن الجهد الجمعي المبذول للفريق في نقطة ٧,١,١ والذي تحدّثنا عنه سابقا في مؤشّرات إستراتيجيات العمل وأنّه العنصر الأهم من الثلاث العناصر التي تسمح للموجّه بالتوجيه الحقيقي للأداء وبدونه لا ينتقل الموجّه لفحص العنصر الثاني وهو كمية المعارف والخبرات التي يضعها كل عضو في هذا الجهد، ومن ثم العنصر الثالث وهو كون إستراتيجيات العمل تتناسب مع ما يرغب الفريق في تحقيقه من نتائج. ومن هنا نرى أنّ فحص الجهد الجمعي هو الأساس في فحص إستراتيجيات العمل والتي هي حلقة الوصل بين الشروط الستة للفريق عالي الأداء وبين مؤشرات أداء

الفريق الفعال. ونرى أنّ تعزيز الوعي الجمعي في نقطة ٧,١، بفحص ما سبق من الموجّه يستدعي ذلك كلّه وينصب في صميم العملية التوجيهية للفريق. وتؤكد النقطة ٧,١,٢، أنّ فحص ما سبق يسهم في التعرّف على الاختلال الوظيفي والذي ينتج عن التنوّع الحاصل في التصورات والافتراضات ووجهات النظر، وأن التوقف لفحص هذه المعاني مهم ويحسّن أداء الفريق بشكل كبير ويجنّبه الخلل الناتج من انعدام المواءمة.

مكملات الجدارة في توجيه الفريق	العمق المعرفي
٧,٢ يستخدم الأسئلة وأساليب أخرى لتعزيز تطوير الفريق وتيسير تبنّيه للحوار الجمعي.	٧,٢,١ تمامًا كما هو الحال في التوجيه الفردي، استخدام الأسئلة والأساليب الأخرى يعزّز تطوير الفريق، ويزاد عليه في توجيه الفريق، بتعزيز حوار الفريق الداخلي وطرق معالجته.

ولأهميّة ما سبق تجد الموجّه يستخدم تلك الأسئلة الموقظة للوعي الجمعي وربما أساليب أخرى أو أدوات متنوعّة تصل بالفريق للنتيجة نفسها من استنهاض الوعي الجمعي بما في ذلك التيسير للحوار أو أنشطة معينة تنسجم مع موضوع الجلسة واحتياج الفريق، كل ذلك في نقطة ٧,٢,١، منطبقا مع ما يحدث في التوجيه الفردي من أساليب وأسئلة تعزّز التطوير للفريق وتعزّز الحوار الجمعي داخل الفريق وكيفية معالجته لشتى المواضيع التي أشرنا لها في النقطة السابقة. ومن هنا ندرك دور الأسئلة التمكينية التي نستخدمها في التوجيه الفردي والجمعي عموما ومن تلك الأسئلة ما يستكشف (١) ما وراء التفكير الحالي أو المشاعر الحالية مما يستلزم توسيع طرق التفكير الحالية إلى ما وراء افتراضات الفريق الحالية (٢) عن ذاته وأدائه ومشاعره ورغباته، أو احتياجاته، أو اعتقاداته، أو قيمه، أو (٣) عن سياقه الحالي والافتراضات التي تحيط بهذا السياق، أو (٤) عن أهدافه ومعايير النجاح لتحقيق هذه الأهداف. وقد يتضمن ذلك مشاركة الموجّه للفريق -بدون تعلّق أو ارتباط (٥) ما يلاحظه أو حدسه، أو تعليقات، أو أفكار، أو مشاعر تستدعي استكشاف الفريق بنبرة صوتية استدعائية أو عبارة لفظية استدعائية. ومن ذلك (٦) أنْ يسأل الموجّه أسئلة مباشرة وواضحة ومفتوحة النهايات بشكل متأنّي بترك مساحة للفريق بين السؤال والآخر الذي يليه مما يسمح بالتفكير والتأمل من أعضاء الفريق. ويستخدم (٧) لغة واضحة وسهلة بألفاظ دقيقة

المقصد. ويسمح (٨) للفريق وأعضائه بأنْ يقوموا بمعظم الحديث بحيث يكون في دور استيعابي كامل كما شرحنا سابقا في أدوار التشكل لكي يحدث المقصد من تحقيق الوعي الجمعي الكامل.

وبعكس ذلك عندما يتجاهل الموجّه الوقفات ويركز فقط على النتائج التي تخدم المستفيدين وذوي المصالح من الفريق، والتي أشرنا مسبقا، في الحديث عن مؤشرات أداء فعالية الفريق، أنّها المؤشر الوحيد الذي ليس من شأن الموجّه التدخل فيه وأنّ تركيزه يكون على تعلم الأعضاء وتطوير الفريق فقط، ومن ثم ينزلق في مزلق الإنجاز والخطوات العملية والتي هي تخصص الفريق وقائده فقط ونتيجة طبيعية للعمل القوي والعميق الذي قام به الموجّه في حال ركّز على التّعلم. أو ينزلق لمحاولة تقدم أداة أو تيسير حوار له علاقة بتخصص الفريق التقني والفني وينشغل بذلك بدلا من أنْ يركز على ما سبق. ولذا قمنا باستعراض مفصّل لمزالق تشخيص الفريق وتعرفنا على الأدوار التوجيهية المهمة للموجه لكي نفرق بينه وبين المستشار والمرشد والمدرب والميسر والذين همهم تحقيق غاية التنظيم وليس غاية تطوير الفريق وأعضائه والتي هي مهمّة التوجيه من بين كل هذه التخصصات.

الدمج بين الجدارة (٧) وبين أصلها في التوجيه الفردي:

١. يأخذ في الاعتبار تجربة العميل عند تحديد ما هو أكثر نفعاً. ٢. يتحدّى العميل كوسيلة لاستنهاض الوعي أو الاستبصار. ٣. يطرح أسئلة عن العميل، مثل طريقة تفكيره وقيمه واحتياجاته وتطلّعاته ومعتقداته. ٤. يطرح أسئلة تستدعي استكشاف ما وراء التّفكير الحالي. ٥. يدعو العميل إلى مشاركة مزيد عن تجربته في الوقت الحالي. ٦. يلاحظ ما الذي يعين على تعزيز تقدّم العميل. ٧. يضبط أسلوب التّوجيه بحسب احتياجات العميل. ٨. يساعد العميل لتعرّف على العوامل التي تؤثر على الأنساق الحالية والمستقبلية للسلوك أو التّفكير أو المشاعر.	١. يتحدّى افتراضات الفريق وسلوكياته وأساليب الاستنتاج للمعاني لتعزيز الوعي الجمعي أو الاستبصار. ٢. يستخدم الأسئلة وأساليب أخرى لتعزيز تطوير الفريق وتيسير تبنّيه للحوار الجمعي.

٩. يستحثّ العميل على توليد أفكار عن كيفية المضي قُدُمًا وما يريده أو يستطيع القيام به.
١٠. يدعم العميل في إعادة صياغة وجمات النّظر.
١١. مشاركة الملاحظات والإثارات والمشاعر، دون تعلّق بأحدها، آملاً تكوين تجربة تعلّم جديدة للعميل.

والنّاظر للجدارات الفردية يجد أنّ جدارات الفريق المتعلقة باستنهاض الوعي الجمعي لا تحتاج لمثل التفصيل السابق فهي تنبثق منها بشكل طبيعي وما ينطبق على الفرد في التوجيه الفردي ينطبق على الفريق في التوجيه الجمعي. فتركيز موجه الفريق على (١) التجربة وليس على المخرج أو النتائج التي يحصل عليها الفريق في عمله التنظيمي، فالتجربة هي ما يتعلمه الأعضاء والفريق من المعاني والدروس المستفادة، وما (٢) يتحدى مقدرات وتصورات الفريق بالأسئلة التي شرحنا طبيعتها في الفقرات السابقة لاستنهاض الوعي الفريق الجمعي. والتي تشمل (٣) كلّ ما يفكّر به الفريق أو يشعر به أو يعترضه من افتراضات مبنية على قيم أو اعتقادات أو تطلعات أو رغبات أو احتياجات، وأنّ (٤) طبيعة الأسئلة التي يطرحما تستكشف ما وراء التفكير الحالي، وتدعو الفريق للمشاركة في (٥) فحص التجربة الحالية وطبيعتها وما تضيفه له من قيمة ومعان، وفي ذلك كله (٦) يلاحظ ما يعزّز تقدم العميل، ومن ثم (٧) يضبط التوجيه بما يخدم احتياجات الفريق، مما (٨) يساعد الفريق على التعرّف على العوامل التي تؤثر على الأنساق الحالية والمستقبلية لما يفعله ويفكر به أو يشعر به مما (٩) يستحثّ الفريق على توليد أفكار عن كيفية المضي قدما في تحقيق النتائج المرجوة منه في التنظيم والتي تخدم غاية وجوده. ومن ثم (١٠) إعادة صياغة أفكار الأعضاء ووجمات النظر المتعددة، ومن ثمّ (١١) يضيف ملاحظات وإثارات ومشاعر، دون تعلّق بأحدها، آملاً تكوين تجربة تعلّم جديدة للفريق.

الجدارة (٨): تيسير تطوير العميل (الفريق)

التعريف: "يتآزر مع العميل في تَحويل المعرفة المكتسبة والاستبصار إلى تطبيق عملي. ويعزّز استقلالية العميل أثناء التّوجيه".

مكملات الجدارة في توجيه الفريق	العمق المعرفي
٨,١. يشجع الحوار والتأمّل لمساعدة الفريق في تحديد أهدافهم والخطوات لتحقيق تلك الأهداف.	٨,١,١ يعدّ الحوار والتّأمّل الجمعي أساسيّاً للاستفادة الكاملة من معارف وخبرات أعضاء الفريق. تشجيع المساهمات الشاملة للكلّ مّما يعين على التّعرّف على الأهداف المناسبة لمضاعفة أداء الفريق.

بينما يندرج معظم ما يفعله الموجه مع الفريق تحت الجدارة الثّامنة الأساسية إلّا إنّ الجدارة تتحول في توجيه الفريق للتركيز على عدد من النقاط المهمة في البند ٨,١,١ الوحيد أعلاه. فهناك (١) حوار كامل نابع من التأمل الجمعي والذي يستدعي وقفات مهمّة يستشعرها الموجّه في وقتها بحدسه وإدراكه لاستعداد الفريق لها. وكما في الجزء الأول في مجال التوجيه الزمني عندما أشرنا إلى أنّ الفريق يكون على أعلى استعداد للتوجيه في بداية إطلاقه لأنّه مترقّب للانضمام والعمل ومتحمس ومتحفز للمساهمة في بناء الفريق والتعاون والتعاضد بينهم، وفي منتصف الرّحلة عند اختبار المنتج التجريبي أو الحصول على مرئيات من ذوي المصالح المستفيدين من عمل الفريق داخل التنظيم وخارجه، ليقوم الجميع بموائمة العمل مع التوقعات، وفي آخر الرحلة بعد أنْ أُطلِق المنتج النهائي، أو بعد تحقيق غاية الفريق أو بعض غايات العمل، حيث يكون مستعدا للتعلم من التجربة والدروس المستفادة منها. إضافة إلى هذا المجال الزمني، ينتهز الموجه فرصا داخل الجلسات ليرى طاقة الفريق واستعداده للتوقف والتأمل بحسب ما يظهر له "هنا والآن".

وهناك (٢) معارف وخبرات أعضاء الفريق والتي تعتبر من أهم مؤشرات إستراتيجيات العمل الناجحة في الشروط الستة والتي عليها يقاس أداء الفريق النهائي وفيها تحدث عملية التوجيه. فالموجّه يركز على مدى ما يُحضِره كلّ عضو من أعضاء الفريق

من خبرات ومعارف، وقدر الجهد المبذول أو المساهمات الشاملة للكلّ مع بعضهم بعضاً، ومن هنا نرى أنّ (٣) العبارة أعلاه في الجدارة "تشجيع المساهمات الشاملة" تغطي هذين الخبرات والمعارف المهمة والتي عن طريقها يتم مراجعة أهداف الفريق التي تم تحديدها مسبقا وواقعية التطبيق لكل منها وما تم للآن فعله لتحقيقها. كل ذلك لمضاعفة أداء الفريق ورفعه ليكون معيارا لفعاليته وفعالية التوجيه الذي تمّ. ولا ننسى أنْ نلفت انتباه الموجّه أخيرا للنقاط المهمة في الجدارة الأصلية مع العميل الفردي فهي كلها تنطبق كما سيلي.

الدمج بين الجدارة (٨) وبين أصلها في التوجيه الفردي:

١. يعمل مع العميل لإدراج الإدراكات الجديدة أو الاستبصار أو التّعلم لمنظوره الشامل ولسلوكياته. ٢. التآزر مع المستفيد لتصميم أهداف وممارسات ومعايير المساءلة لإدراج واستيعاب ما تمّ تعلّمه بهدف التّوسّع. ٣. الإقرار باستقلالية العميل ودعم هذه الاستقلالية في تصميم الأهداف وخطوات العمل النّاتجة وطرق المسائلة. ٤. دعم العميل في التّعرّف على النّتائج المحتملة أو التّعلم الحاصل من خطوات العمل المحدّدة. ٥. يدعو العميل إلى التفكير في كيفية الاستمرار في العمل نحو أهدافه، بما في ذلك التّعرّف على الموارد المتاحة له ،والدّعم المتوفّر، والمعوّقات المحتملة. ٦. التآزر مع العميل لاستخلاص التّعلم الحاصل والاستبصار في الجلسات أو بينها. ٧. يحتفي بتقدّم العميل ونجاحاته. ٨. يتآزر مع العميل لإغلاق الجلسة.	١. يشجّع الحوار والتّأمّل لمساعدة الفريق في تحديد أهدافهم والخطوات لتحقيق تلك الأهداف.

ففي رقم ٢ أعلاه في الجدول من الجدارات الجوهرية تجد موجه الفريق يبدأ جلساته بالتعاقد المظلي لكل أهداف التوجيه، وكلّ جلسة بالتعاقد على أهدافها وتوضيح معايير النجاح والمخرجات والاتفاق عليها كما في رقم ٣، ثم يلاحظ أيّ تقدّم أو تحرّك أثناء الجلسات كما في رقم ٥، تجاه هدف الجلسة الرئيسي وموضوعها ويستكشف ذلك مع الفريق بشكل منتظم ليعرف الفريق

مدى التقدم الذي تمّ بين فينة والأخرى عن طريق التحدث عن علاقة ما يحدث بالهدف أو بمعايير النجاح، ومن ذلك التعرف على ما يتاح للفريق من موارد في السياق التنظيمي وفي سياق الفريق وأعضائه أيضا. مستخدما في ذلك قدر الإمكان كلمات الفريق المتفق عليها في التعبير عن الهدف والمفاهيم التي وصل لها في هذا المعرض، إما بمبادرة منه بالسؤال أو بتحفيز الفريق على الاستكشاف المباشر عن طريق كلمات أو عبارات أو عن طريق التأكيد عندما يذكر الأعضاء الهدف، أو أحد المعايير المتفق عليها في بداية الجلسة، أو عن طريق الإقرار بها، أو عن طريق التقدير لها. وفي كل ذلك يهتم بأنْ يربط بين المفاهيم والالفاظ والحوار بالهدف ومعايير النجاح ومدى التقدم الحاصل. ومن التقدم الحاصل تعلّم الفريق عن نفسه وتأملاته في التطوير الحاصل له عن طريق التفاعلات الحاصلة والحوارات وكلّ ما يحدث أثناء الجلسة وبين الجلسات، ومنه أيضا ما يتعلمه الفريق عن سياقه الخاص أو الشامل أثناء الجلسة وبين الجلسات بالسؤال المباشر عن ذلك، أو التعليق على عبارة تشير لذلك، أو التأييد لما تمّ تعلّمه، أو الإقرار به، أو لفت الانتباه لسلوك فردي أو جمعي ساهم في التعلم أو سهّله، وربط ذلك بالهدف المباشر أو الإشارة إليه ضمنيا أو علنيا. وكل هذه الادراكات الاستبصارات يتم دمجها وإعادة تقديمها للفريق بشكل يشير إلى التعلم.

ويعطي الفريق مطلق الحرية في تصميم وتحديد مخرجات الجلسة كما في رقم ٣، بحيث لا يؤثر على استقلالية الفريق لا في البداية ولا في المنتصف ولا في النهاية عندما يطلب منهم تحديد طرق المسائلة وكيف سيتم المتابعة بعد ذلك بين الجلسات، أو في طور تحقيق أهداف العمل. ويترك للقيادة حرية ذلك أيضا باعتبار أنّ قائد الفريق مسؤولا عن المنتج والخدمات التي يقدمها الفريق للمستفيدين منه. ومن ذلك ٤، حيث يستكشف مع الفريق الخطوات العملية المحتملة ونتائجها، وأثر ذلك على التعلم الحاصل. ويحتفي مع الفريق أو يقدّر تقدم الفريق، بشتّى الأساليب التي تشير إلى ما تمّ من تقدّم في خطوات العمل والإنجاز أو ما تعلّمه الفريق عن نفسه وسياقه أو تقدير لسلوكيات الفريق التي تسهم في كلّ ذلك. ومنه أنْ يدعو الفريق إلى التنويه بكلّ ما سبق ويتفهّم بعضه البعض بعبارات احتفاء وتقدير وتنويه بالجهد المبذول والتّعلم الحاصل. ثم تجده يغلق الجلسات

التوجيهية باحترافيه معاضدا الفريق في التأكّد من استعداده للإغلاق، ورغبته في ذلك، وما إذا كان يرغب في خطوات خارج الجلسة لاستكمال العمل، أو المسائلة متفهما كلّ ما يقال ويفعل من الفريق للموجّه ولبعضه البعض.

***

الفصل الثالث: التطوير المستمر لموجّه فريق العمل

نمو الموجّه لفريق العمل والتوجيه المنظومي

يهدف توجيه فريق العمل إلى إحداث نقلة نوعية من التوجيه النموذجي إلى التوجيه التواجدي بل والانتقائي في نهاية المطاف [45]. فالتوجيه النموذجي يعني بإيقاع التوجيه على المستفيد، بناءً على قالبٍ أو نموذجٍ توجيهي، يرشد الموجّه خلال الجلسة من البداية للنهاية. وعادةً ما يبدأ الموجّه في بداية التدريب على المهنة، بقالب أو إثنين يتراوح بينهما بحسب منهجية التدريب ومدرسته التي مرّ بها، فتجده يضع عميله المستفيد في هذا القالب بناءً على ما تعلّمه في البرنامج التدريبي الذي تخرّج منه. وهو عادة ما يكون منتبه وغير تلقائي في التوجيه، ويخشى أنْ ينزلق هنا أو هناك. وأمّا التوجيه الإجرائي فيتبع المستفيد، ولكن يميل إلى أنْ يجرّب فيه الموجّه أدواتاً مختلفةً ونماذجاً جديدةً تسمح له بمجاراة المستفيد أو بالتّحرك في ظل خطواته رغم أنّ الموجه عادة ما يكون واعيا بذاته وخطواته أكثر من وعيه بالمستفيد واحتياجاته. وهاتان المرحلتان تحدُثان بين التدريب على التوجيه والحصول على الاعتماد الثاني وبعد الاعتماد الثاني إلى الألف ساعة تقريبا ما لم يطوّر الموجه نفسه بمزيد من التعلم والتأمل والتفكر يستمر في هذه المساحة الإجرائية. وأما التوجيه التواجدي فيعني التواجد في مساحة المستفيد بحيث يتحرك فقط حسب طلب واستعداد المستفيد مستكشفا معه الحلول والتحركات كما هو وفي التواجد اللحظي الزمني بدون سابق إعداد للسؤال أو محاولة سبر ماضي المستفيد أو شخصيته أو القلق على ما سيأتي في الجلسة أو ما قد يغيب وغير ذلك من الشواغل عن اللحظة. وتجد الموجّه يستقبل ويستبطن أثر ما يقع عليه ويتبع حدسه وما يشعر به أو يشعر بتأثيره عليه. ومنه تنتج تلك الأسئلة التمكينية والتي تنبع من هذا الأثر وهذا الحدس. ويتخلص فيه الموجّه من كل الافتراضات المسبقة مقبلا على المستفيد بكامل حواسّه وذاته. ويتبع ذلك التوجيه الانتقائي باختيار التدخل أو عدم التدخل وباختيار ما يصلح أو مالا يصلح وبالتنقل بين التواجد وعدمه بوعي كامل من الموجه بمستويات التفاعل وأثر كلّ مستوى على ذاته وعلى المستفيد. ومنه ينتقل لمرحلة أعلى وأسمى من الوجود الرّوحي، كما يسميه البعض، بمعنى أنْ يتواجد روحيّا ويرتبط بكيان وكينونية

المستفيد والسياق المنظومي الذي يستدعيه في الجلسات مع الموّجه. حيث يتنقّل في مشاعره وفكره مع المستفيد بدون أنْ يتدخّل أو يؤثّر ويترك المستفيد يوجّه ذاته بذاته ويكون فقط مستوعبا له ومحتويا له في مساحة الأمان.

والأخيران يستقيان فكرتهما من أسلوب التطوير الانتقائي وهي مدرسة مطورة من مجموعة من المدارس العلاجية النفسية والتي ترتكز على فهم احتياجات المستفيد من الخدمة في نموذج مكون من أربعة أركان[٥٠]: التعرف على المشاكل والتحديات والفرص المتاحة أولا، وثانيا على تحديد الاحتياجات والرغبات الفردية الخاصة بالمستفيد، وثالثا اكتشاف كيفية الحصول على الاحتياجات والرغبات بقيادة من المستفيد وأخيرا بالتحرك بناء على ما تعلّمه المستفيد عن نفسه في تلك الجلسة. وكل ما سبق هو ما يدعو إليه التوجيه الفردي للمستفيد وما تدرّب عليه الموجّه في معظم مدارس التوجيه الغربية الثقافة ولا ضرر منه واضح للآن غير أنّ المتعمّق فيه لابدّ من أنْ يحذر من النظريات الوجودية والتي ترتكز على النظرية العلاجية الفردية[٥١] التي أشرنا لها. النظريّة العلاجية الفردية، تسعى إلى استيفاء مصالح الفرد بالكامل بغضّ النظر عن السياق، فالسياق مشكلة الفرد وهو صاحب القرار فيه ولا يتدخل الموجّه بأيّ شكل من الأشكال في سياق الفرد وفهمه وتبنية لقرارات معينة تنسجم مع المجموعة أو لا تنسجم. وقد يظنّ النّاظر أنّه لا ضرر من ذلك. ونحن في هذا السياق نؤكّد أنّ بعض النظريات النفسية التطويرية قد لا يظهر الضرر من منهجها إلّا في سياق معين ومن هنا على الموجّه أنْ ينتقي بالتوجيه الانتقائي من المدارس والنظريات ما ينسجم مع الثقافة العربية الإسلامية المبنية على قيم حياة وأخلاقيات واضحة تمنع أو تتعارض أحيانا مع الرغبات الفردية التواجدية والوجودية والتي يتبناها العالم الغربي في ثقافته الحالية. النظرية الوجودية التي أشرنا لها في خطواتها الأربعة،

[50] بنى النموذج على كتاب Skilled Helper50 - Gerard Egan- 1970

[51] person-centered psychotherapy

بنيت على مفاهيم تؤكّد على أهمية التجربة الشخصية للمستفيد وأثرها على علاجه النفسي وتُعرف بالظاهرة التواجدية[٥٢]. وتدعو الفرد ليكون هو بكامل حريته الشخصية وبدون أي قيود. وفي مثل هذا الاتجاه تظهر الانحرافات الجنسية أو الشذوذ أو اختيار ما يريد الفرد أنْ يكون عليه انسجم ذلك مع المجموعة أم لا، تحت شعار الديموقراطية والحرية الفردية. فالحذر مهم عند دراسة هذه المفاهيم في حقل التوجيه ومدارسه الغربية والذي يرتكز بثقله عليها ويضع وزنا عاليا لتحرير الفرد من قيود المجتمع وعدم اعتبار السياق إلّا في أضيق الحدود أثناء توجيه الفرد. النموذج السابق في نمو الموجّه لديفيد كلتريك، لا يخلو من تزيين للاتجاه التواجدي والتجربة الشخصية باعتباره باحث في وسط بيئة غربية فمن المعتاد أنْ يعتنق مثل هذه المفاهيم والتي هي نظريات تحت التجربة الإنسانية ولا يمكن تمجيدها بأي شكل من الأشكال. يهمني في هذا السياق أنْ أنقل النص الكامل لديفيد وهو يشرح الأساليب الأربعة وأترك القارئ ينتقي بحرية كيف يعيد صياغة المفاهيم في قالب الثقافة العربية الإسلامية. ومن المهم الإشارة للمرجع لهذا النموذج وكيف سماه ديفيد "بالمنبثق" وهي كلمة تعطي معاني عديدة منها الجدّة أو الاستجداد (يعني مستجد أو جديد) ومنها الخروج للنور (بعد أنْ كان مختبئا) ومنها التولّد أو الخروج من (وتعني وجود ما يسبق في السياق مما يمنع أو يسمح بالظهور أو الولادة). وهذه الكلمات لها مدلولات عميقة اجتماعية مهمة.

من أهم مدلولات حركة التجربة الشخصية والتواجدية ما يحدث في حركة التنوع والاحتواء[٥٣] والتي قد تؤثر سلبا على بنية المجتمع العربي الواضحة القيم والمرتكزة على أعمدة مهمة تتعارض بشكل أساسي مع مقاصد الحركة. فالحركة نشأت أصلا بسبب العنصرية ضد فئات اجتماعية مثل الشواذ جنسيا أو الأقليات السوداء والملونة في أمريكا وأوروبا ومثل النسوية أو إنكار وجود الله أو فئات متطرفة مخالفة للأغلبية مثل السحرة وعبدة الشياطين، وغيرها من الحركات التي لا يتسع المجال لإحصائها.

52 phenomenological-existential
53 Diversity & Inclusion

تلك الفئات التي تطالب بحقوقها الاجتماعية وترفض الانصياع لقيم المجتمع المحافظ، وأصبحت حركة التنوع والاحتواء بيت من لا بيت له في عالم العمل والثقافات التنظيمية والتي هي مؤسسات تخدم المجتمع. وقد أغنانا الله عن الفردية البغيضة والتي يرتكز عليها أعمدة الموجهين في الغرب ممن نتعلم على أيديهم كل يوم في برامجنا التدريبية ونضع أبنائنا في ذمتهم ليكملوا تعليمهم في كبار المؤسسات التعليمية والجامعات، حيث ارتكزت تلك المؤسسات على دعم نظرية التجربة الفردية. وبالرغم من نبذ الإسلام للعنصرية والتفرقة بناء على المستويات الاجتماعية واللون والجنس، إنّ ديننا واضح في قيم الجنسين الذكر والأنثى وينفي بشدة، بل ويلعن من انتهج منهج الشواذ جنسيا بأنواعهم وأشكالهم ويدعو أنْ يكون الستر والمعالجة لهم في إطار شخصي بعيداً عن الترويج بعكس ما تفعله الحركات الغربية التي ينادون بها في كل مكان في العالم في هذه اللحظة ونحن نخط سطور هذا الكتاب. دعوتي أنّ نؤصّل العلم التوجيهي في جوهر الثقافة العربية وقيمها الأصيلة والتي هي أساس صلاح المجتمع ونحن ندعو للتفكير والوعي الجمعي في برامجنا بعيدا عن نظريات تحت التجربة قد نندم عليها مستقبلا ولذا تصدرنا في تأليف هذا الكتاب لنخطّ حدّاً بين التجربة الإنسانية والدستور الإلهي الواضح البيّن في حياتنا الشخصية والمهنية، ولنحفظ الجمعية التي حبانا الله بها: "وألف بين قلوبهم لو أنفقت ما في الأرض جميعا ما ألفت بين قلوبهم، ولكن الله ألف بينهم إنه عزيز حكيم"[٥٤].

ممارسة التأمل والتّفكّر والتّدبّر

التّأمل هو كلمة تعبّر في اللغة العربية عن التثبت من النظر للشيء متثبتا منه ومنها التثبت من الأمر. والفكر بكسر الفاء أو فتحها إعمال الخاطر في الشيء، والاسم منه التفكّر وهو رديف التّأمّل. وأما التدبّر فهو من التدبير بالنظر في عاقبة الأمر وما يؤول إليه من نتائج ويعني أيضا التفكّر [59]. ومن هنا نرى أنْ الكلمات مترادفة، ولكن ما يهمنا هو كيف يمكن ممارسة التفكر

[٥٤] الأنفال – ٦٣.

والتأمل والتدبّر بشكل منظم للوصول إلى التطوير الذاتي من حيث الوعي المطلوب ومن حيث اختيارات المشاعر ومن حيث اختيارات السلوك وردود الأفعال أثناء الممارسة للتوجيه مع الأفراد ومع المجموعات وبخاصة في توجيه فريق العمل. ولعلنا نسوق في هذا المعرض كلمتين استخدمتا في اللغة الإنجليزية كل منهما لها مدلول. الأولى الاستبطان[55] - وتعني انعكاس داخلي في باطن المتأمل وجوهر روحه وعقله وفكره بحيث يذهب التفكير في المدلول لداخله فيرى أثر المدلول على أفكاره ومشاعره وسلوكياته. وأما الثانية فهي الانعكاس[56]، وشرحها انعكاس المدلول على شيء خارجي عن المتفكر بحيث يذهب تفكيره إلى أثر المدلول على علاقة، أو موقف، أو شخص، أو شيء. ولأنّ كل منهما له قيمة عالية في مساحة التوجيه فسنستمر في توظيف كلاهما في هذه المساحة المهمة في تطوير الموجّه ورحلته المستمرة في عالم التوجيه. ومن هنا يؤكّد المجلس الأوروبي للإرشاد والتوجيه[57] على كون كلا العمليات العقلية هي وسيلة وليست هدفا أو مهمّة يمكن شطبها من قائمة المهات [60]. ومن هنا أحبّ أنْ أضيف تعريف لهذه العملية خاص بهذا الكتاب لمفهومي التأمل والتفكر:

التأمل أو التفكّر هو إعادة النظر والتفكير بالاستغراق في المعنى أو المفهوم أو التجربة العملية، سواء باستبطان الأثر الداخلي على الفكر والمشاعر والسلوك الناتج، أو عن طريق التدبّر في الانعكاس الحاصل على علاقة ما، أو تجربة ما، أو سياق ما.

ونؤكد أنّ سلوك التأمل والتفكر ليس بالجديد في عالمنا العربي وثقافتنا الإسلامية فديننا كله ناتج عن اختلاء نبينا الكريم قبل بعثته في غار حراء، وجلوسه لأوقات طويلة يتأمل ويتفكر حتى نزل عليه الوحي هناك. بل وما عبادة الاعتكاف والخلوة في ليال رمضان إلّا للمراجعة الذاتية وإعادة المعايرة بالتأمل والتفكر. فعملية التأمل والتفكر هي في أصلها وقفة للروح مع العقل

55 Reflexive
56 Reflective
57 European Mentoring and Coaching Council (EMCC)

ومراجعة بين النفس وبين الروح ولا تحصل بدون ذلك، ولكنها تتفاوت في قوتها وأثرها بحسب قوة الارتباط بالخالق وأثره ذلك في نفس المخلوق. فالروح من أمر ربي والنفس أنواع وأشكال منها ما يعي ومنها ما يغوي. والوعي الذاتي بالنفس وحديثها وبالروح وحنينها وبالعقل وموائمته مع متطلبات الروح وتهذيبه لاحتياجات النفس والجسد مهمة في التوازن الذاتي للإنسان ومن تلك المراجعة، يخرج بالتعلم والتحول من حال إلى حال وبدونها لا فرق بينه وبين الحيوان الذي يتحدث بما يخطر بباله ولا يقف بينه وبين رغباته وهواه شيء. فلنحكّم خالق الروح في الروح وخالق النفس في النفس وخالق العقل في العقل وخالق الجسد في الجسد ولنكون في قمة الوعي بتحركاتنا كموجهين عن طريق التأمل والتفكر والاستبطان: "أفلا يتفكّرون"، وبأثر حركتنا على العالم من حولنا عن طريق التدبر في العواقب: "أفلا يتدبرون".

الإشراف التوجيهي

تعريف الإشراف التوجيهي

والإشراف التوجيهي بتعريفنا له في هذا الكتاب هو:

"مساحة آمنة بين الموجّه والمشرف، تسمح له بالتدقيق والمراجعة والتأمّل في الأفكار والمشاعر والسلوكيات أو ردود الأفعال التي تنتج وتقع على المستفيد فردا كان أو مجموعة أو فريق عمل، قبل وأثناء وبعد الجلسات التوجيهية".

ومنها ما يقع في خاطره بينه وبين ذاته، ومنها ما يقع بين المستفيد وبين نفسه قبل الجلسة بسبب تحفيز أو تحريك الموجّه له استعدادا لها. ومنها ما يقع بين الموجّه وبين ذاته أثناء الجلسة التوجيهية، ومنها ما هو مباشر ومسموع أو محسوس بين الموجّه وبين المستفيد أثناء الجلسة التوجيهية ومنها ما يقع بين الموجه وبين ذاته بعد الجلسة التوجيهية ومنها ما يحضره الموجّه لمشرفه من محادثة وتأملات فيقع بينه وبين مشرفه في اللحظة التي يتم فحص ما حدث بينه وبين المستفيد، ومنها ما يخّص المشرف في تلك اللحظة ويحرك سلوكه تجاه الموجّه. وكل هذه المحادثات يصفها الباحثون بأن لها أثرا وتبعات على الموجّه وطريقة تناوله

للمستفيد في الجلسات[61] . ويعود أصل الإشراف التوجيهي للإشراف الإكلينيكي للمعالجين السلوكيين والنفسانيين حيث يتأكّد المشرف من عدم خلط المعالج بين ذاته ومشاعره وبين المستفيد من العلاج وأن يحافظ على الضوابط الأخلاقية والحدود التخصصية في الاحتراف. ولكن الإشراف التوجيهي نحى منحى أقل والديّة في أسلوب التناول من الإشراف الاكلينيكي العلاجي، حيث يتعلّم كل من المشرف والموجّه في هذه المساحة ويتبادلان الرأي والفوائد والناتج من التأملات فتستوي العلاقة بينهما بشكل زمالة تعلّم مع انضباطها تحت ضوابط التعاقد الأخلاقي والمهني بشكل كامل.

يأتي الموجِه لهذه العلاقة لأنّه يرى قيمة عالية لاحترافه المهني واستمراره في تطوير ذاته لكي يتمكن من تقديم الدعم والمساندة للمستفيدين من خدمته. يأتي لأنّه يرغب في معايرة ذاته في ملاذ آمن [62]. ويسهم ذلك في الاستمرارية والثّبات والظّهور الموحّد لنفسه فيما ينجزه مع المستفيدين. وتعرّف رابطة التوجيه الإشراف التوجيهي على أنّه: "وقت وخاص ورسمي لتيسير نمو قدرة الموجّه على التأمل بعمق لممارسته التوجيهية مع مشرف توجيه مدرب" [63]. ويرى الاتحاد الدّولي للتوجيه أنّ "الإشراف التوجيهي هو ممارسة تعاضديّة تعليمية لبناء مقدرات الموجّه عن طريق الحوار التّأملّي لمصلحة الموجّه والعميل". ويركّز الإشراف التّوجيهي على توفير مساحة آمنة للموجّه ليشارك تجارب الفشل والنّجاح مع المشرف ليتحرّك نحو التّمكّن. وهو "أكثر أهميّة لموجّه فريق العمل، نظرًا لتعقّد العمل وسرعة الانزلاق في متاهات التفاعل الجمعي للفريق". ويعتبره وسيلة من وسائل تطوير جدارات الموجّه حيث ينخرط الموجّه فيه بهدف التطوير والمسائلة كأداة للدّعم عند الحاجة لتطوير جدارة "تجسيد عقلية التوجيه". ويختلف الإرشاد التوجيهي عن الإشراف التّوجيهي بأنّ الإرشاد يعتني ويهتم بجدارات التوجيه بينما الإشراف التوجيهي يضع التركيز على مجالات أوسع في عالم التوجيه بما في ذلك ما يحدث في الجلسة التوجيهية مع العميل.

أهمية الإشراف التوجيهي

تكمن أهمية الإشراف التوجيهي في عدة جوانب. فهناك **التطوير والنمو** (١) تيسير التطوير والنمو للموجّه بالتّفكر والتأمّل عن طريق الاستبطان والانعكاس، و(٢) رفع مستوى الأداء للاحترافية المطلوبة عالميا وهذا ينصب مباشرة في السلوك ومعايير الجودة، و(٣) الحصول على الاعتماد حيث من أحد المتطلبات في المنظمات المعتمدة أنْ يحصل الموجه على الإشراف المنتظم أثناء الممارسة للتوجيه، و هناك **الضبط والمواءمة** مع الأعراف والأخلاقيات (٤) التوكيد والاطمئنان الحاصل من جراء الممارسة الاحترافية على الانضباط الأخلاقي والمهني، و(٥) الممارسات الأخلاقية ومحاذاة السلوك التوجيهي بذلك لكي نتأكّد من أننا نمارس لصحة المجتمع وأفراده وليس العكس، وأخيرا كونه **موردا** للموجه (٦) مساحة آمنة يسترد فيها الموجّه ذاته ويعالج فيها ما يعتلج صدره من أثر التوجيه فيكون الإشراف موردا له يستقي منه ويجدد نفسه.

الفكرة الرئيسية من خلف تطوير الموجّه أنه مهما اكتسب من مهارات، أو جدارات، أو أدوات، أو أساليب، أو بنى من خبرات، وساعات ممارسة، أو حصل على اعتمادات، من مؤسسات ومنظمات مانحة، أو أمضى سنوات في المجال، يدرب ويعلم ويتعلم، يظل في النهاية يستخدم ذاته كأداة في التوجيه. واستخدام الذّات كأداة لا يتمّ ما لم تعرف هذه الذّات، نقاط قوّتها وضعفها، سماتها الشّخصيّة، مدى عمقها في العلوم والمعارف المختلفة، أفكارها ومشاعرها، وما ينتج عنها من سلوك، وما تحجم عنه من مخاوف وما تقبل إليه من رغبات، وكيف تتفاعل في مواقف معيّنة تحت ضغوط معيّنة، وماهي الاعتقادات والقيم التي تحرّكها، وكيف تحفّزها وتستنهضها للعمل، وماهي رؤيتها ورسالتها في الحياة وتلك البصمة التي ترغب أنْ تتركها في العالم.

كلّ هذا يأتي سابقا لاستخدام الذّات كأداة والذي يعني باختصار في سياق التوجيه أنْ تقف وتنظر في داخلك وتسأل نفسك ماذا أشعر الآن، وماذا أفكّر، قبل التّعاقد وقبول الفرصة للتوجيه؟ فإن حكَّ في نفسك شيء أو وجدت ما يَمْغُضُكَ، فلا

تتجاهل هذا الإحساس فلعلّ وراءه رسالة خفيّة. وإذا لاحظت أمرا ما فلا تمرّره بدون أنْ تعود لداخلك فتستفتي قلبك. ويعني أيضا الشيء نفسه أثناء التّوجيه في الجلسات وما تتخذه من قرارات وأنت توجّه، وهل الخطوة الآتية ناتجة عن ذاك أو ذا؟ وهل هي في مصلحة المستفيد فريقا كان أم فردا؟ ولعلّك تصمت وتراجع نفسك طويلا وربما تجد أنّ صمتك أجدى من حديثك. وأخيرا يعني أنْ تقف وتنظر في داخلك وتسأل نفسك ماذا أشعر الآن، وماذا أفكّر بعد انتهاء الجلسات وتفحص نواياك ومشاعرك وتعيد الأثر لنفسك، وتستكشف المحادثة من عدد من الزّوايا وتستمع لصوتك الدّاخلي. ويفيد في ذلك أنْ تكتب ما حدث وتضع على الورقة في سجل خاص بالجلسات كل ما يدور في خاطرك إثر ذلك. الاستبطان والانعكاس هما عادتان تتكونان لديك فتؤتى الحكمة بسبب الأناة والحِلْم، وهما خُلُقان وصّى بهما رسول الله صلى الله عليه وسلّم. ومنهما تصل إلى "ومن يُؤتَ الحكمة فقد أوتيَ خيراً كثيراً"[٥٨].

الإشراف التوجيهي هو وسيلة لتطوير ذات الموجّه بزيادة وعيه بحركته أثناء التّوجيه بحيث لا يفقد ذاته وينزلق في أدوار تطويرية للفريق يتبنى فيها العمل عن الفريق. ونقصد بالتّبنّي أنْ يأخذ الموجّه على عاتقه مهمّات وتكاليف العمل نحو تماسك الفريق فيضع نفسه موضع الاستشاري المنقّذ وبخاصّة عندما يرى التّقاعس من البعض. وقد يأخذ مكان القائد فيقوم بإدارة الاجتماعات وتوزيع المهام. وإنْ دلّ هذا على شيء فإنّما يدلّ على جهله بأساسيّات التّفاعل الجمعي وقلّة صبره وأناته في الوصول للنّتائج والتي غالبا ما تتطلّب أنْ يبقى محايداً ومستوعبا أو محفّزا في أقصى الحالات. مثله في ذلك مثل الموجّه الفردي الذي يتحدّث أكثر من عميله ويصف له الدّواء لدائه بدون أنْ يحرّك أو يحفّز مقدراته الذّاتية للوصول للحلّ ولتنفيذه. ومن هنا يأتي دور الإشراف التوجيهي الذي يعتبر مسائلة وإعادة تقويم للمسار بالنسبة للموجّه وبخاصّة المبتدئ. ولذا ينصّ الاتحاد الدّولي

[٥٨] سورة البقرة – الآية ٢٦٩

للتوجيه في مقدّمته عن وسائل تطوير الفرق على ذلك: "وأمّا الإشراف التّوجيهي فهو أكثر أهميّة لموجّه فريق العمل، نظرًا لتعقّد العمل وسرعة الانزلاق في متاهات التفاعل الجمعي للفريق".

الإشراف التوجيهي أيضا هو وسيلة لنمو الموجّه بشكل أفقيا وعموديا ليسمح له بالتصدي للتحديات التي يحضرها فريق العمل في المنظومة أمامه وليكون مستعدا على توسعه أفقه وصدره ليتلقى الحكم والمعارف وفي الوقت نفسه يحتوي الصراعات والخلافات القائمة في العلاقات أو في الطرح المعني بما في ذلك الكم الهائل من التدفق للأنظمة والممارسات من حوله. وفي كل ذلك يساعد القادة في التخلي عن أنساق التفكير المعهودة ونماذج العمل الروتينية السلوكية التي تحتاج إلى مراجعة واستبدالها بأنساق تفكير مبدعة ومتحررة من المعهود. ليتمكن الموجه من ذلك لابد له من أنْ ينمو داخليا ليتفوق على العميل في جوانب نفسية معينة ويتمكن من رفعه لمستواه [63].

مجالات الإشراف التوجيهي

ويركّز الإشراف على ثلاث مجالات مهمة [28].

١. نوعي: بمعنى جودة الممارسة.

٢. تنموي: إرشاد الموجّه لينمو ويزداد احترافا.

٣. مواردي: حيث يوجّه المشرف الموجّه لينهض مهنيّا كممارس ويعود ذلك بالنّفع عليه ماديّاً.

ولأنّ الموجه لفريق العمل قد تغيب عنه كثير من التفاعلات الخارجيّة عن الفريق والداخلية في الفريق فسيحتاج بالتأكيد لمن ينبّهُهُ على تلك العلاقات المتعددة المستويات في المنظومة. وبالرّغم من أدائه الرائع مع الفريق بشهادة الفريق قد يتعرّض للإبعاد من المنظومة باعتباره دخيلا عليها إذا لم يستكمل حيثيّات مهمّة يساعده المشرف على رؤيتها والاهتمام بها.

مواصفات المشرف التوجيهي لفرق العمل

ومن المهم أنْ يكون المشرف التوجيهي مدرّبا في هذا التّركيز الخاص بالإشراف على التوجيه، وليس في تركيزات أخرى لا علاقة لها بالتوجيه. بل من الأفضل أنْ يكون مدرّبا في التوجيه المنظومي ليتمكن من دعم الموجّه في رؤية العلاقات المتشابكة داخل سياق التوجيه وخارجه والتي تنصبّ في صميم عمله مع الفريق باعتباره أصغر وحدة في المنظومة. ويتبع ذلك نماذج إشرافيه عديدة تتفرع بتفرع مدارس التوجيه ذاتها ومنها للإطالة نتركها لكتاب آخر.

أشكال الإشراف التوجيهي

وبنصّ الاتحاد الدولي للتوجيه على وجود شكلين للتوجيه، فردي وجماعي. فالفردي إما أنْ يكون إشراف مستمر على كل تعاقدات الموجّه أو إشراف مستمر فقط على تعاقدات توجيه الفريق. والجماعي إشراف مع مجموعة على كل تعاقدات الموجّه. أو إشراف مجموعة على تعاقدات توجيه فريق العمل فقط. وهناك أشكال أخرى مثل أنْ يتلقّى الإشراف التوجيهي تحت منظّمة استشارية توفّر الدعم لكل مستشار وموجّه يعمل معها ومع عملائها وبذا تضمن الخصوصية في مشاركة الحالات مع المشرف أو جزء من فريق استشاري لشخص لقيادي معيّن.

الأسئلة الثمانية التي يطرحها الموجّه لنفسه متأملا في التجربة والعلاقات [63]:

١. ماذا ألاحظ؟

٢. كيف تجاوبت (سلوكيا، عاطفيا، نفسيا، جسميا)؟

٣. ماذا يقول ذلك عني إنسانا؟

٤. ماذا يقوم ذلك عني موجّها؟

٥. ماذا يمنحني ذلك من قوة؟

٦. ماذا ينبغي أنْ أحذر أنْ أنزلق فيه؟

٧. ماذا تعلّمت من هذه الملاحظة أو التأمل؟

٨. ماذا يمكن أنْ أفعل في المرة القادمة بشكل مختلف.

وأخيرا نوصي الموجّه الحريص على سلامة الأداء أنْ يتخذ مشرفا بانتظام بذهب إليه بحالات التوجيه التي تشكل عليه أو يجد في نفسه شيئا منها بانتظام. وتوصي الجهات المعتمدة بمعدلات تختلف من جهة إلى أخرى. فالمجلس الأوروبي للإرشاد والتوجيه يوصي بجلسة إشرافيه مقابل خمس وثلاثون ساعة توجيهية، والاتحاد الدولي للتوجيه يرى أنّ على الموجّه أنْ يتلقى عشرة ساعات إشراف أو إرشاد لكي يحق له تجديد الرخصة كل عدد من السنوات، ولا تزال الدراسات قائمة على ماذا سيتم إلزام الموجّهين به بين المدارس الأوروبية التي ترى أهميته والمدارس الأمريكية التي تختلف في ذلك. الأمر حقيقة يتطلب من الموجّه وقفة صدق وحافز داخلي.

***

خاتمة الكتاب

تستمر الجهود البحثية في العلوم التوجيهية في التطوّر ويستمر الباحثون المعاصرون في أنحاء العالم لإيجاد أدلة بحثية تدعم الأساليب التوجيهية المختلفة والنماذج المستحدثة. ولكن يبقى عالمنا العربي غائبا في أبحاثه في المجال. بالرغم من وجود عدد كبير من خريجي برامج التوجيه سنويا منذ عقد من الزمن، ووجود عشرات المتخصصين على مستويات عليا من الاعتمادات يمارسون التوجيه بأنواعه في شتى الدول العربية، ونشوء عدد من فروع المنظمات العالمية التي تشرف على الاعتمادات للمتخصصين العرب في شتى الدّول، ووجود مدارس التوجيه المعتمدة والمنتشرة في أنحاء العالم العربي في مختلف الدول، ووجود الشركات والمنظمات التي تستثمر في التوجيه القيادي والتنفيذي لموظفيها من قيادات ومديرين، فإنّ حركة البحث العلمي والنشر الأكاديمي في المجال التوجيهي تظل محصورة في أسوار الجامعات الأجنبية في شتى دول العالم. وأمّا من يكتب من العرب فتجده يستخدم وسائل التواصل الاجتماعي بعيدا عن المجلات العلمية. ويفضّل العربي أنْ يكتب باللغة الأجنبية إنجليزية كانت أو غيرها. وأمّا الجامعات العربية فلا يزال التخصص مجهولا في أروقتها ومجلاتها العلمية وغير متطرّق له في المؤتمرات التطويرية إلّا بذكر خفيف شفهي لا يكاد يذكر باعتبارها مساهمة علمية.

وهذا التقصير يأتي من انشغال الممارسين بالتّعلّم وتطوير ذواتهم والذي يستغرق سنوات بعد التدريب لكي يصل الممارس لفهم عميق لعملية التوجيه. ويرجع أيضا إلى أنّ معظم الممارسين ليسوا بكتّاب ولا مؤلفين ولا باحثين. وإن توفّرت لديهم البيانات التي تسمح بالنشر العلمي والاسهام المعرفي، لا تتوفّر لديهم المهارة البحثية لذلك. ولذا أصبح من المهمّ أنْ يتمّ التّعاضد بين الممارسين والباحثين وذلك لا يتمّ إلّا بتنسيق وجهد كبير بين عدد من اللاعبين في السّاحة. وهذا ما نجده في الكتب الأجنبية من تعاضد. هذا التعاضد الذي يتطلب عمل الفريق والتواضع بين اللاعبين ونبذ الأنفة والأنا والتي تسود مجتمعاتنا العربية وهي من سمات الثقافة السائدة وتندرج تحت السيطرة وليس تحت الجمعية. ومما يثير الانتباه أنْ الجمعية تسعى للمّ الشمل وتجد

العرب يتواصلون معاً ويجتمعون لأهداف كثيرة، ولكن عندما يأتي الأمر للإنجاز والقيادة تظهر السيطرة والهرمية ويرغب كلّ منهم في أنْ يكون لها. وكلّ ما ذكرناه في الكتاب مهمّ، حيث إنّ التميّز بين الأمم بلغتنا يستدعي التعاضد وأنْ نتحرّك معاً وليس فرادى. وفي العالم يتكتّل مؤلفو المادّة معاً ليخرجوا بكتاب مرجعي أكاديمي أو مقال علمي بحثي أو بحث عملي ونموذج قوي محلّي أو تدريس برنامج وهذا يستدعي كثير من الإيثار بينهم وهذا ما نحتاجه في عالمنا العربي.

ويقع عبء هذا التجمّع على مثلي من الممارسين الباحثين المؤلّفين حيث أجمع وأمثالي الخبرة الأكاديمية في البحث العلمي والتأليف الأكاديمي للنشر في المجلات العلمية، وعلى دور النشر المتخصصة بالتطوير والتنمية البشرية، وعلى الممارسين العاديين ليتيحوا لنا بياناتهم التي تجمعت لديهم من الممارسة، وعلى المنظمات التي نحتاج أنْ نمارس فيها بشكل مقنّن ومنظم لتتدفق المعلومات إلينا، وعلى فروع المنظمات الأجنبية التي تستفيد بشراهة من عضويات العرب الممارسين داعمة البحث العملي هناك بأن يتم توجيه الموارد محليا في مشاريع بحثية. وإدراك ذلك من القارئ مهم لأنه أحد محركات المكنة وانتمائه الحالي يحتاج لمراجعة، فمن الممارسين من ينتمي للفروع بشكل جنوني ويدافع عنهم ويعتبر ما يقولونه قرآنا منزّلا حيث إنّ استخدام كلمة توجيه بدلا من (كوتشنج) يثير حفيظته ويحرك مشاعره وكأننا اخترقنا قانون إلهي سماوي. وهذا الحماس يتطلب توجيه ومعايره فنحن ننتمي فقط لأننا نفتقر لجهة منظّمة لنا تعتنق اللغة العربية ومبادئ ديننا الحنيف وقيمنا وثقافتنا بشكل كامل.

وأمّا دور النشر فتستمرّ في حركة الترجمة للمحتوى المستورد من الثقافات غير العربية والذي يحتوي على مفاهيم أو معتقدات قد تكون مهددة لأمن وقيم عالمنا الإسلامي العربي. والدّعم أو المبادرة الموجّهة للمختص العربي ضعيفة فهو لا يعرف أين يبدأ إنْ أراد نشر فكره النظيف، فالكل حوله في غابة سوداء يتقاذفه بوعود وردية للأعلى ثم يلتهمه بشراسة بهدف الربح من ورائه عندما يهوي ساقطا في فم أسد أو لبوة. ولا يدرك الممارسون حجم هذه المأساة إلّا بعد أنْ يُلدغ وينزف دمه فيعرض عن النشر والكتابة خوفا من النصب والاحتيال. وهذه مشكلة دور النشر العربية. وأما الدور الأجنبية فالنشر فيها لا يصل بالكتاب

للعالم العربي حيث تقف قوانين الدول العربية المستوردة بين النشر الإلكتروني وبين المنشور في الخارج بقائمة من المهمّات التي يعجز الكاتب عن استيفائها بدون دار نشر محلية تنصب شباكها حوله. وهكذا يدور الكتاب بين الجرف والحفرة.

والبعض من الكتاب يسوده الشعور بالدونية أمام الزخم الهائل من الكتب الغربية الفكر. ويأسره مرض عدم الاستحقاق أو الأهلية والتسويف خشية النقد والرد والذي هو جزء من العملية العلمية والتّعلم فيها. والبعض الآخر يخشى الكتابة خوفا من ضحالة الحصيلة اللغوية العربية لديهم، أو لجهلهم بأساسيات الكتابة. وبالرغم من أنّ العلم بالتّعلّم إلّا إنّه يفضّل تعلّم قوانين الكتابة في لغة أجنبية عن تعلّمها في لغته العربية التي يتحدّثها بركاكة، ويعترف بتقصيره، ومع استمراره في تطوير لغته الأجنبية لعقده "الخواجة" وشعوره بالخزي من لغته أو انتمائه الديني والعربي أمام الأجانب، حيث إنّ التحدث أمامهم بلغتهم يضيف شيئا من الراحة النفسية والشعور بالقيمة بينهم لديه. أو ببساطة لشعوره بالعجز أمام مفرداتها الرائعة حيث إنّ تجربته المدرسية في تعلّمها كانت مرعبة مع معلّم يحمل المسطرة في يد والطبشور في اليد الأخرى، وبالرغم من أنّه موجّه مدرّب، إنّ "باب النّجار مخلوع". وقد ينفذ بنا الحبر ونحن نعدّد أسباب الإعراض عن لغتنا العربية لدى الممارسين في الفروع المنظمة للعلم. ولكن لابد من ذكر ذلك الممارس الذي لا يعبر شفهيا عن نفسه إلّا ويسقط كلمة إنجليزية في الوسط ويعتذر بأن تدريبه ودرجته العلمية من الخارج ويجد صعوبة في التفكير بلغته، وهو الذي قبل أربع سنوات لم يكن يتكلم بكلمة أجنبية! عذرا فقد انتهت الأعذار ولم يبق لأحد عذر عندي.

وبغض النظر عن الأعذار أعلاه، تظل مكتبتنا العربية تعاني من الضحالة في كل جوانب التّنمية البشرية. وطالما كذلك فسيظل ولائنا وتطلعنا للكتب الأجنبية إلى أنْ نخوض المجال ونبدأ ونتغلّب على مخاوفنا الداخلية بوصفنا كتّاب أو ننتظم في أخلاقيات التعامل كدور نشر، أو نتعاضد باعتبارنا مجتمع ممارسة كالبنيان يشدّ بعضه بعضا. ويقع جزء كبير من المسائلة على دور النشر أيضا فهي التي تحمل راية العلم، ولابد من إثراء المحتوى العربي بتتبع الكتاب والكتابات وصيدهم ودفعهم للإنتاج باستحداث برامج وباقات خاصة تسمح بالتعاضد بينهم، بل وستستدعيه وتشرف عليه بمقابل. فأتمنى أنْ أجد ذلك شخصيا لأنتج وأكتب

أكثر ولا يستغرق مني الكتاب سنة ونصف لينتهي، بل يستغرق مني أشهر لأني أعرف أني مدعومة بغيري ممّن يكتب معي ويتقاسم المسؤولية والعبء المالي.

هذا الكتاب المتواضع مجهود فردي استغرق من الزمن عاما ويزيد من الكتابة والمراجعة والتدقيق ونحمد الله على كل أفضاله والكمال لله. الكتابة رحلة طويلة في صحراء مترامية الأطراف لم يطأها شخص من، ويقابلك فيها كل أنواع المخاطر والعثرات، فبين الترجمة للنصوص الأجنبية وفهمها واستخلاص الزبدة منها، وبين صياغة القوالب المرجعية في قائمة المراجع، وبين تقييد النصوص بحذافيرها كفي صورة مقولات، وبين المواءمة مع المنظمات المظلية لعلم التوجيه وتوصياتها التي تتغير وتتحدث باستمرار، وبين التطبيق والممارسة في البرنامج للتأكد من استقبال المعلومة بالعربية من المشاركين المختصين من القادة والموجهين، وبين الصياغة اللغوية والترجمة للمفردات والتدقيق فيها والدفاع عنها في وسائط التواصل وفي الفروع المصبوغة بالولاء للمنظمات الأجنبية، وبين الاسناد للمرجعية الإسلامية بما يتوفر لدينا في الولايات المتحدة الأمريكية من مراجع، ومعظمها في الشبكة، وبين البحث عن دار النشر الأمينة التي تسعى لنشر العلم فوق الربح وتدقق وتراجع وتفتح الباب لكاتب عربي مقيم في الخارج ليس أكاديمي بحت وليس ممارس بحت، ولكن بين وبين، كل ذلك يشكل كثير من الصعوبات والعوائق، ولكن رؤيتي الشخصية لأن أترك بصمة لأحفادي في عالم تكاد بصمتنا العربية المسلمة أنْ تختفي، ونحتسب الأجر عند الله العلي العظيم ونشعر بمسؤولية الكلمة وأننا سنقف أمام الله ويتبعنا من تبعنا إنْ أخطأنا، كلّ ذلك محرّكا وحافزا لي لأستيقظ وأتناول جهازي وأطبع حروفي على شاشته البيضاء ساعات وساعات. وأشدّد على نفسي وأن أتذكر مقولة الشاعر حافظ إبراهيم شاعر النيل (1872- 1932):

رَجَعْتُ لنفسي فاتّهَمْتُ حصاتي.. وناديتُ قومي فاحْتَسَبْتُ حياتي
رموني بعُقْمٍ في الشَّبَابِ وليتني.. عَقُمْتُ فلم أَجْزَعْ لقَوْلِ عداتي
وَلَدْتُ ولمّا لم أَجِدْ لعرائسي.. رِجَالاً وَأَكْفَاءً وَأَدْتُ بناتي

وَسِعتُ كِتَابَ الله لَفْظاً وغَايَةً.. وَمَا ضِقْتُ عَنْ آيٍ بـهِ وَعِظَـاتِ

فكيفَ أَضِيقُ اليومَ عَنْ وَصْفِ.. آلَةٍ وتنسيقِ أَسْمَاءٍ لمُخْتَرَعَاتِ

أنا البحرُ في أحشائِهِ الدرُّ كَامِنٌ.. فَهَلْ سَأَلُوا الغَوَّاصَ عَنْ صدفاتي؟

فيا وَيْحَكُمْ أَبْلَى وَتَبْلَى محاسني.. وَمِنْكُم وَإِنْ عَزَّ الـدَّوَاءُ أُسَاتي

فـلا تكلوني للزَّمَانِ فإنني.. أَخَافُ عَلَيْكُمْ أَنْ تَحِينَ وفاتي

وأنهي هذا الكتاب بمقولة شهيرة: "إن كان صوابا من الله وإن كان خطأ فمني" وأعتذر إلى ربي من التقصير وإلى قارئي من البشرية الإنسانية المعرّضة للخطأ. وأشكر كل من قرأ وعلّق وتابع وأرسل واجتهد ووضع بصمته في عالم التوجيه الشاسع. فما هي إلّا البدايات ولعلنا نعذر إلى الله فيما منحنا من مقدرات. وإلى الله المصير.

كتبه أمة الله الفقيرة إليه

غادة طلال محسن عنقاوي

***

قائمة المراجع العلمية

[1] ICF, "Team Coaching," 2023. [Online]. Available: https://coachingfederation.org/credentials-and-standards/team-coaching/competencies.

[2] G. Angawi, Ethical leadership in Higher Education, Egypt: Albayan, 2019.

[3] G. Angawi, Neocharismatic Leadership: A Comprehensive Self-Coaching Model, Switzerland : Springer Nature, 2020.

[4] G. Angawi, Composer, *Neocharismatic leadership (English & Arabic).* [Sound Recording]. Global Talent Academy. 2020.

[5] N. Alexander and K. Lowe, Composers, *Episode 25.* [Sound Recording]. Team Coaching Zone - Podcast. 2015.

[6] M. Alyusuf, In the Shadow of Her Vioce, Action Publishing Technology, 2011.

[7] G. Angawi, Coach your Thouhgts and Emotions, 1 ed., Global Talent Academy LLC, 2023.

[8] J. Glaser, Creating We, Avon, MA: Platinum Press, 2007.

[9] M. Valentine, "Contextual Coaching: Leveraging context for alignment in the system," *Partners International,* 2018.

[10] SHRM, "Society for Human Resource Managemen," 2023. [Online]. Available: https://www.shrm.org/resourcesandtools/tools-and-samples/toolkits/pages/understanding-organizational-structures.aspx.

[11] P. Hawkins and K. Lowe, Composers, *Systemic Team Coaching: Coaching the 5 Disciplines of Successful Team Practice.* [Sound Recording]. Team Coaching Zone. 2015.

[12] S. Angawi, "المنهجية في البحث باستخدام الميزان," https://www.youtube.com/watch?v=0PwwYUMLtK8, Jeddah, 2018.

[13] K. Gilbert and P. Rosinski, "Complexity Intelligence and cultural coaching," *Integral Review,* 2005.

[14] G. Hofstede, Culture and Organizations: software of the mind, Mcgraw Hill, 1994.

[15] G. Angawi, "Coaching for Interculturality," ICF-Pannel Discussion, Connecticut , 2016.

[16] P. Rosinski, "Coaching Across Cultures," *International Journal of Coaching in Organizations,* 2003.

[17] d. Livermore, Expand your Boarders: Discover 10 cultural clusters, East Lansing - Michigan: Cultural Intelligence Center, 2013.

[18] S. King, C. van Nieuwerburgh, L. Bolton, A. Al Serkal, L. El Assaad and M. Mattar, "Exploring the need for an indigneous coaching psychology for Middle East," in *International Psychology Conference Dubai (IPCD)*, Dubai, 2021.

[19] j. Peters and C. Carr, High Performance Team Coaching, Victoria, BC, Canada: FriesenPress, 2013.

[20] R. Wageman, R. J. Hackman and E. V. Lehman, "Team Diagnostic Survey: Development of an Instrument," *The Journal of Applied Behavioral Science,* vol. 41, no. 4, pp. 373-389, 2005.

[21] M. de Koning and The New York Public Library, "Institutional Curiosity Unlocked:How Action Learning Coaching Can Change the Whole Organization," in *Colombia University - 2018 Coaching Conference*, New York, 2018.

[22] E. T. Lawrence, L. C. Tworoger, J. P. Jones, B. G. Mujtaba and S. L. Carter, "A Coaching Co-Design: Fostering Change, Innovation, and Collaboration," *Organizational Development Journal,* no. Spring, pp. 39-53, 2023.

[23] R. Wageman, "Critical Success Factors for Creating Superb Self-Managing Teams," *Organizational Dynamics ,* pp. 49-61, 1997.

[24] R. Wageman, "How Leaders Foster Self- Magaging Team Effectivness: Design Choices Versus Hands-on Coaching," *Organization Science,* pp. 559- 557, 2001.

[25] R. Wageman, "Building Great Leadership Teams for Complex Problems," in *Rethink Health*, F. R. Foundation, Ed.

[26] R. Wageman , "Chapter 5: Restructuing Teams," in *ReThink Health*, Fannie E. Ripple Foundation, 2014.

[27] R. Wageman and K. Lowe, "Desgining, Launching, and Coaching TeamsL The 60 30 10 Rules and its Implications for Team Coaching," in *Practitioner's Handbook of Team Coaching*, D. Clutterbuck, K. Lowe, S. Hayes, D. Mackie, I. Iordanou and J. Gannon, Eds., New York, Gower, 2019.

[28] P. Hawkins, Leadership Team Coaching: Developing Collective Transformational Leadership, kogan Page Limited, 2014.

[29] T. Rickards and S. Moger, "Creative Leadership Process in Project Team Development: An Alternative to Tuckman's Stage Model," *British Journal of Management,* vol. 11, pp. 273-283, 2000.

[30] D. Clutterbuck, "Learning Portal- Team Coaching in a Complex Adaptive Systems Perspective," International Coaching Federation, 2021. [Online]. Available: https://learning.coachingfederation.org/diweb/catalog/launch/package/4/eid/11500451. [Accessed 2023].

[31] L. Hauser, "Shape-Shifting: A behavioral Team Coaching Model for Coach Education, Research, and Practice," *Journal for Psychological Issues in Organizational Culture,* vol. 5, no. 2, 2014.

[32] G. Gherardi and L. Lowen, "Fostering Effective Co-facilitator Relationships," Yale School of Management, Interpersonal Group Dynamics training, 2017.

[33] T. Maltbia and L. Krister, Composers, *Frontiers in Executive and Team Coaching: Reflections and Insights on the Interdisciplinary Nature of Team Leadership Coaching and Implications for the Future- Episodes 23 and 33*. [Sound Recording]. Team Coaching Zone. 2016.

[34] L. Hauser, Shape Shifting: A Conceptual Framework For Coaching Work Teams, A Doctoral Desertation, 2012.

[35] H. Gencer, "Group Dynamics and Behaviour," *Universal Journal Of Educational Research,* vol. 7, no. 1, pp. 223-229, 2019.

[36] S. Highhouse, "A History of the T-Group and Its Early Applications in Management Development," in *Group Dynamics Theory Research and Practice*, The Educational Publishing Foundation, 2002, pp. 277-290.

[37] K. Lowe and R. Ciporen, Composers, *Episode 3: Team Coaching for Development and Performance.* [Sound Recording]. Team Coaching Zone. 2015.

[38] J. A. Wright and S. O'Connor, "Needs Supportive Coaching & the Coaching Ripple Effect - Elevating Individual & Whole System Engagement," New York, 2018.

[39] J. Elliott, "Action for Education Change," p. Open Unviersity Press, 1991.

[40] S. Kemmis and R. McTaggart, "The Action Resrearch Planner," p. Australia Daekin University Press, 1982.

[41] R. H. Kilmann, "https://kilmanndiagnostics.com/," 1974. [Online]. Available: https://kilmanndiagnostics.com/overview-thomas-kilmann-conflict-mode-instrument-tki/.

[42] J. W. Tamm and R. J. Luyet, Radical Collaboration, HarperBusiness, 2019.

[43] J. Tamm and K. Lowe, "Biulding Cultures of Radical Collaboration in Teams and Organizations," Team Coaching Zone, NY, 2015.

[44] C. Liska, "Conflict Coaching," in *Converge 2023, ICF*, Orlando, 2023.

[45] D. Clutterbuck, "Team Coaching," International Coaching Federation (ICF), 2023.

[46] H. R. Kilmann, "Leadership and the Quantum Organization," *Research Gate,* 2007.

[47] T. E. Matilba, V. J. Marsick and R. Ghosh, "Executive and Organizational Coaching: A Review of Insights Drawn from Literature to Inform HRD Practice," *Advances in Developing Human Resources,* pp. 161-182, 2014.

[48] M. Valentine, "Contextual Coaching: Leveraging Context for Alignment in the System," *Partners International,* 2018.

[49] P. Gorrell and J. Hoover, "The coaching connection: A managers guide to developing individual potential in the context of the organization," *American Management Association,* 2009.

[50] S. Hahm, "A Study of the Roles of Leadership Styles and Attitudes with Social Responsibility for the 4th Industrial Revolution," *KSII Transaction on Internet and Information Systems,* vol. 14, no. 2, pp. 789-806, 2020.

[51] S. Lishansky, "Elevators and Trap Door of Organizational Effectivness," *The International Journal of Coaching in Organizations,* no. 2, pp. 30-36, 2007.

[52] G. Angawi, The role of leadership in strategic decision making in higher education, EThos, British Library, Doctoral Thesis, 2012.

[53] R. H. Kilmann, "Leadership and the Quantum Organization," 2007.

[54] B. M. Bass and R. E. Riggio, Transformational Leadership, New Jersey, London: Mahwah, 1998, 2006 2nd Edition.

[55] J. A. Conger and R. N. Kanungo, Charismatic Leadership in Organizations, Thousands Oaks, London, New Delhi: Sage Publication, 1998.

[56] R. N. Kanungo and M. Mendonca, Ethical Dimentions of Leadership, Thousands Oaks, London, & New Delhi: Sage Publication, 1996.

[57] M. Mendonca and R. N. Kanungo, Ethical Leadership, England. New York: Mcgrow-Hill, Open University Press, 2007.

[58] K. Lowe and J. Digirolamo, "The Story Behind the ICF Team Coaching Competencies," Team Coaching Zone, 2022.

[59] م .ا. I. Manthoor, "معجم لسان العرب Lisan Al Arab," Dar Al Maarif دار المعارف, القاهرة Cairo .

[60] E. M. a. C. C. -EMCC, "EMCC Polocy and Practice Guide- Reflection and reflexivity as a dynamic inquiry of profissional practice," EMCC, 2022.

[61] T. Bachkirova, P. Jackson and D. Clutterbuck, Coaching & Mentoring Supervision Thoery and Practice, Open University Press - McGraw Hill, 2021.

[62] A. Hodges and C. Bub, Composers, *Episode 128: Journey into Team Coaching Supervision.* [Sound Recording]. Team Coaching Zone Podcast. 2022.

[63] P. Hawkins, E. Turner and J. Passmore, "The Manifesto for Supervision," *Henley Business School and the Association for Coaching,* 2019.

[64] R. J. Hackman and R. Wageman, "A Theory of Team Coaching," *The Academy of Management Review*, vol. 30, no. 2, pp. 269-278, 2005.

[65] T. C. Z.-. D. A. Hodge, "Supervision for Team Coaching," Krister Lowe, New York, 2021.

[66] K. Lowe and G. Woudstra, "Episode 88," 2014.

[67] J. M. Seiff-Harson, "levles of System for Lab Group Facilitator- Part 1," New Haven, CT, 2017.

نبذة عن الكاتبة

د. غادة عنقاوي

خبير قيادة وموجه قيادة وفرق عمل منظومي

باحثة ومؤسسة مفهوم القيادة النيوكارزمية المرتكز على الإيثار والمرجعية الأخلاقية في فترات التحوّل التنظيمي والتغيير، تقدم استشارات تنظيمية وقيادية تميّز بأعلى المواصفات العالمية. رحلتها عبر الثقافات صنعت طموحها للوصول لعالم أفضل وحياة مستدامة لأجيالنا المستقبلية. رسالتها التأثير في مليون قائد قبل مماتها. تملك شغف وحب للقيادة وخدمة للمجتمع، عملت مع منظّمات ربحية وحكومية، تركيزها على التطوير الشخصي للقادة من حيث رفع الوعي وصياغة الرّؤية والغايات المنسجمة مع الكون. قدّمت د. غادة عنقاوي مئات الدورات التدريبية في العالم خلال ٢٤ سنة من العطاء وعدد من الكتب، تملك علامة فكرية وتجارية مسجلة في الولايات المتحدة لمادّة القيادة النيوكارزمية® وبرنامج وجّه مشاعرك وأفكارك® كما ان شركتها الامريكية Global Talent Academy مزوّد خدمة تدريب موجهين معتمد من الاتحاد الدولي للتوجيه ICF ومنها أطلقت أول منصّة توجيهية للمستفيدين باللغتين العربية والانجليزية في عام ٢٠١٩ والآن تقدم مستوى ١ من تدريب الموجهين عبر البرنامج (وجهة حياة). تقدم أيضا برنامج توجيه فرق العمل النيوكارزمية المعتمد من ICF باللغتين العربية والانجليزية حيث يأتي هذا الكتاب عمودا فقريا للبرنامج. تنشر فكرها القيادي عبر المنشور السمعي الخاص بها باللغة العربية والانجليزية وقد وصل عدد مستمعيها إلى ما يقرب من ٢٥ ألف عبر العالم.

فرجينيا – الولايات المتحدة الامريكية

The publisher

Global Talent Academy LLC is a USA registered company in the state of WI

ghadah@globaltalentacademy.org
https://www.globaltalentacademy.org/
http://www.neocharismaticleader.com/
https://www.youtube.com/@GlobalTalentAcademy
https://www.linkedin.com/company/neocharismatic/
https://www.instagram.com/global.talent.academy/
https://x.com/GTAngawi

principal office
11736 Rockaway ln, Fairfax, VA, 22030
admin@globaltalentacademy.org

مصمم الغلاف
محمد ربيع – جمهورية مصر العربية

Milton Keynes UK
Ingram Content Group UK Ltd.
UKHW052007011224
451756UK00006B/25

9 798891 213944